不是每个人都能以产品经理为业，但在我看来，产品经理是一类人，他们的做事思路与方法可以解决很多实际的生活问题。

只要你能够发现问题并描述清楚，转化为一个需求，进而转化为一个任务，争取到支持，发动起一批人，将这个任务完成，并持续不断以主人翁的心态去跟踪、维护这个产物，那么，你就是产品经理。

至少，你已经是自己的产品经理，这才是“人人都是产品经理”的真谛。

——苏杰

互联网 用户 需求 战略
项目 团队 自我修养
产品设计 运营 需求分析
用户体验 职场 软件
用户研究 可行性分析 业务规划
思维需求采集 数据分析
需求管理 文档 流程
敏捷方法 理想
激情 沟通

『人人都是产品经理』

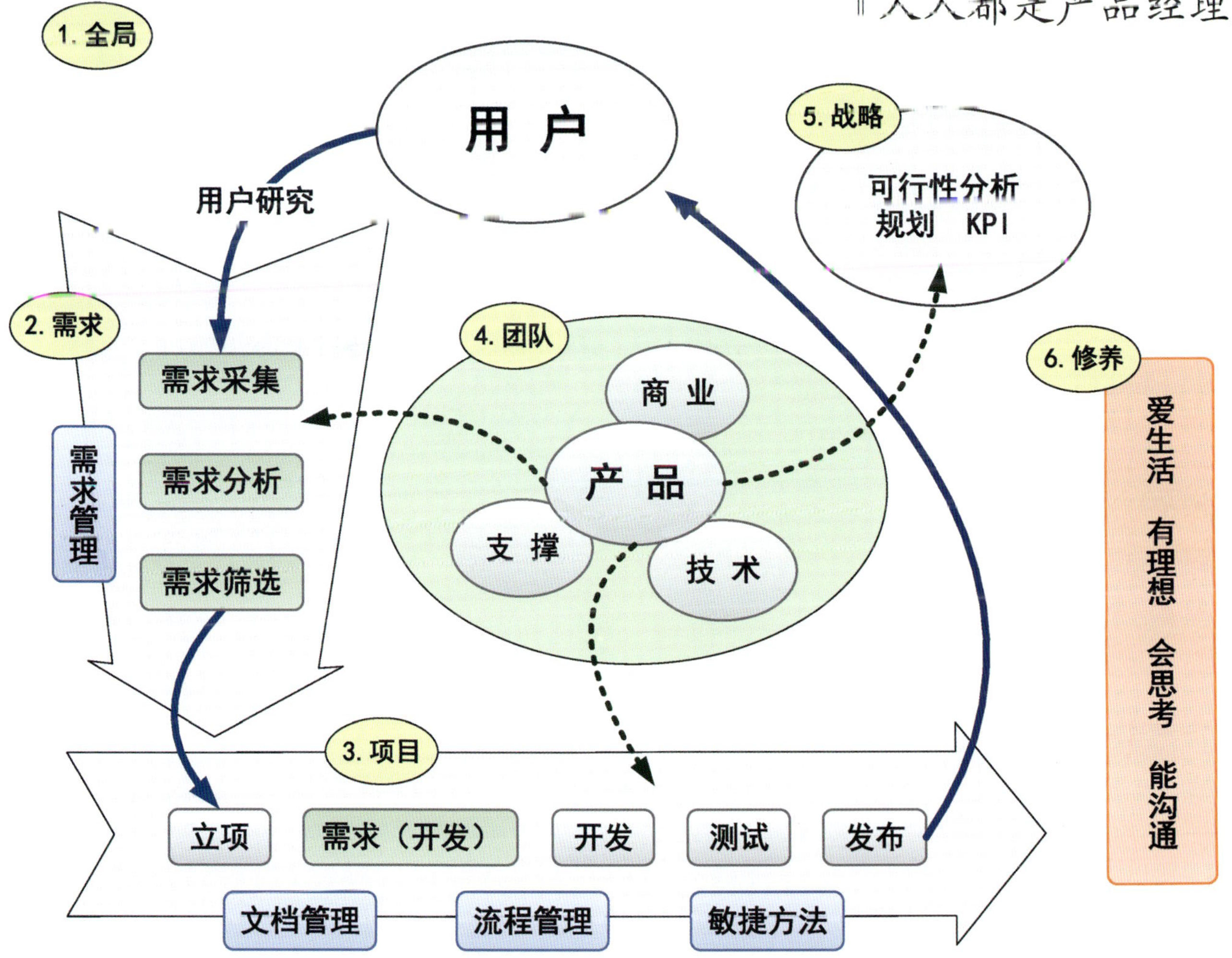

1. 全局
用户
用户研究
2. 需求
需求管理
需求采集
需求分析
需求筛选
4. 团队
商业
产品
支撑
技术
5. 战略
可行性分析
规划 KPI
6. 修养
爱生活
有理想
会思考
能沟通
3. 项目
立项
需求（开发）
开发
测试
发布
文档管理
流程管理
敏捷方法

『一个需求的奋斗史』

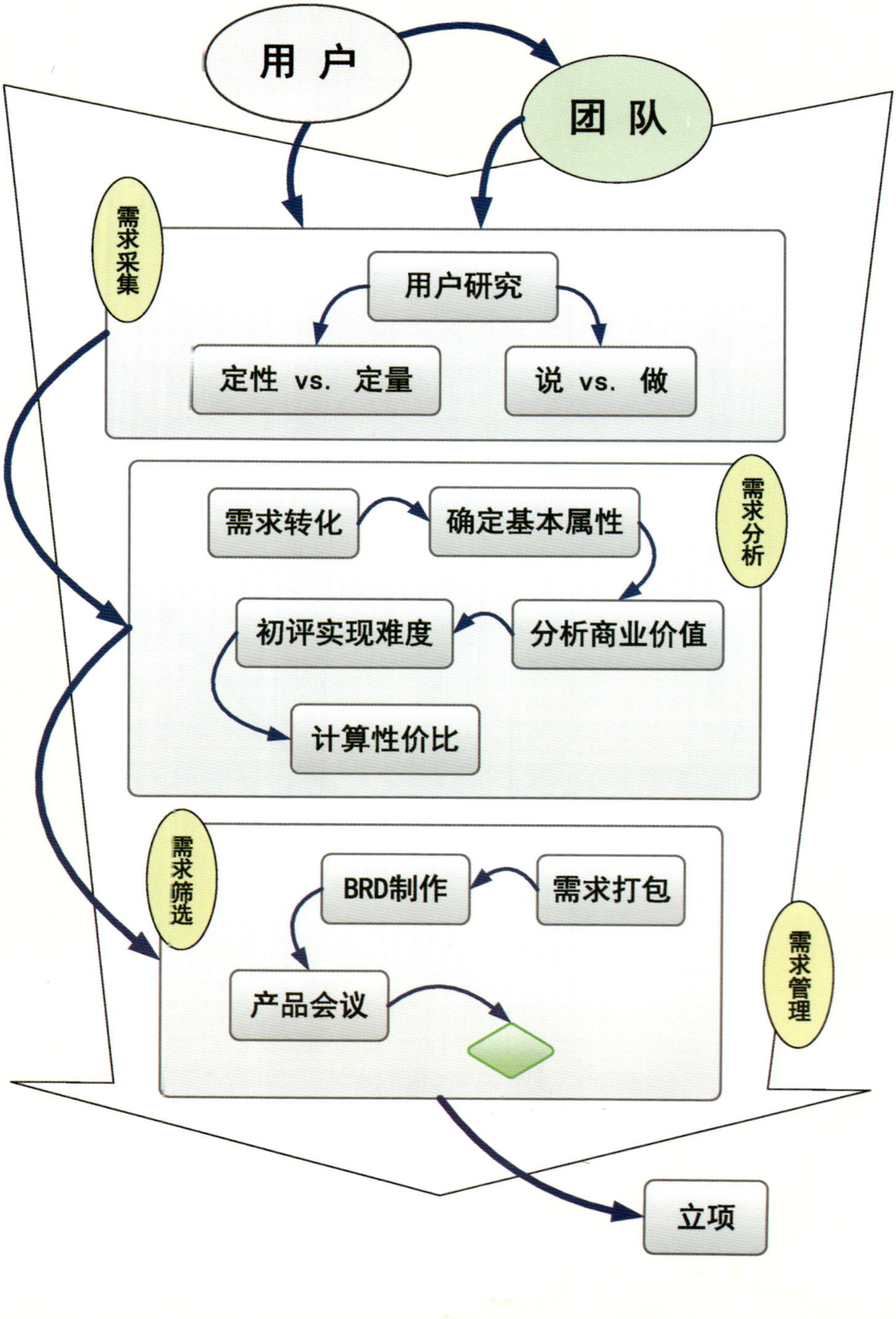

用 户
团 队
需求采集
用户研究
定性 vs. 定量
说 vs. 做
需求分析
需求转化
确定基本属性
分析商业价值
初评实现难度
计算性价比
需求筛选
BRD制作
需求打包
产品会议
需求管理
立项

『项目的坎坷一生』

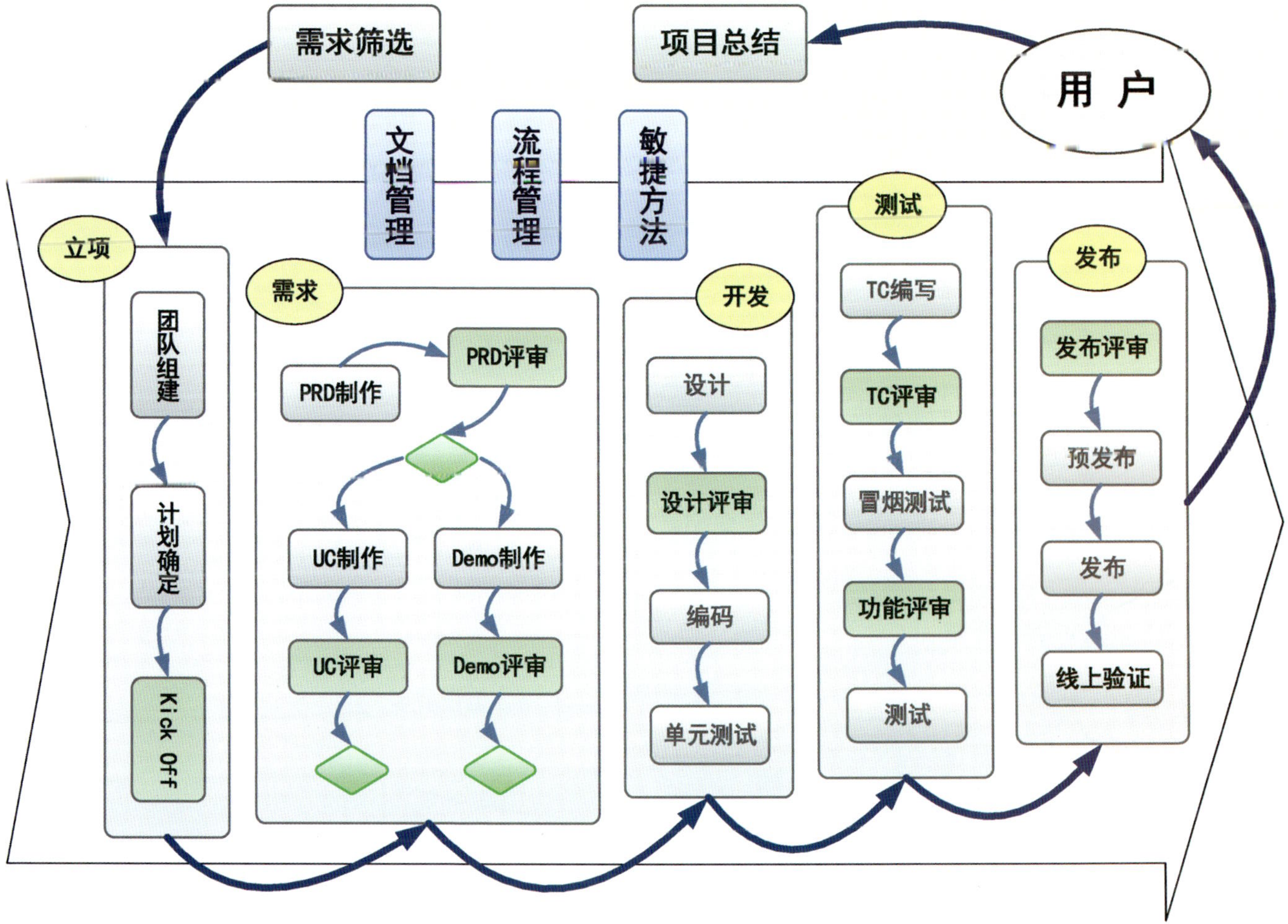

需求筛选
项目总结
用户
文档管理
流程管理
敏捷方法
立项
团队组建
计划确定
Kick Off
需求
PRD制作
PRD评审
UC制作
UC评审
Demo制作
Demo评审
开发
设计
设计评审
编码
单元测试
测试
TC编写
TC评审
冒烟测试
功能评审
测试
发布
发布评审
预发布
发布
线上验证

『我的产品我的团队』

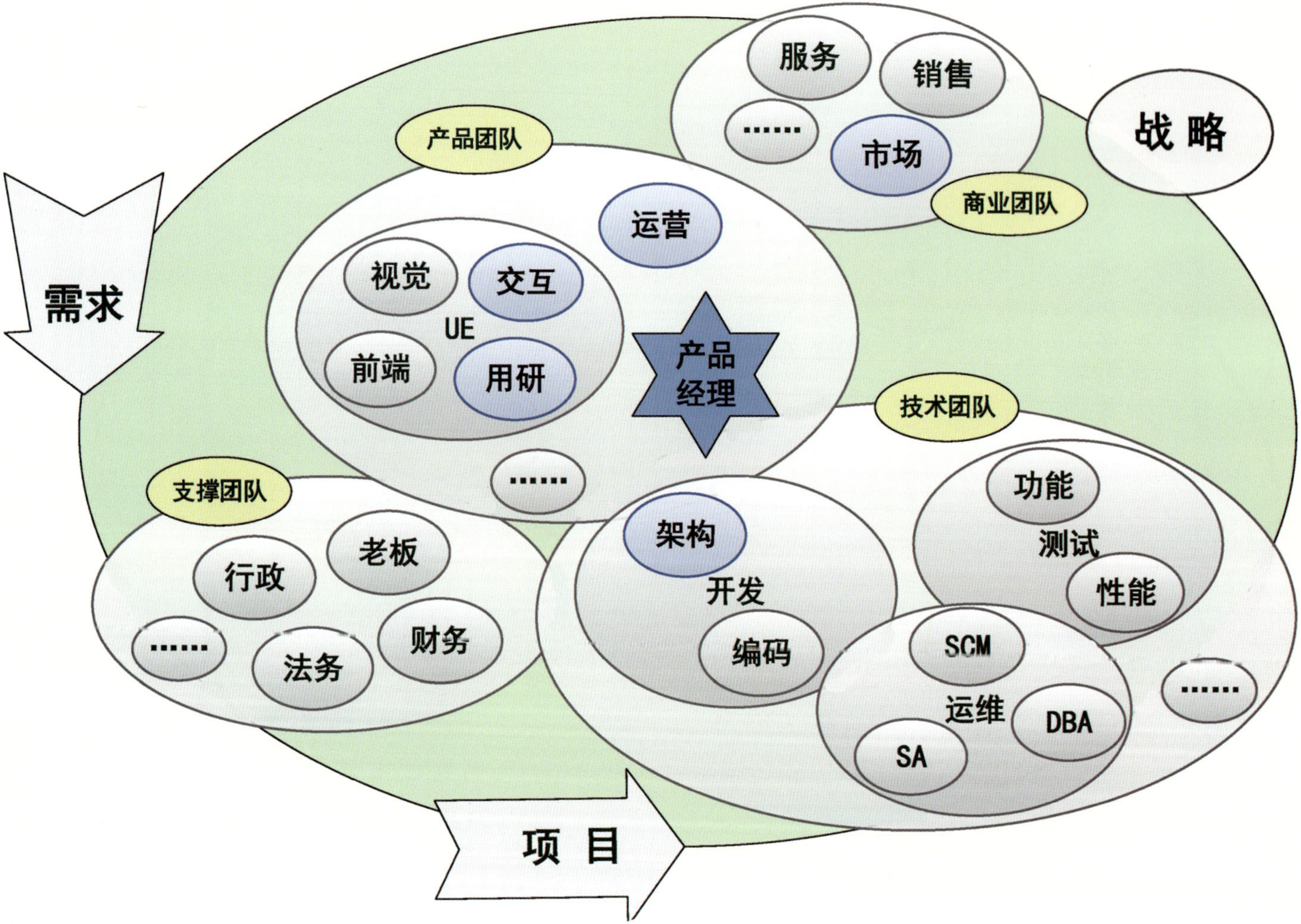

战 略
需求
项 目
产品团队
运营
UE
视觉
交互
前端
用研
产品经理
……
商业团队
服务
销售
市场
……
支撑团队
行政
老板
财务
法务
……
技术团队
开发
架构
编码
测试
功能
性能
运维
SCM
DBA
SA
……

人人都是产品经理

纪念本

苏杰 著

写给产品新人 GO

電子工業出版社
Publishing House of Electronics Industry
北京•BEIJING

内容简介

《人人都是产品经理——写给产品新人》为经典畅销书《人人都是产品经理》的内容升级版本，和《人人都是产品经理 2.0——写给泛产品经理》相当于上下册的关系。对于大量成长起来的优秀互联网产品经理、众多想投身产品工作的其他岗位从业者，以及更多有志从事这一职业的学生而言，这本书曾是他们记忆深刻的启蒙读物、思想基石和行动手册。作者以分享经历与体会为出发点，以“朋友间聊聊如何做产品”的语气，将自己数年产品工作过程中学到的思维方法与做事方式，及其它们对自己的帮助，系统性地梳理为用户、需求、项目、团队、战略、修养几大话题，完整而生动地回答了“我们为什么而做”、“在做什么事，解决什么人的什么问题”、“何时，和谁一起做”、“需要什么能力”等人人都要面对的核心问题。

本书面向“-1 到 3 岁的产品经理”，既有知识与方法，也有流程与实战，更有感悟与思考，适合刚入门的产品经理、产品规划师、需求分析师，以及用户体验、市场运营、技术部门的朋友，特别是互联网、软件行业的上述人群，也同样适合对做产品感兴趣的学生。

图书在版编目（CIP）数据

人人都是产品经理：写给产品新人/苏杰著. —北京：电子工业出版社，2017.6
ISBN 978-7-121-31352-3

Ⅰ. ①人…　Ⅱ. ①苏…　Ⅲ. ①企业管理－产品管理　Ⅳ. ①F273.2

中国版本图书馆 CIP 数据核字(2017)第 077557 号

策划编辑：张春雨
责任编辑：徐津平
印　　刷：三河市双峰印刷装订有限公司
装　　订：三河市双峰印刷装订有限公司
出版发行：电子工业出版社
　　　　　北京市海淀区万寿路 173 信箱　　邮编 100036
开　　本：720×1000　1/16　印张：22　字数：422 千字　彩插：2
版　　次：2017 年 6 月第 1 版
印　　次：2020 年 5 月第 16 次印刷
定　　价：66.60 元

凡所购买电子工业出版社图书有缺损问题，请向购买书店调换。若书店售缺，请与本社发行部联系，联系及邮购电话：（010）88254888，88258888。

质量投诉请发邮件至zlts@phei.com.cn，盗版侵权举报请发邮件至dbqq@phei.com.cn。

本书咨询联系方式：（010）51260888-819，faq@phei.com.cn。

推荐语

关于这本书，你想说什么?

你想写多长写多长

有任何疑问请联系@iamsujie

发布

RT

@虾米网COO 思践 这是一本很有意思的书：它一开始给你“产品经理是CEO的学前班”这样的崇高感，但当你误以为这是一本预备CEO的修炼宝典的时候，随着书中逐步讲述这个养成过程，你却会发现你所知道的永远不够，应该掌握的方法和技巧还有很多。然而最终这本书学完，你终于领会了，这并不是一本将人人都训练成产品经理的宝典，而恰恰是告诉你——存在神一样的产品，但并不存在神一样的产品经理，神一样的产品恰恰是由一个个“人人”共同创造的，而不是由一个所谓的优秀的产品经理创造的。因此，这不是一本讲个人修炼的书，而是一本讲群体修炼的书。

RT

@锐创传媒共同创始人&产品副总裁 戴雨森 本产品（=本书）用户感言：1）很好地满足了目标用户的核心需求;2）描述用户的语言时，充满了对用户的同理心;3）整个过程敏捷开发，快速迭代，不断完善。作为目标用户之一，我觉得该产品切合需求，得心应手，相见恨晚。特诚意分享、转贴、retweet之。

RT

@独立咨询顾问（曾任苹果公司产品经理多年） 端木恒 无论你是希望成为一名产品经理，还是想了解这个挑战与成就感并存的工作，本书都能带你走进IT产品人员的世界。作者悉心总结了自己做产品的最初几年中收获的各种经验教训与“血泪”史，其中不乏大量生动实例。阅读此书也可随处感到作者对这份职业的热情，将自己几年来用心学习、思考所获得的知识、观点、经验和优秀书籍推荐给每位读者。

RT

@深圳远行科技有限公司副总经理 何明璐（人月神话） 从苏杰的博客就可以看出这是一位注重实践和乐意分享的人。我始终相信实践出真知，而苏杰就是这么一位注重实践的产品经理。我也特别推荐这本书，相信大家看后会有收获。

RT

@阿里巴巴产品经理 曾建民 这本书不只是给产品经理看的，也是给所有想设计、经营、发展自己的人看的。

RT

@Phpwind产品运营师 石连增 从产品规划到产品实施，从需求管理到产品实现，从产品设计到产出物输出，从个人技能到团队协作，从职业技能到学习成长——这本书用朴实的语言细致地讲述了产品经理各个方面的实践经验，就像一条丝线，把产品经理散落在各处的精粹串起来，让人融汇贯通。

RT

@淘宝产品经理 胡忠 之前跟一位网络上的产品导师"牛角尖"取经，问做产品经理需要具备哪些条件？他教导我做产品其实就是一个不断学习不断成长的过程，每个人都有机会。我说网上有个不错的博客叫"人人都是产品经理"，立刻引起了他的共鸣："对，人人都是产品经理！"通过本书，能感受到真实的产品经理生活！

RT

@微软亚洲工程院项目经理 罗一恒（见习骑士） 不同公司对PM的职责以及其在公司产品流程中具体作用的要求都有所不同，但是，无论在哪个公司，不断地对用户、对需求、对功能、对流程进行思考与总结，是成为一个成功的PM必不可少的。这，也正是这本书字里行间最宝贵的东西。

RT

@阿里巴巴交互设计师 谢旭鸿 虽然不是每个人都能以产品经理为职业，但在我看来，产品经理是一类人，而不仅仅是一个岗位。任何人，只要能够发现问题并描述清楚，转化为一个需求，进而是一个任务，争取到支持，发动起一批人，将这个任务完成，并持续不断以主人翁的心态去维护，跟踪这个产物，那么，这个人就是产品经理。

RT

@华为新业务部产品经理 张锐（Ryan） 作为一直奋战在产品岗位最前线的人，iamsujie的经验对于每一个产品经理都是宝贵的。

RT

@对外经济贸易大学研究生 魏星 不论你是刚入职的互联网产品设计师，还是有志于在互联网产品设计方面有所发展的Geek，相信你都可以从本书中收获不少从未涉及的理念与思想。

RT

@阿里巴巴运营主管 方莉娜（狐狸） 不光是产品经理，只要你想解决问题，想学会解决问题的思考方法，都可以看这本书。最难的是持续不断从身边的点滴体会中进行有序的总结和随性的发散。推荐运营、营销、UED共同观摩，当都有启发。

RT

@天涯社区主编 华子 互联网的前十年是内容为王，第二个十年是产品为王，下一个十年，或许是平台为王。而对中国互联网来说，这正是一个产品为王的时代，感谢《人人都是产品经理》，让我们可以跟上时代的步伐。

RT

@盛大创新院产品经理 蒋建平（joby. jiang） 这是一本书！同时也是国内互联网重镇一线优秀产品经理的产品，你可以从中看到很多产品的思想：比如阅读受众划分，书本目录导航精心设计，照顾用户阅读体验的每篇5分钟阅读时间信息量划分。可以预见产品人都将从中获益良多。期待。

RT

@中国供应商（www.china.cn）产品经理 赵聪聪（矢车菊） 记得去年此时最纠结的时候苏杰同学告诉我互联网内任何工作都和产品有关，只要用心做，人人都是产品经理。很高兴一年后我实现了做产品的小梦想，更高兴的是苏杰终于把三年来宝贵的经历、体验汇集成册奉献给我们，我很期待这本书，更相信通过这本书我们会有新的收获！

RT

@腾讯搜搜产品经理 刘玉璇（xuan） 感谢苏杰，领我入门；更多的是让我学会经营自己的人生这个最大的产品。如果想要了解产品，就读这本书吧；如果想要快乐人生，也读这本书吧。

RT

@天下商机（北京）网络技术有限公司产品经理 刘海超 市面上讲产品经理的书很多，但互联网产品经理有别于传统行业，甚至和软件也大有不同，《人人都是产品经理》正是为了满足互联网产品经理人的需求而生。

RT

@上海百事通信息技术有限公司产品经理 孙亮 希望更多的营销人员和技术人员可以阅读本书的一些章节。教会营销和技术人员设计产品是一种奢求，但这本书至少能让营销、产品、技术人员对产品市场有一个统一的理解，从而加速沟通效率和团队合作！

RT

@淘宝交互设计师 刘洋（psyduck） 初闻苏师兄是在浙大BBS上Work版里采访他做产品经理的一个音频，生物工程出身的他做起互联网产品经理来也是有声有色，听他讲每天都是在PK与被PK中度过时，觉得这真是一个有挑战性的职业。2年多过去了，苏师兄从坚持写博客到要出书了，人人都是产品经理，希望每个在路上或即将踏入产品经理道路的人都能够开卷有益。

RT

@阿里巴巴产品运营师 陈伟聪（大葱） 与苏杰在同一个部门工作过一年，最亲密地感受到他对产品经理的思考和践行，这本书是他优秀经验的提炼，对做好产品经理有很强的指导意义。

RT

@金蝶电子商务服务有限公司产品经理 尹文俊（Villiamin） 产品经理即是细分并确认用户群体，将他们的需求体现在产品的设计中并不断迭代。同时负责相关项目的协调和跟进，将这些行为贯穿至产品的整个生命周期。如果你对这些工作有兴趣，就让本书带你一起走进产品经理的世界！

RT

@北京中科大洋科技发展股份有限公司产品质管经理 胡益申 在一个以IT及软件改变生活的时代，作为一个产品经理不仅仅改变的是一个软件产品的功能以及设计，更重要的是你的产品改变的是一群人的生活方式、工作方式、认知方式、思维方式，最终达到我们的最终理想。就像支付宝，不仅改变一种支付方式和功能，更多地还承载着商业诚信的使命。产品经理的终极目标，就是产品让生活更美好。

RT

@东软集团医疗系统有限公司高级PHP开发工程师 潘良虎（plhwin） 每一个互联网的从业者都需要对产品有或多或少的了解，苏杰的《人人都是产品经理》这本书便是从始至终都贯穿着这样一种理念。本书的内容源自于作者对生活细致入微的观察，作者围绕如何让产品的设计合理化，产品的流程简单化，用户的体验人性化展开思考。并将这种思考带入项目的实践，再从实践中总结经验。本书就是作者宝贵的经验之谈。作为一名从事web编程开发的技术工作者，我强烈推荐本书，因为技术其实只是一种手段，它最终是要转化为产品为用户服务的。只有了解了产品的本身，创造出来的产品才能更贴近用户。

RT

@北京派瑞威行广告有限公司高级创意经理 洪文超（KKHONG） 在我最彷徨犹豫的时候，偶然进入了苏杰的“人人都是产品经理”博客，在这里，我坚定了自己转型的决心。此书，五星推荐。

RT

@阿里巴巴产品经理 王浩（大熊） 产品经理在互联网公司里面位置很特殊，他类似于足球比赛里的中场核心队员，连接着市场、运营、销售、技术、管理层。所以，不管你是马拉多纳这样的"巨星"，还是某个不知名的从业者，我认为都很有必要认真读一下苏杰的这本书，因为，"人人都是产品经理"。

RT ☆

@北京无限讯奇信息技术有限公司产品经理 刘艳（lykingmax） 希望大家从苏杰这里学到的不是"产品经理"的技能，而是务实、诚恳的态度。因为要做好产品，必须永远要让自己是个"平民"，理解这个，你本人也是个好"产品"。☺

RT ☆

@安居客产品经理 吴志刚（无少） 网上搜"产品经理"会有很多文章，但多数你只是认为说的很对，但对你没有什么帮助，因为那是在帮你说出心底的话而已。但是从这里 你能得到共鸣，感受到成长的过程，并受教。

RT ☆

@北京瑞图万方科技有限公司项目经理 胡嵩（小宝） 本书贴近实际，不空洞，不虚无，读着很亲切，就是身边事！

RT ☆

@中国传媒大学学生（原新浪产品部实习生） 陈莹（elya妞） 作为一个产品新人，能得到的最有价值的信息是什么？当然是过来人摸爬滚打的那些经验啦。这本书将告诉你一些产品设计中最真实的东西。

RT ☆

@酷宝信息技术（上海）有限公司产品经理 蒋为可（3486） 作者来自中国互联网产品规划领域的最前线，擅长表达并乐于分享。全面性佳，阅读性好，实战性高，对于那些和我一样厌倦了来自西方陈旧教条的所谓必选之物的读者，这是一部值得推荐的书。

RT ☆

@广州山之风化学品有限公司网络营销主管 苏勇（苏武牧羊） 我在作者已经写了一部分书稿的时候知道了这本书，就一直关注这本书的写作进展。现在作者完成这本书了，我自己也有一种成就感。这就是Web，通过这个平台，可以让我们读者就参与到书的创造中来。虽然我自己不是PM，但作者这一本书很值得做互联网的人去读，不仅仅是这书，还有这写书的过程！

RT ☆

@上海盖世汽车网络有限公司产品部经理 孔强 2年前发现"人人都是产品经理"的博客时，我正处在产品管理的各种复杂工作环境的困惑中，纠缠于客户和老板之间，纠缠于UE、UI等各种名词中。2年后这本书让我更加"物质"化了，做产品应该唯物论，而非唯心论。

RT

@智联招聘C端产品负责人 后显慧（Lukehou） 好的产品经理：大公司说执行力，小公司要创造力！产品经理是有热情、爱学习的一群人！我喜欢他们！

RT

@九维网事业部SNS社区策划 万冬明（牙疼毅语） 马云"十只兔子"的故事，让人印象深刻；而苏杰兄的这本《人人都是产品经理》，正是教你如何去抓住兔子。对于那些还在摸索的同行们，此书，绝对值得一读。我举双手双脚推荐。

RT

@西安电子科技大学学生 张志强（Atrexl） 希望有一天，可以有一款震撼世界、颠覆性的互联网产品出自于中国，服务于所有的互联网用户。也希望通过此书，将产品经理这个职业介绍给广大的大学生朋友。

RT

@福建鑫诺通讯技术有限公司产品经理 李昆（流放黄山） 拜读"人人都是产品经理"博客已200天有余！书名虽骄傲，而内容确实值得细细揣摩。产品人要有悟性，苏杰属于这类人。几年时间的持续实践、持续思考、持续积累，理论化、系统化、结构化……终于有一天，做出了这个产品：《人人都是产品经理》！实践之余，若得以品读该书，你会发现文字简练得没有废话（这是作者的风格），字里行间的细节也会使你恍然大悟，继而会心一笑。书能写到这样，已经很好了！

RT

@巴别塔（北京）科技有限公司产品总监 孟超峰（Cola） 人人都可以是产品经理，但不是人人都能走完产品化这条路；这条路可以是整个职业生涯，也可以是一个项目。对于刚上路的同仁，这是一本攻略，而非秘籍；对于在路上的同仁，这是一颗北斗星，参照之下找准自己的方向；而对于开拓新篇章的前辈们，这是一本回忆录，借此回味一下曾经走过的路。

RT

@互动在线（北京）有限公司高级产品经理 陈岩 即便不在互联网行业，这本书也会给你帮助。"人人都是产品经理"，人生就是我们最重要的产品，怎样推进，如何经营，需要仔细品味。

RT

@北京图腾创想网络科技有限公司总监 徐翔宇（HiUpE） 一直都在关注苏杰的这本《人人都是产品经理》，我几乎天天都到博客里看一眼。产品是互联网的灵魂。产品是网民的精神食粮，好的产品能改变人们的生活，甚至是一个时代。希望本书能成为产品文化的一部分，让大家加深对"产品"这个概念的认知。

RT

@海峡教育网软件部主策划 张秀红 产品经理是一门非常有意思的工作，这乐趣是从工作中来，再从工作中去的，我们重结果，乐经过。很长一段时间，我天天都泡1~2个小时在苏杰的博客上，在这里听取经验，学习工作方法，还有苏杰的工作心得，收获颇丰，谢谢！

RT

@广州亿动网络科技有限公司（都市圈）3D地图部经理 周伟（WaiChau） 苏杰带给我们的，除了系统的产品知识积累外，更重要的是思维意识的逐步转变，这本书本身就是一个"优秀的"产品。

RT

@广东广旭广告公司交互设计师 刘晓智（小志） 一件成功的产品能够出现在我们的生活当中，它的背后都离不开一个团队的努力与心血，产品经理就是这个团队的领头人，希望人人都能扮演这个角色来引导中国产品的发展！

RT

备注：推荐者的公司职位信息更新于 2010 年。

读者服务

轻松注册成为博文视点社区用户（www.broadview.com.cn），扫码直达本书页面。

- **提交勘误**：您对书中内容的修改意见可在【提交勘误】处提交，若被采纳，将获赠博文视点社区积分（在您购买电子书时，积分可用来抵扣相应金额）。
- **交流互动**：在页面下方【读者评论】处留下您的疑问或观点，与我们和其他读者一同学习交流。

页面入口：http://www.broadview.com.cn/ 31352

版本升级说明

本书有四个版本的实体书，2010 年的 V1.0，2012 年的 V1.1，2014 年的 V1.2（对外叫纪念版），和你现在看到的 V1.21，对外叫《人人都是产品经理——写给产品新人》。

2017年的这个版本主要是为了配合《人人都是产品经理2.0——写给泛产品经理》的出版，做了一些非正文内容的微调，比如：封面优化、增加彩色插图、书签、修改定价等。特意说明了两本书（《人人都是产品经理——写给产品新人》和《人人都是产品经理 2.0——写给泛产品经理》）的上下册关系，如果觉得这本书还不错，记得也支持一下“下册”哦，那里有我 2014 年以后的思考。

本书的正文部分，除了十几个勘误，和 2014 年的 V1.2 是一样的，所以，以下用 V1.2 的升级说明，来阐述和更早版本的区别。

先说叫纪念版的三个原因：

第一，纪念 V1.X 最后一版。V1.0 的内容框架，4 年后看还是挺完整的，是好事，说明当时搭得逻辑自洽，但也是坏事，很难改“骨架”，改写的成本比重写一本还要高，只好增减一些“肉”。所以，V1.2 到头了，这一点，做过技术重构的同学一定深有体会。

第二，纪念一零年代（21 世纪的头 10 年）早期的那些产品。修订时，文字把我带入当年的时境心境，深深感叹，才 4 年多，时代感就如此之强，Google Reader、开心网、刚刚流行的新浪微博，以及自己曾经为之付出、但已下线的产品……所以，部分内容还是会有一些时代背景，我也在文中做出了说明。

第三，纪念我在阿里的 8 年。从阿里软件、阿里巴巴 B2B、淘宝、天猫、集团……

我在阿里做了很多，也收获很多，感谢公司、同事。2014年8月，我离开阿里，去创业，成为一名自由职业者，但，为“-1到3岁的产品经理”服务不会变，“人人都是产品经理”这句颇受争议的口号不会变。

再说纪念版和之前相比，到底改了什么。

第一，增加了不少延伸阅读，内容量不亚于本书自身。它像一个批注版，有一种“2014年的自己给2010年的自己改作业”的感觉。对书中的很多内容，我有了更多、更新的理解，说法上做了优化，但很难做架构调整，所以就以延伸阅读的方式，附上了博客里、网络上不少内容的链接。

第二，附录里的推荐资源，有较大改动，因为很多网站、图书都有时效性，一些更好的、更新的我觉得需要推荐，另一些则可以退出“历史舞台”了。

第三，V1.0的二十几个勘误和V1.1的十几个勘误，主要是错别字、病句、排版等。我对内容质量很有信心，我们不妨做个小游戏，只要你是本书某处错误的第一个发现者，联系我，我就送你一本将来的《人人都是产品经理 2.0》。

第四，封面、包装做了微调，涉及不少细节，也是为了让它更像“纪念版”。所以，我建议之前看过“免费电子版”的同学，可以考虑收藏一本，:)

然后，明确一下“几不看”。

第一，这仍然是小改版，如果你看过V1.0或V1.1，那就不用看本书了，会浪费时间，当然，你可以推荐你身边的朋友直接看纪念版。而你，可以通过关注我的博客、微信公众号等方式，来获取“延伸阅读”。

第二，对本书的定位，我要做出补充，对比“-1到3岁的产品经理”，她更适合“-1到1岁的产品经理”，所以，如果你做产品已经轻车熟路，请看到这句话以后就把此书送给你身边的新人。

第三，去看一下第8页的“写在正文之前：我与本书的局限性”。此处提到的情况仍然没有实质性改变，惭愧。对此很在意的读者，可以把读这本书的时间省下来做更有价值的事。

最后，以本书产品经理，而非作者的身份透露一下，V1.0和V1.1的实体书印刷量已经超过10万册，各种电子版的下载次数至少在20万以上，纪念版更多地是一种市场行为，为了线下渠道可以重新铺货，为了给2.0收集需求、提前造势、争取时间。修订的过程中，我愈发感到2.0势在必行，也希望能收到你对2.0的意见和建议，扫描如下二维码和我联系。

如果你还有兴趣，不妨帮我看看 2.0 可以提供的额外价值。

比如，我会彻底把内容重构，V1.X 虽然逻辑是自洽的，但是不透彻，好比是在地平面上看风景，2.0 我会把大家带到天上，从三维的视角俯视二维大地。

又如，2.0 可能会有上下册，第一本“写给–1 到 1 岁的产品经理”，话题与 V1.X 接近，但更透彻；第二本写给“1 到 3 岁的产品经理”，会有更多定位、规划层面的讨论，以及一些如何培养产品经理的话题。

再如，传统图书行业很大的一个问题就是，即使你的书卖出百万本，你也并不知道读者是谁，我希望在 2.0 中，重新定义“书”、“作者”、“读者”为“产品”、“产品经理”、“用户”，大家可以一起探索一些新玩法。

对了，2.0 的部分内容，我已经开始通过网络视频分享了，聪明的你一定找得到，它也是这本书的延伸，希望对得起在物价飞涨的年代，作者和编辑们很不好意思、很纠结的给书价……涨的那 10 块。

末了，再次感谢家里的领导江咏梅同学，她也是一位出色的产品经理，经常能敏锐且毫不客气地指出我的不足，让我受益太多，更难得的是，她做饭很好吃。

最后，在 2017 年的初夏，带着《人人都是产品经理》实体书销售过 20 万册的过去，和《人人都是产品经理 2.0》即将上市的期待，再次感谢一起成长的产品经理们。

苏杰

2017 年 5 月于杭州家中

自 序

是谁？每次K歌都对着点歌面板评头论足。

是谁？逛超市时总在想“这个商品的目标用户是谁？”

是谁？会给自己的个人发展做战略规划。

是谁？一定要在自己的婚礼中讲一个PPT。

是谁？会拿用户调研的方法与亲朋好友交流。

是谁？装修房子的时候抢着当项目经理。

是谁？看电视广告总觉得是在做同行评审。

是谁？会给自己的孩子设计各种“功能点”。

是谁？使用任何应用都能一下子挑出好几个Bug。

……

这个人就是产品经理。2006年底，我开始做产品经理，逐渐体会到这种做事方法与思路真的很好用，已经忍不住用它来解决任何问题，并且想告诉每一个人：尝试着用产品经理的视角看世界吧，你可以看得更清楚，走得更顺利。

微信里的“打飞机”游戏，曾经很流行，也许你考虑的问题是：躲子弹有什么技巧？怎样最快地升级？怎么玩得分最高？……而产品经理的视角则是：给每个用户几架飞机？如果太多/少了有什么坏处？没有飞机了怎么办？还有什么办法能让用户“根本停不下来”？

原来，这些都是和产品目标有关的，打飞机的游戏，本身并不新鲜，街机、红白机时代就有，但微信做游戏的目的，在很大程度上是为了提高用户黏性，让用户互动。飞机太少，用户挫败感很强，飞机太多，又没法通过互相赠送/索取的方式来激发互动，而增加了好友排行榜，更是激发了好友间的攀比、虚荣心理，让大家沉迷于这个简单的小游戏。而这些设计，就是游戏之外，产品经理比用户想得更深的地方。

后来，各种小游戏各领风骚一阵子，玩过的可以试着用这种思路想一下，一定能发现一片从未到达的“世外桃源”。而这本书的写作过程，我也用上了做产品的套路，遵循了互联网产品设计的五个层次——战略、范围、结构、框架、表现。就算这本书的实体，也到处有着思考的痕迹，比如勒口，你发现了没有？可以剪下来当书签，上面的一段话又是书名的真谛：

不是每个人都能以产品经理为业，但在我看来，产品经理是一类人，他的做事思路与方法可以解决很多实际的生活问题。只要你能够发现问题并描述清楚，转化为一个需求，进而转化为一个任务，争取到支持，发动起一批人，将这个任务完成，并持续不断以主人翁的心态去跟踪、维护这个产物，那么，你就是产品经理。至少，你已经是自己的产品经理，这才是“人人都是产品经理”的真谛。

记得上一次写致谢是在研究生的毕业论文里，用的是学长的“模板”，我以为会成为终身的遗憾。没想到 4 年后，有机会原创了。

首先，重点感谢一些“没有他们就没有这本书”的人。

感谢父母。说点实在的，我自问不是不食烟火的纯理想主义者，衣食无忧很重要。这两年我在想，要不是他们送了我一套房子，那我可能也会像《蜗居》里的人们那样，被生活所累而根本没时间思考。

感谢公司。阿里巴巴宽松的文化、分享的氛围是这本书诞生的土壤。不得不再提起我的几位主管，这本书的第一个 1000 字，其实就是我 2007 年 7 月的一份周报，当时我绝对没有主动写作的意识，完全是他们要求的。几年来，在他们的帮助和鼓励下，工作上的体会成为这本书源源不断的素材。到了最后，甚至在我提出了利用工作时间来做本书运营的想法时，他们也表示理解……

感谢博文视点的老师。早在两年前就发现了我，可算是我的贵人；并介绍了很多前辈给我认识，也为我这本不成熟的书付出了很多精力，到了最后阶段，甚至亲自动手帮我修改很多生涩的文字。

接下来，要感谢很多“没有他们这本书就会失色不少”的人。

感谢待过的几个团队。这些同事都是最棒的兄弟姐妹。2009 年 6 月，写书前跟腱断裂的意外，他们扛住了我丢下的工作，并且不断地给我打气，虽然方式有些特别，比如说 K 歌的时候点郑智化的《水手》给我唱。

感谢出版社其他朋友。他们一直以来的关注和最后一起的冲刺，让这本书顺利产出。

感谢小敏。是 2009 年初的一次聚会，她促使我把出书从想法正式提上日程。我的个人名片、本书的部分插图都出自她手。

感谢 Park。这本书和我的博客是分不开的，是一个产品的两种表现形式。博客从注册域名、虚拟主机到上线后的各次调整间，我问了 Park 很多很傻的技术问题，他都瞬间帮我解决了。

感谢审稿人。是他们无私地贡献出自己的时间，让我这个后辈意识到自己在哪些方面能力不足，并且帮我明确了前进的方向。

最后，感谢所有交流过的同行、前辈、新人。名字我没法一一列出，他们可能都没意识到自己对这本书有多大帮助，随便举几个例子：

推荐序充分体现了互联网的力量。没有常见的长篇大论式的名人推荐，而是每个人贡献一句话，某位应届生的话、某位产品设计师的话、马云的话，放在一起共同组成了本书特别的推荐序。

封面设计的初稿在博客上发出，短短几个小时内就有几十位专业的产品经理、设计师为它提出了修改的意见和建议，避免了我把不合适的封面展现在最终的读者面前。

和朋友们谈起这本书要充分利用互联网运营，很快就自发形成了虚拟的运营团队，很多都是资深的互联网运营人员。

写到这里，我还是不敢确定，我居然写了一本关于产品经理的书？在这条路上，我还是一个新人，是大家，让我愈发地坚定了自己的宣言——

一个成长中的产品经理，期待和同学们一起，用好产品改变世界。

苏杰

目 录

Contents

写在正文之前 / 1

为什么会有这本书 / 1

本书的产品定位 / 3

本书的风格与特色 / 5

本书的目录与内容 / 6

我与本书的局限性 / 8

第 1 章 写给-1 到 3 岁的产品经理 / 11

1.1 为什么要做产品经理 / 13

1.2 我们到底是不是产品经理 / 20

1.3 我真的想做，怎么入行 / 29

1.4 一个产品经理的-1 到 3 岁 / 34

第 2 章 一个需求的奋斗史 / 41

2.1 从用户中来到用户中去 / 44

2.1.1 用户是需求之源 / 44

2.1.2 你真的了解用户吗 / 49

2.2 需求采集的大生产运动 / 55

2.2.1 定性地说：用户访谈 / 56

2.2.2 定量地说：调查问卷 / 60

2.2.3 定性地做：可用性测试 / 64

2.2.4 定量地做：数据分析 / 68

2.2.5 需求采集人人有责 / 73

2.3 听用户的但不要照着做 / 78

2.3.1 明确我们存在的价值 / 78

2.3.2 给需求做一次 DNA 检测 / 82

2.4 活下来的永远是少数 / 93

2.4.1 永远忘不掉的那场战争 / 93

2.4.2 别灰心，少做就是多做 / 100

2.5 心急吃不了热豆腐 / 103

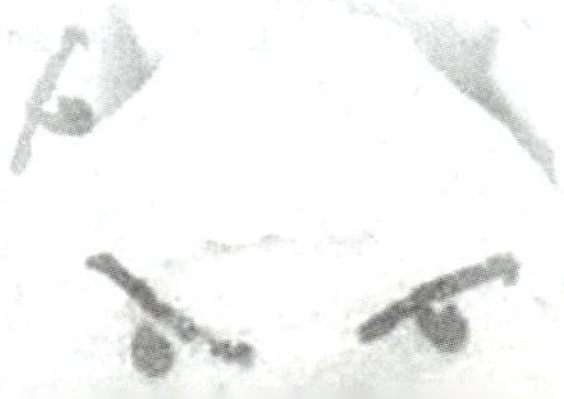

第 3 章 项目的坎坷一生 / 111

3.1 从产品到项目 / 114

3.2 一切从 Kick Off 开始 / 118

3.3 关键的青春期，又见需求 / 127

3.3.1 真的要写很多文档 / 127

3.3.2 需求活在项目中 / 140

3.4 成长，一步一个脚印 / 143

3.5 山寨级项目管理 / 155

3.5.1 文档只是手段 / 155

3.5.2 流程也是手段 / 162

3.5.3 敏捷更是手段 / 167

3.6 物竞天择适者生存 / 172

3.6.1 亲历过的特色项目 / 173

3.6.2 一路坎坷，你我同行 / 176

第 4 章 我的产品，我的团队 / 183

4.1 大产品，大设计，大团队 / 186

4.1.1 产品之大 / 186

4.1.2 设计之大 / 190

4.1.3 团队之大 / 196

4.2 游走于商业与技术之间 / 201

4.2.1 心思缜密的规划师 / 202

4.2.2 激情四射的设计师 / 205

4.2.3 “阴险狡诈”的运营师 / 215

4.3 商业团队，冲锋陷阵 / 221

4.3.1 好产品还需市场化 / 222

4.3.2 我们还能做什么 / 229

4.4 技术团队，坚强后盾 / 234

4.5 容易被遗忘的角落 / 237

4.6 大家好才是真的好 / 240

4.6.1 所谓团队文化 / 240

4.6.2 虚无的无授权领导 / 242

第 5 章 别让灵魂跟不上脚步 / 249

5.1 触及产品的灵魂 / 251

5.2 可行性分析三部曲 / 256

5.2.1 我们在哪儿 / 256

5.2.2 我们去哪儿 / 259

5.2.3 我们怎么去 / 263

5.3 做吧，准备出发 / 265

5.3.1 敢问路在何方 / 265

5.3.2 低头走路，抬头看天 / 268

5.4 KPI，KPI，KPI / 272

5.5 本书的源头活水 / 277

第 6 章 产品经理的自我修养 / 279

6.1 爱生活，才会爱产品 / 282

6.2 有理想，就不会变咸鱼 / 286

6.3 会思考，活到老学到老 / 291

6.4 能沟通，在什么山头唱什么歌 /296

6.5 产品经理主义 / 302

附录 A：它山之石 可以攻玉 / 315

别人眼中的产品经理 / 315

各种有用的信息 / 320

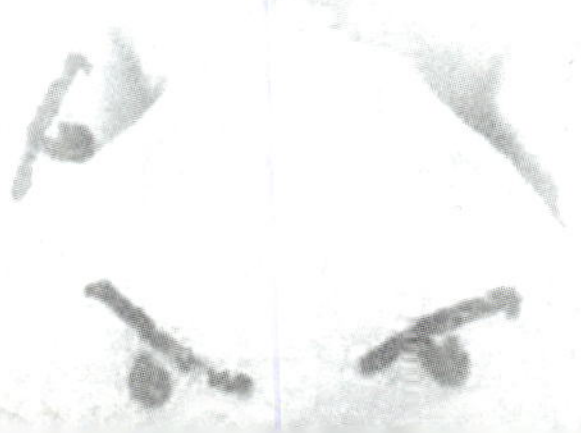

写在正文之前

为什么会有这本书

2006 年 6 月，我还是一个生物医学工程专业的学生，自己选的专业，不是因为“21 世纪是生物世纪”那句话，而是真的感兴趣。结果很简单，毕业时很难找工作。

之后的故事其实很平淡，很多事情也都很偶然。

2005 年 12 月，阿里巴巴给了我第一个也是唯一一个 Offer。

2006 年 7 月，结束悠闲的学生生活，入职。

2007 年 7 月，老板们觉得“做产品的要有想法”，于是要求产品团队的同学在工作周报的后面附加一篇做产品的体会，不少于 500 字。没想到工作以后还要写命题作文，写第一篇的时候，我迟迟难以下笔，后来好不容易找到一个和需求采集有关的话题，写完之后统计字数，没想到有 1200 多字……我心想，还蛮能写的么，干脆好好做这件事吧，于是有了《产品设计体会》系列文章。

2007 年 11 月，老板换了，不再要求写做产品的体会，我却不想停下来了。

2008 年 1 月，已写了 2.5 万字，我是唯一一个还在写的。

2008 年 3 月，在《产品设计体会》才写了不过三十多篇的时候，CSDN 发现了我，然后博文视点的老师找到了我，第一次跟我提到希望将来能整理出版。她一直给我很大的鼓励，也介绍了不少前辈给我认识，于是我又坚持写了一整年。

2009 年 1 月，在很多朋友的鼓励和帮助下，iamsujie.com 出世，我借机整理了已有的文章，7 万多字，后来又因为这个博客认识了很多同行。之后我开始加速积累素材。

2009 年 3 月，我开始负责公司的产品经理内训课程。这期间再次整理自己的所得，使之系统化，经过几轮评审，终于在 6 月底成功地做了一次内部试讲。

2009 年 8 月，已经积累了 17 万字和一些思路，正式启动写书的事情。

2009 年 12 月，24 万字的初稿完成。

2010 年 3 月，删减瘦身至 22 万字，初版全书定稿。

为什么要写书？

第一，符合我的理想与价值观。我在本书第 6.2 节“有理想，就不会变咸鱼”里说过，任何事情要做好且做爽，必然是内驱的，而写一本书正是实现我“做老师，让人人都做产品经理，用好产品改变世界”这一理想的绝佳手段。

第二，为了一群潜在读者。因为通过博客、工作，我越来越感觉到有一群想当产品经理的人需要这样一本书，具体的在下一节有关本书定位的思考里细说。

第三，过一把更货真价实的产品经理的瘾。这本书，对我来说算是做过的最具挑战性的产品了，类比到软件产品上，这本书的战略规划、需求、开发、测试、发布等所有过程，我都作为主力参与其中。虽然它最终的影响力可能不如在公司里参与过的几个产品，但我对这本书的影响力绝对可以超过在公司里做的任何产品。

为什么是现在？

这个实现理想的手段是那么的诱人，想想就让人精神亢奋，所以在 2009 年春天差点把手段当做了目的。4 月份的时候，有另一家很好的出版社希望我在三四个月后就把书写出来，好在我还是想明白了：不能为了出一本书而写书，不能求快，与其做一本可能让自己都不满意的书，不如没有这本书。

所以我一直在酝酿，一直感觉没准备好，但越来越发现如果这样想我永远都不会准备好，因为所谓的完全准备好也就意味着我在各方面都已经到达顶点无法继续提高了，显然我是不希望有这样一天的。

2009 年 6 月，个人博客已经走上正轨，6 月 26 日给公司同事做了第一次内训的试讲，意味着课程开发也告一段落，看似一切顺利，不曾想两天之后，6 月 28 日晚上我就出了点小意外，打羽毛球跟腱断裂了……这意味着接下来几个月我会行动比较困难。住院期间，不少朋友半开玩笑地对我说：“老天叫你不要乱跑，安心开始写书吧。”

于是，那就开始写吧。

本书的产品定位

我想把自己做产品的前三年学到的所有东西，都在这本书上实践出来，并且通过博客把做这个产品的整个过程讲述出来。这样做有三个目的：

一是在写作的过程中不断收集将来的潜在读者对这个产品的反馈，尽量实践“用户参与设计”的思想；二是希望“对做产品已经很有想法的前辈”来帮我把把关，防止我走偏；三是想给“对做产品还没什么概念的同学”一些做产品思路上的启发。

这篇有关战略的思考是我博客上第一篇有关这本书的文章。同行们给了很多意见，对这本书帮助很大，摘录几段，谨表谢意。

矢车菊：知识永远都是为人服务的，产品方面的知识也是。对于初入产品或还没有涉及产品的菜鸟来说，也许首先想要知道的是什么是产品、产品的事情包括哪些部分？哪些是最重要的、哪些是其次的？一个产品经理都需要做些什么、怎么做？需要具有哪些基本的从业素质？然后可能需要的就是一个通俗的道理、简单的做事方法和流程、思考产品的方式，然后大量使用生动的案例吧。

千鸟：一是用户群，二是切入角度，两点结合把握好即可。是给理想主义者参考的精神启发？还是给普通从业者找口饭吃的普及教材？或者打算包罗万象、点到即止的大全？我理解的好书，思想永远是走在时代的最前头。书的好坏往往在一开始就已经注定，只不过最后成功需要筹码和时间的等待。

Ray：纯理论的教材，读起来很是考验人；纯实例的书籍，到更像是自传体小说。做了四年，总是会有一些经验和感悟，也总是会经历很多活生生的实例，如何用好这些实例，不会让读者感觉乏味，又能够在实例中有所感悟？

于是，我更加意识到本书定位的重要，所以特地想好之后写下来，并在写作的过程中不断修正。

我们都看过很多战略相关的技术和理论，但真正做产品的时候，又有多少人会照单全收呢？一方面是太复杂，资源不允许，另一方面也确实没有必要，性价比不高。再现实一点，对于做产品没几年的同学，我们能碰到的战略规划问题，往往只是某个大战略下的一点点尚未决定的细节罢了，所以在绝大多数情况下，讨论战略规划，倒不如彻底想清楚几个简单的问题来得现实，而这本书，则是简化又简化的版本。

用什么产品，解决什么人的什么问题？

2009 年 8 月，我对这个问题给出了一个阶段性的答案，分几部分。

1. 要解决什么问题，满足什么需求？

最近几年，互联网、软件行业发展极其迅猛，而产品经理这个职位更是越来越火，市场需求旺盛，但优秀人才供不应求。

因此，网上、现实中随处可以看到、听到这样的问题“我想做产品经理，如何入行？”、“我刚开始做产品经理，应该做什么，怎样提高？”——这本书就是为了满足“新人入行、提高”的需求。

2. 目标用户在哪里，卖点以什么样的一句话打动对方？

顺着上一个问题，目标用户明确：–1 到 3 岁的产品经理，又分两种。

门外徘徊的（–1 到 0 岁）：有兴趣的应届生、用户体验人员、市场运营人员、跃跃欲试的技术人员等。

刚刚入门的（1 到 3 岁）：职位叫做产品经理、产品设计师、需求分析师等，还包括部分创业者，已经在“做产品”的，特别是互联网、软件行业的同学。

一句话卖点：自己人写给自己人的书。一个 4 岁的产品人，讲述自己几年来做产品的经历与体会，希望能给后来者一点启发。

3. 能提供什么产品和服务、核心竞争力，为什么是这本书？

我做了最简单的竞品分析，翻看了几本很有名的、题名中有“产品经理”四个字的书，发现了一个特点，它们都是前辈给后辈的谆谆教诲，作者都是已经在产品经理的岗位上做过 10 年，甚至几十年的顶尖高手，写书时也已身居高位。所以他们武功高强，理论扎实，已经看透产品经理的各方各面，写起来也是一块不落，好似一位已经走到目的地的前辈在回忆整段路上的奇闻轶事，看着大气，但对于还在起点附近晃悠的新人来说，看完了还是不知道开始的几步应该怎么走。

我第三次构思全书目录的时候，再次反思这本书的风格，对比其他类似书籍的作者，自己的特点是做产品没几年、经验少，非管理者、一线普通员工……我必须、也只能把这些看似劣势的特点转化为优势。思来想去，我唯一的机会也许就是营造这样一个场景的感觉：新入职的同事走到我的座位边，说“**嗨，哥们！晚上有空么，一起吃个饭，顺便聊聊做产品的事吧**”，**然后我说“好啊”**。

经典的产品经理的书很好，看它们可以更全面系统地了解做产品有哪些事情，好比抬头远眺，明确方向。但同学们生猛海鲜吃多了，我想来点清粥小菜给大家换换口味。一个 4 岁的产品人，在起点附近晃悠了几年，肯定比前辈们更加熟悉各种细节，可以像朋友一样娓娓细述这段成长历程，所以说读这本书，好比低头看清每一级台阶、每一块石头、每一个水坑，让我们一步一个脚印地走下去。

所以，这本书只是一个半路上的小结，有的风景我还没看到，也没法说给大家听，但我有站在前方的前辈给我指引，相信这份小结会有它的现实意义。现在是我做产品的第 4

年，仍然感觉到自己有太多的不足，要做到让自己认同的产品经理，我觉得至少还要 5 到 10 年。

期待和同学们一起成长，一起用好产品改变世界。

本书的风格与特色

第一，这是一本很 2.0 的书。

本书的写作全过程，都会让“用户”参与，充分互动：博客上相关文章里的读者/网友评论给了我很大启发，加之各种交流，大家的意见已经影响了这本书里的大部分内容。

此外，本书的封面设计、推荐序一人一句话的形式等，也都充分体现了互联网人人参与的特色。

本书的营销，也是一种 2.0 的方式，包括在朋友们的博客、各种 SNS[1]、微客的传播，我策划的事件营销与病毒营销等，并且这种营销早在 2009 年初，我将博客命名为“人人都是产品经理”，并且推出同名的系列文章，就可以算开始了，这个过程就算作一次实验也很有意思。

第二，这本书就是一幅画，对着它，我讲述自己工作里、生活中的故事。

正如我自己对本书核心竞争力的分析，这本书的内容会和市面上已有的产品经理相关书籍有很大不同。全书内容可以用如图 0-1 所示的这幅画来表达，具体是什么，我先卖个关子。

图 0-1 一本书就是一幅画

1 SNS，全称 Social Networking Services，即社会性网络服务，专指旨在帮助人们建立社会性网络的互联网应用服务。

书中，你不会看到很多理论，那些内容网上到处找得到，我只给出延伸阅读，有兴趣者可以自行钻研。你会看到很多来自一线员工的实战故事，几乎是我自己做产品前三年的经历，这些事也许正在你身边发生：我碰到过什么情况？怎么做的？成功还是失败？有什么感想？……

这本书会尽量少用业界的例子（产业的宏观分析等），同样是因为网上已经太多，而且对于没有亲历的事情，信息不充分，所有的分析都只是看热闹而已。我会多用生活中、工作中的小例子，把我们经历过或正在经历的事情用做产品的思路来描述，希望源于生活而高于生活。

所以这本书会更适合新人、小公司、大公司里的小团队——在里面能看到自己的故事。

第三，这本书就是一个产品，其设计全过程会在本书中体现。

这本书的写作过程中，用到了不少在做产品中学到的东西，如需求分析、时间规划、项目管理、文档管理、营销推广等，所以它本身就是一个很好的例子，如第5章中就以这本书举例，请大家再回头来看“写在正文之前”的几篇。

当然，有关这本书的很多事情，要定稿之后才结束，如后期的产品化、营销与上市等，所以没法写入此书，不过我会尽量利用博客来直播这个过程中的体会，也希望和读者有更多的互动。

本书的目录与内容

本书的目录，对应到互联网产品的设计，可以算做“信息架构”的范畴，确定之前，有过一次重大的调整。

2009年4月，刚开始准备写书的时候，看了不少类似的书，所以想学前辈，自上而下地做一个逻辑清晰、结构完整的目录。但是发现越做越困难，因为有些事情自己还没怎么做过，比如产品的财务方面，所以根本没法有足够的内容支撑这样一个结构，四处“Ctrl+C、Ctrl+V”不是我想做的。2009年5、6月的一段插曲让我改变了对本书内容的想法，那段时间我在做公司的产品经理内训，感觉顺手很多，究其原因，因为整理的都是自己做过的事情。

到了2009年8月，终于想明白，只有亲身经历的，才能把自己的特点写出来，所以最终按自己成长的时间顺序做出了目录，并且想在结构上稍微活泼一点，摆脱传统一行一行的死板样式。展现了一张思维导图作为目录结构，如图0-2所示，这也是本书背后大量文档的冰山一角。

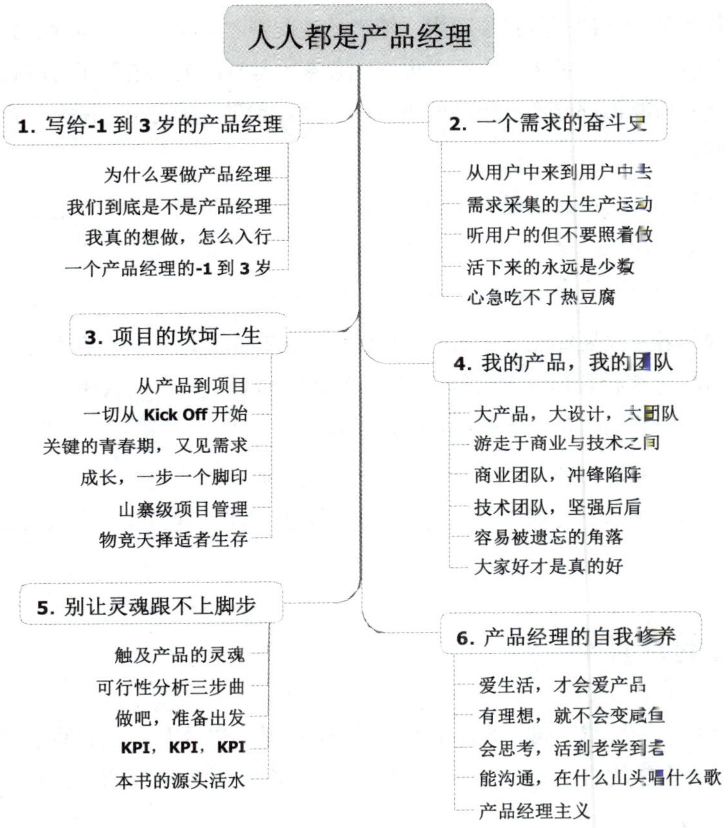

图 0-2　全书精确到第二级的目录

全书共分为 6 章。

第 1 章说一些预备话题：为什么要做产品经理？做的事情千差万别，我们到底是不是产品经理？想做了，怎么入行？……你会发现每天都要用的厕所、垃圾桶居然存在这么多问题，从而产生拯救人类于水火的热情，这是我“写给-1 到 3 岁的产品经理”的心里话。

第 2 章谈需求，用户与需求是产品的源头，从需求采集讲到确定做哪些需求：真实工作中的需求采集居然变成了听用户说去南非买钻石的故事？用户想吃火锅，怎么用馒头满足他？如果只能“拍脑袋”确定需求优先级，怎么拍得更靠谱一点？……这章讲述了“一个需求的奋斗史”。

第 3 章谈项目，从项目准备阶段一直到发布上线、后期反馈：项目启动时怎么跟老板要资源，既不被老板“砍”，又不被同事“砍”？那么多的“吵架会”能不能不开？看似混乱的项目管理为什么一直在用，好像也挺实用？……整个过程就像“项目的坎坷一生”。

第4章谈团队，我们开始扩展眼界，把产品扩展到“大产品”的概念：如何把产品团队的“势力”渗透入商业团队、技术团队？大家爽才是真的爽，结果所有问题都自己扛？越来越发现其实所有事都是产品经理的事？……这章帮助大家建立“我的产品、我的团队”的主人翁心态。

第5章谈战略，对产品是最重要的，我们最后才能接触到：价值观这么虚的东西，真的很重要吗？似乎遍地是黄金，怎么找到真正属于自己的那一块？凡事都要做规划，会不会活得太累？……有所为有所不为，“别让灵魂跟不上脚步”。

第6章谈修养，只要你热爱生活，其他都好办：产品经理要是没有理想，和咸鱼有什么区别？如何尽早摆脱学校教育的毒害，“活到老学到老”？为什么要“见人说人话，见鬼说鬼话”？……这些都是“产品经理的自我修养”。

做产品几年，发现自己已经患上了无可救药的职业病，甚至提出“产品经理主义”的概念。我希望看完这本书的每个人都或多或少地染上一些，这样就“人人都是产品经理”了[2]。

我与本书的局限性

做产品，用户的反馈、同行的评审都是帮助产品提升的常用手段，写书也不例外，本书第2章“一个需求的奋斗史”的初稿收到了不少同行与前辈的反馈，这些也成为我后续修改的依据，贴部分出来。

- ▶ 使用较多非书面词汇，不妥：
    - 比如“扯蛋、爽、PK、好玩”等；
    - “一个需求的最高奋斗目标就是被做掉”这句话引起了较多的争议。
- ▶ 产品经理的核心技能没有讲明白：
    - 工作方法、流程、文档等都没有讲到位，包括最重要的需求环节，比如讲“调查问卷”时，没讲明白问卷怎么设计。
- ▶ 没有理论根据，也没有站在比较高的高度上看待问题：
    - 故事没有讲好；

---

2 这小节展示本书卖点，先抛出一系列的问题，第1.4节“一个产品经理的–1到3岁”再谈本书的具体内容——这也展现出产品设计的思路（即本书的一个典型特点）。

- 一份范例文档、一份模板都没有放出来。

▶ 作者书中描述的是一个极其理想状态下的产品经理：

- 一般公司里的产品经理，都是从老板那里拿需求，然后把需求分解给设计和技术，然后盯着他们完成，然后中间不断地跟领导沟通，帮领导“压榨”设计和技术，然后上线以后负责处理各种 Bug。基本上不会做什么用户调查，可用性测试也就是给老板看看 UE 图吧。

▶ 简单地罗列概念而没有展开来讲：

- 需求采集、需求分析、UCD、人物卡片、用户研究…… 没有一个能完整地把概念说明白。

▶ 太过于阿里化：

- 应该体现出的是“一个优秀的产品经理应该做到哪些”，而不是“一个阿里的产品经理应该做到哪些”。

看到这些反馈，我感到郁闷，同时也感激、踏实……这说明我在写作，乃至在做产品的路上确实还有很大的提升空间。仔细分析了这些反馈，有些是我自己也觉得有问题的，可以优化，比如语言方面，初稿在写作上确实有些随意，不过我还是想尽量保留口语化的风格；有些内容第 2 章里没写，是因为写在其他章节里了，可能需要重新考虑章节结构；有些意见我不太能接受，还需要探讨，比如“作者书中描述的是一个极其理想状态下的产品经理”；还有些我真的无能为力，比如“阿里化”，因为阿里是我的第一份也是唯一一份工作……

所以，就像做任何产品都要事先考虑“风险与对策”一样，我想有必要尽早谈一下我与本书的局限性。所谓“丑话说在前面”，本书给不了读者的东西，我提前说出来，希望不要给读者留下没法满足的期待。

第一，现在只是我做产品经理的第 4 年。我一直是一名一线的员工，虽说后来有机会带领临时团队、参与战略制定，但毕竟视野有限，很难做到“站在比较高的高度上看待问题”，强行上升到理论，只怕会贻笑大方。我认为一个出色的产品经理绝对需要 10 年、20 年，甚至更长的时间来磨炼，我深刻地认识到我还在半路上，有些产品经理应该做的事情我还没有接触过，工作中我还没有产出任何一个真正值得骄傲的产品，甚至没有经历过一个完全由自己说了算的产品，这也是我最近一年做“三个一工程”的理由之一。

第二，阿里集团是我的第一个雇主也是唯一雇主。我待过的团队大同小异，而且，我做过的产品有明显的局限性，特点鲜明，都是电子商务、中小企业相关的应用，绝大多数读者应该都没有用过，对书中的一些例子也不会有切身体会。所以，不可否认我身上肯定深深地打下了阿里的烙印，如果说本书过于“阿里化”，我确实无能为力，因为我没法写我不熟悉的事情，否则就真是纸上谈兵了。

第三，我在学校里学的是生物医学工程。因为专业的关系，所以我在开发技术、交互设计、视觉设计等方面，都并非科班出身。在工作中我也经常被迫做诸如交互设计一类的事情，没办法，只能通过不断的犯错来证明老板的不英明。

产品经理做的事情，不似技术那般严谨，很多偏“艺术”的思维方式、做事方法必然只在特定环境下才适用。但是“不识庐山真面目，只缘身在此山中”，在没有更丰富的经历之前，对于更普适的情形，我只好尽量去思考，去领悟别人的话。所以，本书的有些观点可能片面、不成熟，甚至会被将来的我否定，比如在写书的过程中我就发现自己一两年前的博客文章中，有的看法近乎可笑。因此也希望读者能理解，并带着大大的问号来读这本书。

另一方面，**我并不认为一本书需要理论完备，完备的话就意味着这个领域已经发展到尽头了。**争议是极具价值的，如果本书里的观点能通过被批驳发展得更成熟，我也很乐于被拍砖，虽然这可能有点像为自己的能力不足诡辩，但这也是我的真实想法。一个观点被视为普遍真理，是一件不好的事情，至少，这个观点不再会发展了。当一个问题有了明确答案的时候，这个问题也就没意思了。所以**当我们发现自己或别人前后的观点自相矛盾的时候，也许是好事，说明还在进化，当然方向的好坏有待验证。**

最后小结一下，这本书不是手册、不是大全、不是工具书，只是一个产品经理在前几年成长路上的心得体会，如果你想更全面地了解产品经理，千万不能只看这本书，试图只看一本书就了解一个领域的想法本身就是不成熟的，**你能了解的只是作者在写书时的观点。我们应该养成一个习惯，当看到一个观点的时候，就有冲动去寻找与之矛盾的观点，然后通过对不同观点的分析找出背后的原因，从而更全面地理解某个事物。一个人成熟的标志之一就是心中可以容纳各种不同的思想而无碍行事。**

与君共勉。

第 1 章

写给-1 到 3 岁的产品经理

这本书，给大家详细讲述了画中的这个生态系统，有云和雨、河流、动植物、太阳和大地。现在，就让我带大家慢慢走进这幅画。

第1章 写给-1到3岁的产品经理 / 11

1.1 为什么要做产品经理 / 13

坏产品：无处不在的危险 / 14

好产品：从垃圾桶到洗手间 / 15

1.2 我们到底是不是产品经理 / 20

产品究竟是什么 / 20

产品经理横空出世 / 21

他们真是招产品经理吗 / 22

产品经理概念的进化 / 24

非典型产品经理 / 26

一线员工眼中的管理 / 28

你已经是产品经理 / 29

1.3 我真的想做，怎么入行 / 29

产品经理的招聘广告 / 30

真的想？你确定吗 / 31

找到自己的位置 / 32

几个可能的入行切入点 / 33

1.4 一个产品经理的-1到3岁 / 34

入行之前，我是学生物的 / 34

入行头半年，打杂的菜鸟 / 35

入行半年后，学习“怎么做” / 36

入行一年，开始问“做不做，做多少” / 36

入行两年，项目与团队 / 37

入行三年小结：战略与修养 / 38

“一个成长中的产品经理，期待和同学们一起，用好产品改变世界。”

这是我个人博客的副标题，也是我写给-1 到 3 岁的产品经理的第一句话。本书第 1 章正是对这句话的解释。

首先，讲讲“为什么要做产品经理”，我举了一些生活中的例子，来说明**“好产品能改变世界”**，这是我——一个产品经理——的信仰。

接着，分析“我们到底是不是产品经理”，我眼中的产品经理和一些传统书本里说的产品经理有些不同，通过这节，我们来聊聊产品经理到底是个什么角色，产品经理要做些什么。

之后，如果你说，“我真的想做产品经理，怎么入行”，我会很高兴听到，因为我想做的事就是**“期待和同学们一起”**成长，所以这节里我会分享一下自己的入行心得，聊聊做产品经理需要什么样的人。

最后，借着“一个产品经理的-1 到 3 岁”这一节，说说我自己——**“一个成长中的产品经理”**入行 4 年以来各种做产品的经历。

那么，让我们开始吧。

1.1　为什么要做产品经理

早晨八点，iPhone 设置的闹钟响了，我磨蹭了几分钟，拉开在街边小店定做的窗帘，穿上在淘宝上买的 T 恤和短裤，戴上在宝岛配的眼镜，走到洗手间，在赠品牙刷上挤了点黑人牙膏，用在读书时就在使用的塑料杯接了点水，闭着眼睛刷牙，完了直接用水洗脸，擦干，用公司的纪念品杯子喝了点水，穿上一双运动鞋出门……

这就是我的一个典型的早晨：短短十几分钟，已经接触了几十个产品。嗯？窗帘不够厚，透过来的光让我没睡好；眼镜腿儿太紧，弄得脸上有勒痕，可是太松了又容易掉；牙膏轻轻一挤就老长一条，还会掉一大块在水池里，浪费；喝的水不是太冷就是太热……没准儿其他做产品的同学也有类似的感觉——看哪哪不爽：每次有人请客，去餐馆点菜时都恨不得菜单有个按价格排序的功能，而且是贵的在前面，狠狠地宰他一顿；每次 K 歌不小心按到“切歌”被人鄙视，总会忿忿地说“不是我的错，是这个面板设计得太烂”；每次乘电梯，看到门外有人跑过来，热心地为他按“开门”键时却按到了“关门”键，都会在心里默默地骂：混蛋的设计……

于是，回到那个终极问题——我们为什么要做产品经理？因为，好产品能改变世界，坏产品也能，而我们身边已经有太多的坏产品了，就像下一个标题说的，它们就是“无处不在的危险”。世界需要我们——好的产品经理——来拯救！

坏产品：无处不在的危险

杭州市区山很多，节假日爬山的人不少。有一天，一些网友在山上看到了如图 1-1 所示的路牌。他们本想去梅家坞，但前面走得比较快的几个人想也没想就往图中向下的方向去了。后到的几位可能是性子比较慢，所以在这个路牌前仔细看了一下，那三个方向上分别注明了 1、2、3，并且下方的文字也注明了 1、2、3，一阵眩晕之后大家才惊觉要去梅家坞应该往左边走，于是赶紧给前面的人打电话……

图 1-1　杭州山上的路牌

此图来自豆瓣（douban.com），为网友拍摄

Don't Make me Think[1]一书中说，Web 的设计“不要让用户思考”，其实生活中更需要这样。这块石头上的指示，虽然仔细看可以弄明白，但是绝大多数用户却不会仔细阅读。

如果说路牌做得不好，只不过耽误了一点时间，那么下面这两条盲道，就让我们有点气愤了。

先看如图 1-2 所示的左图，盲道本是为了残疾人行走方便，而这段路却用黄色的砖来搭配红色的砖，做成了“好看”的 Z 字形，给盲人平添了行走障碍。看到这样的路也许我们会愤怒？无奈？但每天我们看到很多类似的网站，倒是相当习以为常：花哨的视觉效果妨碍了用户，以至于妨害了我们的原始目标。有曰：给丑八怪美容，给河马涂口红。

1　此书的中文译名为《点石成金——访客至上的网页设计秘笈》。

图 1-2　马路上的盲道

此图来自豆瓣（douban.com），为网友拍摄

再看图 1-2 的右图，我想，铺盲道的部门和架电线杆的部门一定不太熟，由于他们之间没能很好地协作，甚至会让盲人受伤。看过一篇文章，说在西方，路上经常看到残疾人，而在中国却很少，于是很疑惑，难道西方的残疾人比例比较高？看到这条盲道，也许可以给我们一些提醒，我们的残疾人没事儿敢出来溜达吗？不管是铺盲道的问题，还是架电线杆的问题，用户眼中只会认为是产品有问题。

只要每天在路上走，就能看到很多可怕的事情，而就算你整天宅在电脑前，也会不时看到“惊悚”的画面，如图 1-3 所示。

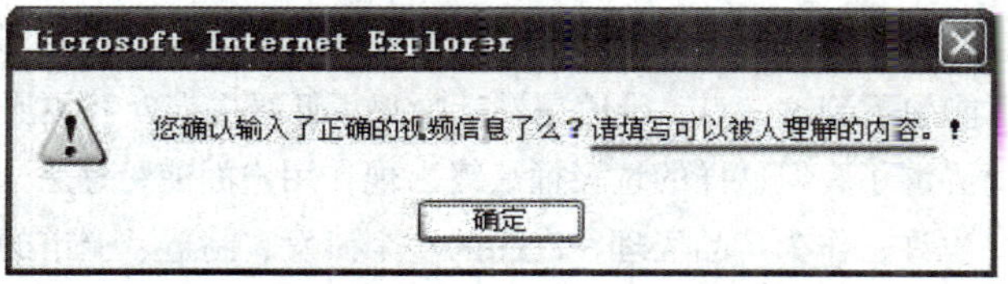

图 1-3　人类可以理解的内容

此图取自同行的网站，站长网名“思域”

坏产品时刻恶心着我们，心中充满爱的产品经理们已经迫不及待地要去拯救地球了。别急，我们先来看看好产品是如何改变世界的……

好产品：从垃圾桶到洗手间

让人欣慰的是，有的产品还是在不断改进的。网友拍了以下三幅图，如图 1-4 所示，都是路边的垃圾桶，一个装可回收垃圾，另一个装不可回收垃圾。

图 1-4 杭州路边的垃圾桶

这三张垃圾桶的图来自淘宝 UED 团队的博客（ued.taobao.com），为网友拍摄

第一幅，只有颜色区分，也许有的朋友通过颜色就能知道绿色为可回收、黄色为不可回收，但不少人可能想不到这一点。难道是设计师犯了低级失误？我更愿意相信是为桶身喷油漆的工人一时弄混了，但这样的垃圾桶最终出现在用户面前，总是让人无法接受。如何避免这种悲剧？也许，作为产品经理，产品的整个研发、制造、上市的过程，都要充分地参与其中吧。

第二幅，喷漆的错误改正了，桶身正中区分了可回收与不可回收的标志，并且下方附有一行文字说明。很棒的改进！可是大多数人拿着手中刚喝完的纸质饮料包装还会犯晕：这玩意到底能不能回收啊？纸好像可以卖给收废品的，但这么黏黏糊糊的纸真的能回收吗？可能这对于你来说不是问题，但要知道，对一个产品，用户总是分为新手、专家和中间用户，而对于图中所示的垃圾桶，大多数人都可能是新手！给新手使用的产品，一大设计准则就是——无需阅读说明书就能上手。于是，这个垃圾桶继续改进。

第三幅，有了文字说明，再把专家才能看懂的标志换成普通人一眼就能看明白的图案

——可回收的绿桶上画着易拉罐、玻璃瓶等，不可回收的黄桶上画着鱼骨头、苹果核等，至少可以解决大部分人的困惑了！

三组垃圾桶，让我们看到了产品功能的持续改进过程，其改进的方向是：让用户更加省心。

说完垃圾桶，咱们再去看看不同场所的洗手间。如图 1-5 所示是腾讯的一位朋友拍摄的某五星级酒店洗手间的门。

图 1-5　五星级酒店洗手间的门

此图取自同行的网站，站长网名“臭鱼”

问题多多。

第一，这道门太“宏伟”，像会议室的门，让人无法一眼判断出它是洗手间的门。

第二，不知道为什么，门上没有厕所通常会有的标志。若从图中的右侧走来，怕是难以识别出这就是洗手间。

第三，门的把手，第一眼看不出应该推还是拉。

来看看另一个地方的洗手间，完全没有上述问题，这就是麦当劳[2]，如图 1-6 所示！

第一，麦当劳洗手间的门，一看就让人觉得这很像人们印象中洗手间通常应该有的门。

第二，门上有标志，不管从哪个角度都能看清。

第三，门没有把手，所以只能推开。当然门的推拉设计也要考虑到门内外的空间大小等因素，大家可以回忆一下，麦当劳洗手间外面的过道都是很窄的。

2　每次我与大家分享的时候，都很诧异于不少人一看到这个门就知道是麦当劳而不是肯德基，让我非常好奇，难道麦当劳的品牌识别已经做到如此强悍，连洗手间的门都让人一看就知道？

图 1-6　麦当劳洗手间的门

此图取自同行的网站，站长网名“臭鱼”

延伸一点：洗手间的门推开以后，一定要有类似弹簧的装置让门能自动关上，但可惜的是我在公司附近的写字楼里就看到过一间缺乏类似装置、导致门户一直大开的洗手间。这样的洗手间一方面会让里面如厕的人很紧张——与外界“沟通”太顺畅了；另一方面外面的人也会很紧张，为了看清楚门上的标志是男是女，需要探头探脑，冒着被当做变态的风险……

来看看洗手间里面的东西——马桶，如图 1-7 所示。杭州的贝塔咖啡店门口曾经有一个花盆，它看起来是个花盆，但却是一个马桶哦！

图 1-7　杭州贝塔咖啡门口的马桶花盆

此图取自“白鸦”的独立博客（uicom.net）

没有马桶，现代都市人的生活将会无法想象。下面这个故事告诉我们：马桶改变了世界。

马桶改变了世界

二战中，铁托领导的游击队，孤军奋战，与装备精良、训练有素的德国纳粹军队进行了艰苦卓绝的斗争，并最终赢得了胜利，建立了南斯拉夫共和国。后来在科索沃危机中，冲突双方依然力量悬殊。面对强大的美国空军的狂轰滥炸，南斯拉夫人再一次向世界展示了他们的民族性格。人民自发组织起来，用血肉之躯，轮番守卫贝尔格莱德市区的重要地段。

没想到的是，南斯拉夫后来对北约做出了让人诧异的让步，原因竟然是马桶抽不上水！习惯了现代文明的贝尔格莱德市民有捍卫国家的勇气，却无法容忍因马桶抽不上水所带来的生活不便。

具体说法是：美国空军轰炸的重点起初集中于军事目标和与之有关的交通枢纽，后来则转而摧毁诸如水厂电厂之类的民用设施。城市供水供电系统的瘫痪，直接导致了严重依赖水电的居民家庭卫生用水困难。如果抽水马桶失效仅仅一两天，老百姓或许还可以忍受；如果停水十天半月，甚至更长，这桩小事可就变成大事了。过惯了现代文明生活的普通老百姓，在没有充分心理准备的情况下，突然离开了习以为常的抽水马桶，一连多日在户外或以其他“非常手段”来解决“日常问题”，事态就立刻变得严重起来。众多不愿失去体面和尊严的人们，开始对时局失去耐心，逐步达成了一种共识：恐怕国家政策或高层政府官员需要更换。随之而来的，便是传媒展现在世人面前的那一幅幅人心浮动的画面：冲突双方签署城下之盟，大选后政府更迭，前任国家元首变成国际法院的“阶下囚”，民众生活恢复正常。

小小马桶，就这样让一个国家改朝换代。而马桶本身也是一个产品持续改进的典范：从最初简单的一个桶，一步步有了储水器、自动灌水装置、控制冲水的把手、盖子……近些年，更是有了两段式节水设计，甚至具有医疗功能。我最近对此特别有体会 2009 年 5 月因为打羽毛球时发生的意外，我的跟腱断裂了。两个多月后，虽然已经可以走路，但由于踝关节的弯曲角度问题，我还是没法下蹲，这就意味着我只能使用坐式抽水马桶，真是不受伤完全体会不到，感谢让生活更加温馨的马桶。

不多一会儿，就说了这么多我们身边的产品，它们悄悄地改变着我们的生活，悄悄地改变着世界。看到这里，你会不会心痒痒地想做一个改变世界的人——产品经理？

那么到底什么样的人才算是产品经理呢？好像周围挺多人都顶着这个头衔，他们到底是不是产品经理呢？

1.2 我们到底是不是产品经理

我从事的是 IT[3]行业，具体点说，是互联网和软件行业。很多人可能都会和我一样，入行久了，看了一些资料，发现里面说的产品经理和我们平时做的事情似乎不大一样，于是做得越久越迷茫，总在问自己——我们到底是不是产品经理？

有这样的疑问很正常，因为有"产品经理"这个词的时候，还没有我们现在熟悉的"互联网"和"软件"的概念呢。从互联网、软件行业巨头的"产品经理"招聘广告中，就可以发现这个职位的内涵和以往的产品经理已经有着很大的不同。那么，互联网、软件行业的产品经理在概念上究竟有了哪些变化，有了哪些发展？为什么会有这些变化和发展？这会导致产品经理的职责、技能要求有哪些不同？我试着在这一节中给出自己的认识和分析。

需要说明的是，我会经常把互联网和软件业的产品经理放在一起讲，这是因为两者同属 IT 行业，而且现在的互联网产品越来越复杂，越来越像软件，而软件产品也越来越多地基于网页浏览器，而最近几年提得越来越多的"移动互联网"，因其独有的特点，又有些许不同[4]。

产品究竟是什么

我特别喜欢思考一些貌似"终极"的问题，这次的问题是：**产品究竟是什么**？

找了半天没看到满意的答案，百度百科里这样解释：

> 产品是"一组将输入转化为输出的相互关联或相互作用的活动"的结果，即"过程"的结果。在经济领域中，通常也可以理解为组织制造的任何制品或制品的组合。产品的狭义概念：被生产出的物品；产品的广义概念：可以满足人们需求的载体。

我的理解则更直白一点：**产品就是用来解决某个问题的东西**。

现在我对着电脑屏幕敲下这行字，用的键盘是一个产品，显示器是一个产品，显示器里的文字处理软件是一个产品，我用的输入法软件是一个产品……忽然我口渴了，手边的杯子是一个产品，杯子里的果汁也是一个产品，我想到了买果汁的时候导购员提供的参考意见很有帮助，她的服务也是一种产品……最后，我觉得我自己也是一个产品。

所以说，产品这个东西，**可以是有形的实物，也可以是无形的服务**，多种多样。而解

---

3 IT：Information Technology，信息技术。

4 延伸阅读，无线与 PC 产品的区别，http://iamsujie.com/7000/7048/（扫右侧二维码可直接打开该页面阅读，下同）。

决问题其实就意味着满足人们的需求，这样才能产生价值。这个价值不仅要给产品的使用者，也要给产品的创造者。这本书里谈到的主要是一类产品——商品。并不是所有的产品都要变成商品，公益性、非营利的产品也随处可见。但我们工作中所做的产品，绝大多数都是在人们的需求，即用户目标和公司的商业目标之间寻找平衡。只考虑用户，公司无法赢利，必然死掉；只考虑商业，光想着公司得好处，用户留不住，公司也会死掉。

所以在这本书里我们说产品是什么，**产品就是要同时解决用户的问题和公司的问题，一个都不能少！**

产品经理横空出世

在商品出现了很多年之后，产品经理的概念才第一次在美国的宝洁公司[5]出现。此前，产品经理要做的事情显然也是有人做的，为什么这么晚才有人蹦出来说："要有专人对这个东西负责"？我们还是先讲故事。

全世界的第一位产品经理

20世纪二三十年代，宝洁第一次提出了产品经理的概念。当时宝洁推出了一种佳美牌（Camay）香皂，但销售业绩较差。一名叫麦古利的年轻人在一次会议上提出：如果公司的销售经理把精力同时集中于Camay香皂和Ivory（宝洁的一种老牌香皂），那么Camay的潜力就永远得不到充分发掘。幸运的麦古利赢得了宝洁高层的支持，之后，每一个宝洁品牌都当做一个独立的事业在经营，有专门的产品人员、销售人员给予支持，与其他品牌同时竞争。

而麦古利就成了全世界的第一位产品经理，负责Camay香皂的品牌建设、市场销售等几乎所有的事情，他的成功表现使宝洁认识到产品管理的巨大作用，之后，宝洁便以"产品管理体系"重组公司体系。这种管理形式为宝洁赢得了巨大的成功，也导致后来大部分消费性商品业者纷纷沿用和抄袭。

由此可见，产品经理的出现是为了适应公司发展的需要。随着企业越来越大，产品越来越多，越来越复杂，原来按职能划分部门的组织结构已经无法适应，所以出现了产品管理的矩阵型组织，而此时产品经理的主要职责是规划产品的生命周期，负责产品的上市策略、定价策略、整合营销策略、销售与分销策略等。随着产品管理体系的运行，我们发现它还有很多好处，比如鼓励了创新、更重视用户等，这些话题以后再和大家仔细交流。

上述框架下的产品经理，我把其称之为"传统意义的产品经理"。美国的琳达·哥乔斯

5　宝洁公司（Procter & Gamble），简称P&G，是一家美国消费日用品生产商，也是目前全球最大的日用品公司之一。

在《产品经理的第一本书》[6]与《产品经理的第二本书》中，提到了上述宝洁的例子，也有更详细的关于产品经理职责与技能要求的表述，和以往不少书名中包含“产品经理”的书籍一样，总体感觉它们都偏重于讲述一个产品已经做好以后，应该怎样管理，怎样营销，偏重于市场、商业端，这类产品经理也可以叫做“品牌经理”或“产品市场经理”。

他们真是招产品经理吗

说到这里，也许在互联网、软件公司中做产品经理的朋友要跳起来了：好像之前产品经理要做的那些事情已经另有分工，由运营部门、市场部门的同事负责啊！为了进一步验证互联网、软件行业的产品经理确实和传统行业的产品经理不同，我们先来看看几则招聘信息。

阿里巴巴产品经理招聘信息：

工作职责：

- 负责公司××产品规划；
- 根据公司战略，负责产品发展的长期规划，保证业务指标；
- 深入了解××方面的业务，挖掘用户的多种需求，不断推出有竞争力的产品；
- 根据产品实施效果及业务发展状况，不断改进产品；
- 组织资源实施产品，对其效益负责。

职位要求：

- 熟悉互联网或软件产品整体实现过程，包括从需求分析到产品发布；
- 对工作充满热情，富有创新精神，能承受较大的工作压力；
- 3 年以上软件开发或项目管理相关经验者优先；
- 有网站产品运营和发展相关经验者优先。

百度产品经理招聘信息：

工作职责：

- 对市场发展趋势有敏锐的洞察力和创新意识及良好的分析、研判能力，能够深刻把握用户需求；
- 制定所负责产品线的发展蓝图和实施路线图；

6　英文原名是 *The Product Manager's Handbook*，这两本书是产品经理的必读经典。

- 完成需求分析，发起产品研发项目，善于利用设计工具完成产品 UC[7]设计和 Demo 制作；
- 负责或配合其他部门制定产品运营计划，持续改善产品。

职位要求：

- 本科以上学历；
- 熟悉 × × 业务者优先；
- 对项目管理的完整流程和环节有比较准确的认识，有实际经验者优先；
- 优秀的理解分析能力、沟通合作能力；
- 执行力强，善于组织协调并推动项目进展；
- 较强的自我情绪调节能力和自我激励能力；
- 具备严谨的工作态度、强烈的责任心和团队精神。

腾讯产品经理招聘信息：

工作职责：

- 负责 × × 某产品的策划、运营、管理；
- 负责用户研究，把握用户需求，实现用户需求；
- 负责公司产品推广、运营等情况跟踪，收集用户信息并根据市场情况提出产品开发和改进方面的建议，提出运营思路。

职位要求：

- 本科以上学历，5 年以上互联网产品设计经验；
- 熟悉互联网领域产品开发，管理和运营流程；
- 能通过数据分析等系统性方法深刻理解用户需求并予以满足；
- 良好的沟通能力和团队合作精神，出色的组织能力；
- 有良好的学习能力和人格魅力、能承受压力。

好了，不再举例。以上三家公司的业务基本代表了当今国内互联网、软件行业的方向，我们发现，其对产品经理的招聘要求大同小异，“产品经理”这个概念，确实已经和旧有的产品经理概念不一样了。它更多地侧重产品本身“从无到有”、“从有到优”的过程，更

---

7 UC：Use Case，用例，是一种描述需求的方法。

多地涉及了产品规划、数据分析、用户研究、需求分析、功能设计、项目管理、敏捷方法等内容，而不是如传统的产品经理那样，去做已经有了产品之后需要做的诸如管理产品、推广和营销产品的事情。

产品经理概念的进化

是我们把产品经理的概念理解错了，还是产品经理的概念变了？事实表明，在互联网、软件行业，业内称为“产品经理”的，90%都不是传统的那个概念了。没必要纠缠于名词的解释，作为奉行实用主义的职场人士，我们不妨接受事实，就继续使用“产品经理”这个词吧！

所以，我们有必要来讨论一下互联网、软件的产品经理与传统意义的产品经理为什么会有这些差异？而这些差异又让从业者需要担负哪些不同的职责，提出了哪些不同的技能要求？下面抛砖引玉谈 5 点看法，如表 1-1 所示，值得一提的是，我说的对比都是就整体情况而言，相信会有特例。

表 1-1　产品经理概念的进化

对比项	典型的传统行业	互联网、软件行业
行业形态	成熟行业	新兴行业
产品形态与成本结构	实物	虚拟物品
生命周期	几年	几个月
赢利模式	单一卖产品赚钱	多元赢利
用户心态	花钱买	免费用

第一，行业形态不同：成熟行业 VS 新兴行业。

传统行业经过几十年乃至上百年的摸爬滚打，市场已经成熟，产品基本定型，通常只有渐变式的创新，很难有重大突破。另一方面，用户也已经成熟，对产品相当熟悉，也已经形成比较固定的使用习惯，较难改变。所以对于这样的市场和用户，公司会偏重营销类创新，可以参考《公司进化论》[8]里的描述，映射到产品经理的职责上也就自然而然是琳达·哥乔斯的书中所述的那样。

而互联网、软件行业是新兴行业，新兴市场，三天一小变，五天一大变，产品本身在

8　全名为《公司进化论：伟大的企业如何持续创新》，书中讲述了不同类型的公司适用的不同创新实践。

不断取得突破，用户看什么都是新的，所以产品需要推陈出新，尽力先入为主，占领用户，主导用户习惯，这就导致了产品工作的重头戏在前期，从无到有，从有到优，偏重研发类创新。

因此，互联网、软件行业的产品经理更重视产品功能本身的规划，需要“对市场发展趋势有敏锐的洞察力和创新意识及良好的分析、研判能力”，要能不断改进产品，要“深入了解业务，挖掘用户的多种需求，不断推出有竞争力的产品”，“制定所负责产品线的发展蓝图和实施路线图”。

第二，产品形态与成本结构不同：实物 VS 虚拟物品。

传统行业的产品多为实物，所以有采购、仓储、物流等分工，产品研发出来以后，还有大量的制造成本，这也使得传统行业的产品经理有相当多的工作是需要考虑如何把整个供应链打通，怎样销售、分销、促销等。而互联网、软件产品多为虚拟物品，公司相对而言显得较“轻”，不管是团队，还是成本花费，都更加集中在产品研发的过程中。

一个常见的互联网产品，很可能只是由几个人或十几个人、几十个人的团队所做，而用户却是上百万、上千万，甚至亿量级，这在传统行业不可想象。虚拟物品的复制成本极低，所以重点资源会投入在产品本身，较少考虑实体经济里供应链上下游的事情。于是，对产品经理来说，需求分析、设计的细节尤为重要，必须亲自把握，可能一个细节的改进就能增加上万的用户，杠杆效应也十分明显——因此，在招聘的广告词里自然就有“善利用设计工具完成产品 UC 设计和 Demo 制作”这样的要求。

第三，生命周期不同：几年 VS 几个月。

传统行业产品典型的研发生命周期一般是几年，甚至更长，所以需要比较复杂精细的流程来支撑，比如我了解到在汽车行业，做一款新车的整个过程中，有不下 300 个评审点，这样复杂的过程显然必须由经过专门训练的专人负责。而互联网、软件产品典型的研发生命周期就只有几个月，所以研发管理过程会更精简，一个典型的产品研发过程，一般只有 10 个不到的评审点。

于是，我们推崇敏捷方法，传统行业的精雕细琢不适用了，我们要快，这也是为了顺应新兴市场的需要，而且船小好掉头，有问题也能够快速地改，再发布一次升级就行，不像传统行业改起来那么麻烦，问题产品只能“召回”……所以，虽然互联网、软件的项目更加不可控，但项目过程本身看起来并没有传统行业那么复杂，更接近“艺术”而不是“技术”，要依靠丰富的经验，因此产品经理也经常兼顾项目管理，这样自己可以在项目完成度和产品质量之间做平衡，对产品无疑也是一件好事。所以我们在招聘广告中看到公司要求产品经理“发起产品研发项目”，“组织资源实施产品，对其效益负责”。

第四，赢利模式不同，单一卖产品赚钱 VS 多元赢利。

传统行业的赢利模式多为通过卖产品赚钱，或是直销，或是通过渠道分销，总之是靠产品本身的价值来赚取利润，而互联网、软件产品有很多产品本身是免费的，一部分产品甚至几年内都不考虑赚钱的问题，可想而知，对做这种产品的产品经理，要求肯定不同。而另外一些能赚钱的产品，也有着更多元的赢利模式，比如免费给用户使用，但利用用户的注意力赚取第三方的广告费等。

赢利模式的差异造成了产品为谁做的差异，传统行业多是为付钱的客户做，值得注意的是，很多情况下客户只是买产品的人并不是用产品的人，也许搞定几个大客户，就 3 年不愁吃穿。

而互联网、软件产品大多是为使用产品的终端用户所做，而且通常是面对海量的用户，用户数多了，自然就能赢利。所以，互联网、软件行业的产品经理会更重视用户研究、数据分析等工作，要“负责用户研究，把握用户需求，实现用户需求”，而赢利的事情反倒不用直接去管，会有另外的团队负责。

第五，用户心态不同：花钱买 VS 免费用。

传统行业产品的用户知道，东西是买来的，花了钱的，所以有点不爽的地方也就凑合着用，不至于把产品扔了立刻去再买个新的。而互联网、软件产品就不同，大多数都是免费的，每类产品雷同的还很多，所以只要这个产品用得稍稍有点不爽，用户马上就能很方便地找到另外一个试试。

于是，互联网、软件产品更重视用户体验，相应的，出现了很多产品经理会涉及的工作内容，如交互设计、视觉设计、文案设计等。举个例子，有时候为了确定两个按钮是上下分布好，还是左右分布好，我们有可能做大量的用户实验。在互联网、软件行业中，产品经理能真正体会到“用户是上帝”的感觉，辛辛苦苦做一个产品，给用户免费用，还要尽量让用户免费用得比付费的都爽。

小结一下，以上五点相互之间也是紧密联系、相辅相成的，共同造就了传统行业与互联网、软件行业的产品经理的差异。比如为了给用户极致的体验，我们需要做很多数据分析，而数据分析的基础在于互联网、软件产品的虚拟特性，可以大量地记录用户的各种行为数据，这是传统行业很难做到的。又如正因为是新兴市场，所以产品不成熟、用户不成熟，于是产品的生命周期缩短，需求变化快，项目中不可控的因素增多，使得敏捷方法备受推崇。

非典型产品经理

讲了半天，可以看到，尽管都叫产品经理，但我们这里所说的互联网、软件业的产品经理，他们所做的事情和以往传统行业的产品经理相比，已经发生了很大变化。不过，你可能还有一个疑惑和一丝忐忑——平时我只做上述谈及的一部分工作，这样也能叫产品经理吗？

我的回答是：能。

这是因为，不单是传统意义的产品经理，就算是新概念下的产品经理的职责，也通常分给几个人或几个部门做。很少出现全能型产品经理，就算全能，也会因为个人精力所限，在某个时间段只会专注某方面的工作，或者只能是对每个方面都蜻蜓点水，而倘若如此，那么这样的产品经理多半只能是事业部的总经理，或者公司的CEO。

于是，我们很多人都成了新概念下的非典型产品经理。

这一点在传统产品经理的框架下已有线索：哥乔斯早在其著作《产品经理的第一本书》的最后一章“产品管理终将走到尽头？”里谈到各界对产品经理、产品管理制度的质疑，提出产品经理制度仍需要不断修正，并指明了三大变化方向：**产品管理团队[9]、事业单位经理的任用、更专业取向**。其中，产品管理团队顾名思义是用团队的力量来代替单一的产品经理；而任用事业单位经理的制度则是从项目管理团队的概念发展出来的，把产品强调为一个事业单位，也就是我们经常说的事业部，而产品经理也就摇身一变成为了事业部的总经理，区别在于总经理有了更大的权力；更专业取向则可以用下面这段摘录的文字说明，这也比较像我个人的一段经历。

由于企业分派给产品经理的责任越来越多，有的公司开始质疑——对产品经理一个人来说，这样的负担是不是已经难以负荷。结果造成现在出现缩减产品经理的责任，让他更为专业化的趋势。至于要求产品经理专注的方向，则因公司或行业类别而不同……

有时高科技企业会采取类似的做法，让产品经理专心处理产品在工程和技术方面的问题，而把大部分营销决定交给另外的职能单位来负责。在这种情况下，产品经理可能会变成产品技术/应用方面的专家，他最主要的工作就是支援、协助销售人员，至于了解市场和从市场了解产品利益等工作，则另有他人代劳。像这样把营销功能和产品开发活动分开来处理的做法也有风险：产品经理将失去和顾客间的联系，而且会因为对产品太过熟悉，以致丧失判断上的客观性。

不管企业想用怎样的专业取向，以便产品经理更容易地管理他的工作，很重要的一点是，请记住这个职位当初是为何而设——想要更了解产品与它面临的竞争情况，最终目的是要满足顾客的需求。

9 产品管理团队，product management teams，PMTs。

不管整天只是写文档、做 Demo，还是成了没钱没权的项目经理；或是求完销售求工程师，最后只能欺负客服，到处不招人待见……前辈们似乎也认可——人人都是产品经理，非典型成了多数，也就变成典型。

一线员工眼中的管理

既然产品经理这个职位中有个“经理”二字，似乎多少就有点管理的味道。而按管理大师德鲁克的说法（我很认同）：

管理并不是公司的管理层，如总裁、总监、经理们才需要掌握的技能，而是每个人必备的生存技能，只是每个人可以掌控的资源不同，所以需要管理的对象也不同。当资源充分的时候，我们会觉得“正确地做事很重要”，事实也确实如此，比如被分派了某个重要任务时，我们的目标就是做好这件事。而一旦资源出现了瓶颈，“做正确的事”就立刻变得更重要了。比如同时有 3 个人要请你吃明天的晚饭（当然这种好事非常难得），这时候的资源，即你的时间不够了，你就需要迅速判断和谁吃饭更有价值，谁的请客可以推到后天或下周……OK，你会管理自己的时间吗？

管理的能力，其实就是“在资源不足的情况下把事情做成”的能力，这里的资源在产品经理的工作中通常表现为以下几种形式。

第一，信息不足以决策。时间有限，能力有限，每次决策前不可能掌握所有信息，做决定时总是很头疼，我估计是“拍脑袋”拍得太多的原因。

第二，时间不足以安排周密的计划。总是接到 3 个月、1 个月，甚至 1 个礼拜完成某项目的命令，每次都让我们张大嘴巴说不出话来，应承下来后如何计划？不过一次又一次的实践表明，办法总比困难多。

第三，人员不足以支持工作强度和难度。不但时间不足，人员也不足，就算数量足，能力够不够？能力够了，团队士气高不高？哪个公司不加班，又有多少公司有加班工资？但还得完成任务，难不难？难！

第四，资金不足以自由调配。俗话说钱要花在刀刃上，买机器要钱，招人要钱，产品推广要钱，而花这些钱的前提是公司还得赚钱，每一分钱都恨不得掰成两半用。

以上四点还可以推广到生活中的各方各面，**凡是资源，总归不足**——这是常态！既然不足，就需要学会分配资源、管理资源。比如说自己的时间、衣橱、工资、手机内存……其实，你已经每天都在做了，不是吗？所以——

你已经是产品经理

1501年8月，米开朗基罗应约将一块35年前被毁坏的巨大的大理石雕刻成一尊塑像。通过研究这块大理石的原料，考察它的裂缝和纹脉，米开朗基罗感觉到雕像就在这块巨石中沉睡着。面对一块没有生命的石头，他的目光能看见被囚禁在其中的躯体和灵魂。他认为自己所要做的，就是把石头中的人解放出来，给他生命。只有米开朗基罗知道那个人在哪里。雕塑不允许反复修改，他必须一下子找到他，让他呼吸。他一层又一层、一锤又一锤，经过数年与世隔绝的苦干，终于把一个英雄美少年从沉睡的石头中唤醒。

这就是举世闻名的大理石雕像《大卫》的诞生过程。

其实，你的灵魂深处也有一个“大卫”，而你就是自己的米开朗基罗。如果把每个人的一生看做一个产品，那么你已经设计了至少二三十年，一锤又一锤，在召唤着你灵魂深处的那个“大卫”——产品经理，没错，他是原先就存在的，并不是谁刻意雕琢出来的，我想和你一起唤醒他。

是像平凡的雕塑者一样去努力成为一个产品经理？还是像大师一样解放灵魂里业已存在的“大卫”？

任由你选，我希望听到的是你内心的呐喊——我真的想做，怎么入行？

1.3 我真的想做，怎么入行

经常被问到这样的问题：

“我快毕业了，对产品经理这个职位特别感兴趣，怎么入门？”[10]

“产品经理都是招有几年工作经验的，我原来做技术，要转行怎么做？”[11]

……

经常看到这样的帖子：

“研发转产品，真的很痛苦！”

“我是软件产品项目经理，如何成功转型做产品经理？”

……

---

10 延伸阅读，“校招产品经理的一些记录”，http://iamsujie.com/5000/5017/。

11 延伸阅读，“给想转行做产品经理的同学”，http://iamsujie.com/0000/0015/。

既然想做产品经理，我们就学着用产品经理的思路来解决“怎么入行”的问题，分几步走吧。

首先来看看招产品经理的公司到底需要什么样的人。然后，再问问自己真的是，或者想成为这样的人吗？接下来，在出手之前必须找准自己的位置。最后，我试着给出几个可能的切入点。

产品经理的招聘广告

回顾一下前面列过的阿里巴巴、百度、腾讯这三家公司的招聘广告，和所有的招聘广告一样，它们分成两部分，工作职责和职位要求。“工作职责”是说产品经理要“做什么”，“职位要求”是说需要“什么人”。上一节我们分析了前者，这一节我们来看看后者，揭示这些招聘广告背后的东西。

如表 1-2 所示中的每一条，分为“官方说法”、背后的“私下交流”及“事实真相”。

表 1-2　招聘广告背后的东西

官方说法	需要全面负责产品的整体实现过程
私下交流	因为产品经理这个职位比较新，所以具体要做哪些事情没有开发人员、测试人员明确，于是，干多干少全凭自己决定
事实真相	具体的职责不清楚，就意味着事情多起来没个谱，任何与产品有关的事情都可以是你的，总是闲不下来
官方说法	需要能承受压力、自我调节、自我激励，综合素质要求高
私下交流	看到这条就怕了吧，产品经理做的很多事情都是更看重质量而不是数量，所以很难用工作量和工作时间来衡量绩效，经常好几天没什么产出也很正常。这时候你可千万别崩溃了
事实真相	可是，产品的任何方面、团队里其他人做的任何事情如果出了问题，产品经理都很可能要背黑锅
官方说法	对市场发展趋势有敏锐的洞察力，辅助决策公司战略方向
私下交流	你真的可以决定公司产品长什么样
事实真相	产品当然是老板生的，你也就是给它化个妆
官方说法	需要很强的沟通能力，出色的团队合作精神
私下交流	有很多机会展示你的想法，如果有兴趣的话，可以利用工作机会认识公司里几乎每一个人

续表

事实真相	你总是某个产品的信息交换中心，也是各方共同挤压的对象。哪边都不得罪真是一门艺术
官方说法	关注业界动态，对互联网产品兴趣浓厚
私下交流	因为你要了解行业的最新资讯，做竞争对手分析，所以需要不断去各种网站注册、试用、装应用程序、玩手机，老板无法判断你是否在瞎逛或偷懒，全凭自觉
事实真相	这样时间久了是很痛苦的，整天被那么多垃圾产品恶心，自己做的产品看太多了更觉得恶心

怎么样，产品经理不好做吧？不过我还是很希望大家都能一起往“火坑”里跳。且慢，等一等，跳之前，我还是再问你一句——

真的想？你确定吗

确定自己真的想做产品。这一点非常关键！

下面都以互联网、软件产品举例，因为我是干这一行的，对此比较熟悉。

做产品的大前提是要喜欢做产品，不然将来你痛苦，团队痛苦，用户也痛苦。网络上那么多好玩的应用，是很有意思，通常自己想做产品的同学都会去大量尝试、注册各种各样的产品，去用，去玩，去想……如果你没有这个特点，那就真要好好想想了。

你尤其需要进一步明确的是：你说自己喜欢产品，到底是喜欢做用户，还是喜欢做产品经理？

如何判断这一点呢？可以这么做：

当你对一个产品感兴趣的时候，回想一下脑中萦绕的问题是站在用户的角度，还是站在产品经理的角度。通常，用户会去想怎么用这个产品，才能带给自己更大的好处，产生更大的效用；而产品经理则习惯于绕过表象，从背后看问题的本质，思考怎么设计这个产品才能更好地平衡用户目标与商业目标。

这么说还是太抽象了，还是来举例。

“打飞机”的游戏

微信里的“打飞机”游戏，曾经很流行，也许你考虑的问题是：躲子弹有什么技巧？怎样最快地升级？怎么玩得分最高？……而产品经理的视角则是：给每个用户几架飞机？如果太多/少了有什么坏处？没有飞机了怎么办？还有什么办法能让用户“根本停不下来”？

原来，这些都是和产品目标有关的，打飞机的游戏，本身并不新鲜，街机、红白机时代就有，但微信做游戏的目的，在很大程度上是为了提高用户的黏性，让用户互动。飞机太少，用户挫败感很强，飞机太多，又没法通过互相赠送/索取的方式来激发互动，而增加了好友排行榜，更是激发了好友间的攀比、虚荣心理，让大家沉迷于这个简单的小游戏。而这些设计，就是游戏之外，产品经理比用户想得更深的地方。

如果看到这里，你发现自己更多地站在产品经理的角度想问题，一想到这些问题就热血沸腾，欲罢不能，那我们不妨先做个测试，翻到第 6.5 节中的“无可救药的职业病”，看看自己有这些症状么？如果能看到很多让你莞尔的句子，那么我得恭喜自己又多了一位同道——年轻的产品经理，整个行业都需要你！

找到自己的位置

想入行，就要首先明确自己现在的位置。得充分利用已有的知识结构、资源，找到一条最近的入行之路。

先说说应届生，应聘机会不可谓少，因为很多公司在校园招聘的时候言明要招聘产品经理，但刚毕业的同学其实只能先跟着前辈学，因为学校里根本没有很对口的专业，也许把类似的职位叫做“产品助理”更准确，我自己就是应届生直接入行的，不过开始的职位是“需求分析师”，比产品经理更偏技术一些，技术相对而言好学一点，可以速成，但是商业感觉没个三五年是磨不出来的。但现在我发现确实有不少（而且越来越多）同学由于求学阶段就在实习或跟着老师做过实践性很强的项目，所以在学校里对这一行就已经相当有感觉了，加之半年到一年的实习，有的刚毕业就能独当一面。

应聘这类职位主要看面试，要是我来做面试官，最在乎的是应聘者**有没有激情，是否够机灵、好学，逻辑思维是否清晰，沟通表达是否顺畅等**。其他的都会次要一些，比如对行业的熟悉，既然是招应届生，这块不会很看重，关键是看潜力而不是看能力，有类似职位的实习经历，只是一个加分项。我可能会问应聘者这样一些问题，比如“谈谈我们生活中经常用的一个产品，它解决了什么问题，要是你来改进，打算怎么做？”

"看电视/书/电影吗？举个例子分析一下它的目标用户。""说说你是怎么准备这次面试的。"产品经理其实算一个非技术的职位，相应的面试经验到处都是，就不赘述了。

再谈谈工作了几年，来应聘产品经理的人，几乎都可以算是转行了。做产品的人有个特点，那就是从做什么的转过来的都有，我身边就很乱：原先是技术人员的，比如开发工程师、测试工程师、架构师；原先是非技术类的业务人员的，比如市场人员、产品运营师。这些信息至少会给你信心，**不管以前是做什么的，都可以转行做产品经理**。我想这也是和产品经理需要照顾产品的各个方面有关，所以在构建一个产品团队时，我们也希望招入各种背景的产品人员，这样能让团队在考虑问题的时候思维更加全面[12]。

几个可能的入行切入点

最后，我尝试给出几个可能的入行切入点。确定自己想干这一行，也知道自己的位置以后，就剩下怎么向目标前进最省力的问题了。

也许你要失望，因为真的没有捷径，真的没有银弹！对于想转行的人，我的建议是**先在本职工作上找到与产品有关的事情做一些尝试，并且考虑先从产品经理周边的职位做起**。好在产品经理的职责范围什么都涉及，这种事情总是能找到的。

比如你是做开发的，那就经常要参与需求评审，不妨比别人多用点功，每次都预先了解需求，多多思考，然后在评审会上对需求提出自己的合理建议，时间长了大家都会觉得你很有想法，做产品也许不错。关于职位，可以从"需求分析师"切入，这有些像系统分析的工作，比如业务逻辑、流程图，都是你已经很熟悉的，可以在这个过程中慢慢培养商业的感觉，重点体会某个产品功能是为了满足商业上的什么需求而做的。

又如做网站运营的人，有时候会要专门做一些活动的页面，通常是把需求提给用户体验部门的同事，这样的事情其实就是在做一个小产品了，你可以改变原来用 Word 随便写几句要求，甚至口述沟通的方式，而是把这个活动当做一个产品来做，自己练习写一下 BRD[13]、PRD[14]，虽然这些文档对于一个小活动作用不大，但这个过程可以帮助自己在以后碰到更复杂的产品时，心里会有点底。所以原来职责偏商业的同学，可以先做"运营专员"，对已有的产品做一些推广策划类的工作，增强自己对产品的理解，做一段时间后，相信就能提出自己对产品改进的想法了。

12 我分析过产品经理的岗位细分，可以参考，http://iamsujie.com/0000/0020/。

13 BRD：Business Requirement Document，商业需求文档，书中第 2.4.1 节有详细描述。

14 PRD：Product Requirement Document，产品需求文档，书中第 3.3.1 节有详细描述。

而项目经理也比较好切入，我工作过的团队就有很多同事是从项目经理直接转过来做产品经理的，因为多数的产品经理也要带项目，所以找个项目经理来也算先得个便宜，不过也正如第 3.1 节里“产品经理 VS 项目经理”说到的，这种转行有其特定的优势和劣势。

做过上面的这些事情后，至少面试的时候可以多点谈资。最后给大家介绍一个很简单的办法——研究几十家公司的产品经理招聘广告。我一直觉得把研究结果做成一份漂亮的调研报告，而后去应聘产品经理是个很靠谱的事，而且我相信大家多半都很想读这样的一份报告。

1.4 一个产品经理的-1 到 3 岁

这几年不断地听到“产品经理是 CEO 的学前班”这句话，似乎为我们的职业生涯注入了一针兴奋剂。因为产品经理需要负责产品的各个方面，所以他好像是在企业中经营着另一个企业，是某个产品的总经理，能够获得能力的全面提升。不过我只是入行还没几年的人，对职业发展的话题还没有多少发言权。我只能说，产品经理真的是一个挑战空间很大的职位[15]，至少在我做了三四年以后，仍然没觉得枯燥和乏味，还是经常碰到全新的挑战。每当我觉得自己已经建立起一套比较完整的能力模型之时，就又会发现有一大块尚未开垦的知识处女地，而且在可预见的未来几年里，我感到自己需要提高的能力还有很多，下面和大家分享我入行这几年的经历。

入行之前，我是学生物的

我毕业于浙江大学，学生物医学工程，专业自己选的，不是因为“21 世纪是生物世纪”那句话，而是真的感兴趣。现在回过头来看，我是这么觉得的：当时只是在学习解决问题的思路，而专业就是找了一个特定的领域来练习思考的能力而已。所以，关键还是要跳出以往的应试思维，做过的题不重要，上过的课不重要，学过的知识也不重要，重要的是练好思维方式，“学会”学习。

回忆当时的自己，为了应付各大公司的“海选”，可以称得上是“海投”大军中的一员。我几乎投过所有不限专业的职位，主要有数据处理类、管理培训生、销售，考虑的因素太多，导致很纠结，不清楚自己到底想要什么，现在看来当时的思路的确相当混乱。我们看后来者，或者过去的自己，总觉得不够好，可是谁也不能帮谁完全跳过那个阶段，即便有旁人的指导，

15　把产品经理的练级攻略分享给大家，http://iamsujie.com/7000/7035/。

能少走一些弯路，但最终那条路只能自己一步步走过来。

选择阿里巴巴的原因很简单，她是第一家给我 Offer 的公司。从我参加阿里巴巴的笔试、面试开始，现实就是一连串的“意外”。

某天突然收到短信，邀请我去参加阿里巴巴的宣讲会，反正也无聊，就去了，听完，顺便参加笔试，原本没怎么考虑阿里，所以心态完全放松，拿到卷子发现是技术类的。没办法，干脆玩吧。选择题有很多我是只看选项不看题目，用非技术方法选出答案，实在没办法的就在卷子上画表情“:(，@@，=.=b”。最后一道编程题，我大概写了一下思路，根本没写代码，因为语法早忘了，然后谈大道理和调侃试卷本身：我觉得我应聘的职位不需要这方面的技能，申请面谈，改卷子的同志辛苦了云云……结果真给我面谈机会了。三轮面试，面试官给我留下印象最深的问题都是：“你这个专业和我们一点关系都没有啊”。为此，我笑了三次。他们一问我技术问题，我就说我觉得这个不重要，更重要的是……忽悠啊忽悠，一个下午就过了三轮面试，几天以后收到 Offer，职位是“数据仓库需求分析工程师”。

之后这个有些奇怪的过程成为一段很有意义的回忆的开始，如果不是这样，那我现在很可能在写另外一本书，呵呵。

入行头半年，打杂的菜鸟

2006 年 7 月 17 日，入职阿里巴巴，印象很深。我还没有自己的办公桌，第一天工作就进会议室了——一间堆满电脑、坐满人的房间，后来才知道这叫项目封闭开发。当时那个产品已经进入开发阶段，而我的职位也从应聘时的“数据仓库需求分析工程师”变成了“需求分析师”，对于我来说，没参与前期的需求分析工作，半道上突然进入团队，而且还是个新人，所以基本也没什么可做的了。好长一段时间，我只能假装成一个业余测试人员，充分发挥“不了解整个系统”的优势，以普通用户的角度来使用那个产品。

我工作的前几个月就这么浑浑噩噩过去了，一度以为工作就是这样的，平平淡淡，有活就做，没活就闲着，实在闲得无聊了，就跟老板申请一点事情做。记得第一次有机会写某个子系统的需求文档，虽然框架已经被别人搭好了，我只是做点文案填充的工作，也觉得挺有成就感的。

这个阶段，我是一只全新的菜鸟，没有任何能力，也不负责产品的任何模块，只是打杂。好在我还比较好学，会主动去熟悉工作中需要的基本知识和技能，主要是与需求分析相关的基本知识和技能；去了解产品的各个方面，包括功能、用户、技术等；去认识团队里的兄弟姐妹，熟悉将来要合作的兄弟部门的同事。

2006 年底的某次谈话，我从老板的口中，才知道原来我可以算作一个 PD，Product Designer 的缩写，是公司对产品设计师、产品规划师、产品经理一类职位的通用简称。

入行半年后，学习“怎么做”

直到 2006 年 11 月，我们团队启动了一个全新的产品，也就是后来的网店版[16]，我才有机会真正地开始实践做产品的种种工作。网店版是一款网店管理软件，它的目标用户是淘宝网的大卖家，给他们提供客户管理、订单管理、营销、财务等功能。对这个产品我全力投入做了将近一年，大大提升了自己对用户和需求的理解。

那年冬天，我自认为学了不少东西，跃跃欲试，要真正做点产品经理的事情了，经常主动要求负责某些模块，可以在前辈的指导下做好指定的工作。这时的我很看重自己负责的模块，特别表现在模块功能被“砍”的时候，会极力维护自己仅有的成果，缺乏整个产品层面的权衡认识和能力。这时我的主要工作是决定某个功能“怎么做”，比如写产品需求文档，配合用户体验部门的同学做 Demo，跟进开发、测试、发布的过程。

入行一年，开始问“做不做，做多少”

2007 年夏，我已经入职一年，渐渐在产品团队中变成了一个“老人”，开始负责产品的较多模块直至所有功能，从原来前辈告诉我要做哪些功能转变为自己去探索要做哪些，我开始尝试做一些用户研究。又因为网店版目标用户——淘宝大卖家的特点，使得这个产品很像互联网个人应用，所以我们比较重视用户体验，后来这也成为自己的兴趣爱好。那段时间我可以算是天天都在熟悉产品的每个设计细节，也在做着需求管理的工作，感觉一旦离开自己的产品就难以运作下去，很有成就感。在完全掌控需求采集、分析、筛选的过程中学会了权衡取舍，砍功能也下得了手，日常工作中更多地开始考虑“做多少”的问题，即做哪个功能不做哪个功能。

用一幅图表达我第一年做的事情，就是下面的“用户与需求”的关系示意，如图 1-8 所示，其中右下角的“需求（开发）”，就是我的起步之处。

---

16 这个产品命途多舛，多次改名，最早叫“阿里软件网店版”，后来又叫“钱掌柜网店版”、“阿里巴巴网店版”，2013 年，因为公司的战略调整，所以下线了。

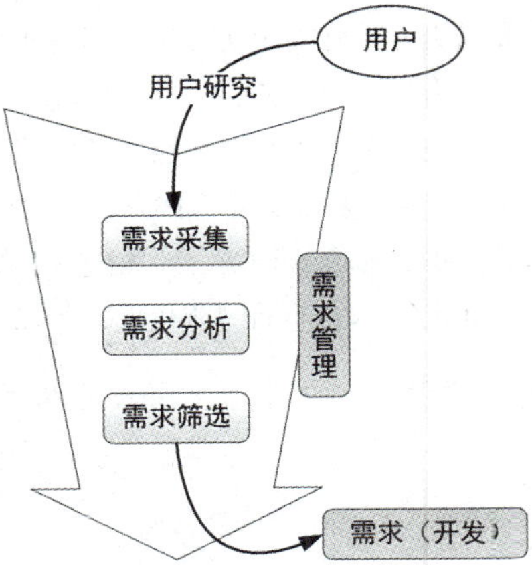

图 1-8　用户与需求

就在对手头的工作轻车熟路之际，我被调去做另外一个产品，这时，我几乎是突然发现，产品经理原来不仅仅是做需求。于是，我又迎来了新的挑战。

入行两年，项目与团队

2007 年秋到 2008 年秋，我做了一个颇不顺手的产品——企业邮局。产品的不顺利有很多我控制不了的因素，细节也不便多说，不过这个产品让我学到了不少项目管理、流程、文档、敏捷方法等方面的知识和技能，通过跟合作方资深项目经理的交流，让自己做事更系统化了。

一开始，老板就很信任地让我全面负责这个产品，甚至是独立负责，于是我知道了产品经理的工作不只是设计功能。产品功能的最终实现是靠一个又一个项目推进的，之前没担任过项目经理，现在总算体会到“操心”是一种什么感觉，最明显的变化是，我原来只需要接受别人的会议邀请，现在则整天给别人发送会议邀请。我们日常的项目，最简化的可以用如图 1-9 所示的流程图表示，在确定要做什么之后，先立项，然后经历需求、开发、测试、发布等几个主要阶段，用户才能看到我们的劳动成果。

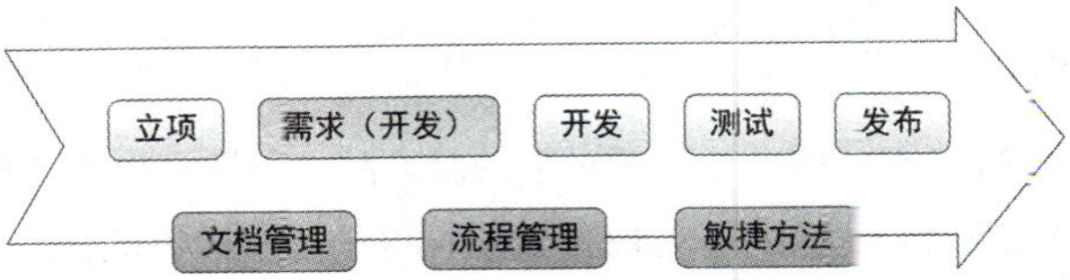

图 1-9　最简单的项目管理

进入 2008 年，主导了多个项目的我已经比较熟悉这套做事方法，产品也有了相当稳定的团队，我开始试着把触角渗透到产品的各个方面，从原来的有事才去找人帮忙，转变为尽量去了解周边团队都在做什么，并施加影响，比如偏商业的市场团队、服务团队，偏技术的运维团队、架构团队，作为支撑的财务、法务团队等。随着产品越来越复杂，参与的人数越来越多，很快我就意识到一个人的精力和能力都极其有限，不可能做完所有的事情。苦恼了一段时间以后，我终于释怀：充分发挥团队的力量吧。虽然我的工作范围会扩大到所有和产品相关的事情，但我要知道的只是需要做哪些事情，然后做好自己的本职工作，其他的就交给我的团队。而最简单的产品团队构成，可以用如图 1-10 所示的示意图表达。

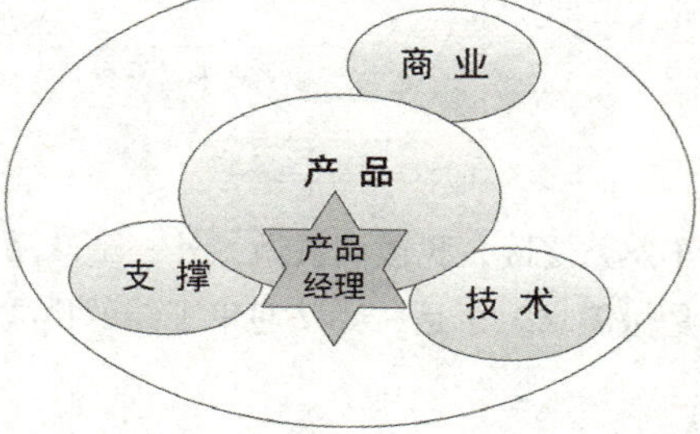

图 1-10 最简单的团队构成

对一个产品的激情总是会消减，或者说市场、公司总是随时在变化，所以产品经理不可能对某个产品从一而终，总有一天要离开它。当我慢慢意识到这一点的时候，就发现不能让产品少了自己就不行，于是我总是在产品渐渐成熟的时候，开始主动定规范、定流程，把自己手上的工作一点点分出去，使得自己可以安心地去做其他事情。

2008 年下半年开始，我渐渐地把主要精力投入到“e 网打进[17]”这个新产品上。“e 网打进”是一款营销管理软件，可以帮助中小企业更好地管理从各种渠道获得的生意机会。有了做之前两个产品的完整过程，所以新的轮回上手快了一点，我能比较清楚产品现在处于什么阶段，应该做什么事。

入行三年小结：战略与修养

时间进入 2009 年。

此刻，我已经入行三年。越来越觉得对于一款产品，早期的决策无比重要，所以很想参与产品初期的战略规划，幸运的是公司也给了一线员工这样的机会。早在 2007 年，我

17 产品的首页是 http://e.alisoft.com/，2009 年它又经历了多次重大的变化，从 2010 年开始我也不再负责“e 网打进”，2014 年我在尝试访问的时候，发现已经打不开了。

就参与过两次“物流平台”的可行性研究，通过产品的早期研究，我知道了公司其实想做的东西很多，而真正开始实施的只是其中的一小部分，面对那么多极具诱惑的产品，果断地放弃变得很重要，而放弃的原则与依据，就是价值观、战略这些内容。后来，我也积极参与了“e 网打进”的规划，并且做了不少本不是分内的事情，如设计产品的光盘，参与制定了渠道政策、服务政策等。

参与了一段时间的战略规划工作后，我开始意识到：找到产品的“灵魂”很重要。我也开始思考什么是产品经理的灵魂，到底哪些技能之外的基本修养对一个出色的产品经理最重要？现阶段我对此给出了四个关键短语：爱生活，有理想，会思考，能沟通。其实这些对每个人都很重要，要不我怎么老说“人人都是产品经理”呢。

随着“e 网打进”产品逐渐成熟，我又开始寻找新的挑战。我也慢慢意识到我是在围绕着某个不断清晰的目标找新鲜事做。随着对这个目标日益加深的思考，促使我找到了自己的理想——做老师，我希望能与大家分享自己的经历与体会，然后和大家一起互相帮助，共同成长，做出更好的产品来改变世界。

于是我开始利用业余时间启动了自己的产品——“三个一工程”，这个过程也是在做一个自己完全可控的产品，来弥补自身能力的短板，它们是：

一个网站——http://iamsujie.com，通过产品设计，通过个人博客[18]发布产品设计相关文章，与网友交流，也练习了网站的运营与推广。

一门课程——“成功的产品经理”，这门课是阿里的产品经理内训课程。课程设计的过程，让我有更多的机会和前辈交流相关话题，而授课本身对自己的思维、沟通能力也是很好的锻炼[19]。

一本图书——《人人都是产品经理》。我把写作这本书作为三年多工作的一个小结，充分运用做产品学到的各种能力，亲身体会如何给图书这个产品制定战略规划并一步步实现。

通过三位一体的“三个一工程”，我把三年多自己在各个阶段的体会画在一幅图里，总结了自己走到今天所做过的事情，后来渐渐演化成本书的主体结构，如图 1-11 所示。

第 1 章“写给-1 到 3 岁的产品经理”是全书的引子；第 2 章“一个需求的奋斗史”讲需求；第 3 章“项目的坎坷一生”讲项目；第 4 章“我的产品，我的团队”讲团队；第 5 章“别让灵魂跟不上脚步”讲战略；第 6 章“产品经理的自我修养”讲修养，作为全书的小结。

---

18 我的博客（http://iamsujie.com）是“iamsujie 的产品设计：人人都是产品经理”。

19 2014 年开始，这门课程已经比较成熟，可提供培训服务，有兴趣的朋友可以联系我。

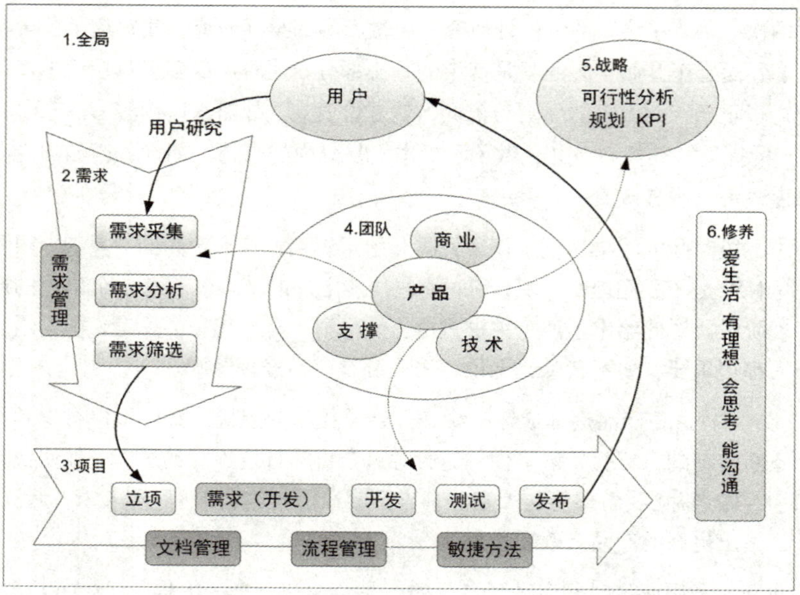

图 1-11　全书的结构图示

有一天，我盯着这张图，越看越觉得它宛如一个生态系统，如图 1-12 所示。用户是我们的云，提供水汽，通过需求过程的催化，水汽凝结成雨，项目为河流，雨水从中流过滋润大地，我们的团队如同各种动植物在其中促进整个过程，而战略就像太阳的阳光一样驱动着整个循环，所有这些的根基就是大地，即产品经理的自我修养。

图 1-12　产品经理的生态系统

好了，我们现在就正式开始，从我入行的第一年讲起，那就是——一个需求的奋斗史。

第 2 章

一个需求的奋斗史

在一个生态系统中，水是万物生命之源，而水之源又是天上的云，它们转化为雨，滴落并滋润大地。

第 2 章 一个需求的奋斗史 / 41

2.1 从用户中来到用户中去 / 44

2.1.1 用户是需求之源 / 44

人类为什么有需求 / 45

用户 VS 客户 / 46

以用户为中心的思想 / 47

不要试图满足所有用户 / 48

2.1.2 你真的了解用户吗 / 49

体会真正的用户 / 49

试着描述用户 / 51

聊聊用户研究 / 53

2.2 需求采集的大生产运动 / 55

2.2.1 定性地说：用户访谈 / 56

用户访谈的常见问题与对策 / 56

记一次用户大会 / 59

2.2.2 定量地说：调查问卷 / 60

调查问卷的常见问题与对策 / 61

设计一份实际的问卷 / 62

2.2.3 定性地做：可用性测试 / 64

可用性测试的常见问题与对策 / 65

产品改版的一次冒险 / 66

2.2.4 定量地做：数据分析 / 68

数据分析的常见问题与对策 / 69

日志分析的商业价值 / 70

2.2.5 需求采集人人有责 / 73

生孩子与养孩子 / 73

单项需求卡片 / 74

尽可能多地采集 / 77

2.3 听用户的但不要照着做 / 78

2.3.1 明确我们存在的价值 / 78

用户需求 VS 产品需求 / 79

满足需求的三种方式 / 80

也谈创造需求 / 81

2.3.2 给需求做一次 DNA 检测 / 82

把用户需求转化为产品需求 / 82

确定需求的基本属性 / 84

需求种类知多少 / 86

分析需求的商业价值 / 88

初评需求的实现难度 / 89

性价比啊性价比 / 90

2.4 活下来的永远是少数 / 92

2.4.1 永远忘不掉的那场战争 / 92

准备出发：把需求打个包 / 94

战场：产品会议 / 96

武器：商业需求文档 / 96

2.4.2 别灰心，少做就是多做 / 100

最爽就是“四两拨千斤” / 100

尽可能多地放弃 / 101

2.5 心急吃不了热豆腐 / 103

一个需求的生老病死 / 103

需求管理的附加值 / 106

和需求一起奋斗 / 107

我真正开始做需求相关的事情，是从 2006 年年底开始的，直到 2007 年夏末，大半年的时间过去，总算对需求要做哪些工作有了比较全面的了解。本章将从“需求采集”开始，一直讲到“确定某个项目的需求范围”为止，从需求被发现到决定实现，这就是一个需求的奋斗史，如图 2-1 所示。

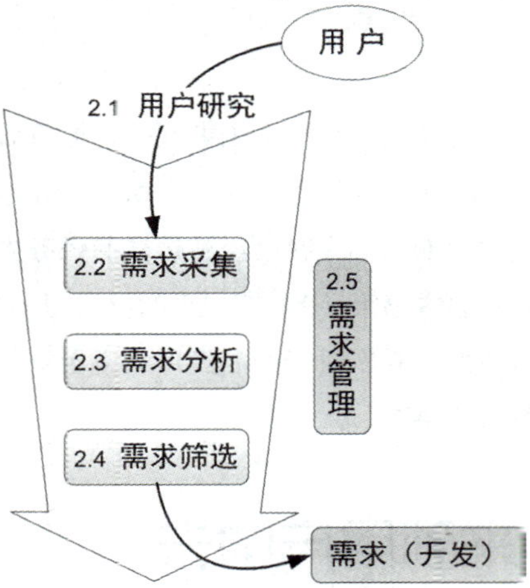

图 2-1　“一个需求的奋斗史”缩略图

首先说说“从用户中来到用户中去”，做任何产品都是一个端到端的过程，端即用户，所以“用户是需求之源”，我们要拥有“以用户为中心的思想”，不断“体会真正的用户”，于是，本章开始就会和大家“聊聊用户研究”。

然后我带着大家发起“需求采集的大生产运动”，与用户接触的过程就是需求采集的过程，我们来看看几种常用的需求采集方法，如“数据分析”、“调查问卷”、“用户访谈”等。并且希望大家意识到“需求采集人人有责”，从而“尽可能多地采集”。

用户说了很多需求，产品经理要“听用户的但不要照着做”，必须“明确我们存在的价值”是“把用户需求转化为产品需求”，这一过程即需求分析过程。产品经理要通过“给需求做一次 DNA 检测”，来“确定需求的基本属性”、“分析需求的商业价值”、“初评需求的实现难度”，从而计算出需求的“性价比”。

资源总是有限的，所以我们只能做那些性价比高的事情，通过残酷的需求筛选，“活下来的永远是少数”。看看“永远忘不掉的那场战争”，给自己打打气，“别灰心，少做就是多做”，我们要有意识的“尽可能多地放弃”。

最后，是需求管理的话题。任何东西多了都需要管理，做产品更是“心急吃不了热豆腐”。这里与大家聊聊“一个需求的生老病死”，“需求管理的附加值”。再次回顾需求的奋斗史，也回顾我自己“和需求一起奋斗”的第一年。

也许大家已经发现，本章的讨论还仅仅局限于有一堆需求的时候应该“做哪些”、“做多少”的问题，并没有谈及需求“怎么做”。我会在第 3 章“项目的坎坷一生”里和大家仔细聊聊项目里的“需求阶段”要做的事情，我将其称为“需求开发”，如产品需求文档、用例文档应该怎么写。

很多人，包括我，入门的时候都是从写文档做起的，但事后想起，那种**“接到一个任务，然后把它完成”**的味道很没有产品经理的感觉[1]，所以我在本书第 2 章就会说明这个任务是怎么一步步明确的。当然，如果你现在已经被这样的任务弄得焦头烂额，急需一些拿过来就能用的指导，也可以先去本书第 3.3.1 节“真的要写很多文档”，看看“需求开发”应该怎么做，只是你心里得清楚，其实对于产品经理来说更重要的是**“发现一个问题，然后设法将其转化为一个任务来解决”**。

2.1 从用户中来到用户中去

从图 2-1 中可以看到，需求或直接或间接都是“从用户中来”的，所以我们要“到用户中去”[2]。第 2.1.1 节，我们先了解需求的本质，再了解用户的本质，接下来谈到要有“以用户为中心的思想”，但也“不要试图满足所有的用户”。在第 2.1.2 节中，通过了解别人、认识自己，来“聊聊用户研究”的话题。

2.1.1 用户是需求之源

用户是需求之源，如图 2-2 所示，还是我们的衣食父母，他们能给我们带来金钱的回报，或者优雅一点说是“可持续发展的机会”。不过，要研究用户的需求，我们首先得弄清楚，需求的本质是什么？

---

1 我觉得，做产品经理最大的快乐来源于实现自己的想法，而不是执行别人给的任务。

2 顺便提一句，“从用户中来到用户中去”还有一层意思是说产品设计的过程是一个闭环，需求的源头是用户，而产品发布以后，在整个生命周期中，仍然要不断地“到用户中去”收集反馈，作为产品改进的依据。

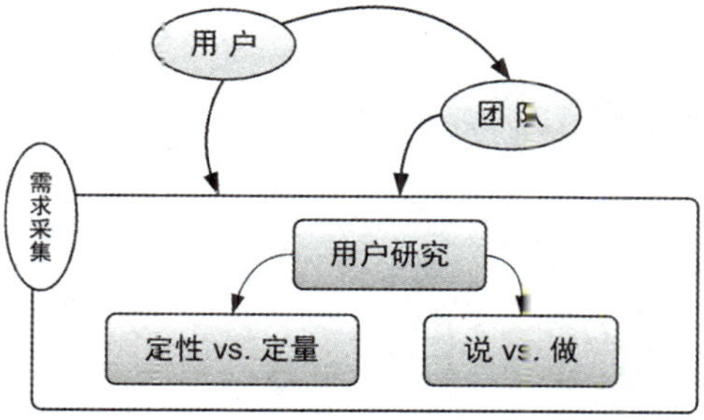

图 2-2　用户是需求之源

人类为什么有需求

关于这个问题，有一次和朋友闲聊，他给出过一个很有趣的解释：

“食色性也”，“食”是为了生存，保证个体延续，“色”是为了繁衍，保证种族延续，这是生物（包括人）的本性，即最基本的需求。

这个说法让我想到了**马斯洛的需求层次理论**[3]：

1943 年，由美国著名犹太裔人本主义心理学家亚伯拉罕•马斯洛（Abraham Maslow）提出了需求层次理论（Need-hierarchy theory），此理论将人的需求划分为五个层次，由低到高，并分别是：生理需求、安全需求、社交需求、尊重需求、自我实现需求。

人类生活在地球上，为什么会有各种各样的需求？那是**因为生活中存在太多的问题，从而产生了不满意，而问题就是“理想与现实的差距”，那么人类会很自然地产生“减少甚至消除这个差距”的愿望，这就产生了需求**。我们之所以做一个产品，肯定是为了解决某些问题，满足某些需求，而这些需求深挖到底，多问几个为什么，总可以归结到马斯洛说的那几个层次里。

一个很经典的例子，小明说：

“我需要买一个电钻。”

大毛问：

“为什么？”

“我想在墙上打一个洞。”

“为什么？”

“我想把一幅画挂在墙上。”

3　马斯洛需求层次理论（Maslow's hierarchy of needs），亦称“基本需求层次理论”，是行为科学的理论之一，由美国心理学家亚伯拉罕·马斯洛于 1943 年在《人类激励理论》论文中所提出。

“为什么？”

“因为这面墙显得太空旷了，看着不舒服。”

“为什么？”

“因为太空旷就没有家的感觉，不够温馨。”

“为什么？”

“你烦不烦啊……”

“好吧，这个电钻其实是你对马斯洛的需求层次理论中第二层“安全”和第三层“社会交往”的需要。你想让家里看起来更温馨，从而产生安全感和归属感。”

……

通过小明的故事，我们发现，研究需求可以增强对用户的理解，而**理解用户，是产品经理最重要的素质之一**[4]。

小结一下，需求的本质就是“问题”，问题的本质就是“理想与现实的差距”。作为产品经理，我们每天都在设法满足用户的需求，其实就是在解决各种各样的问题[5]，而解决这些问题的方法与思路，对任何人都有帮助，而任何人也都多少知道一点，所以，你现在理解为什么我一直说“人人都是产品经理”了。

用户 VS 客户

用户与客户，这两个词在中文里似乎很容易混淆，换作英文会稍微清晰一些，**用户是 User，有时也叫做终端用户，End User，是使用产品的人；而客户是 Customer，是购买产品的人、为产品付钱的人**。举两个例子。

比如你觉得新浪的免费邮箱用得不爽了，忍不住付费买了新浪 VIP 邮箱，这时候你既是新浪的用户、也是客户。又如某天你在路边的超市买了一瓶娃哈哈矿泉水，这时你是娃哈哈的终端用户，是超市的客户，同时超市是娃哈哈的客户。

可以看出来，用户与客户可以是同一个人，也可以不是同一个人[6]，对某个产品来说，产业链越复杂，这其中的关系也就越复杂。所以我们平时也经常不去刻意区分这些概念，

4 深挖需求的目的和好处，可以延伸阅读，http://iamsujie.com/1000/1026/。

5 做产品就是在解决问题，从这个角度看这本书，第 2 章讲的就是如何发现问题，分析问题；第 3 章讲如何解决特定的问题；第 4 章讲如何发挥团队的力量来解决问题；第 5 章讲如何选择大方向，决定要解决哪些问题；第 6 章讲解决问题需要的自我修养。

6 我们通常用“自然人”和“角色”这两个概念来区分，一个自然人可以拥有多个角色。

而是统一用“用户”这个词来代表“广义用户”，它指的是所有和产品有关的人，或者叫产品干系人，除了终端用户、各种客户，还包括你所在的公司里与这款产品有关的老板、销售人员、服务人员、技术人员等。但我们一定要做到心中有数，**不同的用户有重要程度之分，我们必须、也只能有所偏重**。

某著名的电子商务网站建设服务提供商的演示文档里有这样一句明确的话——“相比您的需求，我们可能更重视您的用户的需求”。对此服务提供商来说，他在“您”（他的客户）与“您的用户”（客户网站的终端用户）之间，做出了明确的取舍，即优先满足产品使用者的需求，而不是付钱者的需求。

不管怎么说，**“广义用户”是需求之源。**

以用户为中心的思想

既然用户那么重要，很自然地就要把它放在最中心的位置。UCDChina.com[7]上有不少相关话题，能给做产品的同学很多思路上的启发。

公司有UCD的环境是产品经理的幸运，但，对这本书的大多数读者来讲，我估计BCD更多。BCD是我自创的一个词，Boss-Centered Design，以老板为中心的设计。对于中小型公司，需求的一个很大来源不是终端用户，而是老板——一种广义用户。一般来说，在这类公司中，老板反而是最接近业务、最了解用户的，加之老板的经验阅历又超过我们，所以他高屋建瓴、高瞻远瞩，会抓住一些商机，他觉得这些商机能够创造价值，很多时候比产品经理的观点更合理，这时候老板肩负起了部分产品经理的职责，起到了采集用户需求并分析、筛选的作用。创业阶段的公司是没有太多时间和精力“从用户中来到用户中去”的，一来一去可能公司都关门了，研究清楚了又怎样？因此有时一个问题和需求的诞生，就是靠老板凭经验拍脑袋。这种情况下，我们应该本着实用主义的思路，绝对不能一开始就想着“造反”——“我要见终端用户，我听用户的，不听你的”，而是要尽可能地帮助老板明确问题和需求的价值，为其决定方向提出参考建议，或协助其实现目标（当然，前提是老板要做的事情不违背你的价值观）。

所谓“酒肉穿肠过，佛祖心中留”，这样，我们便同时拥有了**“以用户为中心的思想”**和**“以老板为中心的行动”**（或者说“以实际情况考虑如何行动”）。以老板这种广义用户为中心，在小团队里其实反而是一种较优的实践。

---

7 UCD是User-Centered Design的缩写，中译“以用户为中心的设计”。Ucdchina.com这个网站对我的帮助很大，让我认识到做产品是一件很有意思的事情，推荐给大家。只可惜，2014年再去看的时候，发现已经太久没更新了。

不要试图满足所有用户

不仅要区别对待广义用户，对于狭义的终端用户，我们也无法一视同仁。新人常见的状态就是听到用户的新需求就很兴奋，特别想赶紧给他解决。随着你和用户的接触越来越多，某天，你兴冲冲地拿着收集来的 100 个需求，跑到团队里跟大家说：

"看，用户提了那么多需求，我们全做了吧。"

技术部门的同学说："这起码得做半年。"

老板说："不行，2 个月后必须要上线。"

……

你很快就会发现，用户的需求实在太多了，根本做不过来，这就有了优先级评估，需求管理，此是后话，暂时按下不表。更有甚者，不同用户或某个用户自己提的需求有时候是互相矛盾的，所以根本做不到听到什么需求就做什么功能。

试图满足所有用户的需求是一个灾难，那会让产品变成一个臃肿不堪，谁都不满意的四不像。

我们心中充满疑惑：我想以用户为中心，但是各种各样的用户根本不在一起，出现了 N 个中心，到底哪个中心才是中心中的中心啊？

事实就是这样，**我们无法满足所有用户的需求**。那么我们应该优先照顾哪些人？

谁对我们重要就照顾谁吧，如何评估是否重要？

腾讯 CEO 马化腾说应该关注高端用户的需求。

我做过的一款产品刚起步的时候，老板跟我说先满足大量的一般用户的需求。

矛盾？谁错了？其实谁都没有错，我是这么考虑的，腾讯的产品已经充分占据了市场，拥有霸主地位，所以用户数不可能再有爆发式增长，于是只能考虑从已有的用户身上深挖用户价值，而最有价值的一批用户无疑是高端用户；而我做的那款产品刚起步，没什么用户，急需把池子做大，所以我们会先做一些大众功能，满足一般用户的需求，让用户数先爆炸起来。

所以说，**优先满足哪些用户需要和产品的商业目标要结合起来考虑**，简单说就是看 KPI[8] 是什么，值得注意的是，不要把 KPI 狭义地理解成一些数字，可以把它想象成一种综合的指标，也可以包含客户的满意、员工的开心等。既然我们的产品目标是用户数、活跃用户数，而不是销售额，那么从一开始就注定了我们更要代表的是大多数用户的利益。这并不是说高

---

8 KPI：Key Performance Indicator，关键业绩指标。

端用户不重要，而是产品的不同阶段，目标自然不同。

当然，你也可以从其他维度划分出优先满足的用户，如男女、地域、年龄段等，其中的道理都是相通的——**我们无须满足所有用户的需求。**

2.1.2　你真的了解用户吗

很多时候，我们埋头做事，项目的时间很紧，根本没空去接触用户，直到产品发布。突然有一天接到一堆反馈，我们措手不及，都是些原来根本没想到的问题。有一些前辈曾在网上讨论过“装不装用户”的问题，我的想法是，如果你做的东西确实是自己平时就会用的，那么可以试着装一下，不过要记住你装的用户只能代表一部分用户，而对于自己不怎么用的产品，千万别去臆测用户的情况。

真正的用户，他们想的，他们做的，你真的了解吗？

体会真正的用户

我开始做的是互联网的个人应用，去和用户接触的时候感觉还好，后来做企业应用产品的时候，一次次地被那些正在“电子商务”门口晃悠的用户们震撼了，以此为例来看看真正的用户吧。

他们是中国最典型的中小企业，从十几个、几十个人的贸易型企业到百来个、几百个人的生产型企业，年销售额几千万元人民币左右，只是顺应潮流，或者说被忽悠着建了个网站，没做网络推广，网站几乎没有访客。但是，他们却买了我们的营销管理工具，而这个工具是帮助用户更好地管理网站的访客，促进“访客变客户”的……于是我们做了一批电话访谈，套用郎咸平 2008 年底讲的一句话：“惨得我都不想说了……”，还是听听怎么回事吧。

有的用户是被经销商忽悠进来的，有没有需求不知道，而且他们都不知道自己买的是什么产品。

- “我没有买你们这个东西，不要不要不要不要不要，嘟嘟嘟……”

  原来经销商把我们的产品和其他东西一起打包成了个“忽悠套装”，也不跟用户讲到底是个什么，唉。

- “原来这个买了还要账号密码啊，经销商没给我……”，“经销商说他们全程服务的，我们不需要做什么。”

  他们以为和做网站一样，付了钱就没事了，可是这次买的是个软件呀。

- "我们公司嘛，只有一台电脑，因为放在我办公室，所以就让我用用，但我不懂电脑的嘛。"

  老板随便找了个人用，可是这位大叔听上去有五六十了吧？

  有的用户，打电话过去找不到想找的人。

- "我不懂这个的……"停顿 3 秒，"我不懂这个的……"停顿 3 秒，"我不懂这个的……"

  一个有耐心的阿姨，可惜只会说这句话……

- "你是哪里？""BlaBlaBla……""不要再给我打电话了！啪，嘟嘟嘟……"

  有时候你会碰到个火气大的。

- "我~听不懂~~普通~话。"

  好吧，再见。

  有些，让我们了解到了一些需求，不过都挺偏门。

- "我忘了账号了，忘了网址了……"

  这点，我们要好好反省，有办法解决的。

- "我们做的东西很专业啊，都是上年纪的人，习惯电话联系，效率高，说得清楚，不懂网络的。"

  好，电话，是个方向，网络的价值最终还是要通过与线下结合来体现。

- "我们主要靠老客户，熟人介绍的，都是大单，网上来的小单子不要做的。"

  嗯，总算听到些靠谱的，他们的业务地域性很强，对业务员来说，老客户已经足够吃饱了，网络带来的小单是有点看不上眼。

  还有一些，聊来聊去都是闲谈。

- "啊，你是阿里巴巴的啊，我来考考你，阿里巴巴是哪年成立的？"

  无语……顺便说一句，1999 年。

- "一年几千万、上亿的销售额，几千块钱哪里花不是花，呵呵。"

  还算有点让人欣慰的。

经历了这些对话，我想表达的就是，想了解用户，光靠空想是不行的，他们是真实的，是五花八门的，必须得真刀真枪地去研究他们。

试着描述用户

看到这里，你有没有跃跃欲试，想和用户来个亲密接触？可惜产品经理在公司里有时候只不过是一杆枪，要按照老板的需要指哪打哪，不是随时都有那么多资源让我们折腾的。好吧，告诉你一个几乎零成本的做法，它可以让你增加一点对“用户”这个词的感觉。

我们来做一个简单的练习，你很可能是做互联网、软件相关产品的，即使没做过，也一定用过，试着描述一下自己在用各种互联网应用的时候，是个什么样的用户。我先描述一下“2010年的自己”，里面的不少产品已经没落了。

E-mail：2000年的时候申请了第一个，Sina的，是私人E-mail，但是在学生时代利用率不高，没什么邮件，到2007年的时候用Gmail代收，之后就不再对外留这个地址了。现在私事用Gmail，强大的搜索功能让邮件整理的工作变得不那么重要，节省了很多时间，很喜欢它把同主题邮件合并的处理方式，适合群聊，有些文件备份也放在里面，空间够大，而且防垃圾功能做得很不错。公事用公司的邮箱，没什么好说的。

IM[9]：最主要取决于自己认识的人都用什么，各种功能用得很少，能打字就行了，所以私事用Gtalk、MSN，喜欢Gtalk的简单。公事用阿里旺旺，表情是亮点。QQ不时地会挂一下，不过总是没什么人在，2009年7月又开始用了，很诡异的原因，因为自己打球受伤，跟腱断裂了，没想到QQ上有个跟腱断裂群，在用户基数这点上不得不感叹QQ的强大。

RSS[10]：最早用过客户端的阅读器，周博通，后来因为公司和家里用不同电脑的问题，开始把能在线解决的事情都转移到线上，所以改用抓虾（zhuaxia.com），2006年底那会儿选抓虾而没用Google Reader[11]的原因完全是当时Google Reader做得还比较粗糙，不过后来因为使用习惯的原因，直到2009年初才狠心转用Google Reader，这次改用是因为抓虾的速度慢了，团队出现了问题，产品不再更新，另外一些小体验上确实不如Google专业。

Douban.com（豆瓣）：对我来说是个很好的工具，基本上在别处了解到某部电影和某本书以后，决定是否看之前都会来看看评价，我还是比较信任群体智慧的，特别是在这个群体人员与我的口味比较相似的情况下，比如我抛弃IMDB的电影评分转向这里，是因为总发现有些评分超过8分的看了毫无感觉，而豆瓣就很准，看来我的口味非常本土……我会标记“想看”、“看过”作为一个记录，但是很少留下评论，就算有也就是几句话而已。

好了，上面说的这些使用习惯只是截取了几个点，你还可以写写微信、微博、手机上

9 IM：Instant messenger，即时通信软件。

10 RSS：Really Simple Syndication，一种获取信息的方式。

11 2013年7月1日，Google Reader正式关闭，RSS这种产品形态一直不温不火，我也一直对此感到很遗憾。

各种应用的使用习惯。可能有人已经发现了，这有点像创建**人物角色**（Persona）做的事情，没错，在刚才这些内容之上再加上用户的个人信息、配一张照片，写上公司与用户的目标等，就是著名的 Persona 了。我试着为某个汽车网站设计了一个用户角色，如表 2-1 所示。

表 2-1 人物角色（Persona）

	姓名：大毛 初次购车者	缺乏汽车知识，茫然：“第一次买车，完全不知道从哪里开始！”	
个人信息与简介（实战中可按需扩充）			
年龄	29	住址	杭州城西
职业	IT 从业人员	预算	10～15 万元
爱好	骑行、台球、魔方、棋牌、K 歌……		
性格	和善、理性、冷静、理想主义、追求完美……		
行业信息（过去经历、当前状态、未来计划、痛处等）			
2009 年开始，公司搬到离家约 15 公里的地方，现在每天早晚都坐班车上下班，既要走路到班车停靠点，又要等待特定的时间发车，大量时间浪费在路上。计划 2010 年购车一辆，这样就可以自己掌握时间了…… 他的目标还算清晰——10～15 万元的紧凑型轿车，但具体选什么品牌、什么配置，就完全不知道了。他打算找一个可靠的汽车网站，先学习一下各种知识，并与网友交流，以便做决定。			
计算机和互联网使用情况（本例把互联网当做一个大产品）			
2000 年开始接触互联网，属于重度用户，特别是最近两三年开始，工作、生活都完全依赖互联网，每天在线时间超过 8 小时。电脑为 Dell 台式机和 ThinkPad 笔记本。上网主要是处理邮件，与同事朋友交流，用阅读器获取信息，不时逛逛各种 SNS、微博，购物等。喜欢的互联网产品有 Gmail、Google Reader、豆瓣、虾米等。			
用户目标		**商业目标**	
1. 了解汽车知识，各种术语等。 2. 与购买同类车的网友交流。 3. ……		1. 经常访问网站（广告收入）。 2. 将网站推荐给其他人。 3. ……	

充实人物角色的内容有很多方法，在下一节“聊聊用户研究”中会给大家介绍一些资料。

2009年秋我做了一个产品整合项目，要把手头的产品和另外一个我完全不了解的产品做一些功能的合并。那时，我才体会到，有形的 Persona 存在的更大意义，可能并不是给创建者自己看，而是有新人进团队的时候，可以迅速了解用户，理解产品，同时忙碌的无法关注细节的老板也可以利用 Persona 迅速进入状态，保证他们也能像创建者一样，时刻心中想着正确的用户形象。

还记得本节开头说到“我们只不过是一杆枪”的抱怨吗，有一次我和同事说了，他哈哈一笑，说“美得你，我们的老板也只不过是一杆枪，你我就是一颗子弹而已”。当工具的滋味是不好受的，特别是当产品经理很有想法的时候，所以我们要争取主动，不过是在诸多限制下“带着镣铐跳舞”。

聊聊用户研究

比较早的时候，我总把用户研究当做产品设计过程中锦上添花的事情，每到没什么事可做，闲得无聊的时候，就跑去跟老板说：

“我们这两周做点用户研究吧。”

“你的目的是什么？”

……

后来我渐渐明白，用户研究不是附属内容，而是前提，必须在做产品的过程中随时纳入计划。也许，突然有一天，当你有了机会去接触用户，却很可能不知所措，我到底应该找谁？通过什么方式？聊些什么？如何指导产品发展……对于这些问题，我的启蒙书是**《赢在用户：Web人物角色创建和应用实践指南》**[12]。

全书讲了用各种用户研究的方法创建 Persona，然后加以应用，目的是在设计产品的过程中时刻不忘用户，做到以用户为中心。其实“用户研究”、“市场研究”、“需求采集”等，都是为确定产品应该有哪些功能服务的。书中有一张关于用户研究方法的二维图，如图2-3所示，值得牢记。

12　《赢在用户：Web人物角色创建和应用实践指南》的英文原版叫 *The User Is Always Right: A Practical Guide to Creating and Using Personas for the Web*，译者范晓燕（Angela），也是 UCDChina 的创始人之一。

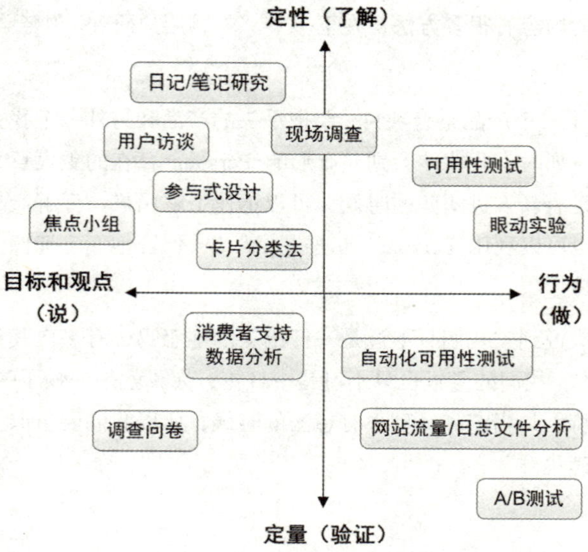

图 2-3 用户研究的方法

此图来自《赢在用户：Web 人物角色创建和应用实践指南》，稍有修改

横向，用户的说和做。

怎么说表现了目标和观点，怎么做反映了行为，用户怎么说和怎么做经常是不一致的。两方面都很重要，我曾经认为“耳听为虚，眼见为实”，所以看到用户怎么做会比听他们说更真实有用，但后来体会到，只了解做是没办法知道背后原因的，而不知道问题的原因也就意味着没法从根本上解决问题。所以我们既要看用户怎么做，也要听用户怎么说，虽然他说的不一定是真话。

纵向，定性与定量。

定性研究可以找出原因，偏向于了解；而定量研究可以发现现象，偏向于证实。两者都很重要，缺一不可，只定量会“以表代本”，看到问题但不知道原因，只定性会“以偏概全”，很可能被部分样本的特殊情况带入歧途。人们认知新事物的过程通常都是从定性到定量，再定性再定量，并且螺旋上升，而了解和证实也是不断迭代进化的。

说和做、定性与定量，各有优势与劣势，所以，合理的搭配组合使用，才能发挥最大的作用，下面的这个产品调研的小例子，就是用了各种用户研究方法来交替解决问题的[13]。

---

13 后续我把这段梳理成了需求采集的“Z 方法”，便于记忆，可以延伸阅读，http://iamsujie.com/1000/1018/。

第一轮，听用户**定性地说**，确定产品方向，做什么？随机抽样40个用户做访谈，据此写出需求列表。

第二轮，听用户**定量地说**，确定需求优先级，先做什么？投放了20万份调查问卷，确定了需求优先级的排序。

第三轮，看用户**定性地做**，要先做的那几个需求，应该怎么做？一边设计，一边陆续找了10个用户来验证，做可用性测试。

第四轮，看用户**定量地做**，根据产品的用户使用情况做数据分析，不断改进产品。

当然，这是一个比较重要的产品，所以在用户研究上投入了较多的时间与人力，更多的时候，我们会视情况采取简化的方案。

上述维度的划分[14]可以帮助我们更好的理解用户研究各种方法的特点，以便在现实工作中更加灵活地应用。每类方法都有其优势和劣势，对应了不同的适用场景，使用之前要认真考虑清楚产品的目标，是新产品定位？老产品优化？预测某新功能的用户数？提高用户活跃程度？验证某个改动的效果？……

说到底，我们做用户研究的目标是：**坚决杜绝“经组织研究决定，用户需要一个××功能”**这类事情发生，要实实在在地把用户当做需求之源。每个产品经理都应该看一些用户研究基本理论，最起码，可以避免犯一些低级错误，比如做调查问卷的时候，通常需要给用户激励，但不能预先使用被调查的产品作为诱饵，因为这对人群有一个筛选的作用，可能更多地吸引对产品感兴趣的用户，或者是贪小便宜的非目标用户参与调查，从而让结果产生偏差。

回到上面那张用户研究方法的图，我在实际工作中就是用这些方法做需求采集的，下一节和大家聊聊其中的故事。

2.2 需求采集的大生产运动

实际工作中，到底采用哪种用户研究方法，往往取决于资源，比如人员数量与能力，老板给你多少时间、经费。如果资源非常少，我们甚至可能简化出很不正规的方法，比如

14 近年来，老外在对用户研究方法分类的两个维度之上又研究出了一个新的维度——产品使用场景，有以下4种，其优劣势我还没能充分体会，有兴趣的同学可以自行研究：1. 自然地或是接近自然地使用产品，如在用户真实环境下的现场调查；2. 脚本化使用产品，按照预先安排的方式使用，如让用户完成任务的可用性测试；3. 在研究中不使用产品，如在路边对路人做的调查问卷；4. 以上各项的混合，也是各种研究方法的混合。

只是查一些二手资料然后和同事们一起讨论，猜测一下用户是怎么想、怎么做的，而有了资源以后，我们可能会叫几个用户过来访谈，请咨询公司协助出报告，或者出差做用户调研等。每个人所处的团队条件不一样，也只能在实践中慢慢总结出适合自己的方法。

但这些用户研究，或者说需求采集的过程，都会有如下几步：**明确目标、选择采集方法、制定采集计划、执行采集、资料整理，然后进入下一步的需求分析阶段。**

把图 2-3“用户研究的方法”简化为如图 2-4 所示的需求采集方法，对应图中 4 个象限，第 2.2.1 节至 2.2.4 节分别通过一种最常见的方法来谈这类方法的特点、如何操作及注意事项。

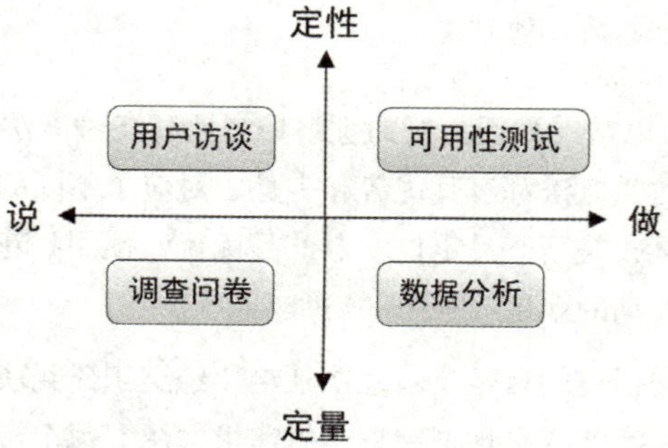

图 2-4　常用的需求采集方法

最后，提出“需求采集人人有责”的概念，这样，我们才能“尽可能多地采集”。

2.2.1 定性地说：用户访谈

用户访谈通常采用访谈者与被访者一对一聊天的形式，一批次用户访谈的样本比较少，一般是几个到几十个，但在每个用户身上花的时间比较多，通常为几十分钟到几个小时，围绕着几个特定的话题，我们问，用户答，用户说，我们听，这是一种典型的定性研究。用户访谈可以了解用户怎么说，即他们的目标和观点。根据我自己的经验，用户访谈经常用在新产品方向的预研工作中，或者通过数据分析发现现象以后，去探索现象背后的原因。

用户访谈的常见问题与对策

用户访谈经常出现如下问题：

第一，“说”和“做”不一致的问题。

用户经常会骗我们，先看一个经典的索尼游戏机的故事。

索尼找了一些用户来，问他们喜欢黄色的还是黑色的游戏机，结果发现说喜欢黄色的用户比较多。之后，索尼告知用户为了感谢他们的配合，将送他们一台游戏机，颜色可以任意挑选，而同样一批用户选择黑色的游戏机带回家的更多。很明显，有部分用户说喜欢黄色却带走了黑色的游戏机。

用户倒不是想故意欺骗我们，而可能是：他们被问了自己也没仔细想过的问题，又不想回答不知道，就在现场编造了一个看似有理有据的理由，或者他们有讨好访谈者的心理，会回答他们觉得你希望听到的答案，而不是自己真正的想法[15]。

对我们来说，防止被骗的方法恐怕像索尼一样，尽量在用户可以和产品发生交互的场合下进行，让用户在“说”的同时也“做”，只不过，这样访谈的成本会明显高于电话访谈或邀请用户来公司的会议室访谈。另外，我们也可以注意区分用户说的事实与观点，一般来说，诸如“我做了什么，步骤如何，碰到了什么问题”这类事实的可信度更高一些，而“我觉得、我认为”这类的观点，则需要带着大大的问号去听，并且机智地去探究支撑观点的事实。

第二，样本少，以偏概全的问题。

选择样本的时候需要多加注意，尽量做到随机，举几个常见的“不随机”的例子。

比如为了成本考虑，我们上门访谈的时候只找了本市的用户，这样很可能得出一些与地域有关的错误推论；又如电话访谈时，为了提高联系成功率，我们优先拨打留了手机的用户，而留手机很可能代表这批用户忠诚度已经比较高；再如邀约用户来公司访谈，“愿意来的用户”，就已经和全体用户有差异了……

对于这个问题，我常用的几个对策如下。首先，我们应该尽量识别出各种可能引起偏差的因素，并在访谈的报告里标明，让读者了解。然后，为了用尽可能少的样本得到尽可能正确的结论，我会以增量的方式做访谈。举个例子，我会先访谈 5 个用户，得出基本结论，然后再访谈 5 个，观察结论是否有改变，如果有改变，就继续加大样本量，或者思考问题是否合适？样本集是否合适？如果没有改变，就停止继续访谈，节省成本。

样本的选取，其实属于概率与数理统计的范畴，想深入的同学可以自行研究。

第三，用户过于强势，把我们往沟里带。

我在 2006 年底做网店版的用户访谈的时候，就经常犯这个错误：

当时我们找来了很多淘宝的大卖家，问了几个问题以后，那些卖家的情绪就被调动起来了，似乎好不容易有个倾听者来听他们创业过程中的成就与艰辛，然后就开始讲故事，

15　这些原因都很有意思，想深入研究的同学可以去看社会心理学，里面有详细的相关论述。

比如卖水货手机的帅哥给你讲中国整个水货手机市场，第一级只有深圳的几个人，每天凌晨两点他们会在某个秘密地点出货给第二级，都是以“百台”为单位叫价，和古老的证券交易所一样，然后四点左右第二级就会把当天的价格传真给他……改天又来一位卖钻石的少妇给你讲他老公多有钱，就是没空陪她，给她在上海最繁华的地段买了个门店卖钻石，她经常去南非采购，一次买好多，轮着戴，不喜欢的就折价卖掉，不为赚钱就是找点事情做……真假不论，反正都是无比精彩，我们又不够老道，完全被忽悠得入神了，原本一个小时的访谈变成三个小时，最后送走用户，一看访谈记录，一片空白。

要解决这个问题，需要时刻牢记访谈的目的。如果发现话题不对，就赶紧往正道上扳，若发现多次都扳不过来，就可以考虑尽快结束了，用户很多，不要在一个不合适的对象上花费太多时间。当然，有时候用户侃得十分精彩，如果你不是很忙的话，听听长长见识也可以，这个就自行把握吧。

第四，我们过于强势，把用户往沟里带。

原来我们团队有一位做销售出身的女生，改行做产品，在新产品中负责了几个模块的设计，设计好了邀请用户来做访谈。她的故事很有趣——

开始挺好的，她慢慢深入地问着，用户小心翼翼地答着。随着访谈的进行，用户渐渐地放开了，开始对产品提出自己的看法，于是砖头一块一块的向那位女生的头上抛去，只见她的脸越来越苦，然后终于忍不住了，心说“老娘当年可是做销售的，看我怎么收拾你”……接下来只见风云突转，她给用户晓之以理动之以情，指出了用户的理解有哪些不对的地方，她的产品确实很好，很值得买，几十分钟过去，用户完全被说动（不得不赞叹她的销售功底就是扎实），就差道歉了，觉得这确实是一款好产品，并且承诺说上市以后一定买。用户走后，她心满意足，回来大家一讨论这个过程，都傻了。

这个问题的对策，同样是牢记访谈的目的，并且管好自己的嘴。

我在看《软件观念革命：交互设计精髓》[16]的时候，发现里面也讲了不少关于用户访谈的注意点，在本节最后摘录一些要点分享给大家。

- ▶ 避免一组固定的问题：固定的问题会让被访者产生被审问的感觉，我们应该准备好问题清单，但清单只起一个引导作用，并不用照着读。
- ▶ 首先关注目标，任务其次：比用户行为更重要的是行为背后的原因，多问问用户为什么这么做。
- ▶ 避免让用户成为设计师：听用户说，但不要照着做，用户的解决方案通常短浅、

16 本书的作者是交互设计之父 Alan Cooper，附录里有对本书的简单介绍。

片面。

- 避免讨论技术：特别是碰到一些略懂技术的用户，不要与其纠缠产品的实现方式。
- 鼓励讲故事：故事是最好的帮助设计师理解用户的方法。
- 避免诱导性的问题：典型的诱导问题是“如果有××功能，你会使用吗？”一般来说用户会给出毫无意义的肯定答复。

记一次用户大会

用户大会，是邀请产品的用户到某一集中地点开会，人数一般在几十人到几百人不等，可以短时间内从多人处收集大量信息，是一种特别的用户访谈形式。我在 2007 年 6 月组织过一次阿里软件网店版的用户交流会。这种会耗费资源较多，一般机会不多，所以要充分利用。按时间分几步重点摘录如下，结合这个提纲，我们来看一下这种用户访谈形式应该如何准备、如何操作，如果把“用户大会”也视为一个产品的话，大家也可以从中看到一些做产品的通用思路。

明确目的

会前最重要的是明确这次用户大会的目的和意义，这在争取资源的时候会更有说服力，比如：产品二期卖点确认，辅助运营决策；三期需求收集；现有产品用户体验改进等。

资源确定

- 时间：日期、几点、时长。要考虑淘宝卖家的空闲日子和时间段。另外注意要把整个活动各项准备的时间点掐准，留余量。
- 地点：场地、宣传用品、IT 设备、礼物、食品饮料、桌椅。
- 人物：

  工作人员：大家一起上，人人有事做，分组分工，注意产品、运营、开发人员的搭配，要有冗余；

  用户：确定目标用户、数据提取、预约，要充分考虑人数弹性；

  嘉宾：相关老板、合作部门的同事，不管来不来，邀请要发到。
- 材料：用户数据、产品介绍材料（测试环境确保当时可用，静态 Demo 备用）、可用性测试[17]材料。
- 各项备用方案的准备，用户大会前两天开一次“确认会”。

现场执行

17 可用性测试（Usability Testing）是指在设计过程中被用来改善易用性的一系列方法，下文有详细描述。

- 辅助工作：场地布置（轻松一点，不要像开会）；引导/拍照/服务/机动；进场签到（给礼品）；全程主持（进度控制）；送客/收拾残局。
- 主流程：

  产品介绍：重点是卖点介绍，与用户互动，观察用户更关注哪些功能，辅助上线前的运营决策，到底主推哪些卖点；

  抽取部分用户做焦点小组[18]的讨论，收集后续的需求，产品三期开始启动；

  同时抽取部分用户做可用性测试，帮助产品二期做最后的微调；

  最后，合影留念。

结束以后

- 资料整理：卖点总结报告、需求收集报告、可用性测试报告。
- 运营：本次活动在淘宝论坛发帖；内部邮件。
- 整个活动资料的整理归档，包括照片、各项材料/报告信息、用户数据等。

一个三四小时的会，我们好几个人前后忙了有半个月，从计划制定、资源申请、各种材料准备，到当天执行、之后的分析整理……不过这些辛苦都有了回报，在短短几个小时内，从三四十位用户那里获得了很多有价值的信息，比如确定了产品二期主推的 3 个卖点；明确了产品三期优先级最高的几个需求；与这些用户成为朋友，将来可以作为产品的种子用户[19]等。这些都为今后的产品发展提供了指导。

2.2.2 定量地说：调查问卷

同样是听用户怎么说，常见的定量研究方法是——调查问卷。

调查问卷和用户访谈的提纲是有区别的：用户访谈的提纲通常是开放式问题[20]，适用于我们心里还比较疑惑的时候去寻找产品的方向，适合与较少的访谈对象进行深入的交流；

---

18 焦点小组（Focus Group）是由一个经过训练的主持人以一种无结构的自然的形式与一个小组的被调查者交谈，可以视为一种一对多的用户访谈形式。

19 种子用户，是指某产品的一些忠诚度很高的用户，产品设计者与他们长期保持交流，让他们试用最新产品，可以经常从他们那里获得产品的建议和意见。更多延伸阅读，这里有，http://iamsujie.com/1000/1024/。

20 开放式问题像问答题，不是一两个词就可以回答的；封闭式问题有点像判断题或选择题，回答只需要一两个词。

而调查问卷通常封闭式问题比较多，适合大用户量的信息收集，但不够深入，一般只能获得某些明确问题的答案，调查问卷不是考试卷，不适合安排问答题。用户访谈与调查问卷之间也有联系，我们经常通过前者的开放式问题，为后者收集具体的封闭式问题。

无论是网上还是线下，作答时间最好不要超过5分钟，否则很多人看一眼就被吓跑了。开篇一般放一些简单的不需要思考的问题；很想知道的内容，需要思考的，较敏感的问题一般放在中间；而有关被访者个人信息的题目一般放在问卷的最后，以免应答者在回答这些问题时有所顾忌，进而影响其他答案。

调查问卷的常见问题与对策

调查问卷一人一份，独立作答，可消除“焦点小组”、“论坛发帖征集需求”等具有群体讨论性质的方法的弊端。这是因为用户有其特点——沉默与骑墙的总是大多数。

《长尾理论》[21]里说到“沉默的大多数”，那么站出来的总是很少数，而且往往是非典型的用户，不能保证其代表了目标用户的想法；而“骑墙的大多数”说的是，大多数人是没有明确观点的，尤其在网络这样一个不用负责任的环境下。所以常见的情况就是开始表态的那几个人的观点引导了群体的观点，随机的初始值决定了结果，这个时候你只有单独和跟风者交流，才会发现他根本不是那么想的。

调查问卷的客观性、多份问卷之间的独立性，可以有效避免上述问题，但其容易出现的问题在于：

第一，样本的偏差，即样本与想了解的目标用户群体出现偏差。

之前我们谈到，用户访谈由于样本量的限制，始终只能听到目标用户群体中很少部分用户的声音，而调查问卷可以更多地采样，我们应该充分利用。所以，调查问卷的样本选择，就有几个注意点[22]：尽可能覆盖目标群体中各种类型的用户，比如性别、年龄段、行业、收入等，要保证各种类型用户的样本比例接近全体的比例。比如目标用户中男女比例为7:3，那么我们的样本也应该保持这个比例。

但在实际工作中，经常会因为各种原因没法做到样本选择的合理性，比如我们的产品全国销售，但要做街头的拦截调查，出于成本考虑，只能选择特定城市的目标用户；又如利用网络做调查问卷，能在特定时间、特定页面上看到问卷的人，已经是一种筛选；再如在各种场景下，愿意填写问卷的人，也许与目标群体的整体也有不同，又是一种筛选。

21　虽然是2006年就翻译引进的图书，但我觉得这是互联网从业者不得不读的一本经典读物。

22　更理论化的内容，大家又可以去翻《概率与数理统计》的课本了。

所以，在类似情况下得出结论的时候，大家最好把这些潜在的筛选条件标明，让报告的读者知道数据获得的方法与来源，同时如果我们是报告的读者，也要一直带着问号去阅读里面的数据。

还有一个小技巧，就是可以把目标群体的特征也定义成一系列问题，放入问卷中，待我们回收问卷以后，就可以通过这些问题评估作答者是否能代表目标群体了。如果发现了偏差，我们也可以从回收的问卷中再筛选出一个接近目标群体的子集来分析。

第二，样本过少的问题。

样本量过少时，采用百分比来分析是没有意义的。这是很多新人会犯的错误，比如只问了 5 个人，3 个人选 A，就在报告中说有 60%的用户选 A，这是很不严谨的。因为如果换 5 个人再做一次，很可能就是 40%了，而这样的数字百分比要具备稳定性才有价值。所以，此时只能说“问了 5 个用户，有 3 个用户选 A”。抛开严谨的统计理论不谈，要给出百分比答案的话，至少得有大约 100 份的答案。

第三，问卷内容的细节问题。

首先，问题表述应无引导性，这点和用户访谈类似。比如，不要问“你喜欢某个产品吗”，这时用户可能会考虑到提问者的情感而回答“是”，正确的问法是“你是否会把某个产品推荐给你的亲友？请在 0 到 10 之间打分[23]。”

答案的顺序，可能产生“顺序偏差”或“位置偏差”，即被调查者选择的答案可能与该答案的排列位置有关。有研究表明，对陈述性选项被调查者趋向于选第一个或最后一个答案，特别是第一个答案；而对一组数字，如价格和打分，则趋向于取中间位置。为了减少顺序偏差，可以准备几种形式的问卷，每种形式的问卷选项排列的顺序都不同。

因此，对于重要的问卷，为了避免上述问题，还有个通用的办法就是先进行小范围的试答，根据反馈修改后，再大面积投放，这和互联网产品的灰度发布[24]有着同样的理念。

设计一份实际的问卷

我们来试着设计一份实际的问卷。和做任何产品一样，先想清楚目的，然后明确样本对象、调查渠道、时间计划等，最后才是问卷内容本身。

---

23 延伸阅读：净推荐值（NPS，Net Promoter Score）的概念，可以相对客观地获得用户对产品的评价。

24 灰度发布是互联网产品发布上线的一种常用形式，先让少量用户看到新产品，利用他们的反馈进行修正，逐步把新产品展现在所有用户眼前。

给大家举一个实例，我为这本书的读后反馈设计了一份调查问卷，有兴趣的读者可以做一下[25]。

问卷目的：收集本书的读者反馈，总结得失，希望本书的2.0版本能做得更好。

样本对象：本书读者，扩大到博客读者，以及对产品经理感兴趣的人。

调查渠道：网络，个人博客等渠道发布。

时间计划：本书上市后放出问卷，收集至少3个月后给出一份分析报告。

问卷内容：不断优化，你真正看到的可能与下面有区别。

同学你好，我是《人人都是产品经理》的作者苏杰，这个问卷是为了……，作答大约需要2分钟，完全匿名，非常感谢。

首先，是一些简单的问题，帮助我对作答者进行分类。

▶ 你看过《人人都是产品经理》这本书吗？单选

　是，否

▶ 你看过“iamsujie.com”这个博客吗？单选

　是，否

▶ 你是怎么知道这个问卷的？单选

　通过书，通过博客，其他网上渠道，其他线下渠道

然后，是一些我最想知道的问题。

▶ 你工作多久了？单选

　还是学生，1年以内，1到2年，3到5年，6到10年，11年及以上

▶ 你是几岁的产品经理？单选

　–1到0岁，1到2岁，3到5岁，6到10岁，11岁及以上

▶ 你的岗位？单选

　产品经理，其他产品相关（如需求分析、用户体验、交互设计、运营），商业相关（如市场、销售、服务），技术相关（如开发、测试、架构、运维），各种管

25 从这里，http://iamsujie.com/9000/9128/，可以找到问卷。

理岗位，其他

- 你的行业？单选

  互联网，软件，其他 IT 类，其他

- 你的公司规模？单选

  10 人以下，10 到 100 人，100 到 1000 人，1000 人以上

- 你工作中接触最多的主题？多选

  用户，需求，项目，文档，流程，战略，修养，职场，其他

- 你希望我多说些什么主题？多选

  用户，需求，项目，文档，流程，战略，修养，职场，其他

- 你对《人人都是产品经理》的 2.0 版本有什么意见和建议？唯一一个问答题

接着，想了解一些你的情况。

- 你的性别？单选

  男，女

- 你的年龄？单选

  20 岁以下，20 到 25 岁，26 到 30 岁，31 到 40 岁，41 岁及以上

- 你所在的城市？单选

  北京，上海，杭州，深圳，广州，其他

- 你的月收入？选择

  1k 以下，1k 到 2k，2k 到 4k，4k 到 8k，8k 到 16k，16k 以上

最后，还有什么想说的？

2.2.3 定性地做：可用性测试

可用性测试是指通过让实际用户使用产品或原型方法来发现界面设计中的可用性问题，通常只能做少数几个用户的测试，看他们怎么做，属于典型的定性研究。

它是 UGC[26]理念的一种很漂亮的实践，在目的明确的前提下，简单介绍一下主要过程。

---

26 UGC：User Generated Content，用户产生内容。UGC 其实并不是新概念，传统行业的宜家（IKEA）早在 50 年前就有所行动，让终端用户参与到产品的设计的各个环节中。

首先要招募测试用户。招募测试用户的主要原则是，这些用户要能尽可能地代表将来真实的用户，比如说，如果产品的主要用户是新手，那么就应当选择一些对产品不熟悉的用户。

然后是准备测试任务，测试的组织者在测试前需要准备好一系列要求用户完成的任务，这些任务应当是一些实际使用中的典型任务。

接下来的重头戏是测试过程。可用性测试的基本过程就是用户通过使用产品来完成所要求的任务，同时组织者在一旁观察用户操作的全过程，并把发现的问题记录下来。

测试结束后：组织者可以询问用户对于产品整体的主观看法或感觉。另外，如果用户在测试的过程中没有完全把思考的过程说出来，此时也可以询问他们当时的想法，询问他们为什么做出那些操作。

最后是研究和分析：在可用性测试结束之后，组织者分析记录并产出一份产品的可用性问题列表，并对问题的严重程度进行分级，使得我们可以根据项目进度来选择哪些优先处理。

可用性测试的常见问题与对策

和用户访谈、调查问卷一样，可用性测试也有其特别需要注意的问题。

第一，如果可用性测试做得太晚（往往在产品将要上线的时候），这时发现问题也于事无补了。

其实，可用性测试在产品的各个阶段都可以做。在产品已经上线运行时，可以拿真实的产品给用户做；在产品只有页面 Demo 时，可以拿 Demo 给用户做；在产品只有纸面原型时，可以拿着手绘的产品，加上纸笔给用户做；甚至，在尚无任何成型的产品时，可以拿竞争对手的产品给用户做，以避免我们犯同样的错误。总之，不同阶段不同做法，从中都能发现相应的问题。

第二，总觉得可用性测试很专业，所以干脆不做。

可用性测试，听着很专业，但收益又无法量化，所以对很多老板来说，不太愿意在这个上面投入资源，经常因为项目时间过紧被略过。我们知道，可用性测试通常来说做 5 个左右的用户才可以发现大部分的共性问题，前前后后的准备也耗时不少。但只做一个用户，并且简化步骤，也比不做要好。

对一个内部使用的用户管理平台，我自己尝试过一次最轻量级的可用性测试，表现为：

一个同事，半个小时，在我的座位上，简单的几个任务，比如“将 XXX 用户的有效期增加一年”，“将 YYY 公司的状态设置为冻结”，“查询 ZZZ 公司的员工数”等。结果发现了十几个问题，效率很高。

第三，明确是测试产品，而不是测试用户。

可用性测试要邀请用户来做测试人员，我们在开始之前，应当明确地告诉用户，这个测试的目的是发现软件产品中的问题，而不是要测试用户是否有能力使用软件。所以，不要让用户听到“可用性测试”的术语，而是说“来试用一下我们的新产品，提点意见”。清楚地说明这一点将有助于减轻用户的压力，使得他们能像在真实环境中一样来使用软件。

第四，测试过程中，组织者该做的和不该做的。

刚开始的时候，可以告知用户大概持续的时间，要做哪些事情，让用户心中有数，轻松愉快地完成任务。

可用性测试中，我们可以要求用户在使用产品的过程中采用一种名为“发声思维”的方法，即在使用产品的同时说出自己的思考过程，比如为了完成某个任务，用户想先做什么，后做什么，为什么要做某个动作等。

做测试的过程中千万不要有任何的引导与暗示，而只是观察和记录，因为任何引导都可能使得原本可以发现的问题无法暴露。用户行为和预想的不一样时，可以提问，实在进行不下去的时候，给予提示。记住，一切的错都是产品和我们的错，用户绝对没有错。如果真觉得用户错了，那也是你找错人了，不是这个人错了。

结束之后，如有可能应该送个小礼品，当然在邀请的时候就要告诉用户会有一些对他付出时间的补偿。尽快总结，并且发给用户，一方面让用户感到他做了一件有意义的事，另一方面也是表示感谢，建立长期和谐的“用户参与产品设计”的氛围。最重要的，这份总结要用于指导产品改进，这才是可用性测试的根本目的。

产品改版的一次冒险

每一个优秀的产品（比如 Gmail、微信），都是靠着不断的升级、优化、改版才逐渐获得认可的。改版的初衷都是为了产品升级，更好地服务用户，但改版在客观上会挑战用户现有的习惯，所以必须慎之又慎。可用性测试就是一种很合适的方法，来保证产品改版的安全性。对于一个产品经理来说，如何在合适的时机推动一次合理的改版，是一大考验，本节回忆 2007 年我发起的一次产品改版——网店版从 1.0 升级到 2.0，当时的可用性测试做得太晚，想想真是后怕。

这次改版在页面风格上有极大的变化，如图 2-5、图 2-6 所示，网店版 1.0 的时候，考虑到我们的目标用户全部是淘宝的大卖家，所以沿用了当年淘宝网“我的淘宝”的页面风格，之后的几个月，随着产品的发展，我们发现在 1.0 的页面框架下，很多功能设计起来都要瞻前顾后，所以决定颠覆性地把导航菜单从左侧移到上方，释放页面空间，并且改变了很多交互、视觉的细节。

图 2-5　网店版 1.0 首页示意图

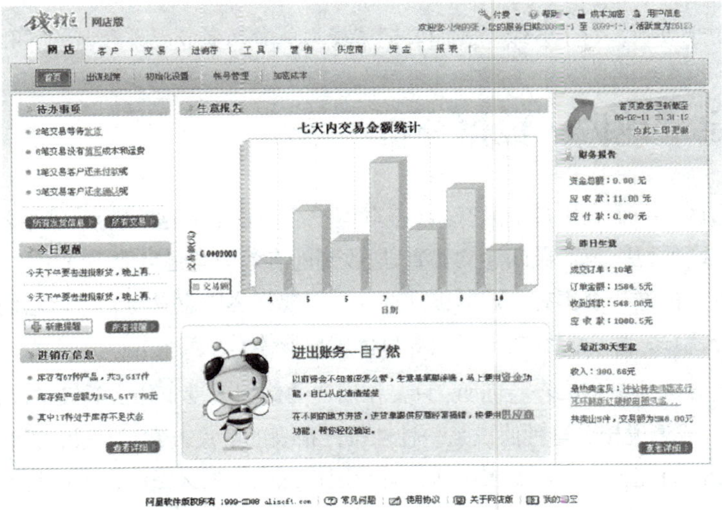

图 2-6　网店版 2.0 首页示意图

整个过程几乎完全凭借我们的喜好改进，直到上线前几天，才叫了几个用户来做可用性测试，而这时候其实我们已经知道没时间改了，只是想听用户说一声“Yes”来增强自己的信心，如果这时候用户说“No”，绝对是一个灾难。

好在参加测试的用户对我们说了“Yes”，上线后数据分析的答案也是“Yes”，我们才没有因为缺乏经验而造成太多损失。在这之后，我再也不敢这么晚才做可用性测试，联想一下淘宝网“我的淘宝”曾经做过的改版[27]、2007 年底豆瓣为了庆祝注册用户过 100 万的改版、2009 年百度贴吧的改版、2013 年手机 QQ 向微信看齐的改版，都因为用户的反对声音太大不得已道歉、改回去，我们真的很幸运。

不好的过程，还算 OK 的结果，让我事后去恶补了不少常识，对于改版，除了“可用性测试”要在足够早的时候做以外，发布后也是有一些方法改进的。

比如先从部分次级页面改起，像“我的淘宝”历时多年的改版；

再如新旧版本并存一段时间，并允许用户自由选择，比如 2007 年的新浪邮箱和 2014 年的手机支付宝钱包；

三如小面积试验，选择一小批测试用户放出新版本，监测效果，做用户调研，比如 Gmail 通过 Labs 发布某些新功能的做法；

四如傍上一个用户已经习惯的风格，比如网店版的前身“高级店铺”升级到网店版 1.0 的时候，讨论了很多方案，最终还是决定模仿“我的淘宝”的页面风格。

总之，对于改版，对于升级，我们要把“暴力革命”变成温柔和谐的“和平演变”。

2.2.4 定量地做：数据分析

只要你做的是一个大用户量的产品（互联网产品往往都有这个特点），那么我们总会惴惴不安：上述 3 种方法，就算做问卷的普查，回收到的有效问卷也可能不到用户总数的 10%，或者说，在样本的选择上都有一定的被动性——需要样本同意参与，所以它们都只能接触特定的少部分用户，那么到底能不能代表目标用户群体？

虽然绝大多数情况下的经验证明，只要在用户的选择上没犯什么低级错误，他们是“具有代表性的”，或者说接受这种假设是一种性价比很高的解决方案。不过，我们还有数据分析，一种定量的研究方法，数据来说话，看看用户到底是怎么做的，不论是考察目标用户

27　在《淘宝十年产品事》的 126 至 128 页，讲述了这个故事，最终因为用户的反弹，产品回滚了，之后，我们都戏称“一个成熟的产品经理，必须经历过一次‘回滚’”，可见过程之惨烈。嗯，这个植入很巧妙。

全体、还是采样，都完全可控，所谓“According to the data”是最难被驳倒的[28]。

数据分析时，根据不同的目的，数据来源多种多样，常见的有用户使用产品的日志、客户管理系统里的信息、网页访问情况的统计信息等。数据分析的方法，最简单的可以用 Excel，复杂一点的可以用一些统计软件、数据库软件，或者直接自己写程序解决。而最关键的就是对结果的解读，通常数据分析只能发现一些现象和问题，并不能了解原因，所以分析完成后通常会伴随着一些用户访谈，听听用户怎么解释。

数据分析的常见问题与对策

我们要意识到，用户“怎么说”和“怎么做”不同，甚至经常有矛盾，有时候用户的行为比语言更能反映出他的真实需求。比如卖家用户说在搜索买家的时候应该加一个“按交易额搜索”的条件，也许只是他某次特殊的需要使然，但如果我们听他的做了这个功能，之后通过用户行为的数据分析发现，只有 1/10000 的人用过，那就表明我们被用户的说法骗了，但数据永远不会骗我们。不过，在数据分析时也会有一些特定的问题，下面让我们逐一分析。

第一，过于学术，沉迷于“科学研究”。

我在读研的时候，做的就是统计分析、数据挖掘相关的课题，所以工作中开始遇到数据分析的时候，我挺兴奋的，感觉可以好好地研究一番了。但渐渐我体会到，实际的生产和科研是有很大不同的。科学研究通常只注重“性价比”的性，只要结果好，方向新，往往不在乎投入，因为相对而言科研的结果不是为了马上应用，而是为了证明实力，做技术储备[29]。

但实际生产环境就更注重综合的性价比了，所以我们日常的数据分析方法也就显得不那么严谨，我特指小步快跑的创业团队，他们可能不需要在每次分析前都去验证样本群体是否符合某种统计分布，也可能不需要用“人工神经网络”等“高科技手段”去预测产品将来的用户数，甚至给出“A>B”的结论时也用不着做“显著性检验”，一切的一切需要的只是一种感觉，一种对数据的敏感，对商业的敏感。

第二，虽然数据不会主动骗人，但我们经常无意或有意地误读数据。

无意地误读数据，举个例子，对一个人群，人们的身高用平均数来衡量是有意义的，因为我们知道身高属于典型的正态分布，中间多两边少，所以一个平均值，最多再加标准差，就能了解群体的大致情况，而对人们的收入，就不能用平均值来衡量了，一个超级富

28　2013 年开始火爆的大数据概念，全面提出了“全样本”的分析方法，有兴趣的同学可以延伸阅读。

29　我认同一个说法：工程师为了人类的明天奋斗，科学家为了人类的后天努力。

豪和1000个零收入的人一平均，很可能得出人均收入100万的荒谬结论。这个问题的对策，是学习统计学的知识[30]，努力提高自己的水平。

主动地误读数据，是比较有趣的现象。在提取数据之前，我们心中通常已经有一些结论了，无非是想验证它，而抱着这点思想，就总能找到数据来证明自己已有的想法，并且能力越强的人越容易做到这点。对此，我想一个简单的对策就是对数据保持中立的态度，尽量不要“为了迎合一个观点而去找数据”，减少利益牵扯，比如为了证明老板的判断，或者为了保持自己之前拍脑袋的英明形象等，你明白我的意思。

第三，平时不烧香，临时抱佛脚。

这是一个很实际的问题，我们经常在做决策的时候才想起数据分析，但忽然发现手头没有数据可分析。一次又一次地发生同样的情况……为了避免，我们应该在产品设计的时候就把数据分析的需求加进去，比如记录每个按钮的点击次数、统计每个用户的登录频率等，这也算一种典型的非功能需求，这样做对产品的可持续发展非常必要。

日志分析的商业价值

下面举个小例子，看看数据分析是如何转化为商业价值的。整体的思路是：**在对产品足够熟悉的基础上，先做出方向性的假设，再提取相应的数据并分析，得到一些现象，最好是之前没发现的现象，然后尝试解释，接下来做用户调研修正解释，最终指导产品发展方向。**

2008年底的时候，我们希望产品的用户能更活跃，活跃的衡量指标是更多的登录次数，方向确定之后，我们假设有方法可以促使某类用户更多地登录，于是对产品的用户登录日志[31]做了一些分析，希望找到方法和对应的用户。结果，发现了一条很有趣的曲线，如图2-7所示。

直接看图，图中的横轴是把所有付费用户的第一次登录日期对齐，表示用户从这一天开始使用产品，查看他们在此之后半年，也就是180天的活跃情况；纵轴是这几千家公司的总体活跃情况，可以简单地理解成纵轴数值越高，用户登录次数越多。可以看到，活跃公司比例的变化明显分为4期，特别是1～4个月之间出现了先下降再上升的现象，于是我们先尝试着解释：

该产品是通过经销商销售的，在卖出去之后，经销商在前期也会登录产品帮助用户做一些初始化产品的工作，所以产品的登录行为有经销商登录和用户登录两部分，虽然通过已有的数据无法区分这两种行为，但它们确实各有特点。

---

30 推荐阅读《黑天鹅》和《统计数字会撒谎》这类统计学的图书，不似教材那般枯燥，适合工作以后的人阅读，附录中会有简单介绍。

31 因为是企业用户，所以本例中“用户”与“公司”是一个概念。

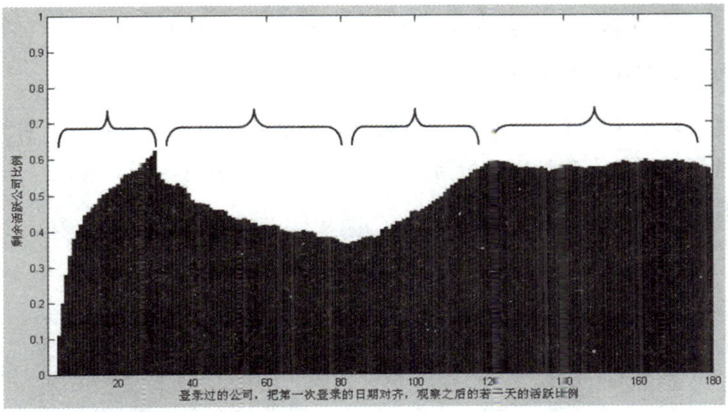

图 2-7 用户登录产品的情况[32]

第一阶段：第 1 个月，活跃度考察的是 1 个月内用户的登录次数，所以 30 天内活跃度不断上升达到峰值，约 60%。这段时间内，经销商登录次数较多，帮助用户初始化，用户的登录次数缓慢增加。

第二阶段：第 1～3 个月，活跃公司比例缓慢下降到约 40%。其间包含两部分，经销商行为和用户行为。

- 经销商登录次数逐渐减少，只有一个趋势：衰减，这个衰减绝对比图中的更陡峭。
- 用户登录行为有两种趋势：衰减与增加，而增加是大于衰减的，从第三阶段可以看出。

第三阶段：第 3～4 个月，活跃公司比例逐渐上升到 60%，这是因为到 3 个月之后，几乎再没有经销商登录行为了，完全是用户登录，并且经过两个月的使用，用户已经通过产品体会到实际的商业价值，所以登录产品并使用的行为越来越多。

第四阶段：第 4 个月以后，稳定在 60%弱一点，进入动态平衡期，用户使用产品的情况不再有大变化。

上面这些解释，完全是我们根据对用户的认识，主观做出的判断，为了验证上述观点，接下来我们做了用户访谈，采取了两种形式——先电话调研、然后有选择的登门拜访，试图区分出经销商登录和用户登录的不同，果然让我们发现，两种人群的主要登录入口不同，

---

32 这次的数据分析是我用一款工程软件——MATLAB 做的。这完全是个巧合，正好上学的时候一直拿它做数据挖掘。常有这种体会，之前学过的东西，当时不知道有什么用，多年以后说不定什么地方就真的用上了，很惊喜。所以早年的学生时代，当你还没想清楚将来要做什么的时候，也就意味着不知道应该学什么，也不要就真的一直空想而什么都不学，不妨先学着别人安排你学的东西，等想清楚自己的目标以后，再优化自己的知识结构。

经销商通常从A入口登录，因为他们要做的初始化操作从这里进去方便，而用户通常从B入口登录，因为日常操作更多在这里。

由此启发，我们深挖了一段时间从不同入口登录的日志，确实验证了用户的说法，于是，分离出经销商和用户两种登录行为造成的曲线，我给出了简单的手绘，如图2-8所示。

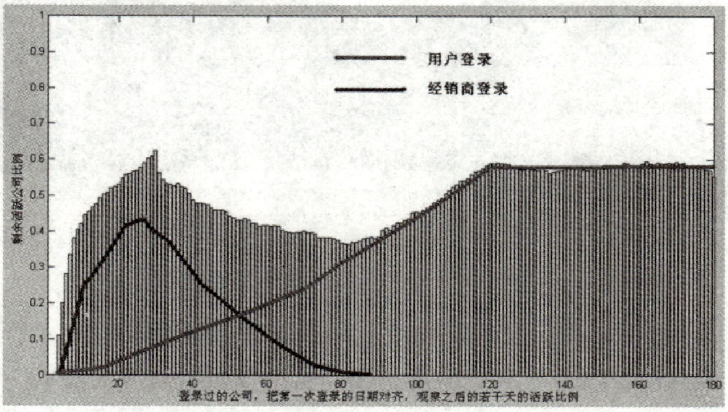

图2-8　用户登录与经销商登录

好，接下来问题就来了，这么“劳民伤财”的分析，是玩儿的吗？商业价值呢？有两点。

一方面，我们会考核每个经销商下面的用户活跃度，目的当然是为了让他们更多地服务用户，指导用户使用以促进活跃，但有的经销商会耍小聪明，通过自己登录来忽悠我们。原来我们很苦恼，现在可以通过登录行为的分析，对这种情况做一个初步的判断，事实上我们后来就对不同入口的登录行为、同一台电脑登录多个用户账号的行为做了跟踪，如果某些用户登录次数的增加是以A入口为主，或者是某时间段同一台电脑登录多个用户账号，再关联这些用户的经销商进行分析，就能够找出作弊的经销商，以示惩戒，至少，也可以增加经销商作弊的成本。

另一方面，这次分析告诉我们，对我们有实际意义的是B入口用户的登录，所以产品的优化重点应该放在B入口，另一个数据也证明了上面的推论：有某种登录行为的群体，在出现该行为后几个月的活跃度情况如表2-2所示。基本上只要出现过“B入口登录”，之后用户的活跃度就会很高，是真正的用户登录。事实上，这次数据分析指导了产品改进，后来，我们对B入口登录做了很多引导，比如降低门槛，运营推广，在宣传手册、光盘上重点说明等，起到了很好的效果，用户活跃度真真切切地上去了。

表 2-2　登录行为与若干个月后的活跃度关系

出现某种登录行为的群体	1 个月后	2 个月后	3 个月后
A 入口一周内登录>=2 天	68.70%	56.80%	58.10%
A 入口两周内登录>=8 天	92.00%	81.80%	78.10%
B 入口一周内登录>=2 天	95.40%	91.20%	87.10%
B 入口两周内登录>=8 天	99.60%	96.40%	94.40%

说点题外话，上述的访谈过程，我们抽取了近 100 个样本。电话有效沟通了 30 多例，上门拜访了 10 例，行业涉及机械、纺织、五金、建筑、服饰等，比较全面，考虑到上门成本问题，所以只在杭州、常熟两地进行。从决定调研开始，连前期的准备、后期的总结，估计总共花了 15 人天，也就是两个人一周半的时间。整理报销费用的时候，我简单算了一下，给上门的用户礼品平均每家 50 元，差旅费用，在选了本地和附近用户的基础上，均摊到每家，大约 150 元，人力成本 1 人天粗略记为 500 元，平均分摊给最终上门的 10 家用户，每家大约要 1000 元人民币，不算不知道，确实挺贵的……这还只是很简单的调研，所以用户研究的成本真的很高，很多小公司都能省则省，我们很无奈，老板也很无奈，以后在抱怨老板没用户研究意识的时候，也需要体谅一下他们的难处。

2.2.5　需求采集人人有责

上面用很大篇幅说了一些常用的需求采集方法，这一节，我想先抛出一个“一手需求与二手需求”的概念[33]有个很形象的比喻就是“生孩子与养孩子”，话糙理不糙，我们内部经常这么说。

我们首先把“生孩子”——需求采集视为己任，人人有责，希望所有人都参与，都来“生孩子”，我们帮大家养，这就要给他们一个简单的“生孩子”的工具——“单项需求卡片”，最后，简单介绍一下其他常用的方法，这样才能做到“尽可能多地采集”。

生孩子与养孩子

之前所述的各种方法，都是直接从用户那里得到需求，我称之为一手需求，就像“生孩子”。其实很多时候，我们还会接受二手需求，比如老板说要给用户做个 × × 功能、销售人员说用户哪里用起来不顺等，这些需求和一手需求比起来，就像“养孩子”。

33　对此话题，我还写过一篇“直接采集 > 间接采集”的文字，供参考，http://iamsujie.com/ 1000/1025/。

“生孩子”，更多的时候发生于新产品诞生前，这时候外部没有用户，内部没有运营、销售、服务等，所以对于需求而言，更多的是产品人员驱动，去主动采集需求，比较常见的就是直接去潜在的目标用户那里采集。这个从无到有的过程，个人觉得发挥的空间最大，是最有成就感的。

小明：“还是‘生孩子’好啊，痛并快乐着……”

而“养孩子”，通常是产品已经运行了一段时间以后，用户也有了，公司内部也多了很多相关的人员，比如销售和服务。虽然产品部门与用户的直接接触变少，但多了很多间接来源，即与终端用户接触的干系人，他们会向你反馈很多需求，而用户也开始主动提出需求了。

对比一下，生孩子的时候，我们去主动“拉”需求的比例较高，需求都是直接从用户那里得到的，有点“进攻”的感觉，而孩子生出来以后，就不再是你一个人的孩子了，必然是大家一起养，所以我们需要照顾的各方各面也会更多，我们会收到很多“推”过来的需求，比较像“防守”的感觉。

有很多同学从一开始工作接触的就是已经存在的老产品，需求始终堆积如山，如果碰上销售强势的产品，那更是连响应销售提过来的需求都来不及，也许做了半年一年，突然回想，发现自己连真正的用户都从来没接触过，而是始终在满足销售的需求。个人感觉，这种二手需求，或多或少有扭曲，以销售为例，他们的考核指标决定了会比较注重眼前，希望产品的卖点越多越好，而之后用户用得如何，就不那么关心了。比如我就经历过一些让人很抓狂的二手需求，销售希望产品增加一个功能，这个功能在说服客户购买产品时有“临门一脚”的作用；而用户买完以后，最好又别用这个功能，以免增加服务部门的压力……所以在公司层面上看，我觉得产品部门至少应该和销售、服务等部门有平等的地位，坚持不懈地从终端用户那里直接获得需求，才能保证产品的可持续发展，或者用流行一点的说法，叫“接地气”[34]。

但二手需求毕竟是常态，我们经常接到的就是口头上的几句话，或者一封邮件的几行说明，这中间理解的偏差只能靠我们主动的、反复的沟通来弥补，那么有没有什么办法解决呢？下面我就介绍一种简单的二手需求采集工具——单项需求卡片。

单项需求卡片

单项需求卡片的理念就是：**产品的需求工作不只是需求分析人员的事，而是涉及产品**

---

34 延伸阅读，“谈谈需求场景的重要性”，http://iamsujie.com/1000/1020/。

的每个干系人的义务，至少得参与“采集”的过程，理想的状态是产品的所有干系人都参加过“需求采集”的培训，然后在日常工作中养成主动提交需求给产品人员的习惯，但实际很难做到，所以作为专业的需求分析人员，就应该尽量降低同事们，比如销售、服务、技术人员提交需求的成本，也是节省我们自己的时间。

一张单项需求卡片描述了一个用户的需求到底包含哪些内容，重点是描述用户场景，谁在什么时间、地点产生了何种需求，先看一个模板，如表 2-3 所示。

表 2-3 单项需求卡片模板

需求编号（可由需求人员填写）	**需求类型**（可由需求人员填写）
包含“采集时刻 + 采集者”信息	**功能需求、非功能需求等**
来源（Who）（重要信息，方便追根溯源）	
产生需求的用户：最好有该用户的联系方式等信息 用户背景资料：受教育程度、岗位经验，以及其他与本单项需求相关经验	
场景（Where、When）（重要信息，用来理解需求发生的场景）	
产生该需求的特定的时间、地理、环境等	
描述（What）（最重要的信息）	
尽量用（主语+谓语+宾语）的语法结构，不要加入主观的修饰语句	
原因（Why）（需求人员要保持怀疑的心，很多时候理由是假想出来的）	
为什么会有这样的需求，以及采集者的解释	
验收标准（How）	**需求重要性权重（How much）：**
（如何确认这个需求被满足了） 1. 尽量用量化的语言 2. 无法量化的举例解释	满足后（“1：一般”到“5：非常高兴”） 未实现（“1：略感遗憾”到“5：非常懊恼”）
需求生命特征（When）	**需求关联（Which）**
1. 需求的紧急度 2. 时间持续性	1. 人：和此需求关联的任何人 2. 事：和此需求关联的用户业务与其他需求 3. 物：和此需求关联的用户系统、设备，以及其他产品等
参考材料	**竞争者对比**
在需求采集活动中的输入材料，只要引用一下，能找到即可	按照“1 分：差”到“10 分：好”进行评估： 1. 竞争者对该需求的满足方式 2. 用户、客户对竞争者及公司在该需求上的评价

由于填写卡片的人经常不是专业的需求人员，所以卡片的质量无法保证，比如下面这个例子就是一个典型，如图 2-9 所示。

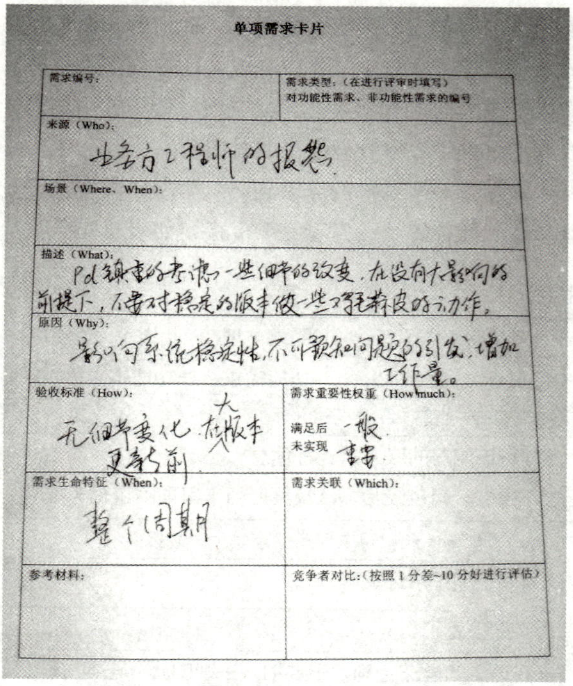

图 2-9 单项需求卡片实例

图 2-9 是工程师提的一个需求，就像我们永远无法猜到用户会怎么使用我们的产品一样，“单项需求卡片”原本是让大家给产品提需求，而工程师却拿它来给产品经理提意见，很有意思。从表格的填写就可以看出来，实际工作中我们能拿到的都是填写不完整的，甚至是字迹难以辨认的，当然，也可以尝试电子版，或者直接用某些需求管理系统，那样我们整理的成本低一些，不过很可能愿意填的人就少了。但我们心里得有个底线，一张有价值的单项需求卡片，至少得有“需求描述”，需求编号、来源、场景最好也能有，其他的，其实很少有人愿意填写了。

回到这张卡片，工程师描述的一个需求也很有意思，值得我们共勉——“PD 慎重地考虑一些细节的改变，在没有大影响的前提下，不要对稳定的版本做一些鸡毛蒜皮的动作”。工程师们也希望自己做的事情都能产生商业价值啊。

每当我们拿到这样的卡片，就需要主动去和提交人交流，完善卡片的内容。真实的工作中你能体会到，这张卡片只是需求过程的中间产物，所以我们在这上面花费的精力也是尽量缩减，单项需求卡片所描述的用户需求，最终要转化为产品需求才有真正的价值。

尽可能多地采集

需求采集，并不是产品设计之前的工作，而是一个贯穿始终的过程；它不只是产品人员的事情，而是所有人的责任；它没有特定的方法，不管白猫黑猫，抓到老鼠就是好猫；它并不怕发现什么荒谬的需求，而是怕遗漏合理的需求……这才是需求采集的大生产运动。

最后再简单分享几个有特点的需求采集方法，希望大家能灵活应用，尽可能多地采集。

现场调查。说简单一点就是打入"敌人"内部，和客户一起工作一段时间，深度了解需求。它是一种典型的定性分析，持续时间长，从几个小时到几个月，既能听到用户怎么说，也能看到用户怎么做，不过受众面极其狭窄，一次只有一个，要特别小心被"非典型"用户带到沟里去。

AB 测试。基于大用户量比较合适，比如有一个按钮不知道是放在页面的左边好，还是右边好，而我们有 10 万个用户，那就先随机挑选少量的用户发布这个按钮，1000 个人放左边，另外 1000 个人放右边，然后过一段时间分析结果，再决定剩下的 98%用户该怎么办。很明显，这也是让用户直接参与了设计，这样低成本的方法让很多传统行业的同学羡慕不已。不过，就算在互联网行业中，AB 测试也只是大公司才玩得起的，注定只能是土豪的游戏。

日记研究。互联网新兴的个人应用比较适合，某个新产品出来以后，很多业内的朋友都会去尝试，然后写一些使用体会，但作为产品设计者在看这些日记的时候，要明白日记的作者往往是同行，而不是主流用户。

卡片分类法。我们把产品的各种需求写在便利贴上，让用户一起讨论并完成分类。这能让你深入了解用户是怎么给产品划分模块的，用户认为这个网站应该是什么结构。因为产品设计人员的思维和用户的思维通常不一样，这也就导致了如果是产品设计师来单方面决定网站结构的话，很可能导致用户理解的困难[35]，所以卡片分类法能让最终的产品更加符合用户的心理模型。

自己提需求。这是最简单的方法，自己多用相关的产品，多看相关的报告。每一个靠谱的产品都会有一群粉丝用户，不用你去找他们采集需求，他们也会给我们惊喜，主动提出很多需求，作为产品的主人，我们好意思还没有用户了解产品么？产品要用才能感觉出好坏，特别是自己做的产品。产品做多了，我们随便看看别人做的产品，总能一下子挑出很多问题，提出很多需求，反过来看自己的产品越看越完美，这一定有问题，所以必须用自己的产品，最好是发动认识的人都来用。

---

35 可以延伸阅读，"设计模型"与"用户模型"的概念。

需求采集的各种新方法层出不穷。和学习任何领域的知识一样，建议大家在了解知识框架后，坚持“**需求驱动学习**”。

2.3 听用户的但不要照着做

采集了很多需求，但是一团乱麻，从哪里着手？

用户都帮我们想好该怎么做了，照他说的做吗？

在开始需求分析之前，我们先回到2007年7月——我写了一篇里程碑意义的博文，是《产品设计体会》的第一篇，也可以看做是为这本书写的第一笔。

2007年6月28日，网店版2.0上线，这是我主导的第一个付费产品，之后的三周我基本天天都会在淘宝论坛上泡不少时间，最大的体会就是：要听用户的意见，但不要照着做。

有的用户很“危险”，在提意见的同时还说你们应该做成什么样子，这时候产品经理一定要头脑清醒，用户提的解决方案往往是站在自己的立场上考虑的。比如对“快递单打印”的功能，用户提出要添加一个他经常用的小快递公司的快递单模板，而我们会发现，这家快递公司可能只是一个区域性的快递，最终的解决方案是做了一个“自定义快递单”的功能。

有时候，用户给出的做法存在明显的逻辑矛盾，就算他给出的解决方案合理，也要再深挖用户内心根本的需求，比如用户描述“新建非支付宝交易订单的时候必须要选择用户不合理，希望能自己填写客户”。这里更深层的需求就可能是他需要把线下客户也管理起来，所以我们或许更应该做一个新增线下客户的功能，而不是在新建非支付宝交易的时候让用户自己填写客户姓名。

我们是产品经理，最终怎么做应该由我们决定。

2.3.1 明确我们存在的价值

用户跟福特要一匹更快的马，福特却给了用户一辆车。

这就是我们存在的价值。还记得小明吗？

他说他需要一个电钻，这是他提出的解决方案，但在大毛的刨根问底之下，发现小明其实想要的是一种温馨的家的感觉，有了这个认识，我们就可以给出很多产品来满足。比如卖他一套实施方案，带着电钻、油画，上门安装；比如用背面有强力胶的钩子挂画；比如直接把画黏在墙上；比如直接在墙上画，并且让小明自己画；再比如放一组书架在那里……经过我们分析得到的解决方案，比起小明自己说的，优势就在于可能省了钱、省了时间、更温馨等。

对同一个问题，这两套解决方案的区别就是，一个是用户需求，一个是产品需求。而这中间的转化过程，就是这节的主题——需求分析。

用户需求 VS 产品需求

用户需求：用户自以为的需求，并且经常表达为用户的解决方案。

产品需求：经过我们的分析，找到的真实需求，并且表达为产品的解决方案。

需求分析：从用户提出的需求出发，找到用户内心真正的渴望，再转化为产品需求的过程[36]**。**

听到过一个说法，说需求分析与常见的技术分析最大不同是思路的本质差异。**技术分析是“树干——树枝——树叶”的任务分解过程**，技术人员很适应并乐于用这种方式思考，可以把大问题分解成小问题，发现难点逐一攻克。不少需求人员都是做技术出身的，所以开始往往会用这种思路做需求，听到客户提出的功能点，直接想怎么做系统设计了，这导致有时候需求分析甚至已经越俎代庖到“详细设计”的职责了。大多数人在生活中也习惯于用这样的思路来对付问题，而真实情况是，**需求分析是“首先：树叶——树枝——树干，其次：树干——树枝——树叶”的分析过程**，所以说完整的需求分析是一个“分-总-分”的过程。一方面不能漏掉提炼用户需求的这个过程，目的是透过现象看本质[37]，另一方面也不能停在本质上，试想如果做到“树干”就结束，后端的执行人员可能还是不知道要做什么东西，所以我们还要继续把树干再重新分解成树枝、树叶。

小明又出现了，这次他说要吃猪骨头火锅（用户需求），80 块吧，但没想到又碰到了大毛。

“真的想吃？”

“想吃！”

“为什么？”

“我饿了……”（找到了本质！）

“哦，这里是两个馒头（产品需求），请你吃，才 1 块钱。”

36　有关需求分析的方法论，我后来又提出了一个更详细的“Y 理论”，有兴趣的同学可以去这里查看：http://iamsujie.com/1000/1017/。

37　看本质的方法，可以延伸阅读“攀梯术”，http://iamsujie.com/1000/1022/。

“……”

小明无比不爽，但没办法，真的饿，还是吃了。

大毛是这样分析的，想吃猪骨头火锅，这个用户需求无非两个原因——饿了或者馋了。如果他真的是馋了，那就吃吧，不过如果是饿了，那我完全可以用一个低成本的解决方案——馒头。虽然小明眉头紧锁，但现在经济不景气，毕竟节省了98.75%的成本啊！

伟大的需求分析师，可以无视用户想要的东西，去探究他内心真正的渴望，再给出更好的解决方案，或者说是用户真正需要的东西，这就是本节标题的意思——我们存在的价值。

说到这里有必要提一下，销售人员经常说：“用户是为想要的东西买单，而不是需要的”，用我们上面分析翻译一下，其实是“用户是为自己提出的解决方案买单，而不是我们的解决方案”。是不是很纠结？那我们还分析个什么劲啊，直接做用户要我们做的得了。

其实这是短期利益和长期利益的权衡，如果是一锤子买卖，卖出以后又不用售后，那么采用实用主义，不妨用户要什么就给他什么，这样他掏钱最爽快，你回忆一下在风景区买的纪念品的情景，大多数情况下，是不是你要啥卖家就给你啥？这种情况下就要追求短期利益。但是，我们的产品通常都是希望用户长期使用的，并且后续的服务也是我们来做，所以为了长期利益，我们就有必要找到用户的真实需求，然后给他真正合适的产品了，哪怕这个过程不那么讨好。不知道你有没有帮女生买电脑的经历，帮她买也就意味着将来的售后服务、技术支持、维修都是你了，所以你才会在型号和配置上和她争吵，努力说服她不要买那些中看不中用的，而要买“真正的需求”。

满足需求的三种方式

我们通过产品需求来满足用户，顺着这个思路，就是要做一些用户真正需要的功能或服务，虽然这是最常用的办法，但也是最“劳民伤财”的。在甩开膀子干活前，我们有必要扩展一下思路，从问题的本质出发，寻找新路。

之前我们说过，需求来源于理想与现实的差距，那么减小这个差距就有三种方式：

提高现实。是我们最常用的，去开发某种产品，但也是最笨的办法。

降低理想。不要忽视精神的力量，什么“打预防针”、“丑话说在前头”这类句子想必大家都经常听到。

转移需求。因为人类的注意力是有限的，所以引导用户去关注其他事物，他就会觉得这个差距没那么可憎了。我们也可以说，人的行为是需求驱动的，想改变人的行为，可以寻找更强烈的需求展现给他，而让他不再纠结于原来的需求。

给大家说一个写字楼电梯的故事。

某写字楼可能是因为建造得比较早，考虑不周，电梯明显不够用，每天中午吃饭的时候总是很挤，最上面几层的小白领们平均要等 20 分钟才能下到 3 楼的餐厅吃饭，于是抱怨很多，他们给物业提意见，要求解决。物业公司找到了大毛，大毛帮他们分析了一下。

提高现实。对现有产品做一些改进，在这个案例中就是增加电梯数目，或者加快电梯运行速度，但成本太高，直接被否定。

降低理想。告诉楼里的小白领们，隔壁那个写字楼中午要等 40 分钟呢。俗话说“不患寡而患不均”，人们更在意的是相对而不是绝对，这样确实可以减少抱怨，但是一种低水平的满足需求，对产品美誉度没有帮助，要慎用。

转移需求。电梯门上贴一些锻炼身体的公益广告，当然内容是说爬楼有益身体健康。有效，部分用户走楼梯去餐厅了，但是刚吃过饭怎么办？爬几十层楼要得阑尾炎的。最后，采用了一个看起来很傻的方案，在电梯门旁边安装一面镜子，让等待的人们可以整理一下仪表，或者搔首弄姿一番，不至于那么无聊。

我们后来发现还有其他的解决方案，比如电梯广告，不但可以转移用户注意力，减少抱怨，而且对写字楼来说，既不用花钱，又额外挣得一笔广告费；又如错开午饭时间，让人们都能更少地等待；再如一些员工自己带饭、叫外卖甚至不吃。所有这些，都是想告诉大家，满足用户的需求，不一定要做新产品或者新功能，而是更应该想想是否有“四两拨千斤”的妙招。

也谈创造需求

满足需求的方式，我们开阔了思路以后从一种变为了三种，但毕竟都是用户提出来的需求，我们能不能再开阔一点？不劳用户的大驾，直接达到**产品设计的最高境界——创造需求！**

工作中典型的场景，就是老板或者产品人员的突发奇想，这些灵感在潜意识里都有一定的依据，是基于对用户、市场、产品的充分理解，也有过不少案例，这些需求最终获得了用户的认可，但更多地被证明是过于天马行空。

苹果公司的乔布斯，可以说是创造需求的大师，但我不建议大家学，这是需要天赋的，但这份天赋非常值得保护，产品的进化和生物的进化一样，需要如基因突变一般的胡思乱想。

我们千万不要——没有乔布斯的命，却有乔布斯的“病”！

更实际的，我认为需求分析的过程其实也有创造需求的成分。当一个新人真的能力不足的时候，不妨先做用户提出的需求，而不要自己去胡乱分析用户需求，而对于一个团队来说，要尽量避免“只有能力不足的需求分析人员”这种情况出现。

我们刚上路，既要怀揣梦想，也要脚踏实地，所以接下来我们老老实实地开始给需求做一次 DNA 检测。

2.3.2 给需求做一次 DNA 检测

整个检测过程不妨用如图 2-10 所示的示意图来表示，我们先把用户需求转化为产品需求，然后一步步确定每个产品需求的基本属性、商业价值、实现难度、性价比等。

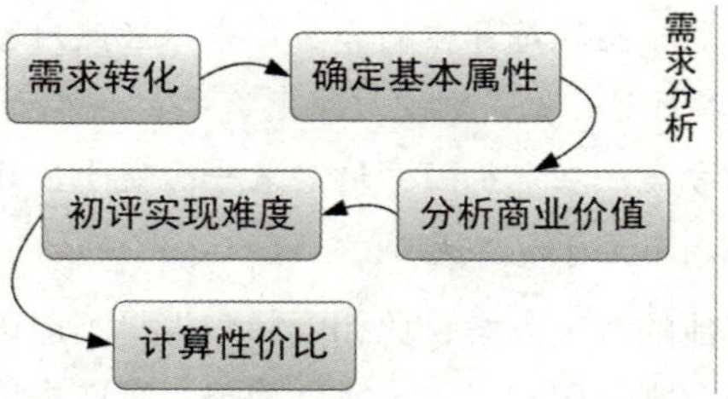

图 2-10 需求的 DNA 检测过程

特别提一下，这里确定的是产品需求的各种属性，不同于之前提到的“单项需求卡片”，那张卡片里描述的是用户需求的各种属性。

把用户需求转化为产品需求

检测的第一步就是“需求转化”，现在我们有很多用户需求，可能记录在“单项需求卡片”里，可能记录在 Excel 里，可能是用 Word 随意写的几段话，也可能是一张思维导图，如图 2-11 所示，图看不清没关系，我只是想表达采集来的需求非常多。当然，在一个团队里，还是建议大家统一一种记录用户需求的形式。

现在我们就要发挥出“我们存在的价值”，在这个阶段，团队经常举行**头脑风暴**[38]，大家天马行空地讨论一番之后，对用户提出的需求有了比较全面的了解，对用户的内心世界有了比较统一的认识，对我们的解决方案也有了一些不成熟的想法，然后通常每个人分一块，去把它们都转化为产品需求，最后记录在一起。

38 头脑风暴（Brainstorming）的发明者是现代创造学的创始人，美国学者阿历克斯·奥斯本。他于 1938 年首次提出头脑风暴法。Brainstorming 原指精神病患者头脑中短时间出现的思维紊乱现象，病人会产生大量的胡思乱想。奥斯本借用这个概念来比喻思维高度活跃，打破常规的思维方式而产生大量创造性设想的状况。

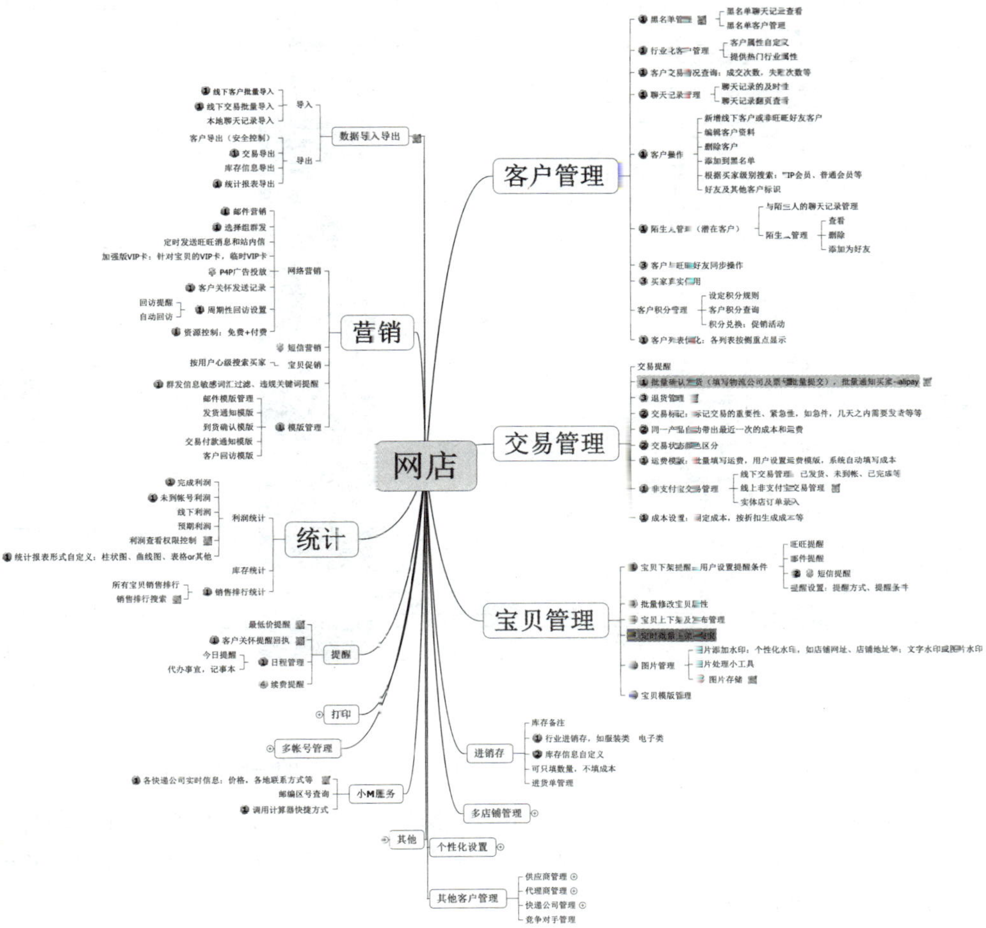

图 2-11　网店版的一部分用户需求

举个例子，对于我经常做的软件产品，用户需求是“删除数据之前需要我确认，以免误删”，转化分析以后，我们给出的产品需求可能是“数据回收站：删除的数据进入回收站，如果是误删，用户可以去回收站找回数据”。

因为我做的几个产品都是用 Excel 来记录需求的，所以下面也以 Excel 为例来讲述。大家可以用其他工具来记录需求，但核心思路都是大同小异的。整理好的产品需求列表如图 2-12 所示，因为有商业隐私问题，所以我把具体内容弱化了。我们把它叫做 Feature List（功能列表）。一些 Excel 的简单技巧，建议大家还是学习一下，比如条件格式、筛选、单元格有效性、单元格锁定、隐藏等，可以让表格管理起来轻松一点，看起来也美观一点。

模块	子模块	Feature	任务描述	商业价值描述	商业属性	商业优先级	开发量	性价比	备注
WEB邮件			繁体中文支持	港台商家	扩展	C		高	
WEB邮件		邮箱容量可视化	邮箱总容量可视化（用颜色表达）		扩展	B		高	
WEB邮件			容量将满需自动邮件报警		扩展	B		高	短信提醒先不做
WEB邮件			可以设置每页显示邮件数		扩展	C		高	
WEB邮件			可以设置邮箱皮肤		扩展	C		高	
WEB邮件		邮箱设置	有邮箱各个属性的统一设置模块：如邮件规则，文字过滤器、黑白名单、提醒设置等：（在垃圾邮件设置）		基本	A		高	更多的是我们前台展现的设计
WEB邮件		快捷键支持	支持键盘快捷键操作		扩展	C		—	
WEB邮件	邮件列表	邮件列表排序	可按收件时间、大小、主题、发信人等排序		基本	A		高	
WEB邮件		显示邮件属性	图形化显示邮件已读、未读、有无附件、已回复、已转发、优先级等信息		基本	A		高	
WEB邮件	邮件	HTML格式解码	支持HTML格式编辑邮件，完全所见即所得；HTML格式邮件的自动识别及显示，包括背景图案、插图、正文格式等，已显示的图片不再当作附件；		基本	A		高	提供类似live邮箱的方案
WEB邮件		编辑邮件正文	包括字体、段落、贴图等较丰富的编辑功能		基本	A		高	提供类似live邮箱的方案
WEB邮件		保存为草稿	可以将邮件保存到草稿夹，并允许多次修改		基本	A		高	
WEB邮件		邮件签名	可以设置多种签名；写信时可以选择各类签名；	早期可单一签名	基本	B		高	
WEB邮件		支持多种发送形式	支持抄送（CC）、秘密抄送（BCC）、回复作者（Reply）、回复全部（Reply All）、转发（Forward）		基本	A		高	
WEB邮件		发件箱备份	可以选择发出的邮件在发件箱中保留一个拷贝——已发送邮件的List		基本	A		高	
WEB邮件		自动回复	可以启用/禁用自动回复；可以设置自动回复内容；（系统管理员可针对某域设置是否开放该功能）	假期自动回复	扩展	B		高	
WEB邮件		自动转发	用户可以设定条件，对某些邮件（与过滤器结合）自动转发到某邮箱；		扩展	B		高	缺点：降低用户粘性 系统管理员可针对某域设置是否开放此功能
WEB邮件		邮件分类	缺省提供收件箱、发件箱、草稿箱和垃圾箱四个目录		基本	A		高	
WEB邮件			有单独的未读邮件标签，方便的查看未读邮件数		基本	A		高	
WEB邮件			可以将邮件标为已读，标为未读		扩展	B		高	
WEB邮件			可以自定义邮件过滤器（邮件规则）；过滤器可与自定义邮件夹结合；		扩展	B		高	
WEB邮件			可以给邮件打标记（outlook的彩色小旗，后续标记）	标识待办事项	扩展	B		高	
WEB邮件		邮件搜索	可按照信件的标题、发件人及信件内容中的关键字搜索所需要的邮件，支持模糊搜索	节约时间，提高效率	基本	A		高	
WEB邮件		邮件删除	可对一封、多封、整页、整个邮件夹的邮件进行删除操作		基本	A		高	
WEB邮件		邮件移动	用户可以将一封、多封、整页、整个邮件夹的邮件在不同目录间移动		基本	A		高	
WEB邮件		读信提醒	发信时可设置要求回执，收件人读信时，同意回执后，自动信件通知		扩展	C		高	
WEB邮件		失败提醒	信件发送失败提醒（发不出/对方没收到等）		扩展	C		高	
WEB邮件		大附件发送	支持大附件（如>50m）发送给多人		扩展	B		高	
WEB邮件		添加附件	可以从用户系统中选择文件并添加为附件；支持添加多个附件：（目前支持3个附件）		基本	A		高	

图 2-12 产品需求的列表

表格中每一行是一个产品需求，而每一列描述了产品需求的一种属性。

值得一提的是，用户需求与产品需求是多对多的关系，我们可能用多个功能来满足一个用户需求，也可能用一个功能来满足多个用户需求，甚至是用几个产品需求来满足几个用户需求，其中并没有一一对应的关系。

对任何产品来说，只要需求采集的工夫做足了，你就会发现上面这个产品需求列表行数超多，所以在需求转化过程中，我们也会做一轮筛选，把明显不靠谱的用户需求直接过滤掉，不计入上述列表，当然，是否“明显不靠谱”就要由你来把握了，不要把“没资源做”、“短期内有技术难点”的用户需求给错杀了。

小明：“我知道了，我想去火星就是明显不靠谱，而想去月球就是钱不够的问题。”

大毛：“那也是明显不靠谱……你想去欧洲玩一个月才是钱不够的问题。”

确定需求的基本属性

对于产品需求列表的维护，有时候我们是在产品团队里指定一个人负责，所有的需求都由他来录入，有时候是采取共享文档的形式，大家共同维护，更多相关话题我会在第 3.5.1

节的“多人协作与版本管理”中和大家讨论，但不管怎样，我觉得对于每个需求，提交人都可以独立确定一些基本属性，这些属性如表 2-4 所示。

表 2-4　需求的基本属性

需求属性	属性说明
编号	需求的顺序号，唯一性标识
提交人*	需求的录入 PD，负责解释需求
提交时间	需求的录入时间，辅助信息
模块*	根据产品的模块划分
名称*	用简洁的短语描述需求
描述*	需求描述：无歧义、完整性、一致性、可测试等
提出者	即需求的原始提出者，有疑惑时便于追溯
提出时间	原始需求的获得时间，辅助信息
Bug 编号	将一些 Bug 视为需求，统一管理

编号：看似作用不大，最初表格中没有这一项，但有一次大家把列表打印出来讨论，当提到某个需求的时候，发现很难告诉大家是哪个，因为 Excel 的行号没有一并打印出来，所以后来我们都把序号加上了，作为需求的唯一性标识。有时候在某个需求的备注里，也会写“与 273 号需求类似，可以参考”。

提交人：必填，提交人是 PD，我们的需求管理方法比较轻量级，更多的是只管理产品需求，而用户需求并没有很好的整理，经常只是一堆各种格式的文档，所以提交人要负责在今后的任何时候解释这个需求的来源，提交人有义务充分理解原始的用户需求。

提交时间：这是一个辅助信息，记录提交人是何时录入这个需求的。

模块：一般来说，根据人类记忆的特点，产品有 5±2 个模块比较合理，如果超过 7 个，你就要考虑重新划分，甚至增加一个基本属性叫“二级模块”。如果你是做网站产品，这些模块的划分就很可能影响到网站的导航结构，这属于信息架构[39]领域的知识。当然，在设置自己电脑里的文件目录结构时，也可以遵循这个原则。

举个例子，如图 2-13 的网店版菜单结构，就可以从其产品需求列表里的“模块”设置里看出来。

39　信息架构（Information Architecture），简称 IA。它的主要任务是为信息与用户认知之间搭建一座畅通的桥梁，是信息直观表达的载体。通俗点讲，信息架构就是研究信息的表达和传递。

图 2-13 网店版的需求模块与菜单结构

名称：用简洁的短语描述需求，要给用户提供什么功能，比如黑名单。

描述：这里可以具体解释一下名称里说的功能是什么意思，比如用户可以选择联系人并加入黑名单，或者将某联系人移出黑名单，在黑名单里的联系人无法给用户发消息。描述只要说此功能要做什么，无须解释怎么做，注意语言的无歧义性、完整性、一致性和可测试性等，关于具体怎么写，可以参考第 3.3.1 节中“用例文档，UC”里的讲解。

提出者：即用户需求的提出者，有疑惑时便于更进一步追溯。

提出时间：原始需求的提出时间，区别于提交时间，这是个辅助信息。

Bug 编号：可选，这是因为我们把产品的某些 Bug 也视为需求，所以加入这个表格统一管理。当然，你也可以用其他方法来专门管理 Bug。

上述基本属性只是我做过的产品中常用的，大家可以按照自己产品的不同自由定义，原则是为了便于需求的管理。对比一些需求管理软件，这里的处理已经很简化了，尤其是表 2-4 中标了星号*的几项，是产品做大、需求增多的过程中必需的。

需求种类知多少

然后，需求的提出者需要自己辨别一下这个需求的种类，为后续的商业价值判断提供一些辅助信息。我们尝试过几个维度，如表 2-5 所示。

表 2-5 需求的种类

需求属性	属性说明
分类	新增功能、功能改进、体验提升、Bug 修复、内部需求等
层次	基础、扩展（期望需求）、增值（兴奋需求）

分类：可以分为“新增功能、功能改进、体验提升、Bug 修复、内部需求”等。

其实产品需求远非我们直接可以想到的功能需求，还包括了很多非功能需求，比如：性能、可培训、可维护、可扩展……有很多需求不是为终端用户做的，而是为销售、服务、测试团队的同学做的。

举几个例子，“论坛需要支持1000人同时在线”，这是一个性能需求；“系统功能升级，必须在发布2周以前完成对客服部门的培训”，这是一个培训需求；“如果硬件压力突增，应该有报警，具体细节是……”，这是一个运维部门的维护需求；“在用户数增加10倍的情况下，硬件投入必须小于10倍”，这是一个可扩展需求；“此功能的用户操作日志需要记录”，这是一个内部数据分析的需求。

当然，对于一些边缘的需求，是列入这个表格统一管理，还是另外单独对付，这可以随机应变。

通常来说“产品功能需求+产品非功能需求 = 产品需求”，而“产品需求+市场需求+开发需求+测试需求+服务需求+…… = 产品包需求”，对这些概念感兴趣的同学可以去查阅“需求管理”相关的资料。

层次：把需求分成“基础、扩展（期望需求）、增值（兴奋需求）”三层，理论依据参见KANO模型[40]。

小明：“我想到一个手机的例子，打电话、发短信是基本功能；给电话录音是扩展功能，和基本功能相关；而如果这个电话特别结实，可以当锤子砸钉子，或者当砖头防身，那就是增值功能了。”

大毛：“嗯，好多山寨手机的特点就在于满足了一些诡异的增值需求，比如可以当手电筒、当验钞机、当剃须刀……”

小明：“你是在夸还是在贬呢？”

大毛：“我也不知道，那些已经超出普通手机的范畴了……”

对需求种类的区分其实没那么绝对，取决于很多因素，比如商业目的变了，或者随着时间的推移，某个功能的分类也就变了，我自己经常从“雪中送炭”还是“锦上添花”的角度去理解：雪中送炭是基本功能，对用户很有用，产品缺了这个功能根本跑不起来，比如E-mail系统里的“收发邮件”；锦上添花的功能是指非必须的，用户有时用得到，有的话会给用户的使用带来方便，比如在发E-mail填写收件人的时候，系统根据你输入的内容自动提示你曾经发送过邮件的联系人，如图2-14所示。

40　KANO模型以东京理工大学教授狩野纪昭（Noriaki Kano）的名字命名，是一种对顾客需求或者说对绩效指标的分类，通常在满意度评价工作前期作为辅助研究模型，KANO模型的目的是通过对顾客的不同需求进行区分处理，帮助企业找出提高企业顾客满意度的切入点。各位还可以看看我写的“KANO模型再理解”，http://iamsujie.com/1000/1023/。

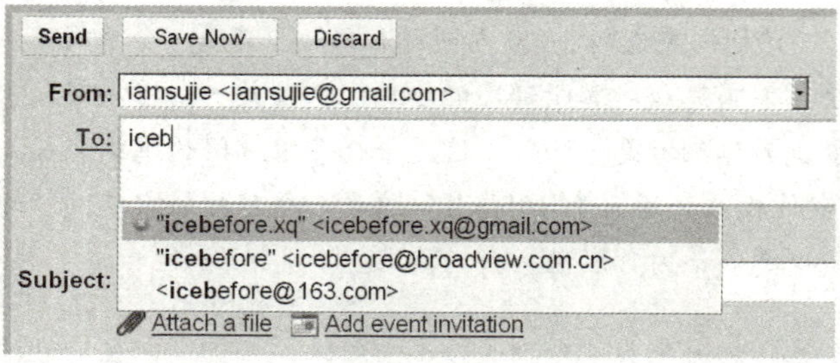

图 2-14 Gmail 的收件人提示功能

我们在和用户接触的过程中会很明显地感受到这两种需求的不同，没有雪中送炭的功能就像系统有缺陷一样，所以应优先考虑。而当一个锦上添花的功能被用户普遍接受以后，几乎所有的产品也都拥有了，也就渐渐提升为雪中送炭的功能了，就像现在的手机，几乎没有人能接受黑白屏一样，当初彩屏可是作为一大卖点来宣传的。

分析需求的商业价值

一个公司做任何产品，一个产品做任何需求，最终都是要满足一定的商业目的，所以“需求的商业价值”是最关键的内容，有条件的团队最好利用群体智慧，我们通常在这个时候举行“需求讨论会”。

正因为商业价值如此重要[41]，所以最复杂的时候我们尝试过用重要性、紧急度、持续时间 3 个指标来衡量，如表 2-6 所示。

表 2-6 需求的商业价值

需求属性	属性说明
重要性	重要程度，辅助确定商业价值
紧急度	紧急程度，辅助确定商业价值
持续时间	持续时间，辅助确定商业价值
商业价值*	商业优先级，不考虑实现难度，群体决策

重要性：可以参考时间管理里“重要与紧急”的概念。这里的重要度又可细分为满足后“一般”到“非常高兴”；未实现“略感遗憾”到“非常懊恼”，更多可以学习 KANO

41 延伸阅读，“如何对一个需求做价值判断”，对此话题给出了更多的解读，http://iamsujie.com/1000/1021/。

模型加深理解。

紧急度：在时间维度上判断这个需求是否迫切，紧急不重要的需求通常表现为解决了短期的问题，如果熬过去没做，对长期影响不大；或者解决了局部的问题，如果不做对于大多数用户没有影响。比如某个用户是大老板的朋友，通过大老板"天外飞仙"地提过来一个需求，就很可能是一个超级紧急的需求，但重要性未必很高。

持续时间：需求是有生命的，有的长寿有的短寿，比如迎合过年过节的运营活动需求，一般就比较短寿。试想8月我们录入了一个国庆的主题运营活动，如果到了9月底还没有资源做，那一年内也就不用再考虑这个需求了。

商业价值，或者叫商业优先级，是对上述几种商业价值指标的综合评判。这一条是整个需求列表中最核心的部分，这里的判断直接影响着产品未来的方向。有时候我们还在列表里增加一列"**商业价值描述**"，通俗点就是这个需求的卖点是什么，可以给用户提供什么价值，对公司又有什么帮助。

如此重要的商业价值评估，我们的做法是在需求讨论会上由产品团队集体讨论，再叫上有必要的干系人，比如销售、服务等。对于某个需求，需求提交人是对它最熟悉的，提交人先基于自己对商业目标的理解，做一番陈述，主观定个级别，比如高中低。然后大家讨论，所以在这个讨论会之前，每个人都应该做好功课。

上述那么多的维度，可以加权平均得到综合的商业价值，我们甚至还尝试过在列表中增加"某关键人物的打分"一列，但绝大多数实际操作中，我们都是直接把商业价值抽象为一个指标，用"高、中、低"，或者"5、4、3、2、1"来衡量。而具体讨论的时候，大家充分表达意见之后，安全的做法是谁官大谁负责，俗称老板拍脑袋，最终由会场上级别最高的人报一个数字结束，这就是现实，也是一种高效的办法。我曾经考虑过群体打分取均值等方式，可是实施起来成本太高，很难推动，也不是很有必要。

初评需求的实现难度

绝对不能因为某个需求的商业价值很大就马上去做，也不能因为另一个需求的商业价值不大就不做。

我们现在知道了每个需求的商业价值，接下来决定做哪个还需要另一个关键指标，那就是——实现难度。有时候我们会叫上技术人员代表参与需求讨论会，当场确定这个指标，但更多的情况是留给做技术的同学一点时间，会后与相关的PD讨论确定。

但实现难度这个词太难量化，所以在实际操作中我们会对它进行大刀阔斧的简化。

首先简化为人力成本，即**工作量**，其他资源的消耗，比如额外的硬件成本，我们会发现只有极少数的需求会有这样的问题，不具有普遍性，所以碰到的时候都做特例处理。

其次，我们把工作量再简化为**开发量**。我经历的项目，各类人力资源有：产品、开发、测试、服务等。但一般情况下，团队里产品人员资源相对弹性，测试资源可以调配，服务资源可以临时补充，所以开发资源经常成为瓶颈。于是，我们一般评估每个需求的开发工程师工作量来表征其实现难度，这背后的道理是以团队里的瓶颈资源为评估基准，如表 2-7 所示，大家视自己团队的情况灵活应用。

表 2-7　需求的开发量

需求属性	属性说明
开发量*	需求的开发工作量，表征实现难度

在这个时候，需求其实并不明确，只知道要做哪些，还是比较粗略的要点，而具体怎么做根本还没有考虑，所以有的技术人员会觉得无法评估开发量，这很正常，这个问题我们和技术人员纠结过许多次。他们说你们不明确每个需求怎么做，他们就无法准确评估开发量，我们说没那么多时间明确每个需求该怎么做，你们不评估每个需求的开发量，我们就不知道哪些值得进一步分析怎么做，而哪些又不值……于是就死循环了。这类先有鸡还是先有蛋的问题也无须纠缠，我们继续讲实际的。

开发量是非评估不可的，我把它叫做“初评”，允许误差，并且会由经验丰富的人来评估，通常是技术经理，或者系统分析师、架构师。他们做出简单的评估，并且靠不断的实践来反复修正，评估者通常估计自己做这个需求要多少时间，然后乘以一个系数，这个系数大于 1，反映着相应技术团队的平均技术能力。这里的评估一般用“人天”作为单位，某个需求需要“1 人天”意味着需要 1 个人做 1 个工作日。

相对于“初评”，在项目启动之后，制定项目开发计划的时候还会有一次更精确的评估，那时候需求怎么做已经知道、由哪位开发工程师来做也知道，所以可以推算出相对准确的工期，工期和工作量是有很大区别的，比如生一个小孩，需要 1 个女人 10 个月的时间，工作量可以说“10 人月”，但 10 个女人 1 个月的时间，同样“10 人月”是绝对完成不了这个任务的，不管几个人，工期都只能是 10 个月……这个话题在第 3 章还有机会慢慢谈。

性价比啊性价比

我们已经做了需求采集，把用户需求转化为产品需求，知道了某个需求的基本属性、种类、商业价值、开发量，现在似乎应该开始写文档、干活了，但经验告诉我们不是这样的：

绝对不能因为某个需求的实现难度很小就马上去做，也不能因为另一个需求的实现难度大就不做。

一个实际的例子：

我做过的某个产品页面的访客，在2009年某段时间内使用各种网页浏览器的比例如图2-15所示，第一名是微软的IE，99.14%（其中IE6.0又占75%）；第二名Firefox，0.45%……[42]

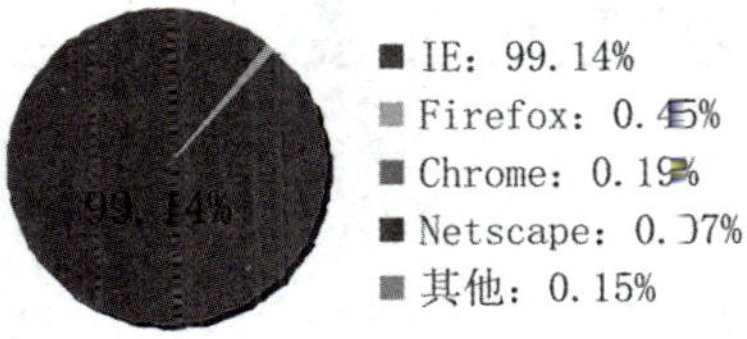

图2-15 某产品页面的浏览器使用情况

对应的需求是："产品页面在Firefox下显示有问题，比如……"，而我在注释里写道"对不起，我们就是不支持Firefox"。当然，这句话是写给自己人看的，千万别对用户讲。

这个需求实现难度不大，但一直在功能列表里放着没动，说实话，能在列表里出现的需求，严格意义上讲，没有任何一个是没有价值的，也没有任何一个是做不了的，那么到底先做哪个，后做哪个？

就像早在第2.1.1节中就谈到的"不要试图满足所有用户"，**一切皆看性价比。**

有了那么多的准备，现在我们只要做一道简单的小学算术题就可以回答上面的问题了。

性价比 = 商业价值÷实现难度（简化为开发量）

现在可以做决定了，我们把产品需求列表按照"性价比"一列从大到小排序，先做排在上面的就可以了，如表2-8所示。

表2-8 需求的性价比

需求属性	属性说明
性价比*	"商业价值/开发量"，用于决定先做哪个

42 时过境迁，现在的IE、Firefox、Chrome等浏览器的市场占有率又变化很多，不禁唏嘘。

但是工作中对“性价比”的判断还是会经常有偏差，很实际的一个原因，是自己经常和哪类人接触。2007年下半年的工作中，由于一直和工程师直接接触，经常听到他们抱怨某个需求太麻烦之类的，所以综合考虑时有点倾向于做实现难度小的；而如果经常和销售、运营的同学一起开会，就会倾向于更多的考虑商业价值，这点与大家共勉，时刻注意。

道理说完了，对需求的DNA检测也暂告一个段落，接下来我们将迎来一场残酷的“战争”。

2.4 活下来的永远是少数

2008年春。

每个月来一次的，除了水、电、煤气、信用卡账单等，还有那场“战争”。虽然活下来的永远是少数，但我越来越觉得，为了我们的产品，有些需求死得其所。

这是一场公司内部的战争，每个产品的产品经理都要上场，打仗总是为了抢点什么，我们争夺的是下个月的人力资源，即总是不够用的开发工程师、测试工程师等。战场就是闻之色变的产品会议，而我们手上的武器，则是精心准备的商业需求文档。

这个过程，就是需求筛选，如图2-16所示，也有个很传神的说法：需求PK。

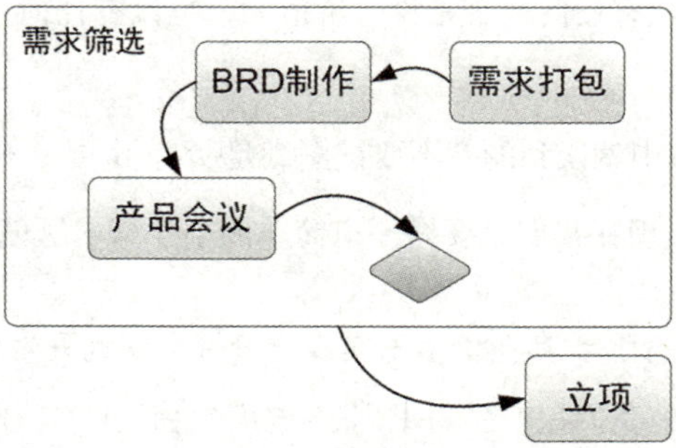

图2-16 需求筛选

2.4.1 永远忘不掉的那场战争

为什么原来没有这样的战争？

我没找到理论支撑，但就个人经历和与同事的交流来说，下面是一个因素：更早的时候，公司是按照产品线划分部门的，对于某个产品来说，有自己的产品设计师、开发与测试等，下一段时间要做哪些需求，完全可以在产品经理的层面上决定，所以就算有战争也是部门内部的，比较温和，基本上在分析商业价值的需求讨论会上，也就顺带着确定了下一段时间做哪些。

为什么现在有战争了？

2008年初，公司组织结构调整，变成了按职能线划分团队，有了统一的产品中心，包括所有的产品经理和设计师；研发中心，包括所有的开发工程师、架构师等；质控中心，包括所有的测试工程师……这样的话，每个产品还是由原来的产品人员做，但是开发与测试资源在一定程度上就有了流动的可能。每个产品想做的需求都很多，所以都想尽可能多地抢到开发与测试的资源，然而人力资源总是严重不足的，所以最终把资源投给哪个产品，就必须上升到几个中心的大老板层面来决定了，而大老板的决策依据就是各个产品团队制作的商业需求文档。

其实，后来我们又经历过几次反复，部门总是一会儿按产品线划分、一会儿按职能线划分，这让我忍不住也对这个问题给出点自己的解释。

按产品线划分的团队对产品本身是有利的，产品经理权力更大，可以按照自己的想法做，资源有保证，产品规划不容易被动改变。此外，各种职能的员工之间沟通顺畅，单线领导，开发的领导、测试的领导等都对产品经理负责。

按职能线划分的团队对多个产品间的资源共享有利，可以让资源流向更需要的地方，保证对核心产品的投入，但是效率不高，由于产品规划的决策需要在更高层面上敲定，单个产品的发展速度会有所降低。此外，资源战争可以把“鲶鱼效应[43]”从产品内部扩大到公司层面，使产品经理和设计师们更抓狂地为产品的发展而苦苦思索，这是一件好事。

两种组织结构，给我“一攻一守”的感觉，产品在创业期的时候，需要全速发展，必然是产品线结构，产品经理带头往前冲。而当公司里有多个产品慢慢成熟之后，就多用职能线来更充分地利用资源，因为在成熟的产品团队中，要做的事情通常比创业时期少，或者说没那么急，那么各种资源就显得有富裕，可以更加稳扎稳打，所以按职能线划分以实现资源共享，同时还可以促进不同产品团队之间的互相学习，让员工的个人能力得到更多的提升。

这其实是对“局整矛盾”的一种平衡，更多有关组织结构的话题，将在第4.1.3节“团队之大”与大家讨论，到时候再见。

43 鲶鱼效应即采取一种手段或措施，刺激一些企业活跃起来投入到市场中积极参与竞争，从而激活市场中的同行业企业。其实质是一种负向激励，是激活员工队伍之奥秘。

准备出发：把需求打个包

上战场之前，就像战士要把自己的物品打包一样，需求也要打包。我们现在来解决这个包有多大的问题，即某个将来的潜在项目里，到底应该包括多少需求的问题。这里不得不提前谈一点项目管理的内容了。

做项目，终极目标就是：多快好省[44]，即范围大、时间短、品质高、资源省。

但又要马儿跑又想马儿不吃草的事情是没有的，所以我们通常是在上述4个要求中做平衡。我经历的互联网、软件项目，比较推崇敏捷方法[45]，所以有比较固定的项目时间，专业点叫“迭代周期”，一般是2~4周。然后有一个人员相对固定的团队，意味着项目资源确定，此外任何时候都要保证项目品质，最后能变的只能是量——项目范围。

继续，我们有了项目时间长短，也就意味着可以按经验的比例估计出留给开发的时间有几天，然后团队里有多少开发工程师也是知道的，所以我们可以直接算出有多少“可用工作量”，同样以“人天”为单位。还记得我们把产品需求列表按照“性价比”从大到小排序过了么？从上往下看，每一行后面都还对应着一个“工作量”，现在我们只要做一个简单的加法，一行又一行地从上到下依次纳入项目，能做多少，一目了然，我们把这个动作叫“需求打包”，而对这些需求的整体描述，也就是商业需求文档里的功能说明了。

当然，这只是一个基准，可变因素很多。我们每次产品会议都要准备好几个项目让大老板们选，每个项目也有可能在产品会议上被砍掉部分需求，所以可以先相对随意地超出“可用工作量”。

这个过程完全定量地回答了“做多少”的问题。但，真实情况哪会这么简单明了，就像课本里总是给出一个简单到不真实的例子，然后再告诉你还有很多特例，而到了实际操作中，你会发现又要复杂很多，没办法，大家都尽力吧，让每个项目的大小相对靠谱，下面说几个需要注意的地方。

第一，**“需求打包”最好打包类似的功能点**。是否类似取决于需求的基本属性，这是“确定需求的基本属性”那一节里做的事情。一般来说业务上逻辑关系密切的需求才会包含在一个项目里，这也很好理解，否则就是一个纯粹修修补补的“小需求合集”了。实际操作中打包多大，更多的是取决于这一点。更好的方式是，需求在打包以后，通过业务逻辑图的方式可视化，可以更直观地给别人讲解。

---

44 “多快好省”对比经典的项目TRQ：项目时间（Time）、项目资源（Resource）、项目质量（品质Quality和数量Quantity），大同小异。

45 敏捷方法，一种项目管理方法，在本书第3.5.3节“敏捷更是手段”里有相关描述。

如图 2-17 所示，是我在 2009 年春天做的一个项目的业务逻辑图，因为涉及一些商业问题，所以图中有些关键词隐去了。

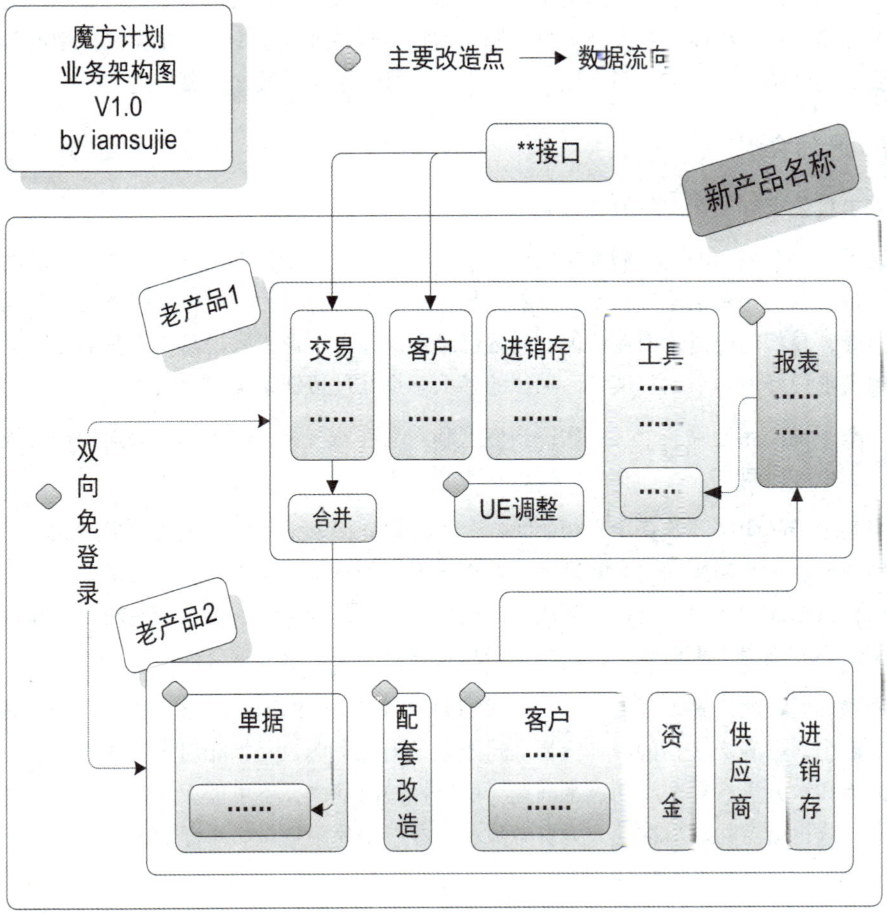

图 2-17　魔方计划的业务逻辑图

第二，**需求依赖，功能互相之间有依赖关系**。那些只能先做的功能，应该在产品需求列表里注明；**功能与人力资源之间的依赖关系**也会经常存在，比如有些功能只能由团队里的特定成员来做。在这里评估工作量的时候不会考虑“谁来做”的问题，在正式立项以后，组建团队的时候会重点考虑，当然长期来说，为了避免这类风险，提升与平衡团队成员的能力是王道。

第三，**需求的粒度大小问题**。商业价值很高的功能，如果细分的话，我们会发现其中也有价值相对低的部分，所以需求的粒度应该尽量细，前提是细化引起的管理成本上升在可接受的范围内，举个生活中的例子帮助大家理解：大开间办公区域里的灯，不可能用一个开关控制，也不可能每一个开关只控制一盏灯。具体细到多少，要根据具体情况具体分析。我们的经验是，在需求列表里出现的任意一行，工作量最好不要超过“5 人天”。

战场：产品会议

需求打包完成了，战争就要打响了。

某天，各个部门的老板们都聚集到一个大会议室，准备待上一整天。各个产品的产品经理和设计师们等着被轮流召唤，当然如果你有空且愿意，也可以旁听一整天。其实对资源的争夺，在部门内讨论商业价值的时候已经预演过了，通常来说每个人都会尽力为自己提出的需求说好话，毕竟实现自己想法的感觉总是好过帮别人实现想法。

一般来说产品会议一个月一次，当然这和产品性质有关，如果你们公司的产品周期比较长，那也可以两三个月一次。

当某个产品团队开始登场亮相的时候，一般要先回顾上一次产品会议通过的项目，现在进展如何，是否需要调整时间进度、是否需要追加资源、是否有重大需求变更，已经发布的项目数据表现如何、有什么问题等。这样一方面是为了让大老板们更新各个项目的信息，更重要的是为了积累经验，让今后产品会议上的决策越来越合理。

回顾之后，就是最关键的部分了，我们会拿出准备好的商业需求文档，每个产品都会拿出三五个，占满 2~3 倍的潜在资源。这里说的潜在资源，是指相对固定的开发、测试人员，因为技术人员有对产品的熟悉问题，所以在短时间内，不可能太多的人同时转去做其他产品，这也就意味着潜在的人力资源数量是在一个值附近做微小浮动的，所以我们也可以认为，在一定程度上，资源的争夺是以产品间的争夺为辅，产品内多个项目的争夺为主。很有意思的是，这三五个商业需求文档通常是产品团队里不同的人做出来的，所以内部也会争夺得你死我活。

接下来的重头戏是一直提到的商业需求文档。

武器：商业需求文档

我们刚刚把需求打好包，接下来就要描述一下这个包了，这就是商业需求文档，Business Requirement Document，简称 BRD，它也是我们参加资源争夺战的武器。

先看一下几个长得很像的词：BRD、MRD[46]、PRD[47]。按顺序来讲，这几个词是从商业的描述渐渐过渡到对技术的描述。我经历的团队在实际操作中通常只写两种文档，一个是给大老板们看的BRD，包含了BRD以及MRD的部分内容；另一个是在项目中写的PRD。

下面来聊聊我们的武器——BRD怎么写，都包含哪些内容。

项目背景：我们在哪里？为什么要做这个项目，解决什么问题，可以列出一些数据说明项目的必要性。

商业价值：我们去哪里？最关键的重点！大老板们最感兴趣的，做了这个项目以后有什么价值，一定要说在点子上。一般我们还会预测一下相关数字的变化，提出这个项目的商业目标。

功能需求描述：我们怎么去？通过做哪些事情来达到目标，把打好包的需求描述一下，可以用功能列表的形式表达，但最好能画出业务逻辑关系。当然我们也经常会搞点技巧性的东西，比如故意加入一些让老板砍的需求，希望老板砍完之后心有愧疚不好意思再砍我们真正想做的东西，这有点类似谈判技巧里的玩意，大家可以试试，但不要在这上面太花心思了。

非功能需求描述：提一下重要的非功能需求，如果有的话。

资源评估：第二个重点！大老板们要看成本，他们在了解达成项目的目标需要多大的花费以后，才能做出决策。

风险和对策：有的项目会有一些潜在风险，这个时候不妨抛给老板们看一下，并且给出自己的对策，说不定你觉得是很大的麻烦，在老板那里一句话就可以搞定。而且由于信息的不对称，我们无法了解某些功能是否会与公司将来的战略冲突，这时候提出来也是让老板们把一下关。

从BRD中的“商业价值”、“资源评估”两个重点中大家可能也发现了，其实本质上大老板们也是在追求那个词——性价比。大家都希望花费最少的资源获得最大的商业价值。

下面通过一个BRD的实例，再给大家讲一点直观的认识。

首页，我们会给BRD，也意味着将来的项目，起一个有意义的名字，再配上一幅图，这样有助于提升团队的归属感，比如下面这个BRD叫“魔方计划”，如图2-18所示，是因为这个项目打算将两个老产品整合为一个新产品，有点像魔方一样，通过打散、组合，得到一个全新的结果。

---

46 MRD：Market Requirement Document，市场需求文档。

47 PRD：Product Requirements Document，产品需求文档，在本书第3.3.1节的“产品需求文档，PRD”里有详细讲述。

魔方计划 BRD

——老产品1 + 老产品2

****事业部　苏杰

图 2-18　魔方计划 PPT 的首页

商业价值如图 2-19 所示，给老板们看他们最关心的指标，比如魔方计划就聚焦在“活跃用户数”上。

商业价值

- “产品1”不差人，坐拥100万用户，10万活跃用户，外加高速自然增长。
- “产品2”不差钱，是公司今年的重头戏，投入XX亿。
- 产品级的强强整合，利用“老产品1”的庞大用户基数给“老产品2”快速带来更多的活跃用户
- 截至2009年底活跃用户数
  - 铜牌10万、银牌15万、金牌20万

图 2-19　魔方计划的商业价值

功能需求描述，这里给出了业务逻辑图，如图 2-20 所示，若能给出一些简单的 Demo 更好，让老板们提前看到产品完成后的样子，很可能成为争取资源的加分因素。

资源评估如图 2-21 所示，我们会根据团队的实际情况，重点评估主要功能对产品设计师、用户体验师、开发工程师的人力需求。

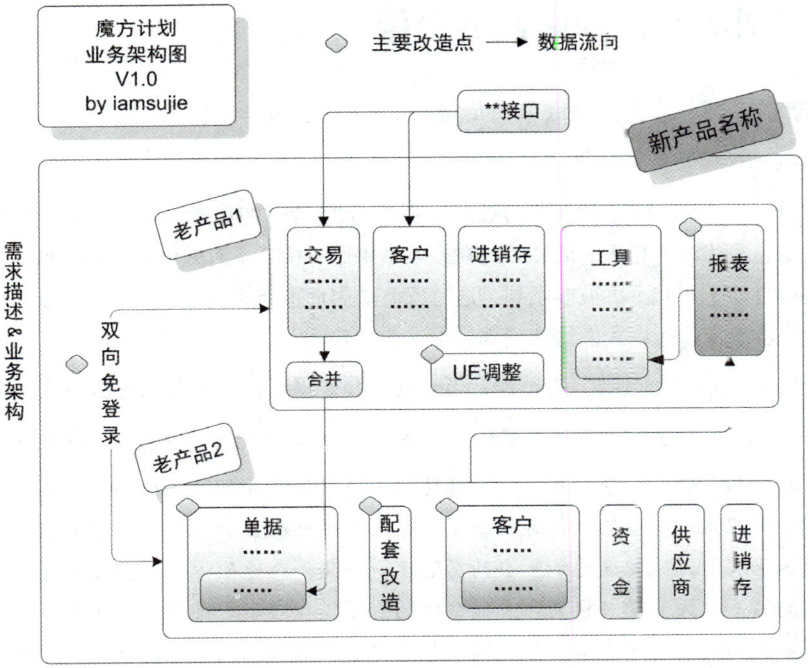

图 2-20　魔方计划的业务逻辑图

资源评估

	PD	UE	开发	测试
功能1	10	2	22	
功能2	6	18	20	
功能3	5	2	10	
功能4	3	10	5	
功能5	2	0	6	

注：测试资源有保证，暂不评估
资源单位是“人天”

图 2-21　魔方计划的资源评估

BRD 转化为项目也并非一一对应，很可能老板会把多个 BRD 合并为一个项目，或者把一个 BRD 拆成多个项目，或者直接砍碎了再重新组合，这都无所谓，不管怎么说，产品会议开完以后，我们终于确定了接下来一段时间要做哪些需求了，准备启动项目，迎接新的开始。

等等，我们还需要先安抚一下“被砍得遍体鳞伤”的兄弟们。

2.4.2 别灰心，少做就是多做

有 100 个需求，资源只够做 10 个，是的，当时就是这样。

一直都是这样。

2007 年国庆长假回来，我在全力做网店版“自动上架”的功能，简单解释一下时代背景：淘宝为了防止一些没人打理的商品始终在搜索结果中，稀释了有效信息，所以所有商品会隔一段时间后自动下架，不再被搜索到，这时就需要用户重新将商品上架。而网店版的用户都是淘宝的优质卖家，所以我们给他们提供了一个“自动上架”的功能。

这是一个确定“怎么做”的过程，当时的体会能很好地表达我的想法，借用一下。

两个礼拜，整天的 PK、评审、确认，搞得头晕脑胀，不过终于算是把需求定下来了。

一个功能的多次需求会议中，必然有这样一个过程：开始对一个功能想得不完整，说着说着大家都想把这个功能做得再强一点，这里加一点那里加一点，但后来通常因为技术实现、资源等原因，又把这些加上去的功能点一个又一个地砍掉，甚至会发现砍到最后和一个月前的第一次方案是一样的。看似白搭的这个过程其实是有用的，这是一个“见山是山，见山不是山，见山还是山”的三段过程，对于那些加上又砍掉的功能点，在第一个阶段我们根本没有想到，第二个阶段想到了，很兴奋，那就做吧，而第三个阶段的砍掉是权衡了利弊之后的决定，和“没想到”是完全不同的。我们无法绕过第一阶段的无知，也千万别停在中间那个功能点“大而全”的时候，必死无疑！而第三阶段的“少做”则是超越第二阶段“多做”的“少做”，这才是真正的“多做”。

有很多文章谈到这样的思想，用 100%的质量去实现 75%的数量，而不是反过来！吸引用户的往往只是功能模块中的一两个点，我们一开始只要让其拥有 100%的质量其实就够了，这样留给用户的是升级的期待，而如果反过来，功能铺得很开，但每个点都不爽，反而喧宾夺主，把闪光的地方给掩埋了。

情愿把一半的功能做到尽可能完美也不要把全部功能都做成半吊子。越来越觉得当发现一个功能可有可无的时候，甚至只要是没有强烈的理由要做的时候，要明确的选择：不做！现在我们可以自我安慰了——少做就是多做！[48]

最爽就是“四两拨千斤”

做得少不如做得巧。

---

48 再送大家一个金句：完美不是无一分可加，而是无一分可减。

第 2.3.1 节中我们提到满足需求有三种方式，其实就算“提高现实”这样一种最常用的办法，也有很多“四两拨千斤”的方案。如果机会闪现，就千万不要放过，因为做这样的事情实在太爽了，让我对下面这个故事过目不忘。

话说某跨国日化公司，肥皂生产线上面存在包装时可能漏包肥皂的问题。

于是该公司总裁命令组成了以博士牵头的专家组对这个问题进行攻关。该研发团队使用了世界上最高精尖的技术（如红外探测、激光照射等），在花费了大量美金和半年的时间后终于完成了肥皂盒检测系统，探测到空的肥皂盒以后，机械手会将空盒推出去。这一办法将肥皂盒空填率有效降低至 5%以内。

问题基本解决。

再说某乡镇肥皂企业也遇到类似问题，老板命令初中毕业的流水线工头想办法解决。经过半天的思考，该工头拿了一台电扇到生产线的末端对着传送带猛吹，那些没有装填肥皂的肥皂盒由于重量轻就都被风吹下去了。

这样做得更少，但是效果更好，至少性价比更高。当然，具体情况要具体分析，任何事情总有它的两面，上例中乡镇企业的解决方案换到跨国公司的环境中，也许并不适用，比如会造成肥皂盒无规律地四处翻滚，引起更大的问题，但我想表达的意思是：

我们用不着觉得只有“吃苦耐劳”，做了很多事情才是贡献，而应该直接从目的出发。产品经理经常犯的错误就是——很努力地做错误的事情，你回想一下自己过去半年做过的需求，是不是有很多，做不做并没什么区别？有一句话说得好：内部（指偏技术）的大改动往往是外部（指偏商业）的小改动，反之亦然，所以我们应该在动手前先找找有没有成本低，收效大的解决方案！

尽可能多地放弃

第 2.2.5 节里，我说“尽可能多地采集”，这里，我又说“尽可能多地放弃”，看似矛盾，其实正反映了我们对事物的认识过程，只有在收集阶段没有遗漏，才可能完整地看到事物的全貌，有了大局观，在放弃的时候才知道孰重孰轻，也更下得了手。

多年以前我看到白鸦[49]写过的一段例子，发现如果不放弃，最终会被自己折腾死，他是这么说的：

比如，一个最简单的“评论”功能：既然可以发评论，那么……

是不是需要改评论？

49 白鸦，前支付宝产品设计师，口袋通创始人，专注于以用户为中心的互联网产品设计的 Blogger。个人博客 uicom.net。

删评论?

发的权限是否要管理员设置?

那么改的权限呢?

删的权限呢?

是否可以引用别人的评论?

评论被人引用了是否可以再改?

如果可以改那么是不是要保留修改记录?

如果管理员改了一个评论那么作者是不是不能再改?

评论是否要有数量和时间限制?

评论要不要翻页?

如果要翻页是在本页翻还是打开新页?

评论能不能带图片?

带了图片那么是不是能上传?

能上传之后是不是要删除?

是不是要提供自定义评论排序?

是不是要 xx?

是不是 xx?

xx?

……

“需求越来越多，让人崩溃，但是要做的事情太少，似乎也会有问题。”小明忍不住跳出来问。

小明:“有资源空出来了怎么办?”

大毛:“要做的数量是少了，但要达到 100%的质量，一般很难空出资源。”

小明:“真的空出来了怎么办?”

大毛:“去找其他意义更大的功能。”

小明:“找不到怎么办?”

大毛:“把空闲下来的人拉去做另外一个意义重大的产品，这不可能再找不到了。”

“少做就是多做”，阿里巴巴的马云也说过。

2.5 心急吃不了热豆腐

没有产品是生下来就完美的，一天又一天，一月又一月，我们的产品反复地经历着需求采集、需求分析、需求筛选的过程，不断进化。我们不要想一口吃个胖子，很多案例表明，追求一步到位的产品经常像陷入沼泽的巨兽，挣扎着一步步走向死亡，用户甚至根本都不知道它曾经存在过。

在这个过程中，需求会越来越多，永远做不完，就像工作永远做不完一样。而我们要做的事情是，在资源限制下找到最有价值的需求，然后把它做好。那么，新的问题产生了，我们得找个办法把越来越多的需求管理起来。

一个需求的生老病死

这是一个真实事例：

网店版 2.0 发布上线后的两个月，从各个方面采集到的需求多达四五百个，经过 PD 们的初步判断，记下来供团队讨论的有 200 多个，决定暂缓的有 60 多个，7 月一个月发布掉了 70 多个……

这其中每个需求的去留，去的怎么去，留的怎么留，一定是需要管理的。于是我们在产品需求列表上再加几个属性项，试着管理需求的生命周期。

我们之前谈到了不断举行产品会议，其目的也就是让产品持续发展，那么对于产品需求列表，也就有必要每隔一段时间、或是新需求积累到一定数量、或是由特别事件触发，拿出来大家一起讨论，这次讨论也就是更早谈到的“分析需求的商业价值”。但是，需求那么多，不可能每次都把所有的需求拿出来讨论，所以我们必须有所选择，这也就意味着需要标明需求的状态。需求的状态随时改变，但每个阶段都是谁来负责？所以我们还需要知道需求在各个阶段的负责人，以及其他一些需求跟踪的信息。

需求状态。通常有“待讨论”、“拒绝”、“暂缓”、“需求中”、“开发中”、“已完成”几个状态，可按照实际情况有所增减，比如管理的粒度细一点，还可以增加“测试中”。

负责 PD。在需求状态变为“需求中”时指定，最可能是此需求的提交人，在需求的整个生命周期中，此人要从头到尾跟进，是这个需求的主人。

开发工程师。在需求状态变为“开发中”时指定，负责这个需求的技术实现，以及将来可能的故障解决。其他比如测试负责人，项目经理，大家可以按需要决定是否填写。

项目名称。辅助信息，在需求进入“开发中”时确定，用来筛选某个项目的需求。

发布时间。辅助信息，在需求状态变为“已发布”时填写，用来查看某段时间发布的需求。

备注。其他任何信息都可以写在这里，如：需求被拒绝的理由，需求被暂缓的理由和重启条件，其他相关文档，等等。

至此，我们终于得到一个需求完整的 DNA，如表 2-9 所示，整个表中星号*标识的项目，是我心目中的必填项。

表 2-9　一个需求的 DNA

需求属性	属性说明
编号	需求的顺序号，唯一性标识
提交人*	需求的录入 PD，负责解释需求
提交时间	需求的录入时间，辅助信息
模块*	根据产品的模块划分
名称*	用简洁的短语描述需求
描述*	需求描述：无歧义、完整性、一致性、可测试等
提出者	即需求的原始提出者，有疑惑时便于追溯
提出时间	原始需求的获得时间，辅助信息
Bug 编号	一些 Bug 视为需求，统一管理
分类	新增功能、功能改进、体验提升、Bug 修复、内部需求等
层次	基础、扩展（期望需求）、增值（兴奋需求）
重要性	重要程度，辅助确定商业价值
紧迫度	紧急程度，辅助确定商业价值
持续时间	持续时间，辅助确定商业价值
商业价值*	商业优先级，不考虑实现难度，群体决策
开发量*	需求的开发工作量，表征实现难度
性价比*	“商业价值/开发量”，用于决定先做哪个
状态*	需求生命周期：待讨论、暂缓、拒绝、需求中、开发中、已发布

续表

需求属性	属性说明
负责 PD*	状态进入“需求中”后确定
开发工程师	状态进入“开发中”后确定
项目名称	需求的发布项目
发布时间	需求的发布时间
备注	其他任何信息，如: 1. 被拒绝的理由 2. 被暂缓的理由和重启条件 3. 其他相关文档 ……

我们每次“需求讨论会”讨论的，自然是状态为“待讨论”的需求了——所有的需求由提交人录入列表，初始状态都标为“待讨论”。“商业价值”讨论确定的时候，它们的状态一定要变化，或是进入“需求中”，意味着要继续“初评工作量”，“计算性价比”，甚至进行“需求打包”并做成 BRD 了；或是被“拒绝”，拒绝的需求是被认为对产品的商业目标在相当长时间里没有价值的，不那么明显的最好在备注里注明拒绝理由；或是“暂缓”，暂缓的需求是“有价值，但是现在不做”的，通常要表明重启的条件，常见的有“3 个月后再拿出来讨论”、“某相关产品实现某功能后再拿出来讨论”等。

而产品会议上通过的需求，状态会变成“开发中”，正式进入项目，项目发布，这个需求的状态又变成“已发布”。产品会议上没通过的需求，连同“需求中”但未被打包的需求，状态可以转移到“暂缓”，并备注说明情况。

现在，我们可以把“一个需求的 DNA”从静态变成动态，画成“需求的生老病死”，让我们实时看到每个需求的“何时做，谁来做，状态如何”等信息，如图 2-22 所示。

在第 3 章讲到项目的时候，我们会再配合项目生命周期，加上团队里其他角色，如开发和测试等，在一个更大的视图里来重新审视一个需求的生老病死。

在一个需求“死了”之后，我们也有了这个需求完整的 DNA。

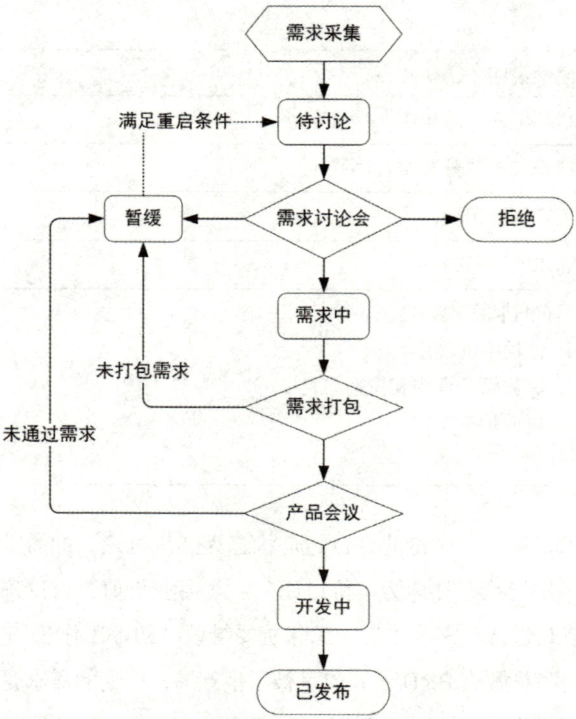

图 2-22　需求的生老病死

最后，也是我反复说的，工具和方法都是为了目的服务的，我给大家说了我们是怎么做的，但大家应该了解背后的原因，根据自己的实际情况，比如产品的大小、资源多少，做出最合适的表格。

需求管理的附加值

在实际工作中，我们发现需求管理还可以带来额外的价值。

这里要用到一些 Excel 的统计功能，对产品需求列表做一些简单的统计，就可以形成一份需求简报，形式如图 2-23 所示，举几个应用实例。

统计每个“提交人”的需求数量：可以看出产品团队里每个人提交了多少需求，如果再加上时间段的条件，就可以从一个侧面反映出某段时间每个人的工作情况，老板们一定喜欢看这样的内容。

统计“提交时间”、“发布时间”等信息：比如按月统计，可以从需求数量的侧面看出产品发展是在增速还是在减速。如果需求提交的数量明显减少，我们就需要考虑对策了。

当前需求总数
195

提交人	
大毛	2
小明	97
张三	0
李四	1
赵二	0
钱五	34
周六	61

模块	
模块1	18
模块2	11
模块3	19
模块4	77
模块5	1
模块6	27
模块7	21
模块8	13
其他	8

分类	
新增功能	74
功能改进	34
界面友好性	21
Bug修复	59
运营需求	2
接口需求	5

状态	
待讨论	4
暂缓	65
拒绝	36
需求中	32
开发中	2
已发布	56

商业价值	
5	20
4	76
3	21
2	15
1	63

图2-23　需求简报

统计每个“模块”的需求数量：因为需求都是直接或间接的从用户那里采集的，所以从各个模块的需求数量分布可以看出，用户对产品的哪些模块感兴趣，可以指导产品发展的方向。

统计每个“分类”的需求数量：从各种分类的变化，看出最近是在做新功能，还是更多地做老功能优化，从而了解产品是在成长期还是成熟期。

统计需求的“商业价值”、“性价比”变化：可以看出这个产品的发展空间还有多大，如果连续几个月，需求的“商业价值”、“性价比”都不高，就要考虑改变方向以求突破，或者减少对这个产品的资源投入了。

除了可用Excel来管理需求之外，还有更专业的需求管理方法和工具，如Mantis系统、Mercury Interactive公司的Quality Center[50]、IBM的Rational RequisitePro等，可以根据自己的产品与团队的情况选用。毕竟，把需求管理的工具视为产品，我们自己就是用户，所以这时候难得可以以自己为中心了。

和需求一起奋斗

本章说到这里，一个需求的奋斗史结束了，而我的奋斗才刚刚开始。让我们再一次看看下面这幅图，如图2-24所示，这是一个需求的奋斗史，也是我的第一年。

在这期间，我也经历了一次因为产品发布的感动，也是做产品以来最激动的一刻，只有做得很辛苦，才能修成**产品经理最基本的素质之一——热爱产品。**

50　Mecury Interactive在2006年被HP收购，在Mercury中这个测试管理工具叫TestDirector，被收购之后改为Quality Center。

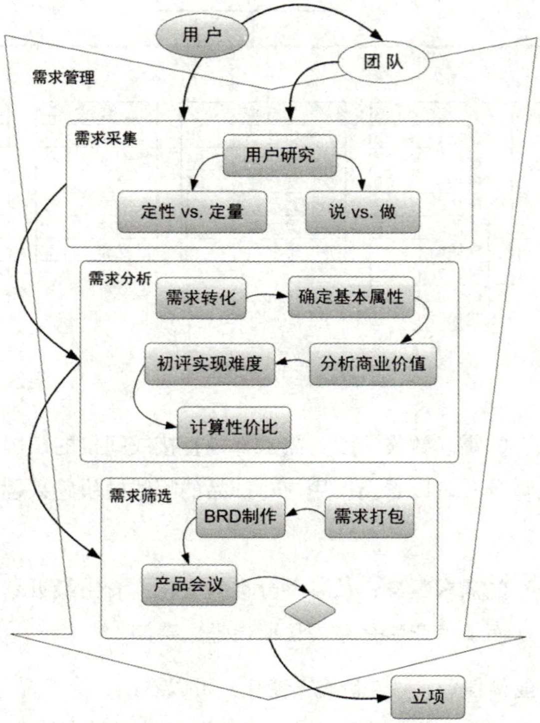

图 2-24 “一个需求的奋斗史”详图

所以，最后感性地回忆一下 2007 年 6 月 28 日，我作为主力 PD 的第一个付费产品发布的日子。临近发布的最后几周，因为各种原因，几乎是一个人扛下来的，非常辛苦，事后感觉真是很大的锻炼。当时在博客里写道：

从 4 月 18 日网店版 1.0 上线以来，到 6 月中旬：

用户数破 20 万，活跃用户破 2 万！

网店版 2.0，经过 70 天来 xdjm 们的努力，一次一次的 PK，几个小时前终于上线了~~~

一个月的预热~~~

几天前，几十万的消息发出去说今天 19~22 点上线~~~

今天傍晚还玩了个刺激的~~~

18点左右收到消息，网通的淘宝专用机房断电！淘宝数据库全挂，万年一遇！

19点多的时候淘宝还是只有主页面可以看到……首页顶端红红的告示……后台全挂……

20点20分左右，终于淘宝起来了~~~

20点58分左右我们发布成功~~~

21点出头，第一笔到款来啦~~~

22点47分，现在，又刷了一次账户：1770~~~

24小时不间断“数钱”终于实现，哈哈~~~

毕竟是第一次，作为产品主设计做出来的收费产品~~~ 鼓励一下鼓励一下~~~

继续努力~~~

其实到了23点左右，我坐在显示器前，不愿意走，鼻子泛酸，真的有点激动了。这可能是我做产品经理几年来最激动的时刻，是真心觉得“这个产品是我的[51]”。后来都没这样的感觉了，是因为记忆模糊而变得美好，还是真的美好？我不知道……

---

51 给新人们一句话，也是我到目前为止仍然信奉的：在高层决定公司战略的前提下，**好的产品对我们的帮助会远远大于我们对产品的帮助**。所以，产品经理的前若干年，好的公司、好的产品、好的老板，很重要。

第 3 章

项目的坎坷一生

生态系统中，云变成雨落入河流，河流会把水运送到各地。河流中，有乱石、有浅滩，处处潜藏了危险。

第 3 章 项目的坎坷一生 / 111

3.1 从产品到项目 / 114

做产品 VS 做项目 / 114

产品经理 VS 项目经理 / 115

为什么让产品经理管项目 / 116

3.2 一切从 Kick Off 开始 / 118

帅哥美女，我们需要你 / 118

别忘了最初的约定 / 120

沟通从头开始 / 122

不可或缺的誓师大会 / 123

任何时候都要心中有“树” / 125

3.3 关键的青春期，又见需求 / 127

3.3.1 真的要写很多文档 / 127

产品需求文档，PRD / 128

学一点 UML：类图、用例图、状态图 / 129

用例文档，UC / 131

再学一点 UML：时序图、活动图及其他 / 135

Demo 也要我们做吗 / 136

概要设计与详细设计 / 139

3.3.2 需求活在项目中 / 140

评审：一个头两个大 / 140

再看需求的生老病死 / 142

3.4 成长，一步一个脚印 / 143

开发阶段，旁观者说 / 144

测试阶段，大家一起上 / 145

Bug 眼中的项目 / 146

那一夜，项目发布 / 149

以终为始，项目小结 / 151

怕什么来什么，只能拥抱变化 / 154

3.5 山寨级项目管理 / 155

3.5.1 文档只是手段 / 155

建立自己的文档规范 / 155

模板作用知多少 / 158

多人协作与版本管理 / 159

玩转 Office 足矣 / 160

3.5.2 流程也是手段 / 162

项目 VS 流程 / 162

流程的本质目的 / 163

那么多评审，可以省吗 / 165

商业评审与技术评审 / 166

3.5.3 敏捷更是手段 / 167

从书本到实践 / 167

项目中的敏捷沟通 / 169

与外包团队的敏捷尝试 / 171

3.6 物竞天择适者生存 / 172

3.6.1 亲历过的特色项目 / 173

如何做好“老板项目” / 173

秘密行动，封闭开发 / 174

开发外包，项目外包 / 175

3.6.2 一路坎坷，你我同行 / 176

几个项目的成败 / 177

一次只有七天的战斗 / 178

2007年下半年，我在逐渐掌握了用户与需求相关工作之后，又渐渐担负起了项目管理的职责。个人的最大感触是自己从一个会议的参与者变成了组织者，原来只需要接受各种会议邀请，现在则需要与老板、同事们约时间，发出会议邀请了。我意识到迎来了角色转变的挑战。

从一个在项目组中负责产品需求的人转变为项目经理让我认识到"从产品到项目"，对个人的要求有哪些变化。本章一开始辨析了"做产品 VS 做项目"的异同，"产品经理 VS 项目经理"的异同，进而分析了在有些团队中，"为什么让产品经理管项目"。

接下来，项目启动总是"一切从 Kick Off 开始"，我们确定了团队成员、时间计划、沟通方法等，就可以做到"任何时候都心中有'树'"。

然后，项目进入了"关键的青春期，又见需求"。这时候我们会发现作为互联网、软件行业的产品经理，"真的要写很多文档"，从产品需求文档、用例文档到 Demo，甚至是设计文档。作为与第2章的呼应，我们会在项目的需求阶段里"再看需求的生老病死"。

确定需求之后，项目会进入开发、测试、发布等几个主要阶段。"成长，一步一个脚印"，在每一次的成长经历中，我们要"以终为始"，别忘了小结，还要"拥抱变化"。

接着，我要和大家分享我们的"山寨级项目管理"，也许对于互联网、软件行业，这些方法有一定的通用性。主要谈三个话题，分别是文档、流程、敏捷，但"文档只是手段"，"流程也是手段"，"敏捷更是手段"，他们都是为项目、产品、团队服务的。项目坎坷一生的缩略图如图3-1所示。

本章的最后，举了一些例子，都是我"亲历过的特色项目"，比如"老板项目"、"封闭开发"等。从"几个项目的成败"中，我体会到"物竞天择适者生存"，项目总是"一路坎坷，你我同行"才能有并肩"战斗"的感觉。

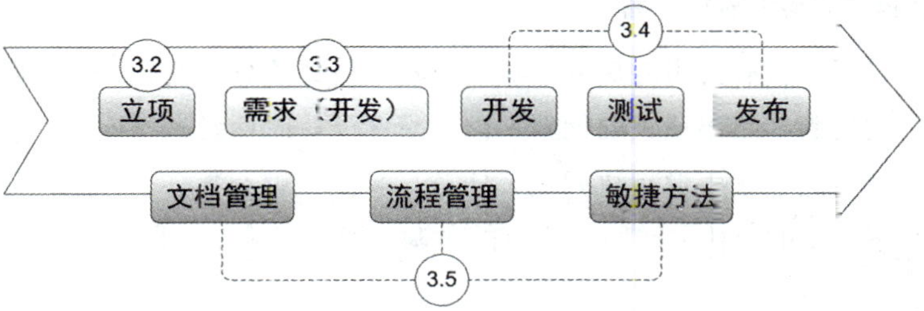

图3-1 "项目的坎坷一生"缩略图

3.1 从产品到项目

产品的定义在第 1.2 节中的“产品到底是什么”里和大家分享过，所以这里特别针对互联网、软件产品领域，给出项目的定义[1]：

只会进行一次，包含多项互相关联的任务，并且有绩效、时间、成本和范围限制的一项工作。

从这句话里看出，产品是解决某个问题的东西，而项目是一个过程，根本是两个不同层面上的概念，可人们经常说“做产品”、“做项目”，其所做的事情确实有几分相似，所以我们有必要把它们放在一起比较一番。

做产品 VS 做项目

我们从三个方面来比较“做产品”和“做项目”。

第一，从生命周期的角度来看。

做产品的生命周期相对较长，关注的是整个产品从规划到制造，再到最终维护和消亡的整个过程。而项目有特定的目标，所以生命周期较短，通常在项目开始以前就有明确的起始和结束时间，通过验收则表示项目生命周期就算完成了。

我们要开始做一个产品的时候，没法明确这款产品何时“结束”，一般会随着时间的推移、市场的变化、公司战略调整等因素，渐渐走向“生命周期完结”。所以，会有一个已经“结项”的项目，但不可能有一个已经“完成”的产品（只有不断完善中的产品，除非它被新产品替代）。

第二，从具体要做的事情来看。

做产品的过程，会有更多的探索，随着各种内外部信息的变化，产品负责人需要不断地修正自己的判断，给出适宜的创新；而项目在开始时就已经有明确的目标，更注重计划与控制，项目的过程很像是执行一个任务。当然，也有很多事情无论是做产品还是做项目都是必不可少的，比如与团队成员的协调沟通，对未来一段时间做出计划等。

---

1 本书说的项目是指为了实现产品而发起的一个又一个工作，比较简单。最通用的项目定义是指一系列独特的、复杂的并相互关联的活动，这些活动有着一个明确的目标，必须在特定的时间、预算、资源限定内，依据规范完成。比如三峡工程，其复杂性与我们日常所做的项目是不可同日而语的。

第三，从产出物的角度来看。

产品是可以批量生产，或者提供给大量用户的，所以相对通用，通常考虑用有限的资源去满足更多的、能有更多回报的需求；而项目只进行一次，意味着每次都是定制的、个性化的，通常为了满足特定的需求，产出物也比较个性化。这就意味着，项目要满足那个特定的需求；当然我们会看到有的项目产出物经过改造，成为更通用的产品，或者有的产品也可经历“个性化定制”（即做项目）。

下面举几个例子帮助理解。

你找裁缝做一件衣服，会当面沟通清楚需求。对于裁缝来说是接了一个项目，做完了与你一手交钱一手交货，项目结项；而如果这个裁缝是一位设计师，他做的衣服被某服装厂看中，最终做成流向市场的上万件成衣，这就是做产品了，上市之后，还会根据市场反馈不断修改，直至不再流行，这就需要进行产品的生命周期管理。

门户网站为国庆60周年做了一个新闻专题，一定要在10月1日之前上线，可以看成这是在做一个项目，任务明确；而整个新闻频道持续更新一个又一个新闻专题，则需要随时关注各种时事风云，持续创新，这就是在做产品。

一家小软件公司接到某酒店的订单，要在6个月内做出一套管理软件，典型的一个项目；而一家大一点的软件公司发现了这个市场，受此项目的启发做了一套通用的软件，可以卖给很多的酒店，就更像做一款产品……由此有很多软件作坊也发出“做项目太累，什么时候才能做产品”的感叹。

“做产品”和“做项目”也是分不开的，“做产品”的过程，正是通过做一个又一个项目实现的，但并不是项目的简单累加。在产品渐渐满足目标用户群体的通用需求后，继续做下去的话，会使产品成为项目的集合体，臃肿不堪，因此我们就需要细分市场，这时候产品可能升级为“产品线”，按不同的细分市场，推出不同的产品，表现形式上叫版本、模块、增值服务，什么都行，本质上是通过合理地安排项目来实现产品的规划。

产品经理 VS 项目经理

我们接下来很自然就会想到产品经理和项目经理，他们有何异同？一个是 Product Manager，一个是 Project Manager，工作都需要跨团队，工作范围也有重叠，简称还都是 PM，工作中我们自己都经常搞不清在说哪一个。

这两年我在网上好几次看到下面这段描述，其将两个 PM 的区别说得比较到位，消除了我不少疑惑。

产品经理——靠想。产品经理是做正确的事，其所领导的产品是否符合市场的需求，是否能给公司带来利润。

项目经理——靠做。项目经理是把事情做正确，把事情做得完美，在时间、成本和资源约束的条件下完成目标。

产品经理关注的是做正确的事，关注的是产品生命周期，关注的是产品能否赚钱，能否持续地赚钱。因此产品经理必须要能够规划整个产品的架构和发展路线，能够确定产品的定位和受众，能够预计产品真正的价值和效益。

项目经理是需要正确地做事情，即按照产品规划制定的项目目标正确地做事情。项目能够按照目标完成则项目就是成功的，即使项目的产品不能真正赢利，那往往也是产品规划出现了失误。

项目经理关注的是项目能否按照既定的目标顺利完成。产品究竟应该规划哪些功能点那是产品经理的事情，是项目范围的输入。

用我自己的话总结，就是：**一个内部驱动，一个外部驱动。**

对产品经理来说，最重要的是判断力与创造力，产品经理决定做不做、做什么、做多少，保证方向正确。他是产生一个想法，“我要把它实现！”

对项目经理来说，最重要的是执行力与控制力，项目经理决定怎么做、谁来做、何时做，保证方法得当。他是接到一个任务，“我要把它完成！”

为什么让产品经理管项目

现在大家发现，两个 PM 的职责确实有所不同，连最重要的能力要求都有很大区别，所以一个人很难能同时做好这两项工作，那么为什么在很多团队里，都让产品经理来做项目管理呢？

这是我亲身经历的故事。

2007 年年底之前的约 1 年时间里，我一直只是很单纯地在做产品的功能设计，在为产品所发起的一个个项目中，扮演一个 PD 的角色，主要负责“做多少、怎么做”的问题，那时项目经理是开发经理兼任，他负责“何时做、谁来做”的问题。

后来公司发现这样的一些弊端：

对 PD 考核的是产品的商业价值，比如用户活跃度等，而这些指标和产品的用户体验关系极大，大家知道，想把产品的用户体验做到极致，让**用户轻松，通常我们就要“受罪”**，特别是开发的同学，要额外做很多在他们看来价值不大的细节工作。

比如一个最简单的登录页面，有两个输入框，一个填账号，一个填密码，想体验好一点，就要考虑如何限制输入内容长度，如何控制输入非法字符，如何给用户提示等很多问题。仅仅是“输入账号的字符长度控制问题”，就又要考虑是单击“登录”按钮提交数据时判断？是鼠标焦点移动到密码输入框时判断？还是输入账号时随时计算长度直接判断……

矛盾产生了，开发工程师的考核一般是项目的完成情况、Bug 数量等。很显然，如果他们做项目经理，就会倾向于简化项目，尽量少做、做自己熟悉的，使得项目顺利完成，并且 Bug 很少，但是做出来的东西也许会商业价值不足、用户体验不好。

由于上述原因，公司决定让 PD 兼任项目经理，希望能让对商业目标负责的人自己来掌控，在商业目标、项目资源、用户体验等各种限制条件下取得平衡，解决目标不一致的问题。

于是我也渐渐有机会接触了项目管理方面的事情，这段经历让我又成长了很多，全新思维方式的挑战对一个人的成长很重要。当然，在项目中仍然保留了开发经理，毕竟在“哪位工程师更适合做哪个任务，需要多少时间”这类问题上，他们是专家。

一个事物必然有它的两面，如果你只看到了一面，说明你只看到了系统的一部分，这时你一定要跳出去，寻找另一面，之后再努力寻找“对立”背后的“统一”，正如黑格尔所说的“正反合”[2]。

果然，2009 年的时候，我了解到有的团队又调整为让开发经理担任项目经理了。主要是发现 PD 会不断地给项目增加新的需求，导致项目总是无法按期完成，继而大家怨声载道，影响了团队的士气。

其实公司也是一直试图通过职责的划分，寻找一个平衡点，但作为产品经理或项目经理来说，如果认识到问题的本质和公司的良苦用心，也就无须在意形式上是谁来做项目管理了，正如下面这段话所说：

一个产品经理可能想要增加非常多的功能和特征以满足获取到的用户需求，但是项目经理却想要尽可能小地控制工作范围，以保证项目在规定时间与预算内完成。好的产品经理和好的项目经理能在冲突中找到平衡。好的项目经理明白，一个项目真正的成功并不是看它是否在规定的时间和预算内完成，而是它是否达到了拟定的目标。好的产品经理则明白，如果项目被不断延期并且从未投入市场，又或者因为大大超过预算而被结束，那么所有的产品功能特征都会变得毫无意义[3]。

---

2 正反合：一、发展的起点，原始的同一，即“正题”；二、对立面的显现或分化，即“反题”；三、“正反”二者的统一，即“合题”。正题为反题所否定，反题又为合题所否定。但合题不是简单的否定，而是否定之扬弃。合题把正反两个阶段的某些特点或积极因素在新的或更高的基础上统一起来。

3 互联网行业里，经常用“迭代”的思想来解决这个问题，大家可以延伸阅读。

3.2 一切从 Kick Off 开始

想清楚了为什么要我们做项目经理以后，项目也终于要启动了。还记得那些突破重重阻碍的需求吗？现在这些 PK 胜利的需求已在眼前，要决定“谁来做”、“何时做”了。

于是，我们也踏上了新的征程，这一切都从项目的 Kick Off 开始。Kick Off 是足球比赛开球的意思，现在被广泛用于开始做某事，在项目里指的是项目的启动大会，而启动大会及其准备工作（主要是团队组建和各种计划的确定），就是所谓立项阶段的工作内容，如图 3-2 所示。

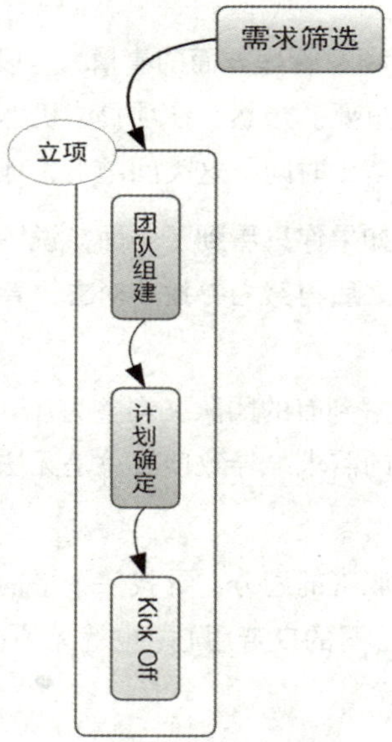

图 3-2　立项阶段的工作内容

帅哥美女，我们需要你

这么煽情的标题是告诉大家，这节要聊的是“团队组建”的话题。因为产品经理并没有行政上的管理权，也就意味着每次项目都需要去跟不同团队的主管、经理要人，所以其中的艰辛也只有经历过才能体会。

我做过的一个项目，在需求阶段由于合作部门的 PD 太忙，所以屡次无法兑现承诺，被逼无奈，我只好给他的主管写了一份邮件，抄送给了一些相关人员，争取资源。下面就是当时的邮件与回复。

发送时间: 2008 年 9 月 9 日 11:53

主题: 双龙会项目，PD 的资源问题

重要性: 高

Hi，××，不好意思，打不通你电话，这个事情比较急我还是发邮件说明一下。

双龙会[4]的项目时间很紧，现在我们碰到了一个问题，王××由于手头 A 产品的客户问题很多并且都很紧急，占用了不少时间，导致能够做本项目的时间不足，他自己也很辛苦。

现在已经产生了一个小问题：今天原本要做的 UC 评审，但是到现在还没法确定时间，希望我们能一起防止问题扩大！

希望能提高本项目工作的优先级，不然需求的延期很可能导致整个项目的延期，希望××可以支持，帮着协调一下，非常感谢。

发送时间: 2008 年 9 月 9 日 13:22

主题: 答复: 双龙会项目，PD 的资源问题

已经安排××接手处理有关 A 产品的客户问题。王××会集中精力参与双龙会项目。

这样的方法快速有效，却似乎少了点人情味儿，个人不建议经常使用。好在有这么几点可以降低团队组建的难度，一是我们启动的项目都是经过产品会议，大老板们认可的，所以基本的资源有保证，但资源充足的情况就比较难得了；二是经常合作的都是相对固定的人，沟通也比较顺畅，所以说 PD 新人不太适合做项目经理，通常要和团队混到脸熟以后再说，这可不单是个人能力问题。

在项目的组织结构中，项目经理并不是结构中的顶端，我会组织一个“项目督导委员会”，这很有必要，成员一般是项目成员的老板，甚至老板的老板。他们的任务也很简单——“背黑锅”和“买单”，因为权力越大，责任越大。当项目因为种种原因出现重大变更的时候，比如成本、时间、需求等，我会向他们提出申请，获得批准后才执行变更，这也是项目经理对自己和项目成员的保护。而在整个项目过程中，各种资源的提供也需要靠他们，除了人，还有很实在的项目经费，有可能的话都尽量多要一点，最好有富余，但也要尽量省着用。整个项目期间，各种信息会随时知会督导委员会成员，但大多数情况老板们无须有什么动作，所以他们也乐于参与。同时，对于项目成员来说，知道老板们随时在监督项目，并且看得到自己的努力，所以也会做得格外卖力。

---

4 当时这个项目的代号，因为项目是把已有的两个产品做整合，所以我把它起名叫“双龙会”。

通常在项目中，项目经理下面会有这样几种角色，如图 3-3 所示。

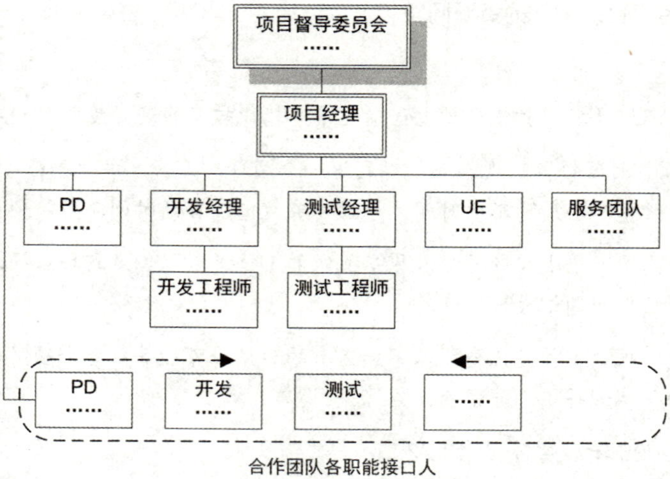

图 3-3 典型的项目组织结构

PD，负责这个项目的需求，他们中的某一个可能兼任项目经理；开发经理及其团队，负责开发相关的任务，其中开发经理需要负责开发的时间计划与任务分配，并全程掌控设计、编码直至上线的过程；测试经理及其团队，负责测试相关的任务；UE（用户体验团队），对于互联网、软件类产品来说，负责产品给用户的展现，比如交互效果、视觉效果等；服务团队，负责产品帮助的编写，以及上线后的服务工作等；如果项目牵涉了其他产品，我们还会设置各种职能的接口人以协同工作；更加复杂的情况，还会有其他角色出现，详细的介绍会在第 4 章“我的产品，我的团队”里与大家详细讨论，这里我们聚焦在如何做项目的话题上。

大家想想也可以理解，这个组织结构肯定会随着项目的进行不断微调，我们也无须在项目一开始的时候就把人凑齐，一般来说，最关键的几个人到位了，就可以继续做下面的事情。他们通常是项目经理，需要统筹管理整个项目；PD，开始写需求文档；开发经理，制定项目的开发计划。

别忘了最初的约定

约定，就是说好的，谁在什么时间要做什么事情，在项目中，就是项目计划。

我们日常的项目，如果是基于网页的软件或手机应用的小版本升级，典型的项目周期在两周到一个月；大一点项目，最多不超过三四个月。项目的几个重要环节大家都已经很熟悉，所以这里最重要的一件事情就是：**再次评估“工作量”并推算出“工期”**。

还记得 BRD 里给各项需求做的工作量初评吗？现在把这些信息再一次拿出来参考，因为从产品会议结束到制定项目计划的日子中，PD 们同时也在做 PRD[5]的细化，开发的同学看到 PRD 时，每个功能点的工作量评估得已经更准确一些了。更重要的区别在于，初评工作量的时候是开发经理之类的角色统一评估的，未考虑谁来做，而现在是开发经理根据团队里开发工程师的能力特点、擅长领域等因素，“因事择人”，把各项开发任务分配给最合适的人（当然，要把高手调入项目的关键路径[6]）。之后，每一位领到任务的开发工程师自己评估工作量，为各自的任务买单，承诺最可能时间。之前的初评只是一个参考，毕竟每个人对自己最熟悉。常用的方法是“三点估算法”，即评估出最乐观的工作量、最悲观的工作量、最可能的工作量，然后按下面的公式估算出工作量：

“工作量 =(最乐观+最悲观+最可能)/3”

或“工作量 =(最乐观+最悲观+最可能 × 4)/6”

这里的工作量粒度也会比初评的时候细，至少精确到“1 人天”，短期项目甚至是“1 人小时”，按照经验，我们的“1 人天”通常等价于 5~6“人小时”，而并不是按照一天工作 8 小时计算，因为每个人都很难保证持续高效，并且不被其他事情打断。一个没人打搅的日子，能有 5 个小时高效的工作，就已经很不错了。

之后，开发经理会把项目中各位工程师评估的工作量做汇总，推算出工期，需要注意的是，工作量只是说某人完成这件事需要多少时间，而工期是转化到日历上，说明这件事从何时开始到何时可以结束。这时候要考虑到各项任务的依赖关系，以及项目成员在这段时间内的其他工作，并适当留出机动时间。

比如某个开发任务只需要工程师甲做“2 人天”，但它需要等工程师乙“5 人天”的任务完成后才能开始，那么这两个任务就没法并行，工期也就是“7 工作日”而不是“5 工作日”；又如开发团队每周五下午有周例会，项目中的成员必须要参加各种评审会议，还需要响应随时可能发生的线上故障，排工期的时候都需要考虑到这些。

加班是业内普遍存在的现象，我觉得长期加班对团队士气打击很大，所以一直让开发经理、测试经理评估资源的时候留一点余量，甚至我在汇总项目计划的时候会再留一点，但每次仍然还是有人加班。也许是习惯问题，大家不喜欢一下班就走，反而愿意上班时不时看看新闻，晚上时不时做点工作的方式吧。反正不管给大家多少时间，任务总是在最后一刻完成。

项目管理的新手总是认为可以通过加大资源投入来缩短项目时间，一般来说，如果各个

---

5 PRD：Product Requirement Document，产品需求文档。

6 关键路径：项目管理中，关键路径是指影响项目完成时间的关键任务。

任务相对独立，则可以更多地并行，通过投入资源来缩短时间，比如给一大片果园摘苹果就可以采用此方式；但如果任务互相依赖严重，就只能更多地串行，这时候加人也往往无能为力，就像我之前提过的那个“十月怀胎”的例子，更坏的情况，是在软件项目中，经常因为“延期、加人、老人带新人耽误时间、新人的产出质量不佳需要‘擦屁股’，更加延期”，而进入恶性循环。

同样的，因为日常项目的资源瓶颈一般在开发阶段，所以其他计划会在开发计划初步确定之后再与之配合生成，而对于项目经理来说，需要在更大的粒度上把开发计划、测试计划、发布计划等合并成为项目计划，并确定项目的几个里程碑，也是监控点，通常是需求完成、编码完成、发布上线，在项目进行中，一定不要忘了这最初的约定！如图 3-4 所示是一个魔方计划的粗略时间安排。

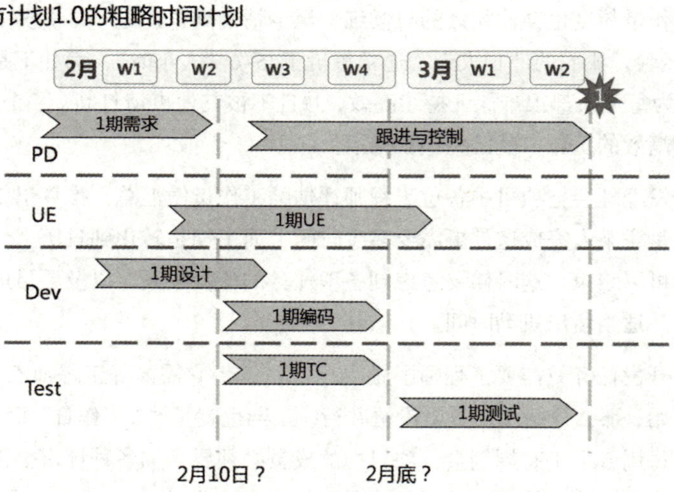

图 3-4　魔方计划的粗略时间安排

沟通从头开始

从项目开始直到结束，我们无时无刻不需要沟通，由沟通问题导致的项目不顺利也占了极大比例，常见的情况有“干系人权责利不明确，出工不出力，心不在焉”；“对需求的理解不一致总是到最后一刻才发现，不能防患于未然”，“遗漏了利益相关方，导致项目考虑不周，不能发布”等，所以有必要一开始就约定好项目的沟通方式。

项目沟通方式各有不同：

周期：以“日”或“周”为单位，主要取决于项目时间的长短及变化的频率。

渠道：会议、邮件等，需要在成本和效率之间取得平衡。

发起者：一般由项目经理、开发经理、测试经理主导相应的沟通。

参与者：发起者确定参与者，不要遗漏项目边缘的同事。

不管选择何种沟通方式，目的都是相同的——为了项目成功。一段来说，常做的项目，通用的沟通方法有如下几种，供大家参考。

项目晨会：自项目进入开发阶段至发布日止，开发经理每日召集相关人员，主要是PD、开发人员、测试人员参加。

项目日报：自Kick Off起至发布日止，项目经理每日发给项目的所有干系人，测试开始后以测试日报为主。

评审会：相应PD召集需求评审；相应开发人员召集设计评审；相应测试人员召集TC[7]评审；产品可用之后，项目经理尽快召集功能评审[8]，项目所有干系人参与评估。

项目变更申请：项目发生重大变更，项目经理与项目督导委员会沟通后确认变更。

发布预告及公告：项目经理在项目发布前两个工作日发预告给项目所有干系人，项目发布成功后发公告给所有干系人。

不可或缺的誓师大会

上面说的团队组建、时间计划、沟通方法准备好以后，我们就可以举行誓师大会了，也就是项目Kick Off会议。项目Kick Off会议，我们简称KO，也许有的人会觉得很形式化，但我认为很重要。我们自己全程参与项目，所以对各种信息都已经了解，但是还有很多项目成员在KO之前很可能完全不知道这个项目是要做什么，而且KO的很大作用是在心理上的，就好比如图3-5所示，周瑜在战前发表“演讲”、敬天地鬼神，鼓舞士气。自古以来，就有这样的KO。

7 TC：Test Case，测试用例。

8 各种评审在本章后续章节中有详细解释，这里先略过。

图 3-5 电影《赤壁》里的 KO

KO 通常只需要 15 分钟左右的时间，在这 15 分钟内，需要传达的信息有如下几点。

项目背景

我们在哪里？说过去，做项目之前的“悲惨境地”[9]，明确为什么要做这个项目，以让听众“痛下决心”为终极目标。

项目意义、目的与目标

我们去哪里？说将来，做项目之后的美好前景，解决什么问题就算成功了，以让听众“面带桃花”为终极目标。

需求、功能点概述

我们怎么去？说现在，具体用什么方法促使“过去”到“将来”的转变，以让听众“跃跃欲试”为终极目标。

上述这三部曲其实和 BRD 里的项目背景、商业价值、需求描述大同小异，可以借用，下面三点就是新鲜的了，也正是之前三节准备的内容。

项目组织架构

目的是让项目成员互相认识，明确有什么事应该找谁。

关键人物都要到场，比如很重要的督导委员会成员，他们可以高屋建瓴地给项目成员描绘项目的重要性和伟大前景，说不定还会一时兴起追加一点团队建设费啥的，非常鼓舞士气。项目的早期，务必要让老板们多多参与，反复确认正确的方向，这时候做各种调整的成本都比较低。

注意也不要遗漏工作不多的项目成员，比如小型项目的大多数活动是开发及其相关过程，所以经常会忘记服务部门、配合部门的接口人。如果他们不知道相关信息的话，那么即使项目本身顺利发布，之后也会带来很多配合上的问题，比如培训没有到位，客服对新功能

9 我们更要站在用户的立场上，说说用户的痛点。

不熟悉等，从而导致客户投诉。

介绍成员的时候，气氛好的话可以让报到名字的人跟大家示意，我参与的项目中一般成员互相都已经熟识，而这批人又特别爱演，所以经常会变成很欢快的一段个人秀。

项目计划

让所有人了解两个关键点：

第一，项目的时间点与里程碑；

第二，各个时段需要的资源，即每个人要在各个阶段做什么事情。

这点就不多说了，项目管理其实很深奥，我也只是个初学者，但我们也可以最简单地把它理解成"计划与控制"，各种手段都是为这两点服务的。

沟通计划

和项目全体成员明确这点非常重要，因为太多事情的不顺利都是沟通的问题，大家都做不到一直主动、彻底地沟通，所以有个规矩来逼着做一些沟通的工作，并且在项目开始的时候就约定好，可以免去很多麻烦。

最后提一点，凡是会议，就总会有人缺席，所以别忘了把会议记录发给所有干系人。

任何时候都要心中有"树"

项目就要正式开始了，在这里我简单分享一下对项目管理的理解。感兴趣的同学可以阅读项目管理的相关书籍，并根据项目的情况，灵活应用最合适的项目管理方法。

做项目的目标无非是**多快好省：范围大、时间短、品质高、资源省**。但又要马儿跑又想马儿不吃草的事情是没有的，有理智的老板们也都明白这一点，所以我们通常是在上述4个要求中做平衡。

上面所说的目标对比经典的**项目TRQ：项目时间（Time）、项目资源（Resource）、项目质量（Quality）**，几乎一样。一点小区别就是Q（质量），我觉得把Q解释为"Quality + Quantity"（品质+数量）更准确，而我所经历的项目，Q更多的是表达Quantity（除非有特殊情况，"品质高"这点是不会舍弃的，所以可变的是项目范围）。

综合一下，我们**做项目的本质就是在保证品质[10]的前提下，在时间要求、人财物花费、项目范围三点上做平衡。**

工作中能碰到的几乎都是常规的项目，公司或团队已经做过无数遍了，所以该有哪些人、按照何种顺序做什么事情也相对清晰，之前说的团队组建、时间计划、沟通方法等，都已经

10　这一点也并非绝对，很多产品推出"内测版"的做法，在品质上也有妥协。

默认了这个前提。但偶尔碰到一些全新的项目，我们该如何入手呢？这里简单介绍一下如何走最初的几步。

在了解背景、目的、目标等的前提下，明确任务之后，首先分解任务，即著名的 WBS[11]，要重视完整性，保证“滴水不漏”，比如工作环境准备，有时候需要单独的会议室、额外的机器，各种福利的申请……一开始不考虑流程及资源限制，也不用把任务排序。有经验的项目可以利用原来用过的 WBS 模板，自顶而下地优化并套用，无经验的项目可以自下而上，列出一个个最小的任务点，再组装起来。WBS 做完，看上去就是倒过来生长的树，在之后项目进行的过程中，任何时候都要心中有这棵“树”！

如图 3-6 所示就是我自己通过多次的项目，总结出的“产品模块级项目的 WBS 模板”，图中只展开了一小部分，如果全部展开的话，有上百个大大小小的任务点。

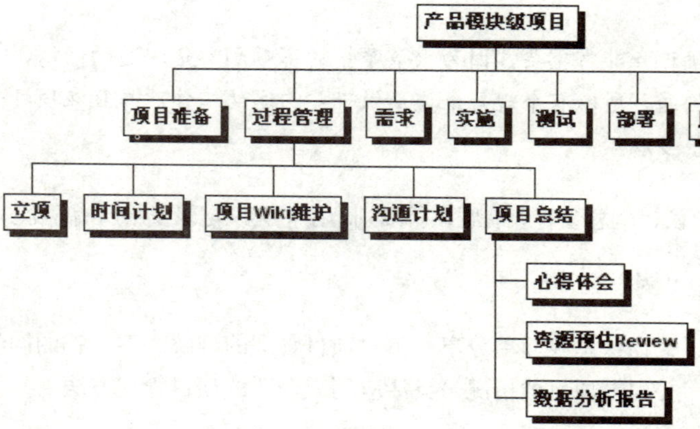

图 3-6　产品模块级项目的 WBS 模板

我会把这些任务排序，几次实践之后就会发现绝大多数任务是有相对固定的执行顺序的，渐渐地这也就成为经验了。接下来，应对每个具体的项目，评估出每项任务的工作量，安排人力资源去完成任务，把工作量转化为工期，也就得到了项目的时间计划。

随着做的项目越来越多，你应该一边做项目，一边形成自己的 WBS 模板，以后再遇到类似项目的时候，不管规模大小，这些事情总是大同小异的，你就心中有“树”了。

我们都知道，实际工作中，其实任何项目都没有这么清晰的步骤，做完这个再做那个，通常我们都是“边计划、边行动、边修改”，这是现实，是无奈，但不论怎样，我们终于要甩开膀子干活了。下一节，也许你会感觉很亲切，因为这就是我们刚入行的最初几个月整天会做的事情——写文档。

11　WBS：Work Breakdown Structure，工作分解结构。

3.3 关键的青春期，又见需求

同学们，我们又开始说需求了，我把这里的内容叫做“需求开发”，也就是大家俗称的“写文档”。确实有很多产品经理，包括我，一开始做产品就是在写需求文档，而且写得“痛不欲生”。

为什么做产品通常从写文档开始呢？我想作为一名缺乏经验和实战能力的新人，或者刚到一个全新的团队，只能先做一些执行层面的任务来熟悉产品、团队，以及团队做事的方法、常用的工具等。经过采集、分析、筛选需求，决定要做项目，通过团队组建、计划制订、Kick Off 会议等步骤后，正式开始实施的第一步就是“写文档”，再明确不过了，拿来练手正合适。

3.3.1 真的要写很多文档

先从整体上看一下 PD 们都要写哪些文档吧。几年前看一个叫“*Michael on Product Management & Marketing*”的博客，它讲述了产品设计中的几种核心文档，我结合实际工作整理之后，形成了我心目中产品从抽象到具体的过程主要产出的文档：BRD、MRD、PRD 和 FSD。

BRD：Business Requirements Document，商业需求文档。这是产品生命周期中最早的文档，其内容涉及市场分析、销售策略、赢利预测等，通常是给大老板们演示的 PPT，比较短小精炼，没有产品细节，有点像创业者给投资人看的商业计划，主要为了获得认可，争取资源。

MRD：Market Requirements Document，市场需求文档。获得老板们的支持后，产品进入实施阶段，需要写出 MRD，要有更细致的市场与竞争对手分析，包括可通过哪些功能来实现商业目的，功能、非功能需求分哪几块，功能的优先级等。实际工作中，PD 在这个阶段常见的产出物有产品的 Feature List、业务逻辑图等，这是从商业目标到技术实现的关键转化文档。

上述两份文档都是给老板看的，里面偏商业的内容，我会在第 5 章“别让灵魂跟不上脚步”里做更多描述，接着往下看。

PRD：Product Requirements Document，产品需求文档。PRD 是对产品功能的进一步细化，是 PD 新人写得最多的文档，也就是我说的“需求开发”过程。文档主要包含整体说明、用例文档、产品 Demo 等，会对产品功能做具体描述，更多内容在下一节详细讲述。

FSD：Functional Specifications Document，功能详细说明。比较像我们常写的用例文

档，经常包含在 PRD 中，从这步开始会出现很多技术的内容，产品界面、业务逻辑的细节都要确定，比如网页上的某个表格中的数字，应该左、中、右对齐？保留几位小数等，有点像“概要设计”。与此同时，硬件系统的设计、数据库设计、表结构设计等工作，也开始由架构师、系统分析师们编写了。

需要说明的是，每个公司并不会严格地写这么多文档，比如我在阿里待过的团队主要写 BRD 和 PRD，我们说的 BRD 实际上包含了上述 BRD 和 MRD 的核心内容，PRD 实际上包含了上述 PRD 和 FSD 的核心内容；而百度有的团队主要写 MRD，包含了上述前三种文档的主要内容。有时候叫法相同内容不同，有时候叫法不同内容相同，关键是我们要知道写这些文档的目的，说清楚哪些事就可以了。

上面说到的后两种文档主要是写给技术人员看的，再往后，就到“详细设计”和编码了，其主要作者不是 PD，就此打住，回来细说关键的。

产品需求文档，PRD

BRD 在第 2.4.1 节的“武器：商业需求文档”里已经说过，这里我们说说 PRD。通常一个项目会有一到多份 PRD，每一个 PRD 会包含逻辑相关的若干功能点，这些相关的需求在“需求打包”的环节已经被识别出来，也就是产品需求列表里的若干行。

文档的结构如图 3-7 所示，开始是一些总体说明。

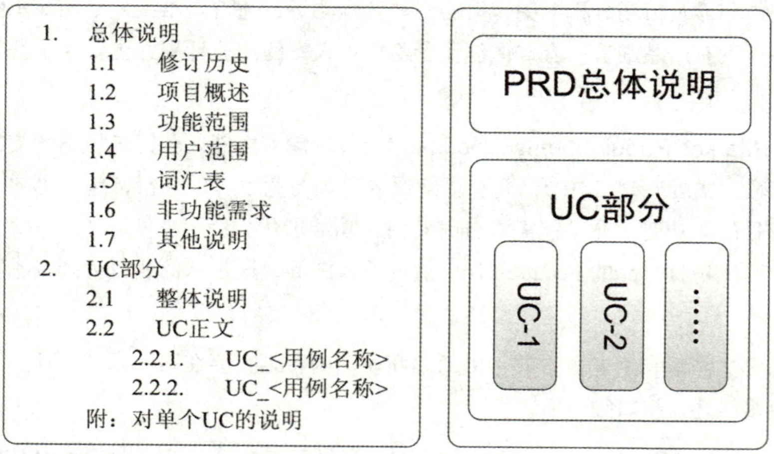

图 3-7 一份实际的 PRD 模板目录与结构示意图

修订历史： 写清楚每次修订的日期、版本号、说明和作者，便于以后追溯。

项目概述： 简单描述项目的背景、意义、目的、目标等，描述业务领域知识，让文档读者明白这个项目是为什么而做，这部分内容可以参考 Kick Off 会议所用 PPT 里面的内容。如果此 PRD 没有包含项目的全部需求，也应做相应说明这部分需求是什么，其他需求在哪里等。

功能范围：给出本 PRD 的业务逻辑图，重点描述系统中角色的职责、与周边系统的关系、全局的商业规则等。

用户范围：对本 PRD 涉及的角色、系统做出简单的说明。

词汇表：对本 PRD 涉及的专有词汇、术语、缩写等做出说明。

非功能需求：如性能需求、数据监控的需求等。我们公司曾要求过针对每个新功能设置监控点，并且在功能上线两周后，由 PD 给出数据分析报告，以验证是否达到预期的商业目标，从而不断改善前期判断的准确度。

其他说明：其他任何需要说明的内容都可以写在这里。

总体说明之后是用例文档部分，首先需要对这个 PRD 中所有的用例进行说明，给出用例的可视化表示，说明各个用例之间的关系，一般有类图、用例图、状态图几种表示方法，其中用例图最为关键，下一节里即将给出几个例子说明。

接下来是用例的正文，由一个个的用例组成，这部分也就是我们常说的——用例文档[12]。

最后一部分“对单个 UC 的说明”是一些注释，我常用的 PRD 模板里有如下内容：

注 1：视觉层面的描述通常直接通过 Demo 表达（如页面大小、颜色、字体、字号等）；

注 2：界面细节，引用界面规范文档（如表格中的文字对齐方式等）；

注 3：交互细节，引用交互规范文档（如出错提示的方式等）；

注 4：文案细节，引用文案规范文档（如各种提示文案等）。

接下来，我们从用例文档部分慢慢说。

学一点 UML：类图、用例图、状态图

公司一般会经历“人治→法治→德治”的三个阶段：人治是“由外而内”的被治，靠的是领袖魅力，更适合小公司；法治靠的是“硬法律 + 软伦理 + 执行者的以身作则”；而德治是“由内而外”的自治，靠的是企业文化，更适合大公司。很多小公司停留在第一阶段，很多大公司停留在第二阶段，只有少数公司才可能进入第三阶段。第三阶段和第一阶段表面上很像，但区别在于第一阶段根本无法，而第三阶段的法在每个人的心中而非纸上。

---

12 用例即 Use Case，简称 UC。

这也是产品和团队发展的必经阶段。一开始我们非常推崇个人英雄主义，或者在老板的带领下，或者自己带领几个菜鸟，没有章法地怎么快怎么做。慢慢地，产品越来越复杂，团队的新人也越来越多，于是我们开始在文档上做起了规范化的事情，从第一阶段走向第二阶段。在这个过程中，大家开始学起了 UML[13]，从产品设计的角度，我把它对 PD 的价值简单理解成，提供了一系列的标准图形化的表达方式，把需求开发的过程串起来，充分体现了“字不如表，表不如图”的原则。

我们的小明，憋了很久没出现，这次他作为 PRD 的主角，终于又闪亮登场了，而这个 PRD 的名称就是“小明下馆子”。先说说 PRD 的“用例整体说明”中出现的几幅图，这些图中表达的都是用例之间的关系，不涉及某个用例的内部细节。

- 类图[14]：Class Diagram，描述系统中出现的各个对象之间的关系，以及和外部系统的关系，这是对业务领域的描述，一个外行看了以后就应该了解此系统是做哪方面事情的。如图 3-8 所示表示了小明与其所点菜式，是通过点菜单关联起来的。

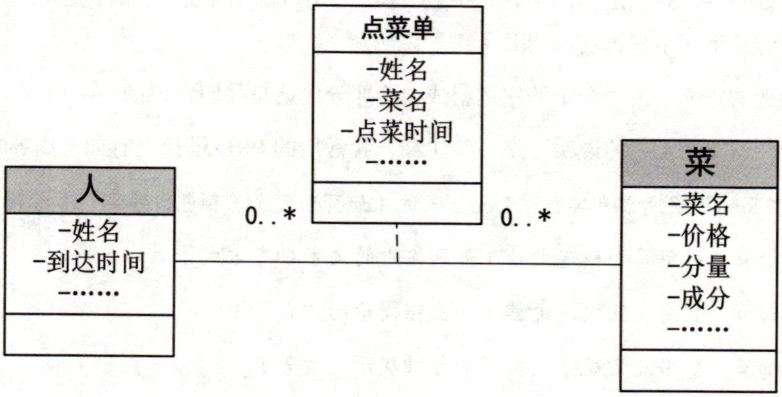

图 3-8 类图举例

- 用例图：Use Case Diagram，描述各个用例之间的关系，比如“include”或“extend[15]”，用例包[16]、用例和行为者（Actor）之间的关系，如图 3-9 所示里我们可以看出小明下馆子之后，具体可以做哪些事情。

---

13 UML 就是 Unified Modeling Language，统一建模语言，它试图将软件工程的过程规范化，我的入门教材是《UML 基础、案例与应用》，此类书应该都差不多，大家可以自己找一本学习。

14 类图有点像软件工程里经常提到的实体关系图（ERD），只是 ERD 更接近现实世界的对象，类图更接近技术实现的对象。

15 “include”与“extend”是 UML 里描述用例关系的专有词汇，详细解释可以参阅相关资料。

16 用例包是指将一组相关用例打包而成的一个模块。

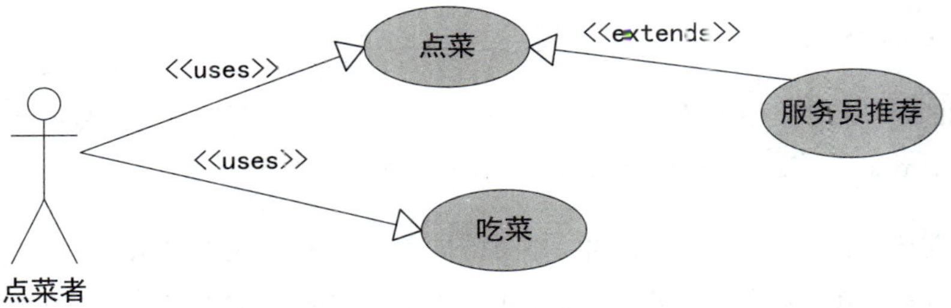

图 3-9　用例图举例

- 状态图：State Diagram，表达系统里实体的状态转换，同样也是贯穿多个用例的。如图 3-10 所示描述的就是小明的状态转换。

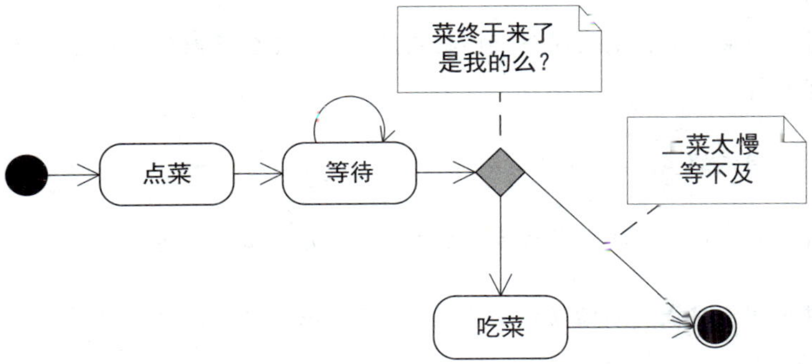

图 3-10　状态图举例

上述几种图也可以看做是由整个产品最顶级的业务逻辑图细化而来，而对于商业演示场景所用的业务逻辑图的画法，团队内没有统一的意见，但一定要简洁清楚，因为受众都是大老板，他们可没那么多时间看细节，所以这也意味着业务逻辑图最难画。

用例文档，UC

用例整体说明部分结束，就要进入单个 UC 的写作了。UC 是需求人员写给开发人员看的一种最基本的文档，查了一下资料，早期的需求人员是通过对应用场景（Scenario）的分析来细化需求的，20 世纪初，一些牛人们才将这种方法正式归纳为用例法。之后在互联网和软件行业，又继续发展，逐步形成了今天的用例文档，或者说“任务分解”等描述需求的方法。理想状态下，一个 UC 代表了产品需求列表里的一行，但实际上并不绝对，也可能多个 UC 满足一个产品需求，或者一个 UC 涉及多个产品需求。

简单举一个用例的例子，来描述 UC 里要写哪些内容。

首先是 UC 概述：

用例的唯一标识：我们拿 PRD“小明下馆子”中的“点菜”为例，其中唯一标识记为“UC_ordermeal”，这项我们经常偷懒不写，关系并不大。

用例名称：就是“点菜”了，用一个短语讲清楚这个 UC 是做什么的。一个 UC 写一个任务，任务的粒度可以自行把握，比如同样是“增加、删除、修改订单”，在新人、新业务的情况下，就最好分为三个用例详细描述；如果是“老人”、老业务，也许用一个“管理订单”的用例描述就足够了。

业务描述：商业目标、用户目的等业务内容，说明为什么要做这个 UC？例如，小明工作一周辛苦了，周末晚上会去吃一顿好的犒劳一下自己。

需求描述：产品需求，需要实现哪些功能点，这个 UC 要做什么？去餐厅，点几个菜，之后等烧好了吃掉。

行为者：该用例的 Actor，小明。

前置条件：触发这个用例的前提是什么？周末，小明有空去餐厅等。

后置条件：用例完成，后续动作是什么？服务员接受订单，去厨房等。

其他说明：任何其他信息，针对这个 UC 的特殊说明，没有就空着。

然后是 UC 主体：

界面描述：通常互联网、软件产品中界面描述会占很大的篇幅，给出截图，界面上各种元素的说明，并且会和 Demo 关联起来，当然还有一种做法是单独写界面文档，然后与 UC 文档互相引用。不过小明的例子中并没有界面描述。

业务规则：整个用例的通用规则，比如限制条件小明不吃辣、小明预算只有 100 元等。而界面元素或流程中的私有规则不适合写在这里。

流程描述：分主干、分支和异常三种，描述在这个用例发生的过程中，由什么事件触发，系统与用户之间产生何种交互步骤，这里尽量用时序图和活动图来替代文字描述，具体的例子下一节给出。

现实中的 UC 会做得比较美观，这也是为了防止大家看久了白底黑字太无聊。如表 3-1

所示可以看到对于界面描述、业务规则、流程描述的写作，我们都有一些模板式的总结。这些都是特定的产品、特定的团队通过不断优化得到的结果，并且会继续优化下去。经常有网友向我要文档模板，但我的非常个性化，拿过去直接用会有很多的地方不适合，甚至产生副作用，所以我建议你按照本节讲述的内容做一个最简单的模板，把现在你觉得没用的内容都删掉。然后在实践中慢慢优化，切身体会到缺什么了时再添加内容。

表 3-1 现实中的 UC 模板

<table>
<tr><td colspan="5">UC_<用例名称>：<用例 ID></td></tr>
<tr><td colspan="5">用例概述</td></tr>
<tr><td>业务描述</td><td colspan="4"><商业目标，用户目的等业务内容></td></tr>
<tr><td>需求描述</td><td colspan="4"><产品需求，需要实现哪些功能点></td></tr>
<tr><td>行为者</td><td colspan="4"><该用例的 Actor></td></tr>
<tr><td>前置条件</td><td colspan="4"><Pre-Conditions></td></tr>
<tr><td>后置条件</td><td colspan="4"><Post-Conditions></td></tr>
<tr><td>其他说明</td><td colspan="4"><任何其他的说明信息等></td></tr>
<tr><td colspan="5">界面描述</td></tr>
<tr><td colspan="5">UI 示意图：<页面名称></td></tr>
<tr><td colspan="5"><Demo 截图 1></td></tr>
<tr><td colspan="5"><截图说明 1>（给出 Demo 文件的地址）</td></tr>
<tr><td colspan="5">界面元素——表单：<表单名称></td></tr>
<tr><td>名称</td><td>类型|长度</td><td>必填</td><td>默认值</td><td>规则</td></tr>
<tr><td></td><td></td><td>√</td><td></td><td></td></tr>
<tr><td colspan="5">界面元素——列表：<列表名称></td></tr>
<tr><td>名称</td><td>类型|长度</td><td>排序</td><td colspan="2">规则</td></tr>
<tr><td></td><td></td><td></td><td colspan="2"></td></tr>
<tr><td colspan="5">界面元素——按钮</td></tr>
<tr><td>名称</td><td colspan="4">规则</td></tr>
<tr><td></td><td colspan="4"></td></tr>
</table>

续表

<table>
<tr><td colspan="4">界面元素——<其他>：<通用描述></td></tr>
<tr><td>名称</td><td><……></td><td colspan="2">规则</td></tr>
<tr><td></td><td></td><td colspan="2"></td></tr>
<tr><td colspan="4">业务规则</td></tr>
<tr><td>序号</td><td colspan="3">规则</td></tr>
<tr><td>1</td><td colspan="3">（UC 通用规则写在这里，流程中某步的私有规则写在流程中）</td></tr>
<tr><td colspan="4">流程描述</td></tr>
<tr><td colspan="4">流程 1（主流程）：<流程名称></td></tr>
<tr><td colspan="4">触发事件：<触发事件></td></tr>
<tr><td colspan="4">时序图 or 活动图（尽量用图表达，下面的文字描述可选）</td></tr>
<tr><td>步骤</td><td>用户</td><td>系统</td><td>规则</td></tr>
<tr><td>1</td><td></td><td></td><td></td></tr>
<tr><td>2</td><td></td><td></td><td></td></tr>
<tr><td colspan="4">分支流程 1-1</td></tr>
<tr><td>1</td><td></td><td></td><td></td></tr>
</table>

UC 一般只用来描述功能需求，它不便于描述诸如产品扩展性、系统容量、人员培训等非功能需求，所以我们把非功能需求部分写在 PRD 的总体说明里。

UC 里对语言的要求比较高，需要做到：无歧义、完整、一致、可测试等，相信为此吃过苦头的同学都有体会，举几个简单的例子。

无歧义：比如“小明和两个部门的同事一起去餐馆”，就不知道“两个”是形容“部门”还是“同事”。

完整：比如“小明预算不超过 100 元”，其实是不完整的，应该是“小明的人均预算不超过 100 元”，如果他和大毛一起来，则预算是 200 元。

一致：比如“小明非工作日去餐馆吃饭”与“小明周末去餐馆吃饭”就不一致，国庆节、春节怎么算？

可测试：比如“点菜时要考虑到金额限制”，就没有办法验证，应该说“如果金额大于 100 元，则需要修改点菜单”。

再学一点 UML：时序图、活动图及其他

刚才提到了 UC 里的流程描述，我们再学几种 UML 的图，它们描述的是用例的内部事务。当然，用例内部不一定是“单个用例”内部，也可能有用例之间的关系。这些图在描述业务规则和流程的时候非常有用。

- 时序图：Sequence Diagram，也叫顺序图，描述事物变化在时间维度上的先后顺序，善于表达对象的交互，比如多个页面之间、多个角色之间。如图 3-11 所示就是小明点菜过程中，点菜者、服务员、厨师三个角色之间的交互。

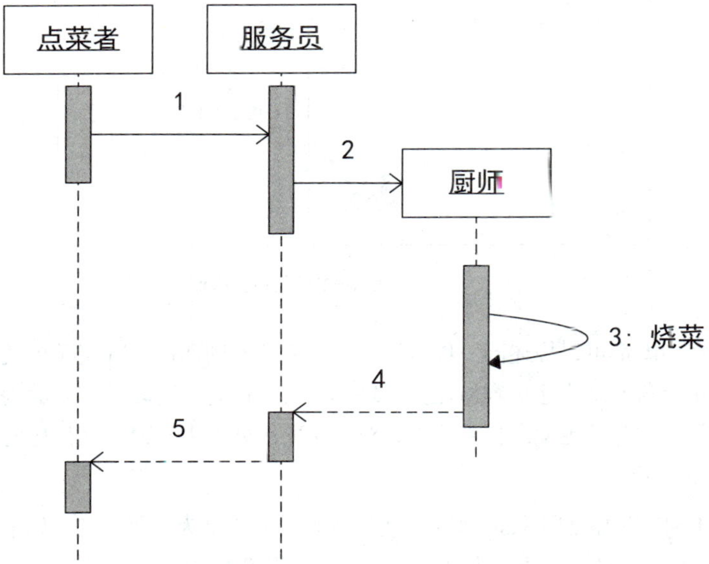

图 3-11　时序图举例

- 活动图：Activity Diagram，比较接近我们常说的流程图，描述各种动作如何引起系统变化，善于表达泳道[17]较多、分支较多的情况。如图 3-12 所示，描述了点菜过程中，点菜者与服务员两个泳道各自的动作引起的系统变化。
- 协作图：Collaboration Diagram，表达不同对象之间是如何互相影响的。这幅图在日常的项目中用得不多，就不画了。理论上它和时序图是可以等价转换的，只不过时序图关注交互在时间上的步骤，而协作图关注交互过程中各个对象间的关系。

17　在活动图中，每条泳道代表整个系统的工作流程中，某个部分的活动。

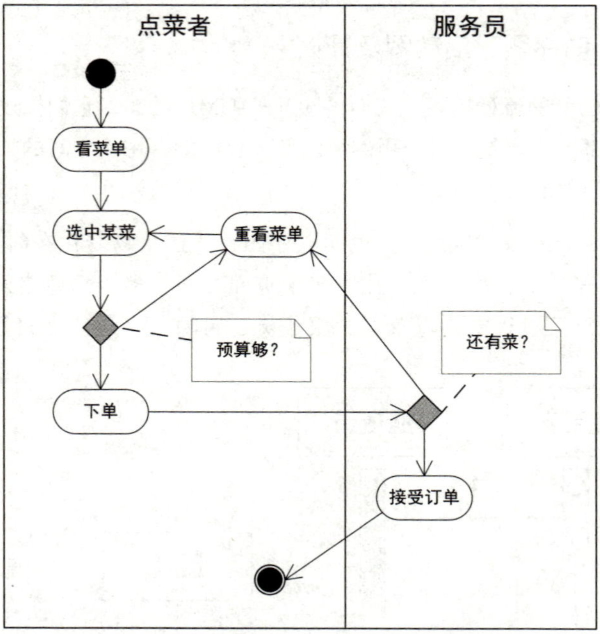

图 3-12 活动图举例

很多时候多种图都可以描述同一件事情，只是视角不同而已，选用哪个关键是看针对特定的系统，从哪个角度来描述更容易让受众理解。另外还有表述软件实施的**构件图**、描述硬件结构的**部署图**，这些图更偏向技术一些，对 PD 的用处不大，遵循性价比的原则，我们暂时跳过这部分的学习。

上述这些 UML 图都是用 Visio 画的。再次强调，工具是为人服务的，如果团队里其他成员都看不懂 UML 图，且学习成本太高，那一定不要强推 UML，寻找合适自己的工具吧。描述需求的原则很简单：把要做的事情跟受众说清楚！[18]

Demo 也要我们做吗

PRD 写完了，工程师拿着它就可以开发了吗？不是。还缺了很重要的一块，产品 Demo，也经常被说成是产品原型、演示版、Mockup。

先看一下 Demo 与用例文档的关系。对于某个产品功能的用例是否包含界面的描述，每个团队有自己的做法，好坏难以评估，这取决于产品的特点、团队的习惯等，我的建议是不妨再次应用做产品的思路，去问问这些文档的用户，即团队里的开发工程师、测试工程师，

18 移动互联网时代，因为对速度的要求提高了很多，需求文档的形式也更加自由，也常常表现为“Demo+标注”的形式。

按照他们喜欢的方式写就好了。但用例里最多只能放 Demo 的截图，所以如果要表现更多交互和视觉的细节，Demo 是必须独立存在的。现在应该有一些可以嵌入富媒体内容的文档方式，可以直接把 Demo 嵌入用例，不过我们没有尝试过，周围也尚未看到有人用。

我认为 Demo 最好是由用户体验部门的同学主导，当然你在的团队可能并没有这样一个叫 User Experience，简称 UE 的部门，那么做这个事情的人也许叫用户体验师、交互设计师、视觉设计师，甚至是比较过时的称呼——美工。但产品经理也必须参与 Demo 制作的过程，Demo 的制作在产品会议之前就可以开始了，有可能的话在 BRD 中展示出来，很可能成为争取资源的加分因素。最关键是要保证 Demo 的设计师们充分理解商业目的和用户目标等，让大家在方向正确的前提下再自由发挥。

Demo 也会经历从低保真到高保真[19]，从抽象到具体，从全局到细节的渐变过程，下面几幅图展示了“e 网打进”新首页的 Demo 在几个关键步骤上的样子。一般来说，最开始会有一个纸面 Demo，铅笔加 A4 纸的组合，或者是马克笔加白板再用手机拍个照，如图 3-13 所示，有了这样的东西，大家就可以开始沟通了。其实这些线下的工具，纸、笔、白板，加上口头交流，可以帮助我们进入很高效的工作状态。

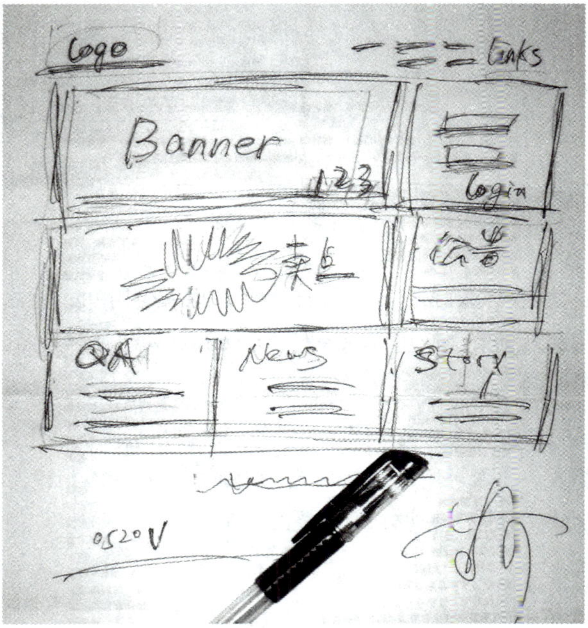

图 3-13 纸面 Demo

接下来会有一个线框图，如图 3-14 所示，只关注界面框架而不考虑细节，使用的工具可

19 低保真与高保真，在这里用来描述 Demo 与将来真实产品的相似程度。

以是 Visio、PPT、Word，甚至 Windows 操作系统自带的画图板。

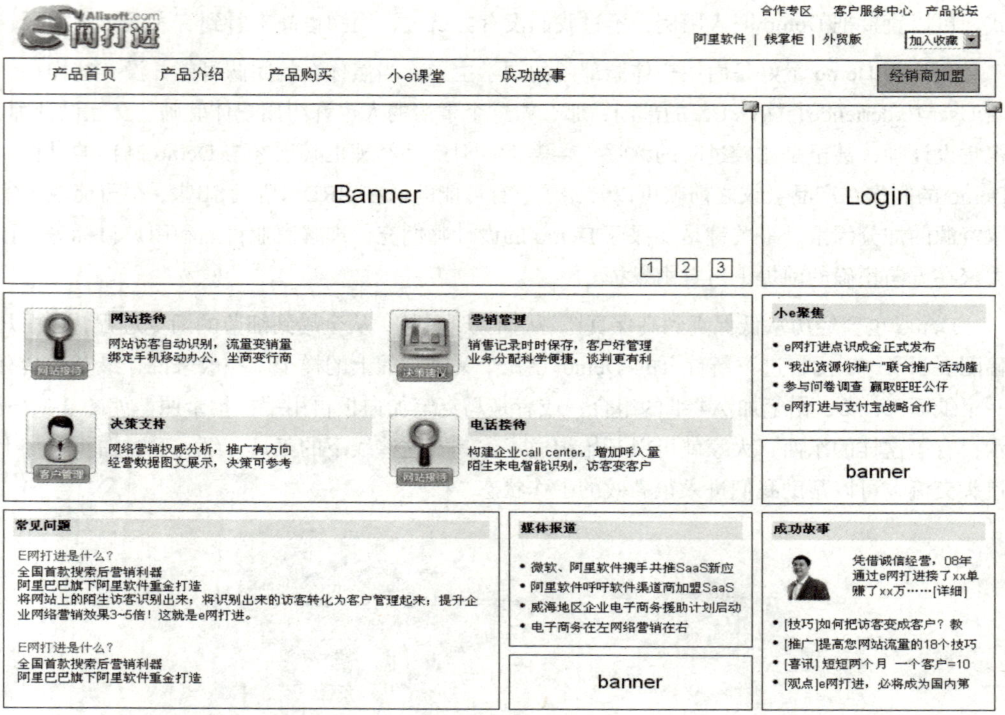

图 3-14　线框图

进一步，我们要关注视觉效果，如图 3-15 所示，也许会用 Photoshop 做几张典型页面的效果图。然后，表达交互细节，使用 Axure[20]、Dreamweaver[21]制作页面，这页面很可能就是将来产品里真实可用的网页了。

产品不同，用到的 Demo 工具会不同，或者各个阶段也会不同，还是那句话，心中有剑，手上拿根树枝都能杀人。我看过用 Windows 自带的画图板都能画出很清晰的 Demo 的强人，当然我不是要大家学他，只是又想说，最重要的不是工具。

20　Axure：一款原型设计软件，能帮助网站设计者快捷而简便地创建带注释及交互效果的网页，并可自动生成网页文件，以用于演示与开发。

21　Dreamweaver：美国 Macromedia 公司开发的集网页制作和管理网站于一身的所见即所得网页编辑器，它是第一套针对专业网页设计师特别发展的视觉化网页开发工具，利用它可以轻而易举地制作出跨越平台限制和跨越浏览器限制的充满动感的网页。

图 3-15 视觉效果图

实际工作中，PD 肯定会对 Demo 给出一些自己的想法，甚至经常自己做，越是低保真的 Demo 我们做得越多。早年我是用 Dreamweaver 自己写页面的，很多时候没有去做高保真 Demo 也是因为没能力、不会做才交给 UE 同学的。

团队分工的形成总有各种各样的原因，凡事向好的方向看吧，如果要我们做 Demo，那么就更加全面地锻炼了能力，如果有 UE 的同事，我倾向于信任专业人员，只提建议而不做决定，让专业的人做专业的事，这样产品才更完善。而关于 Demo、界面等工作，我还是把它们归入用户体验团队的职责，到第 4.2.2 节“激情四射的设计师”里再和大家细聊。

概要设计与详细设计

我在写 UC 的时候，经常写着写着就觉得是在越俎代庖地做概要设计，甚至是详细设计的事情了。比如，对于网页上简单的一个“公司名称”字段，就有很多细节的设计。

长度应该限制在多少个字符，是 64、128，还是 100？

界面上应该允许输入多少个汉字？

不允许输入哪些非法字符？

有没有敏感词需要屏蔽？

输多了何时检测？何时提示用户？

是否必填？

是否有默认值？

在页面上的对齐方式？

……

每当此时我都很纠结，询问工程师后也常常会得到相反的答案：有人希望你写得越详细越好，而有人希望你交给他决定。后来我们渐渐总结出两种做法。

第一，不以写的东西是需求还是设计区分职责，而以“业务”或“技术”区分。比如上例，在业务上需要对“公司名称”的长度做何限制由 PD 确定，而“公司名称”的数据在数据库里如何存储，由工程师决定。

第二，细枝末节的设计经常重复，PD 应该和开发工程师一起协商，渐渐沉淀出产品规范。比如上例，通过几次协商，我们确定了以后产品中出现的各种字段的各种限制规范，下次再写 UC 的时候，只要引用规范即可，省去了很多重复劳动。

3.3.2 需求活在项目中

我们辛辛苦苦地把各种需求文档都写完了，开发和测试的同学可不敢拿过去直接就用，为了保证产品的质量，需求还必须要在项目中通过各方的评审，方可进入开发阶段。早在第 2 章，我们就明白了产品需求是每个产品干系人的事情。

项目中的需求阶段，通常会围绕着“写作→评审→修改→评审”循环展开，下面来仔细聊聊需求评审的话题。

评审：一个头两个大

往简单了说，评审就是项目中相关的几个小团队坐在一起，一方讲，另外几方听并确认，统一认识，消除误解，及时发现偏差，防止问题随时间放大。不做评审，当时看似省了时间，但往往隐藏了问题，待到其爆发的时候会耽误更多事，而且会在谁负责的问题上纠缠不清。与其亡羊补牢不如尽早在流程上预防，所谓“防病优于治病”。

我做过的项目中，最重要的三种角色就是 PD、开发人员、测试人员，所以派生出三次评审——需求评审、设计评审、测试评审，它们按照项目阶段依次为：

需求评审，是 PRD 评审、UC 评审、Demo 评审的统称。于需求的相应部分完成以后进行，评审会上 PD 把 PRD 和 UC 说给开发、测试听，Demo 评审则由 UE 的同学主讲。

一般我们会在做出比较大粒度的 PRD 之后马上安排一次评审，当然也会有 UC 和 Demo 的半成品，以期尽早发现问题，比如业务规则的不合理，产品界面太丑陋，某功能技术上无法实现等。PRD 评审会重点关注偏商业的内容，强烈建议叫上老板、营销人员、服务人员，甚至用户一起来听。

PRD 通过以后，PD 们会和 UE 的同学一起细化 UC 和 Demo，而开发的同学也会同步进行一些开发前的准备工作，比如细化和修正项目计划，部分系统的设计等。接下来的 Demo 评审，决定了产品的外观，项目干系人最好都来把一下关，而 UC 评审更偏重技术实现，商业团队的成员可以选择参加。

需求评审的过程如图 3-16 所示，当然，实际操作中没这么复杂，简化的方法可以看第 3.5.2 节中的“那么多评审，可以省吗”里的描述。

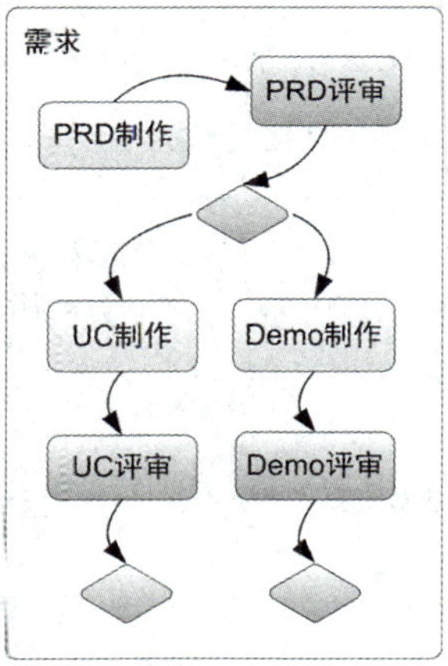

图 3-16 需求阶段的工作内容

设计评审，是在概要设计与详细设计完成之后进行，由开发工程师把对需求的理解以设计文档的形式说给 PD、测试听。

测试评审，俗称 TC 评审，是在 TC 编写完成，测试开始执行之前进行，由测试工程师把对需求的理解以 TC 的形式说给 PD、开发听。

每一种评审都可能有多轮，会上没问题就快速地通过，有小问题当场确认，大问题带回去，原则是“改动较多的话必须再次评审，异议不大可以通过”。评审会议的组织者，可以考虑都由 QA[22]担任，作为项目过程管理的一部分。也可以考虑由每次评审的主讲人发起，我们就是这样做的。

需求评审会的组织过程中，特别要注意两种容易漏掉的参与者，大家可以扩展应用到各种评审会上：一是能做决定的人，因为评审的时候各方不可避免地会对需求有不同理解，从而出现争论，而很多问题都是"公说公有理，婆说婆有理"，谁也说服不了谁，这时候就需要有人能拍板，有人能负责；二是与此项目有关的产品接口人，他的参与可避免太晚发现与其他系统有冲突，修改起来措手不及。作为 PD 肯定是希望只要有点关系的人都来参加会议，但现实中是不可能的，所以必须识别出对当前项目来说谁更重要。

再看需求的生老病死

还记得第 2.5 节里聊过的"一个需求的生老病死"吗，当时是从某个需求本身的状态变化来看的，现在我们把它融入项目，再次审视一番。如图 3-17 所示是一个简化版的项目流程，也是一个需求从提出到发布的流水账，对于小型团队应该比较实用。

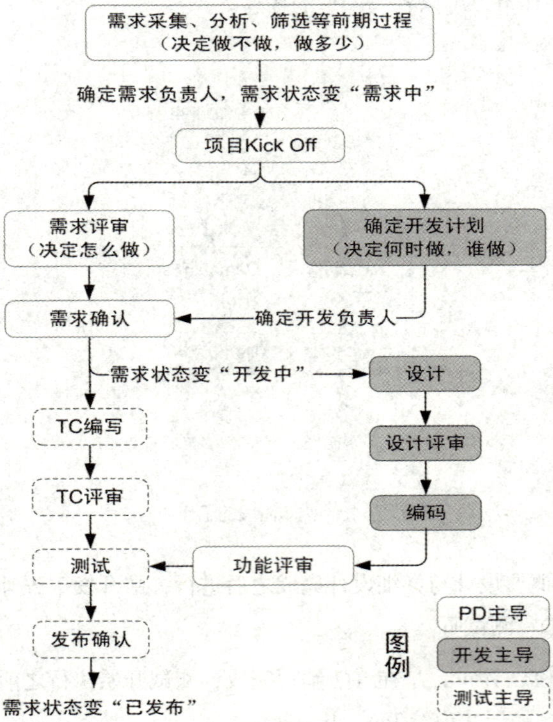

图 3-17 日常需求发布流程

22 Quality Assurance，指质量保证人员，负责产品品质保证的相关工作，比如流程控制，不同于测试人员。

除纯技术项目外，PD是产品不断改进的源动力，所以项目前期PD主导的环节比较多，而一个需求就在这些环节中生老病死了。我觉得可以用几个会议来概括，项目大小有不同，所以这里的会议不要理解成严格的会议室里一群人正襟危坐，有可能是两三个人围在电脑前的几分钟交流。

项目开始之前。在产品团队内部分析需求商业价值的**需求讨论会**、多个产品间的**产品会议**上，PD们带着自己的需求参与讨论，为那仅有的开发和测试资源PK。人性的本能让每个人都极力地维护自己提出的需求，并设法反驳别人，当然出发点都是为了用户，最终也会达成一致。“活下来的”需求会确定需求负责人，状态变为“需求中”。

项目中的需求阶段。项目启动之后，PD就得抓紧时间完成需求的开发，不时召集**需求评审会**，大家一起讨论这样做有哪些问题。PD收集到意见反复修改需求，直至最后一次评审通过，需求得以确认，状态变为“开发中”。当然，之后的需求微调总是无法避免，但“需求冻结”的里程碑要求我们在这之后就不要轻易改动了。

项目中的需求阶段之后。进入开发之后，PD需要不断地和开发、测试人员确认各种细节。我们一直想在早期环节中考虑到所有的细节，以期减少这种费时费力的确认，但事实证明细节总是多到无法预计，有的甚至要发布后才被发现。在开发提交测试之后，PD需要在测试环境[23]中代表产品的用户做功能验收，确认一下产品与自己的设计是否相符，顺便也可以发现一些可用性问题。当然如果能让真实用户来验收则更好，通常我们会组织一次**功能评审会**，让项目干系人来确认这些功能是不是大家想要的，如果有问题还可以补救。最后功能上线，别忘了把Feature List中的相应需求改为“已发布”。

很显然，需求发布之后仍然会有改动，可能是客户反馈了问题，或者自己想到了更好的解决方案。我们的做法是把它视为一个新的需求或当做一个Bug，重新进入流程。

3.4 成长，一步一个脚印

我们会把“需求评审通过”视为项目中一个重要的里程碑，称做“需求确认”或“需求冻结”。之后进入开发阶段，如果还需要修改需求的话，不是不可以，而是要更加慎重，甚至是强制走一些需求变更的流程。这也是为了更好地控制项目风险。在信息充分的情况下，随着项目的进行，风险应该越来越小，否则项目必然有问题。

需求阶段之后的常规项目过程就是开发、测试、发布，需要注意的是，这类项目都是由

23　测试环境，Testing environment，这里指产品进行测试的环境，包括测试平台、测试基础设施、测试实验室和其他设施。与开发人员所用机器的本地“开发环境”、发布前最后验证的“预发布环境”、用户真实可见的“生产环境”相对应。

绕着产品研发工作的，所以没有包括上线后的销售、运营、服务等活动。之前我们谈过的立项与需求阶段，那是 PD 作为主要角色参与的环节，而本节重点讲述的内容之做事的主力则是工程师们，我们作为 PD 要随时配合他们确认需求，项目经理要做的就是“控制”。

对于每个特定的项目，应该在开始之前就约定好各种管理方法，比如文档怎么管理、测试过程怎么管理、使用哪些技术工具等，这部分话题在任何一本讲述软件工程的书里都有，所以这里就不再理论，只说说我们是怎么做的。

开发阶段，旁观者说

开发阶段，开发经理的存在会帮我们省不少心，作为旁观者，看到开发团队做了如图 3-18 中的几件事情。

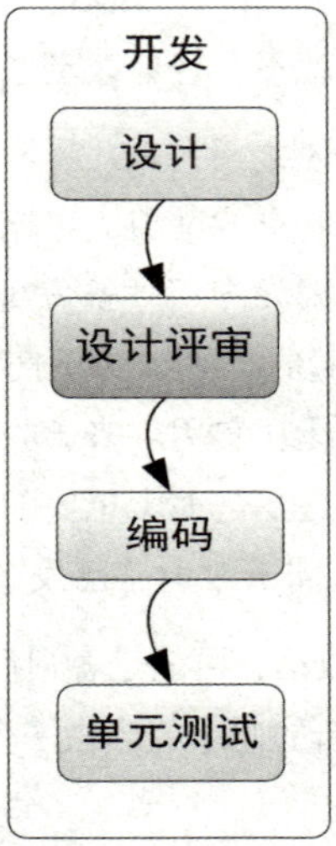

图 3-18　开发阶段的工作内容

比较强的开发工程师，可能叫开发经理、架构师、系统分析师等，会带着普通工程师一起做概要设计、详细设计，如果项目涉及数据库、硬件系统的改动，那就还会带上运维的人员。设计完成以后，会组织一次设计评审，PD 和测试人员都会参与，审核一下工程师们对需求的理解是否正确。

评审通过以后，就进入编码阶段，编码完成以后，如果时间充裕可以做一些代码评审的工作，不过我们的项目一般都紧张，代码评审的工作通常只能在开发工程师提高自我修养的周例会上进行。

之后工程师们需要对自己的代码做单元测试，自测环节做到位，可以减少后期测试同学很多的工作量，问题总是越早发现解决的成本越低。

当开发工程师认为自测已经完成，就可以把代码从开发环境上提交到测试环境了。按照开发计划，当项目的主体部分提交测试的时候，我们又走过了一个里程碑——开发完成。

测试阶段，大家一起上

开发工程师在设计与编码的同时，测试工程师也没有闲着，他们会继续细化和调整测试计划，并完成 TC 编写的任务。在 TC 中，测试人员会进行测试任务的描述，体现测试方案、方法、技术和策略。内容包括测试目标、测试环境、输入数据、测试步骤、预期结果、测试脚本等，并形成文档。

测试阶段的主要任务如图 3-19 所示。

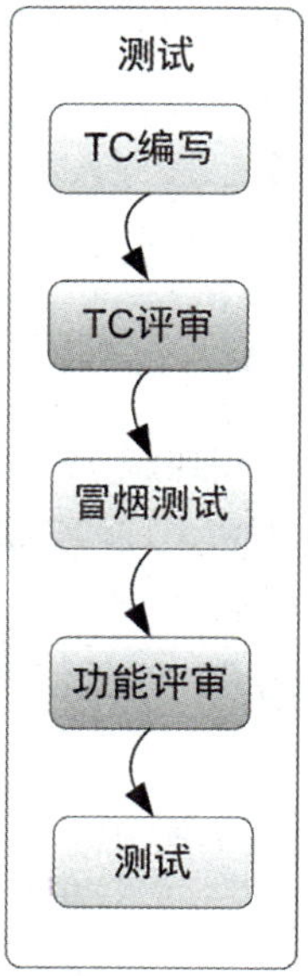

图 3-19　测试阶段的工作内容

TC 编写完成后，测试经理会组织 TC 评审，时间一般在开发人员提交测试之前，PD 和开发人员都要参与评审，再次确认大家对需求的理解是否一致。很多需求的细节无法在需求阶段考虑完全，我们会通过开发和测试阶段的反复沟通来不断细化。

TC 评审通过，待开发提交测试以后，测试人员迅速完成一轮“冒烟测试”[24]，目的是确认软件基本功能正常，可以进行后续的正式测试工作。

在测试人员正式开始测试的同时，PD 又要出场了，我们会组织一次产品的“功能评审”，或者叫“产品演示会”，利用测试环境，把可以使用的产品在第一时间展示给所有的项目干系人，更进一步确保做出来的东西就是大家想要的。功能评审通过之后，PD 一般还会代表用户做更详细的 UAT[25]，或者称为“验收测试”[26]。

接下来，测试的同学会做多轮测试，是一个“发现 Bug，开发修正，测试验证，发现新 Bug”的循环过程，从第二轮开始就可以叫做“回归测试”，在 Bug 都处理妥当之后，项目紧接着就进入了发布阶段。有的项目除了功能测试以外，还需要做性能测试，比如验证系统是否能承受 1 万用户同时访问的压力，公司也有特定的测试工程师做这方面的事情，他们一般是为多个产品服务的。

在测试阶段[27]，商业方面的准备工作也早已动起来了。PD 可能要准备面向用户的功能、卖点介绍的文档，产品更新的公告；培训服务人员和销售人员；运营人员可能已经在策划推广方案；销售人员可能在更新销售说辞；服务人员可能在依据测试环境里的产品制作帮助……多个部门协同，很有大家在一起战斗的感觉。

Bug 眼中的项目

再说点测试的话题吧，刚开始的一段时间，Bug[28]总是不断地蹦出来。本节不妨从 Bug 的角度来说说项目，如表 3-2 所示是我们使用过的一份 Bug 级别定义，从中可以看出，III、IV、V 级 Bug 是产品是否“能用”的范畴；II 级是“好用”的范畴；而 I 级是“有用”的范畴，应该由 PD 在前期搞定，但在测试过程中，任何人也都可以提出质疑。

---

24 冒烟测试，Smoke Test，名称可以理解为该测试耗时短，仅用一袋烟工夫足够了。也有人认为是形象地类比新电路板基本功能检查。任何新电路板焊好后，先通电检查，如果存在设计缺陷，电路板可能会短路，板子冒烟。

25 UAT：User Acceptance Test，用户接受度测试。当然，更好的做法是直接让用户来测试。

26 验收测试，顺带提一句，对于外包项目，需要由 PD 与测试人员共同完成，除了把系统所有的功能、性能概要测试一遍之外，还需要检查项目交付物，比如项目阶段文档、用户手册等是否齐全、是否符合规范。

27 这里没有提到的“可用性测试”，它是在产品的各个阶段都可以做的一种用户研究方法，并不一定是在项目的测试阶段进行。

28 Bug 指缺陷或故障，区别在于项目发布之前发现的叫缺陷，项目发布之后发现的叫故障，通常故障会对用户造成伤害。团队里也针对故障制订了分级制度，针对责任人制订了相应的惩罚制度。

表 3-2 Bug 级别定义标准

缺陷种类	缺陷级别	详细说明
功能缺陷	Urgent（V 级）	1. 操作系统无法正常使用，死机，出现致命错误
		2. 数据丢失
		3. 被测试系统频繁崩溃，程序出错，使功能不能继续使用
		4. 性能与需求不一致
		5. 系统资源引发性能问题
		6. 系统配置引发错误
		7. 安全性问题
	Very High（IV 级）	1. 功能与需求不一致，或功能未实现
		2. 功能有错误，影响使用
		3. 数据传输有错误
		4. 安装与卸载问题
	High（III 级）	1. 功能有错误，但不影响使用
		2. 界面错误
		3. 边界条件出错
	Medium（II 级）	1. 界面设计不规范
		2. 消息、提示不准确
		3. 交互不友好
需求缺陷	Low（I 级）	1. 软件设计有问题
		2. 文档不完整或不准确
		3. 需求冻结后，描述不清楚的地方

一般来说对一个 Bug 的描述有以下几个关键点。

- **缺陷级别（Severity）**：即上图中的 V 级别定义，一般大于等于 III 级的 Bug 被认为是严重的问题。
- **所属产品、项目**：有的人需要同时处理很多产品、项目，这个属性可以用来筛选。
- **Bug 名称**：一个短句，对此 Bug 的简单说明。
- **Bug 描述**：写成如下形式，“执行某操作，期望出现什么情况，实际出现什么情况”，还可以添加截图、文档等附件。

还有一些非必填的其他属性，此处先略去不说。

我们的测试过程使用了 Mercury Interactive 公司的 Quality Center[29]来管理，它是一个基于 Web 且支持测试管理的所有必要方面的应用程序。更小的团队，用 Excel 来管理 Bug 也未尝不可。作为 PD，也是会经常提 Bug 的，与测试人员相比，PD 做测试的时候主要是模拟用户的身份正常使用产品，而测试人员会更多地按照 TC 执行，尝试极端的使用情景下产品有没有漏洞。在发现一个 Bug 以后，我们会提交给相应的开发工程师，如果认为是需求问题也可以提交给对应的 PD，这时候 Bug 的状态为 Open，之后的状态改变，可以用如图 3-20 所示简单描述。

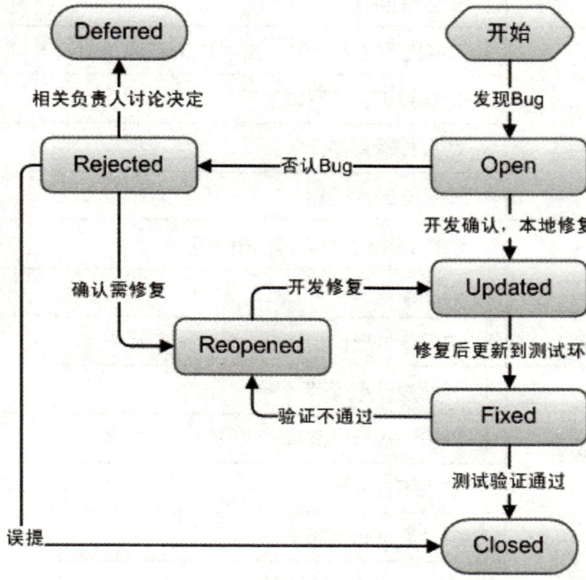

图 3-20 Bug 状态流转图

任何人收到 Open 的 Bug，确认并修复，状态变为 Fixed；否认，也许提出者理解错了，也许不打算修改，状态改为 Rejected；认为不是自己的问题，或者 PD 对需求问题作出解释以后，把 Bug 转交（Assign to）给了合适的人。

测试人员验证状态为 Fixed 的 Bug，没问题了就 Closed，否则可以 Reopened。看到 Rejected 的 Bug，发现是自己理解错了，就可以 Closed，仍然认为是 Bug 的可以 Reopened。对于 Deferred

29 2013 年以后，阿里集团开始使用自己研发的缺陷管理系统，但原理大同小异。

的 Bug，意味着本项目中暂不修正，可能是因为技术做不到、时间不允许、性价比太低等，这个认定必须慎之又慎，通常由能负责的人，比如是测试经理、项目经理最终同意为 Deferred。

在整个过程中，Bug 的每次状态改变都可以添加注释说明，我们更鼓励在有争议时叫上当事人面对面的交流，而不是在系统里不停地纠缠。

到了项目发布之时，我们要求所有 Bug 的状态必须是 Closed 或 Deferred，当然对 I、II 级的 Bug，有时候并没有这么严格。

使用 Quality Center 相比 Excel 的好处在于，每个 Bug 重要的状态转换点，系统都会有邮件通知到相关人员，防止遗漏；项目中每个人在系统里的角色不同，权限不同，此软件可防止误操作，甚至是一些恶意行为，比如开发人员就不能把 Bug 状态改为 Closed；所有操作都有记录，谁在何时做了什么，便于追溯。这些都有效地防止了人为因素导致的问题。

那一夜，项目发布

辛苦了那么久，项目终于进入发布阶段了，可黎明前总是最黑暗，我们要考虑很多问题，如图 3-21 所示。

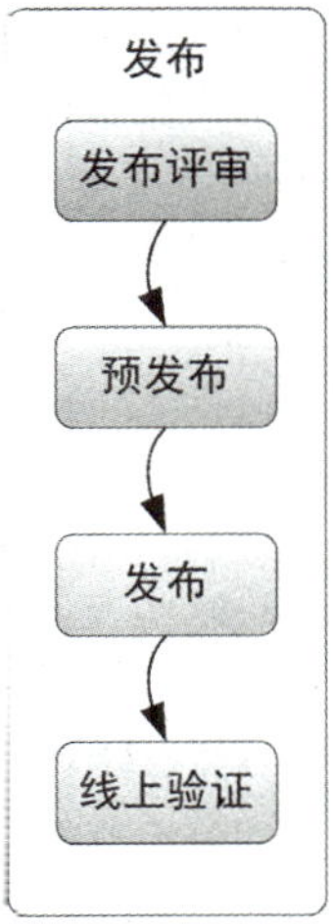

图 3-21 发布阶段的工作内容

首先聊聊代码更新的事情。我们会安排专门的代码版本管理员，通常用 SVN[30]，所以又叫 SVN 管理员，负责项目每日的代码更新。修改的代码从“每位开发人员的开发环境→测试环境→预发布环境→生产环境”一步步更新，如果版本控制不好，就会发生“改掉的 Bug

30 SVN（subversion）是近年来崛起的版本管理工具，是 CVS 的接班人。目前，绝大多数开源软件都使用 SVN 作为代码版本管理软件。

又回来了”这种情况，想必大家都有切身体会。有时候同一个产品多个项目并行，就会牵涉到多分支开发，更有代码迁出、合并的时机问题。

然后，“发布计划”的评审也很重要，需要运维人员的确认。特别是对于系统改动较大的项目，可能需要分模块分步骤发布。比如我经历过的一次发布，涉及几十台服务器，就需要先更新几台××服务器，再更新几台××服务器，名词太专业我都叫不上来。对于用户影响较大的升级，我们有时候采用“分流发布”，或者叫“灰度发布”，即让一部分用户先用，然后收集反馈再决定大面积发布的时机。Gmail 就经常采用这种方式，把一些还在实验室状态的功能先开放给小部分的用户试用。把握不大的项目，发布计划中还要加上“回滚方案”，一旦发布不成功，就赶紧把产品退回原来的状态。

正式的发布过程，是从更新“预发布环境”开始的，预发布环境会尽量模拟生产环境上的真实状态，比如数据库用的是同一个，测试人员会在预发布环境进行最后的回归测试，没问题的话，更新“生产环境”，测试人员再做一次最简单的回归测试，完成发布。当然，这么多次回归测试，其覆盖面不尽相同，越到后面的回归，测试的内容越少，直至只包含最重要 TC 的“最小集”，来简单判断系统是否能正常运行。

对了，在正式发布之前，可能还有一些手续要办，比如填写“发布申请单”，写上项目的大致内容与影响，让所有关键人物签字，大家最后确认一次；有时候我们会用 E-mail 形式的申请。有一段时间，我们公司还有“立项申请表”、“预发布申请单”等，每张表格都需要 N 多人签字画押，手续的烦琐也许会耽误时间，但是是为了防止出错，而每个手续的背后通常都有一段“血泪史”，如果你发现公司最近突然又多了一个单子要填，不妨去打听一下前段时间是不是有什么项目出了乱子。

下面是某段时间我们产品的发布注意事项，作为例子与大家分享。

▶ **发布标准**

- SQL[31]已经经过 DBA 确认无问题，DBA 确认后，邮件通知到测试人员，抄送给某经理。
- 搜索引擎通过相关人员确认无问题。
- QC 中的 Bug 全部 Closed 或 Deferred。

---

31 SQL（Structured Query Language）：结构化查询语言，是一种数据库查询和程序设计语言，用于存取数据以及查询、更新和管理关系数据库系统。

- 因技术或时间原因造成无法修改的 Bug，由测试、需求、开发三方一起研究是否能接受，如果有争议，上报上级主管。
- 测试过程中，如果因为技术无法实现造成的需求改动，PD 需要第一时间发送邮件到全组，让所有人都知道，同时修改相应的 UC。

▶ **发布过程**

- 测试人员在确认完“发布标准”中的各项之后，会发出邮件通知同意发布，发布人员在没有收到通知前，不能自行发布。
- 测试人员在发布后，将做一轮生产环境的回归测试，测试完成后发出一封邮件通知“生产环境已验证完成，发布成功”。只有收到该邮件后，发布相关成员才能撤离现场。

还有一点想说，发布的时间选择，能安排在白天的工作时间固然好，但很多互联网产品为了避开用户使用高峰，必须安排在晚上进行，难免弄到深更半夜。我们很多同事工作完时都已经见到第二天早上的太阳了，这时候作为产品经理兼项目经理，还有一件重要的事情——**别忘了给大家买夜宵！**

以终为始，项目小结

发布成功！回家睡个好觉。

所有人终于舒了一口气，但是作为项目经理，事情还没完，第一件事就是赶紧发出一封 E-mail——“项目发布公告”。小项目的公告会比较形式化，而意义重大的项目就会写得很煽情了，比如项目中的种种艰辛、对每一个参与者的感谢、发布之后的内心感言、产品对公司和用户的革命性意义、贴几张产品的最新图片等，有时候还会有人诗性大发，再让视觉设计师帮着设计一些海报，不但邮件里用，甚至在公司墙上也贴几张。这封邮件也是一次内部宣传的好机会，我们除了发送给项目的干系人，甚至会抄送给整个公司。作为项目经理，应该时刻做到为团队成员争取各种精神、物质的奖励，这种邮件、海报、大老板的回信……都是很好的鼓励，如果还有项目经费的话，再组织一次聚餐，大家以后还要继续合作，开开心心，皆大欢喜。

之后，写一份项目小结，对于一个几周到两三个月的项目来说，比较合适在发布后半个月内完成。小结一下做这个项目的心得体会，比如碰到了哪些问题，原因是什么，怎么解决的，如何避免再犯；项目的资源评估是否合理，收获了哪些经验，如何提高准确度；根据数据监控的反馈，分析出了什么结果，项目的商业目标是否达到等。下面是某个项目小结的实例，内容不全，但很真实，有些敏感的字句我隐去了。

1. 张××对系统不够熟悉的问题。

问题：项目交流中发现外包公司的张××对AA接口、B产品相关模块等不熟悉，导致无法独立胜任现在的“双龙会”项目，增加了团队的工作量。

解决方案：继续催促C公司完成交接工作（负责人：××）。

2. 测试、预发布环境与生产环境差异过大的问题。

解决方案：下次升级项目前搞定（负责人：××）。

3. 流程问题，生产环境直接改代码？

解决方案：控制生产环境访问权限（负责人：××），张××工作中积极了解我们公司现有的流程（负责人：××）。

4. 系统复杂，升级发布方案不能单方面确认。

解决方案：确保C公司的叶某参与方案评估（负责人：××）。

5. 修改生产环境数据库的流程问题。

问题：有一位用户要改某信息，只能直接修改生产环境的数据库。

解决方案：找周××咨询如何实施（负责人：××）。

后来类似的小结我们又优化了很多，比如用表格代替条目式的文字，每项解决方案要填写完成期限等。

很多项目经理一到写小结的时候就难产，似乎项目中的种种困难到了这时都烟消云散，然后下次项目再为类似的问题抓耳挠腮。对此，我的经验是通过项目的日报或周报随时记录每天的情况，到总结的时候就水到渠成了。我们千万不要把这种事情当做额外的任务，而是要想清楚它的价值，很直接的一点就是可以作为对项目成员的保护，有绕不过的坎及时让老板们看到，如果不帮我们解决，那老板需要承担后果。下面是这本书写作过程中某一周的周报，没有人要求我写，我自己写出来，为了控制进度、不断改进，正好我也希望把这本书的写作过程完全公开，所以从一开始就用 Google 的 SpreadSheet[32]随时展示最新进展，如表 3-3 所示就是本书第一份正式的周报，2009 年 8 月 24 日~30 日，那会儿我正在写第 2 章的初稿。

32 可是因为 GFW 的问题，后来的周报还是逐步转为本地的 Excel 了。

表 3-3　本书的写作周报

项目名称：《人人都是产品经理》图书写作					
总体状况：正常					
本周要闻	1. 样章写作，《一个需求的奋斗史》				
下周看点	1. 样章写作，《一个需求的奋斗史》				
当前问题与解决方案					
问题	描述	紧急度	解决期限	解决方案	备注
时间不够	工作时间以外，每天还需做受伤的康复锻炼，工作日晚上时间太短，难以进入写作状态，只能在周末写作	一般	?	质量优先，完成时间增加弹性	
项目进度					
任务	描述	完成率	计划完成	实际完成	备注
样章（第二章）	搭建框架	100	——	——	
	填充文字	100	——	——	
	理顺逻辑	50	9 月 5 日	?	
	调整风格	10	9 月 13 日	?	
原材料积累	写作素材、思路的整理，如继续写博文	——	——	——	一直持续
里程碑					
名称	描述	完成率	计划完成	实际完成	备注
目录	以目录为表现，完成本书的定位与整体结构	100	——	——	持续微调
样章	以样章体会写作过程，确定本书风格	20	9 月 14 日	?	
全文	全文初稿完成	5	2010 年元旦	?	

怕什么来什么，只能拥抱变化

一步一个脚印地走下来，这个项目似乎也还顺利，可是现实情况往往要复杂很多，有各种各样的不确定因素，有很多早先确实不知道的信息出现，真的是怕什么来什么，所以我们只能拥抱变化，常见的有下面几种。

变更事件，是指项目范围内需求的变化，需求细节的确认、微调总是不断存在，变更主要关注的是“需求冻结”后较大的变化。我们会制订一些流程做控制，不是为了限制变更，而是为了让每次变更都经过深思熟虑，最怕发生的情况就是需求方举棋不定，来回反复。流程会要求提出变更的人先和相关方确认，获得一致认可后，再修改文档、邮件说明、即时通信群里吼一声……而过大的变化或过晚的变化，比如到了发布前一天还在修改业务逻辑，项目经理有权决定是接受、拒绝，还是上报更大的老板定夺。

搭车事件，是指项目范围的扩展，一般来说，5 个开发工作日以下的零散小需求不参与产品会议讨论，所以搭车事件总是存在。但我们要尽量搭顺风车，找内容相关的项目；尽量早搭车，在“需求冻结”之后一般不要再提；作为项目经理，也要把好关，不能因为随意让别人搭车导致团队长期、高负荷加班，这是得不偿失的。

紧急事件，这也总是难免，所以一般由较高层的老板确认后自上而下的推动，不受常规流程的限制，越是高层确认的紧急事件，越可以突破常规限制优先处理。回忆了一下，我们甚至发生过产品在发布前两天才发现“付费流程”跑不通的情况，付费过程中需要用户确认的时候，我们用了一个网页浏览器的弹出窗口，而这个窗口很可能被用户的浏览器阻止，于是一阵手忙脚乱。此外，时不时还会在发布之后出现生产环境的故障，拥有产品经理和项目经理双重身份的我们也是义不容辞，需要站出来紧急应付，相当于临时发起一个小项目，每次也都是惊心动魄。

我比较关注的还是需求方面的变化，所以上述几种情况发生以后，多多少少还是按照第 3.3.2 节里的图 3-17“日常需求发布流程”来处理，只不过更灵活而已。从这几点上也可以看到让产品经理做项目经理的好处，因为了解业务，所以在面对各种情况时，可以有比较全面准确的判断。

最后，就算没有碰到刚刚说的那些变化，项目中还会碰到资源不足的问题，比如因为早期评估的不准确而吃紧。多个项目并行是正常现象，它们之间肯定有优先级高低之分，一般在产品会议上已经确认，资源冲突时遵循“慢车让快车”的原则，当自己在“开快车”时，“人挡杀人，佛挡杀佛”，不过也不要做得太过分了，谁没有“开慢车”憋屈的时候呢。

关于人力资源，半途加入项目的、其他部门配合的人员，很容易消极怠工，这时候就需要项目经理拿出沟通的本事了。再给他讲一遍 Kick Off 的 PPT？把他从帮忙的心态转变成为自己做事的心态？请他喝一罐可乐聊聊人生、谈谈理想？大家各显神通吧。态度问题没办法，那是因为公司招了个烂人，或者办公室政治一类的烂事，如果对方确实是没时间，那好办，我的经验是统一战线，向他的老板表明问题，帮助他减轻压力，千万不能有“你不帮我做事，我向你老板告状”的情况发生，这实在太低级了。

3.5 山寨级项目管理

带过我的一位老板说：“**计划与控制，就是项目管理**”，话虽简单，但做好太难。第 3.2 节到 3.4 节，我们从 Kick Off 开始讲到项目小结，先说计划，再说控制，完整讲述了项目的坎坷一生。这节中，我们再从互联网和软件项目自身的特点出发，看看项目管理中的几个关键问题，它们是：文档管理、流程管理、敏捷方法。

题目叫“山寨级项目管理”，就像山寨精神一样，这并不是一个贬义词。我们的项目，没有系统的管理理论，没有成熟的文档与流程体系，甚至本身就不是一个完整的项目，一般没有采购、成本预算的事情。但我们牢记目标是为了把产品做好。作为产品经理来管项目，山寨没关系，工具不重要，“文档只是手段”，“流程也是手段”，“敏捷更是手段”。

3.5.1 文档只是手段

模板、规范、操作步骤……这些文档的作用实在太大了，大到导致有些朋友会醉心于此，特别热衷于问别人要一些很个性化的 PRD 模板、项目流程等，本来文档只是更好做事的手段，却被有的人当成了目的。

在这里，我先分享一下自己几年来建立的 PD 常用的文档规范，然后聊聊各种文档模板的本质作用，接下来谈文档的多人协作与版本管理，最后就文档写作常用的工具——Office 软件说说自己的体会，希望同学们能更好地利用文档为产品创造价值。

建立自己的文档规范

从 2007 年下半年开始，我主动担负起了制定团队文档规范的责任，基本每隔几个月就会整理优化一次，然后像发布产品一样在产品团队内部发布一个文档包，并且起个很酷的名字：PD_std_template_tool_kit，如图 3-22 所示就是 2009 年的某个版本。

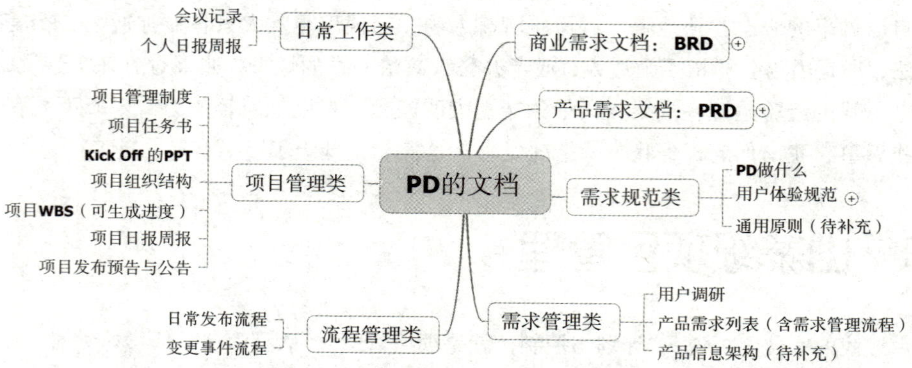

图 3-22 PD 常用的文档模板

通过几年的总结，我觉得图 3-22 中的文档基本能覆盖 PD 日常的绝大多数工作，从 BRD 开始，按顺时针顺序介绍一下各个文档。

商业需求文档：很重要的 BRD，单独列出，第 2 章里已经讨论过。

产品需求文档：同样重要的 PRD，前文已有详细阐述。

需求规范类：

- **PD 做什么**：这是对产品和团队的 PD 工作内容的一份总结，可以让新人快速了解自己的工作职责。
- **用户体验规范**：又细分为如下几个部分，这部分最好让负责用户体验的同事编写。

  交互规范：页面上各种控件的规范，如列表的默认排序、列表翻页控件的样式等；各种判断规则的规范，包括字段的校验规范、出错信息反馈的规范等。

  视觉规范：如页面大小、字体字号、颜色编码等。

  文案规范：如语言风格、语法模板、常用操作的标准说法等，最常见的问题是，一个产品中同时出现“新增”、“新建”、“创建”多种同义词。

- **通用原则**：待补充，大家可以看到这份文档也是需要不断优化的。

需求管理类：

这部分内容第 2 章中都有涉及。

- **用户调研**：这份模板说明了典型的用户调研前、中、后都要做什么，调查问卷、用户访谈提纲怎么设计，有哪几块内容。
- **产品需求列表（含需求管理流程）**：产品需求列表的模板，需求管理文档的模板，需求状态变化的流程图等。

- **产品信息架构**：待补充，用来描述产品的页面或功能之间的关系，比如网站地图、导航结构等，可以和负责用户体验的同学一起制作。

流程管理类：

只列出了小团队常用的。

- **日常发布流程**：在第 3.3.2 节中的“再看需求的生老病死”中已经提到。
- **变更事件流程**：如紧急发布流程、需求变更流程、需求搭车流程等，本书不做详细讲述。

项目管理类：

- **项目管理制度**：原则性的东西，比如产品会议制度，项目经理、开发经理、测试经理的权责利，这里沿用了公司统一的制度。
- **项目任务书**：网上有很多模板，小项目可以灵活变通，用 BRD 代替。
- **Kick Off 的 PPT**：之前已经说过。
- **项目组织结构**：这个模板我每次填几个名字就可以了，没啥技术含量。
- **项目 WBS（可生成进度）**：我用的是一个叫“WBS Chart Pro”的小软件画的 WBS 图，可以直接生成 Project 文件，就是说项目计划也有了。
- **项目日报周报**：主要有今日/本周要闻、明日/下周看点、当前问题、所需支持、项目进展等几项，在第 3.4 节的“以终为始，项目小结”中给大家分享的本书项目周报，用的就是这个模板。
- **项目发布预告与公告**：大量的重复内容模板化，为了省时间而已。

日常工作类：

- **会议记录**：大家都很痛恨没结果的会议，有了这份文档，多少能逼着每次会议都产出一些内容，比如会议决议、遗留问题与行动方案等。在第 5.3.2 节的“我们急需靠谱的会议”里我还会单独分享“会议”这个话题。
- **个人日报周报**：用于团队分享每个人的工作情况[33]。

另外还有很多文档，比如编码规范，包含一些编写代码的规矩、函数命名规则等，对开

33 延伸阅读，我对周报的理解，http://iamsujie.com/3000/3017/。

发工作非常重要，但 PD 使用不多，也就不含在内。

我渐渐意识到，这文档规范是在为公司、为团队、为产品做，更是在为自己做。试想一下，把这份文档去除公司的烙印，融入自己的理解，随身带着走，今后不管在哪里工作，只要做的还是产品相关的事情，这份文档规范都是一笔独特的财富，也是自己的核心竞争力之一。如果你想要这份模板，可以到我的博客上下载[34]。

模板作用知多少

上节提到了我的常用文档模板，其实模板的本质作用有三：

让经常看同类文档的人提高效率：当开发工程师看惯一种 UC 文档以后，如果突然换成一种哪怕更好的写法，他们也会很不适应。

让写文档的新人可以尽快上手：新人可以根据模板，快速写出和团队里“老人”差距不大的文档。

让写作者不会漏考虑某些内容：比如 PRD 文档的整体说明部分，有 7 项内容，如果每次都从零开始写，难免漏掉一两项。

各种结构化的方法论，比如规范、流程的作用也大致如是。

相对成熟的团队与产品，在某个项目开始之前，我们必须约定好各种模板、规范与流程。某次，我和其他公司合作做项目，在此过程中，我深深体会到方法论差异导致的灾难，合作双方的各种文档差异很大，但是都在按照自己习惯的方式做，直接造成沟通成本的迅速提高，最终这个项目也不太顺利。所以在一个长期合作的团队中，方法的统一真的非常必要，注意，我强调的是“统一”，并没有强调一定要用“某种格式”。

我们知道各种模板、规范并不是与生俱来的，在团队刚成立、产品刚成型的时候强推，或者在团队、产品都已经很成熟的时候弥补，都是不合适的。和一些同行交流过，大家都比较认可模板与规范应该在需要的时候自然生成，逐步从简单到全面，不断迭代优化，无须也做不到一蹴而就。而最适合开始做这件事的时机，就是产品 1.0 版本发布，进入 1.1、1.2 版的升级阶段，但尚未开始研发 2.0 的时间当口；或者说创业团队开始膨胀，不断加入新人的阶段。这是因为 1.0 发布之前常常是急行军，顾不上文档之类的事情；刚发布后的一段日子团队会有一个休整期，PD 收集反馈以确定下一步方向；开发和测试的同学也要为扑面而来的线上故障忙一阵子；团队人员也会做相应的调整。所以这时候，我们应该总结第一代产品、

34 下载地址：http://iamsujie.com/9000/9078/。

第一代团队的得失，取精华去糟粕；并把优良传统传递给新人，以期提高今后的效率，而模板和规范是很实用的形式。

当然，经常做的事情才有必要形成模板或规范，但总有一些偶尔为之的事情，它们就需要具体情况具体对待，生成一些独特的文件了。比如想对某网站的导航结构做调整，就可以单独写一个 Excel 文件描述。这时候千万别自作多情地又增加一个模板，因为这不符合“奥卡姆剃刀原理[35]”。用一次就束之高阁的模板，就像只制订却不执行的规定，只会反过来降低已有规定的权威性。

多人协作与版本管理

项目中我们会生成很多文档，一开始并不需要多人协作与版本管理，因为事情并没有那么多，只需要一个人来负责，自己在本地维护一份文档，及时主动地给团队成员更新，注意备份就好。但产品和团队在不断前进，渐渐地一个人实在是忙不过来了，于是我们遇到了新的问题：经常需要多人维护同一份文档，某人更新之后，其他维护者或阅读者手中还是老版本。

产生文档版本管理的本质需求是多人合作，协同办公。

比如产品需求列表的维护，团队每个人都有编辑的需求，于是我们在没有任何指导的情况下，想到了用 Windows 系统的共享文件夹，可是发现有人打开文档的时候，其他人就无法编辑了；又想到了 Google Docs，可惜用惯了微软的 Office，Google 的总觉得不顺手；还想到了微软的 Office live，可怜网络速度慢得让人难以忍受。

后来，我们借鉴了工程师们对程序代码的管理方法，尝试过几种版本管理工具：SVN，对权限的控制比较精细，有几次保密项目用得挺顺；VSS，只在和微软合作的项目中用过，感觉更复杂一点。

我们觉得版本管理软件总还是过于麻烦，再往后大家又尝试着用 Wiki。主要有两种方式，一种是把任务做比较精细的切割，每个 PD 各自维护自己负责的文档并保持最新，上传到 Wiki 汇总整理，如有多人共同编辑的文档，养成随时去 Wiki 下载、及时上传最新版的习惯。另一种就更先进了，完全抛弃了 Word、Excel 等软件，直接把常见的 PRD、产品需求列表等写在 Wiki 上，这样完美解决了多人合作的问题，可以告诉团队其他成员直接上 Wiki 阅读，随时看到的都是最新的版本。

这些版本管理方法，本质都是把“版本更新通知”的任务从文档维护者手中分散到每个人的手中，并通过相应的工具来降低这个过程的成本，不过工具总是不能完全解决问题，所

35 奥卡姆剃刀原理即“如无必要，勿增实体”，Entities should not be multiplied unnecessarily。

以团队成员的积极主动也是此机制顺利运行的重要因素。为了保证每个人随时了解更新，我们还逐步养成了重大更新邮件通知在即时通信软件的群里“吼一声”，甚至在座位上站起来对着周围一片大喝一声“又有更新了！”的习惯。

继续谈谈在 Wiki 上直接写 PRD 的优缺点。我们团队之所以没用 Wiki 是觉得它的表现形式没有 Word 丰富，另外就是阅读者的习惯问题。但和使用 Wiki 写 PRD 的团队交流以后，他们告诉我用 Wiki 有一个重大好处就是可以有一份“随时更新的整个产品的 PRD”。

在旧的模式中，整个产品的 PRD 只在产品 1.0 版本时出现一次，之后通常每个项目都只是升级产品的部分模块，对升级内容我们会写一份 PRD，久而久之就形成了以项目为中心的很多份 PRD，随着时间的推移，对产品最新需求的描述散落在各份文档里，谁也没法整理出完整的产品 PRD 了。这样造成的局面就是产品团队每个人都只清楚自己做过的项目需求，如果有团队新人想全面了解产品或产品要大面积的改造就很麻烦。和基于项目的 PRD 不同，基于产品的 PRD 会把文档像代码一样管理起来，Wiki 可以直接在网页上编写，而且可以采用类似 SVN 使用的版本管理模式，项目启动后先把要更新的需求描述从产品 PRD 里分离出来，项目完成后再将最新需求并入整个产品的 PRD 中。

此外，Wiki 里做超链接也非常方便，可以在各个功能的说明之间来回跳转。也许，我们团队也真的应该试试直接用 Wiki 写需求。

这节的最后，建议大家都养成用版本号管理文档的好习惯，这是为了自己，更是为了受众，与我长期合作的同学都知道，我的文档版本号中有很多含义。分享一下我的命名规则，非常简单：第一次给别人看是 0.5，以后每次自己的修改，改小数点后第二位，比如到 0.51、0.52，有过集体讨论后的较大修改，会改小数点后第一位，比如变成 0.6，直到第一次正式对外发布，改为 1.0。

玩转 Office 足矣

聊了这么多文档的事儿，在很多外人眼中，需求人员整天就是在写文档，那总得给平时一直在用的几款写文档的工具露脸的机会吧。其实我们能玩转微软的 Office 就足够了，应届生的简历往往会写精通 Office，但工作几年的人，很少再敢这么写了……所以我也只说几点自己平时的心得点滴。

Word：做结构稍微复杂点的文档时才用，简单的几段话一般用记事本搞定，打开 Word 绝对不是一开始就码字，而是要先设置一堆东西，比如页面、格式、样式、标题级别等，充分利用 Word 的自动功能，我写这本书时就是这样的，这和编程有点像。

Excel：在写结构化文档的时候很好用，当你用 Word 写作时发现老是写 1、2、3……条的时候，就要考虑是不是应该转用 Excel 了。它的几个基本功能：条件格式、筛选、单元格有效性、单元格锁定、隐藏，可以让你的表格看起来更专业。一些基本函数的应用，可以让我们处理表格、简单统计、数据计算与可视化的过程更加流畅，如果你会VBA[36]当然更好。

PowerPoint：阿里巴巴的前CEO卫哲说PPT的简称就是“骗骗他”，而用PPT演示就会既没有“Power”也没有“Point”，开个玩笑。不过PPT只能是演示者的辅助工具，更重要的是思路。PPT中应该尽量减少文字，最好只有图片和超大的数字，但我们经常又要满足“受众拿到PPT就可以了解内容”的需求，非常幸运的是PPT里有一个叫做“单击此处添加备注”的地方，可以把所有想说的东西都附加在这里，在演示的时候用双屏，自己的电脑上显示“演示者模式”，这样一来防止自己忘词，二来不干扰听众，三来可以让有事来不了的人通过看PPT了解全部内容，一举三得。另外自己很注意的一点，也是从软件可用性概念获得的启发：让每张PPT上想说的观点一条一条地出现，并且突出当前在讲的这一条，这样做是为了让受众的注意力聚焦，从而更好地理解我们想传达的观点。

以上是我的Office三部曲，又是一次“字→表→图”的进化，越往后越高级，平时我们做文档的时候也多想想，尽量用高级的工具，让读者看着更轻松。顺便提一下另一种平时经常写的文档——Mindmap，思维导图，它用来整理思路特别合适，经常在某项任务的早期产生，常见的生成软件有MindManager、FreeMind、XMind等。

下面三款软件就稍稍专业一点。

Visio：这个真的很强大，绝大多数我能想到的图，Visio都能画。刚提到的思维导图；业务逻辑图；产品Demo（当然专业点比较流行用Axure）；简单的UML图，如用例图、活动图、时序图；团队组织结构；项目管理的甘特图；甚至家里装修布置都可以用。

Outlook：当邮件多到必须选择看一部分，无视另一部分的时候，Outlook才能发挥真正的作用。对于能够每封邮件必看的人，其实E-mail并没有达到需要管理的程度，换句话说，这时候我们还只是一个初级用户。不过，创建自己的收件夹结构、邮件规则、邮件标记、会议邀请几点真的有必要好好研究一下，其对提高工作效率很有用。

Project：开发经理和测试经理在安排详细的开发计划和测试计划时用得更多一些，对于PD，一个同事说他用得最深入的一次是自己的婚礼筹备。Project对于复杂项目的安排，特别是牵扯到超多任务、多种资源，互相之间又有复杂的依赖关系时，还是非常实用的。

Office的其他产品，如有不少人用OneNote作自己的时间管理工具；Access可以当做简单的数据库管理工具（在数据量大到Excel打不开的时候很管用）；另外还有Publisher、Infopath

36 VBA（Visual Basic for Application）是一种自动化语言，它可以使常用的程序自动化，可以创建自定义的解决方案。可以称作Excel的“遥控器”。

等，适合一些比较专业的应用。

3.5.2 流程也是手段

长视者把目的当手段，短视者把手段当目的。比如教育里的高考、科研里的论文、公司里的 KPI……我们研究手段，一定不能忘了目的。

文档只是手段，流程也是手段，这些手段都是为了把项目做好，把产品做好；把项目和产品做好也是手段，是为了达到公司的商业目标；达到公司的商业目标也是手段，是为了完成公司的使命、实现公司的愿景；你要是愿意，还可以往下想。

回到本节，我们来聊聊流程。

项目 VS 流程

“项目流程”只是一种特殊的流程，我们先辨析一下“项目”与“流程”这两个词的关系，小明和大毛又跳出来进行了如下一番对话。

大毛：项目只做一次，所以追求可行解即可；流程要反复做，所以要追求最优解。相似的做多了，就不会满足于可行解而想追求最优解……

小明抢话：这时会出现流程，比如结婚对于每一对新人来说都是一个很特别的项目，而对于婚庆公司来说就有整套的流程。装修也一样，如果自己做新家装修，那一定会起个项目来处理这件事，而如果是外包给装修公司，他们就可以走流程了。

大毛：嗯，例子不错，生活中的做事原则也是一样。项目是跳跃式发展，有始有终，比如历朝历代的开国皇帝，虽然打江山易，但它在价值链上更重要；流程是常规活动，周而复始反复应用，都说守江山难，是有点吃力不讨好啊，江湖地位总是差一些。但是项目管理是独特工作，风险大，效率低；流程管理则是例行工作，风险小，效率高。

小明：啊，我发现了，其实中国人不擅长做项目是有传统的，因为我们是农耕文明，生产制造大国，所以擅长做流程管理；而西方的狩猎、游牧文明，就有明显的项目管理的影子。

大毛：好吧，你真能扯……

有一次我去参加流程管理的培训，发现现场有很多传统行业的朋友，而且年纪也明显比我们大不少，正如传统行业比互联网、软件行业的年纪大很多一样。课程中我发现，经过几十年上百年的积累，传统行业的流程明显细化了很多，比如奇瑞汽车的项目过程中有两三百个评审点，这还是精简过的，加上采购、物流等实体工业特有的元素也让他们的产品开发过程复杂了不少。不过，毕竟都是产品研发的流程，总还是有相似之处，比如：制造业的样品，类似我们的 Demo；小批量试产，类似部分用户的内测等。对于通用的带产品的流程，我也记录了下来与大家分享：

- **概念**：启动阶段，关注商业规划，DCP1[37]。
- **方案**：立项，项目执行层面的非关键成员加入，关注规格、计划，DCP2。
- **开发**：控制过程。
- **验证**：测试，DCP3。
- **发布**：项目团队解散，成立 LMT[38]，老人带新人做生命周期管理。
- **生命周期维护**：DCP4。

前面两个阶段需要高手做，进入第三个阶段，高手应该去做新项目。这里有个通用的原则：新人做老产品，新人不挑活，老产品不容易出事；老人做新产品，老人需要变化才有激情。

流程的本质目的

我从做网店版开始，直到大半年后才有了日常需求发布流程，对于创业团队来说，流程也不是一开始就有，而是需求驱动的，再回顾一下那段经历。

2006 年年底项目最初阶段，团队主要成员都是新人，当时连要做什么都不知道，所以靠的是几位老大和我们"随机应变"式的个人控制来把握项目进程。那时每个人对产品的一切都非常了解，对需求的响应速度也超快，经常是晚上要发布，下午 PD 还会直接跟开发的同学提新需求，而开发听了几句口头描述后马上就开始编码，然后测试的同学凭感觉点两下没问题也就发布了。这种猛打猛冲团队的感觉很畅快，其核心优势就如《功夫》里的火云邪神所说——天下武功，无坚不破，唯快不破。

到了后来，加入的人越来越多，产品也越来越庞大，大家越来越感觉已经不能掌握产品的全部，经常需要询问别人，有的时候甚至找不到一个知道的人。于是大家渐渐地不敢那么快了，不然出了问题都搞不清原因。插一句，当你对一个产品不太熟悉的时候才更容易体会到产品是否易用，这是对产品了如指掌的时候是体会不到的。

于是，产品、团队、项目进化了以后，再依靠个人英雄主义是不行的。那样英雄会累死，项目也会失败。这时候出现的流程和规范都是一种管理的方法，产品在"快"和"稳"的平衡上，也要稍微向"稳"偏移。

37 DCP：Decision Check Point，商业评审点。

38 LMT：Life-Circle Management Team，生命周期管理团队。

在淘宝 UED 团队的博客[39]上看到过一句话很认同：设计流程的目标，在于保证“无论谁来做这个产品的设计，都能达到 80 分”。没错，80 分已经很难了，当产品越大的时候，诞生天才产品的概率也就越小，“又快又稳又有才”的 100 分产品是可遇不可求的。华为的同学也跟我说过他对流程的体会：流程的好处是人走了，事还能做，减少特定的人的影响。还一位前辈告诉我：路况（即软硬件环境）与开车水平（即个人能力）的要求成反比，流程的目的就是改善路况。

其实上面这些话说的都是一个意思，自己小结一下：

当年的“英雄”把自己的个人经验转变成显性知识表达出来，而对于经常做的事情，就可以用流程这种形式固化、传承，后人在做这些事的时候起码不会太无助。在这点上，规范、模板的作用也类似，这就是团队的核心竞争力[40]。

一件事情总是有它的两面，流程帮助了产品，但对于后来者的个人成长也许不利，比如只能接触到产品工作的某一个层面，缺乏对大局的了解和把握，从而成为一颗“螺丝钉”。这就需要后来者自己寻求突破了。结尾讲一个故事：

说古代有个著名餐馆有幸花重金请到了御膳房的一名厨子，老板毕恭毕敬地请他做一道拿手菜。

厨子：我不会做菜。

老板：啊？

厨子：我只是御膳房“调料部”的。

老板非常失望，转而又想调料也不错啊，很重要，至少能尝尝地道的宫廷味道，于是又毕恭毕敬地说：那烦请大师做一份宫廷特制的调料吧。

厨子：这个我也不会。

老板：啊？

厨子：我是调料部“青葱组”的。

老板：……转而一想，实在不行就尝个宫廷的葱味吧！

厨子：我也不会做葱的全部……

……

厨子：我是负责切葱的……

---

39 博客地址：ued.taobao.com，是国内顶尖的 UED 团体博客。

40 关于核心竞争力，分享一句话：个人的核心竞争力是把显性知识转化为隐性知识的能力，而团队的核心竞争力是把隐性知识转化为显性知识的能力。

那么多评审，可以省吗

看到这里，你可能会想，小团队哪有这么复杂，没有定好的一步一步，从来都是具体情况具体分析，能省则省。没错，其实我们也是这么过来的，幸运的是当时团队里有头脑清醒、经验丰富的前辈，他很清楚哪些流程可以省、哪些不能省，以及背后的理由，这让我们少走了不少弯路。

3 年过去了，我也斗胆冒充一下老鸟，分析一下日常的项目中，那么多评审会议，是否可以省。我把项目中一次又一次的会议，都看做是评审：从立项之前的产品会议，到 Kick Off 会议，需求评审（又可分为 PRD 评审、UC 评审、Demo 评审），设计评审，代码评审，TC 评审，功能评审，以及发布评审。

产品会议：必须有，决定“做不做、做多少”实在太重要了，方向错了很可怕，如果没有多个产品之间的资源争夺，同一个产品的不同需求也必须争夺，可以把确定需求商业价值的需求讨论会、初评工作量等工作都放在一起作为产品会议。参与者最少得是产品团队、开发、测试、销售、服务等各个部门的头，或者有话语权的接口人。

Kick Off 会议：最好开一下，鼓舞士气的，磨刀不误砍柴工，可以考虑与需求评审合并为一次会议，安排在最开始的 15 分钟，因为它们参加的人员差不多。这个会议，项目干系人都应该到场，有的人可以在 Kick Off 结束后离开，不参加需求评审。

需求评审：如果项目 Kick Off 之后只做一次评审的话，那就是需求评审。具体的 PRD、UC、Demo 评审，我们也很少分为三次，看项目情况，任意两个都有可能合并，甚至三个合并。举些例子，如果某个项目没产生几个新页面的话，Demo 评审就可以并入 UC 评审；如果是一个简单的功能改进项目，不涉及重大业务调整的话，很可能三个评审合并；如果是一个产品页面改版项目的话，也许把 PRD 与 UC 评审合并，单独做 Demo 评审更好。

设计评审：表面上看起来经常在时间紧的情况下省略，实际上是在开发人员实力很强的情况下省略（他们在需求评审时会问很多问题），而开发较弱、新人多、业务不熟的团队，则必须进行设计评审，否则是给自己找不自在，后面出问题很麻烦。实战中还有一些技巧，比如一般是在设计简单的时候，合并 UC 评审与设计评审。又如有的团队在需求评审的时候，让开发人员而不是 PD 来讲述他要开发的那部分需求，PD 则来提问。对比更常见的 PD 讲述，开发提问的方式，这样做有两个好处：一是逼着开发认真看需求；二是可以省去设计评审，更准确地说是降低不做设计评审的风险。

TC 评审：仅次于需求评审，这是在项目 KO 以后第二重要的评审，敏捷方法很看重测试，实在要省也可以，那么 PD 会更辛苦一些，需要做更细致的验收测试。与设计评审类似，TC 评审也属于纯技术的评审，商业团队一般就不参加了。

功能评审：这其实也是必须的，而且需要项目干系人都参与，但我之所以没有把它列为和需求评审一样重要，是因为功能评审经常采取线下的方式进行，比如邮件里告诉大家产品的测试环境地址，然后大家自己去看。当然，对于重要的项目，我还是建议开一个产品演示会。

发布评审：可以让开发经理决定是否需要。

评审会议本身并不产生价值，应该尽量简化，不要反受其害。而基本原则就是一句大白话：重要的评审不能省，最好单独评审，参与者取决于评审内容偏商业还是偏技术，而这些判断，没有统一标准，我只能说是与产品、项目、团队的特点相关了。

商业评审与技术评审

上一节把所有常见的评审放在一起又分析了一遍，不知道你有没有隐隐地觉得，它们分为两类，即“商业评审”与“技术评审”。简单地讲，商业评审决定“做不做”，是产品会议与功能评审；而技术评审决定“怎么做”，是需求、设计、TC、发布评审。我做过一些比较理论的摘录，分享如下。

商业评审的三个决定是：项目继续、重新定向、项目终止，很重要的目的就是砍项目。商业评审也是分阶段分发资源的时间点，会给通过评审的项目发放到下一个商业评审点之前的资源，而在两次评审之间可以“将在外君命有所不受”。

技术评审的三个决定是：项目继续、有风险的继续、必须解决某问题后再继续。需要避免的情况是技术评审三部曲：抓壮丁，随便找有空的人来参加；科普会，来的人根本不了解情况，说很多基本信息；批斗会，没完没了的争论。

商业评审与技术评审两者最好分开，或者说在任何评审会议上不要同时讨论商业与技术问题，否则会被技术人员带入细节讨论，或者商业人员打击技术人员，或者决策者思维被搅浑。当然，无论哪种评审，来参加评审的人都要承担相应的责任，反之，没关系的人都不要来参加，免得浪费时间。

评审是流程中的关键节点，节点设置的顺序正确、数量合适，才能保证流程的通畅。最后改编一个小段子，我们发现，连游戏都需要合理的流程与评审。

你进到赌场，环顾各种游戏，最终决定玩 21 点，这叫项目通过产品会议；你坐下来，示意庄家开始发牌，这叫 Kick Off；庄家每次只给你一张牌，等你回应，这叫设立评审点；你每次都看一眼，决定放弃还是继续，这叫评审；你觉得手上的牌已经足够大了，最后亮牌，这叫发布；如果不幸点数爆了，这叫项目失败。

3.5.3 敏捷更是手段

2007年夏天，网店版在很长一段时间内保持一周发布两次的快节奏。最近两年，很多产品也都保持着平均一两周发布一次的频率。这么快的速度，是为了迅速响应市场与用户，这个特点和互联网、软件项目的其他特性杂糅在一起，必然要有相应的方法论支撑，所以，从2008年起，作为项目经理的我开始学习体会“敏捷方法”。

从书本到实践

在互联网和软件领域中，项目管理理论的发展，和任何知识一样，开始很混乱，每个项目自有一套，每个项目经理自有一套。后来人们非常想定出一个统一的、简单的流程，以减少人为影响，所以软件工程里的**瀑布模型**[41]等出现了；再后来发现瀑布模型有其局限性，于是提出了敏捷方法[42]。

经典的软件工程方法旨在定义一套完备的过程规范，使软件开发的运作就像是机器设备的运转，人在其中则是可更换的零件，不论是谁参与其中，机器都能运转良好。这意味着：开发进度的可预见性，流程方法的固化与可复用，人力成本的节省，人员的流动不会对软件开发构成影响等。这样的做法对于公司而言，是具有很大吸引力的。其背后所隐含的观点则是：软件从业者无须是具备非凡智力的高级人才，人是一种可以被任意替代的资源，并且软件的需求从项目开始的时候就是确定的，而且不会改变。这显然是不符合事实的。

所以在瞬息万变的互联网、软件行业，大家渐渐体会到敏捷的优势。我们参考了几种经典的敏捷模式，按照产品、团队的需要定制了属于自己的敏捷方法，特点如下：

有计划，更要“拥抱变化”。

随着时间变化，必然有新的信息出现，特别是市场环境、用户情况等瞬息万变的互联网业界，所以死守着的项目计划不调整是没有逻辑的做法。并且，项目估计的不确定性是会累积的，80%×80%×……以后，能确定的就更少了，所以开始订的项目计划，在一个月后很可能已经面目全非，强行遵守是没有意义的，而应该不断地修正，当然，在一开始的计划中间就应该留有一些弹性。

迭代周期内尽量不加任务。

敏捷再灵活，也不能容忍毫无控制的变化，“迭代”权衡了变化的成本和不变的成本，

---

41 瀑布模型于1970年由温斯顿·罗伊斯（Winston Royce）提出，直到20世纪80年代早期，它一直是唯一被广泛采用的软件开发模型。

42 我是阅读《敏捷迭代开发——管理者指南》和《敏捷估计与规划》入门的，附录里有简单介绍。

这是一个将“大项目长期不变”细化为“当前迭代不变，下次迭代待定”的做法。此外，如果某次迭代内的任务无法完成，可以为了时间点的要求，移出一部分任务到下一个迭代。我们可以把每个迭代看做一个小的瀑布模型，其实 Royce 前辈早在 1970 年提出瀑布模型时也谈到过迭代的思想，不过经常被后人忽略。所以说敏捷其实并没有排斥经典的项目管理方法，只是各种方法都应该用在最适合的场景，瀑布模型对于需求固定的项目还是不错的，比如它在管理一个工厂时就非常有效。

集中工作，小步快跑。

项目干系人都在一个区域办公，或者在一间会议室里办公，这样可充分利用白板和墙壁。相应地就要求团队较小，一般小于十几人，太多了可分割为多个团队。同时，项目有较短的迭代周期，通常是 2~4 周，我们推崇每日“站立晨会”，会长小于 20 分钟，每个人只能说 3 个问题：昨天做了什么？今天要做什么？碰到什么问题，打算如何解决，需要什么帮助？集中工作也是为了倡导较少的文档，更多的口头沟通，其实这点对团队成员要求很高，特别是对国内的技术人员。

集中办公、团队较小、文档较少等特点让很多创业团队看似敏捷，但其实他们徒有其表，并没有领会精髓，存在很多隐患，往往项目前期很快，发现问题的时候已经晚了……

持续细化需求，强调测试。

需求唯一不变的特征就是“不断变化”，项目与产品都要小步快跑，用不着在需求阶段纠缠。有些需求在开始的时候是提不出来的，或者说没法细化的，所以试图一次性完成需求分析的工作会存在“过度需求”的问题，是浪费时间的行为，到后来多半还是要改。

我们在开发和测试过程中完善需求，而且特别看重测试驱动项目，更早的测试，重度的测试。这需要有很强很严谨的测试人员，TC 编写、TC 评审，甚至测试执行的过程可以用来补充和细化需求，比如业务逻辑里的一些限制条件、异常流程等，往往都是测试人员提出来的。

不断发布，尽早交付。

让需求方不断地、尽早地看到结果，并给予反馈，当然需求方代表要有话语权，不然半途杀出个老板说三道四是令人极其郁闷的。这点也要求需求方充分投入，包括集中办公、参与验收测试等。我们的“冒烟测试”、“每日构建”就符合“尽早交付”的概念，可以让需求方尽早看到最新的产品。不断地发布也是为了把大问题分而治之，先解决最核心的，风险最大的部分。我们会先完成最重要的功能，所以说敏捷的里程碑是功能驱动的。

说到这里，我提一下，我们公司的项目发布时间通常是周二和周四晚上。这是因为周一大家刚回来工作，状态不佳；周五又归心似箭，并且发布后有问题的话第二天没人上班，不适合；安排在周三的话就会有连续两天发布，时间周转不过来，而且可能在精力体力上吃不消。所以公司渐渐形成了每周二、周四为发布日的惯例，如果需要额外的发布，则要特别提出申请，毕竟很多部门要相互配合。当然如果每周只有一次发布的话，周三也是个合适的选择。

以上各点之间也存在着千丝万缕的联系，比如说固定的迭代周期可以保证不断地发布，较轻量级的文档降低了持续细化需求的成本等。

项目中的敏捷沟通

“无论最终发现什么，我们必须理解并完全相信：每个人在其当时所处情况下，在其能力范围中，做了最大的努力。”

这是敏捷里让人很温暖的一句话，让我们互相理解，又能激发团队力量。在此基础上，更顺畅的沟通成为可能。接下来说说我亲历的团队在真实的项目中是如何沟通的，不妨起个名字叫做“敏捷沟通”。

我们的每个项目，项目经理都会建立一个即时通信的 IM 群，我们用的是阿里旺旺[43]；一个临时的邮件列表，把项目干系人全部加入。IM 用于实时沟通，比如发了重要邮件要大家赶紧收、文档有重要更新、测试环境正在构建暂时没法访问等，都可以在群里吼。旺旺有群公告，我们会贴上项目各种文档、资料的 Wiki 地址，以及一些测试环境的地址等公共信息。项目相关的第一封邮件，会把大家的 E-mail 收集齐，在此邮件最后说明“本项目干系人以此封邮件为准，大家的项目邮件可以直接回复全部并修改邮件名称和正文”，我们可以通过此邮件建立项目的邮件列表。当然，之后有人员变化也可以随时增删。

我们坚持着经典的每日站立晨会，对于典型周期为 2~4 周的项目，控制粒度到“天”很有必要，“项目看板”视情况而定，举例如下。

如图 3-23 所示，是用白板做的项目看板，这类项目典型长度是两个星期，看板可以和项目日报、晨会整合应用，板上横向为各个功能点的进度百分比，纵向为项目成员。每个项目成员负责的功能点，用一张张便笺表示，在项目开始的时候这些便笺都贴在 0%的下方，随着项目的进行，它们就逐渐被拿到右边的方格里。每天晨会的时候，大家都围在白板前，集中调整便笺的位置。红黄绿不同颜色的便笺可以用来代表不同类型的任务。白板最右边留出一块写其他必要的信息，非常随意。用了这种看板，对于周期如此短的项目，邮件日报有时

---

43 现在，估计很多人都会用微信群，更加方便随时随地沟通。

就可以省略了。这个看板的最大好处是随时可视，项目成员、老板路过都会看两眼，而每个人要自己贴条，也是一种督促和帮助，试想大家都按进度在走，你老是滞后，自己也有压力，另一方面，如果真遇到困难，大家也能及时发现并提供帮助，让每个项目成员都对项目进度负起责来。

图 3-23　白板做的项目看板

如图 3-24 所示，是“魔方计划”的项目墙，和白板比起来，这个项目相对长期，两个月左右，毕竟这样一个 KT 板也要 200 多块钱，上面主要有整个项目的时间轴、各个团队的重要里程碑、产品设计过程的一些可视化文档等。究其目的，也是让所有项目干系人随时可以了解到项目的各方面信息，在每个项目里，类似的看板应该包含哪些内容，大家可以边实践边改进。最终能做到根据项目特点的不同，在启动的时候自然使出最合适的项目管理方法，从而画出最适合的看板，就是最高境界了。

我们还有一种特别的沟通手段——吼，就是一大早在办公区里吼一声，“魔方”的同学开晨会了，还是很提神的。顺便再说一些用过的项目代号，比如“还魂丹”，是激活沉默用户的项目；“画皮”，是产品的界面风格改版；“画心”，是产品的交互风格改版，这个项目 Kick Off 的时候，项目经理循环播放张靓颖的《画心》做背景音乐，感觉真的很不错；时间长了，会发现这些名字会有明显的风格特色，像我们团队就很古典民俗风，而有的团队就特别喜欢高科技元素。

图 3-24　“魔方计划”的项目墙

最后小结一下，**从沟通扩大至整个敏捷方法，任何团队都在探索一个介于“无过程”和“过度过程”之间的折中方案，使之给团队带来最大的收益。**

与外包团队的敏捷尝试

2008年春，我在做一个相对比较大型的项目，二三十人，三五个月。亲身经历了一个项目是怎样不顺利地一步步走下来的。

先说一下背景，这是一个外包项目，我们公司是甲方，我是甲方的代表，也算是项目经理，负责项目实施的乙方是一家很大的外企。项目工期是由商业谈判决定的，时间非常紧，在没有充分评估工作量的情况下，乙方项目经理按照比较传统的“需求、设计、开发、测试、发布”的模式，把三个月的时间按照比例划分给各个阶段。于是，项目做着做着就出现了延期现象，大家先试图简单地用加班的方法赶上进度，不成功，后来我带头强行注入了一些笨拙的“敏捷”方法，结果比较失败，这个项目也引发了我对敏捷的兴趣。

事后分析，我觉得那次“项目外包”的模式本身就与敏捷格格不入，主要是在甲乙双方的意识上，存在着太多与敏捷理念冲突的问题，双方都有问题，也都付出了不小的代价。

首先，项目外包使得甲方不愿意砍需求。甲方认为，反正是乙方干活，合同都签了，那么显然是能多做一点就占一点便宜。比较而言，公司内部项目的需求在很大程度上是可以砍的，是“保质不保量”，这更符合敏捷的原则。但是项目外包，甲方在提需求的时候不愿把任何一个功能像平时那样推到下一期做，因为这个项目结束后，下一期在哪里都不知道，所以“保质保量”变成了“不保质保量”，希望一口吃个胖子。

其次，甲方“验收测试”团队的工作方式与乙方配合困难。敏捷会导致提交测试的产品和最初的需求之间必然有很多变化，并且文档很难完全反映，而这种敏捷在公司内部之所以运行得很好，是因为PD、开发、测试人员在项目过程中可以充分交流，测试在TC评审的时候会叫上PD和开发，有些属于详细设计的细节是在评审的时候直接与开发人员确认的，在测试执行过程中也会协助确认需求细节并迭代测试。而这次项目外包的时候，甲方的测试团队没有和乙方一起办公，只是从一份颗粒度过粗的需求文档上派生出“验收测试”的TC，又因为验收有“考试”的性质，所以不允许乙方的开发人也参加甲方的TC评审，导致我只能和甲方代表确认细节，而我对如此细节又没有要求，无奈之下只能按照自己的想法描述，我经常发现甲方的测试人员考虑到了很多乙方开发人员根本没有考虑到的问题，再通过我来传递信息，必然导致双方对需求理解的鸿沟。虽然乙方也有自己的测试团队，但明显他们的测试强度比起甲方的验收测试差很多。

最后，乙方缺乏“敏捷”的经验和意识。职业性质和国内的项目管理现状决定了外包团队里的工程师习惯于按照详细的设计文档做开发和测试，抗拒需求改变。所以强行“敏捷”会导致失控，因为没有一份完整的详细设计文档，开发人员会按照自己的想法编码，测试人员也照自己的想法测试，又没有和需求人员充分沟通的习惯，也没有一个迭代的过程，再为了工期的死命令削减测试强度，结果就是发现做的东西与需求不符的时候已经晚了。

这个项目的验收测试做了好几次，最后一次虽然通过了，但由于项目时间从三个月延长到七八个月，早已失去了当初的价值。很多原因共同造成了不好的结果，还有一些我到现在可能都没有发现的原因，但一次失败给人带来的收获往往大于一次成功，幸运的是我学到很多，不幸的是公司损失不少。最后送大家一句话：**任何情况下，我们都要做好手头的事情，确保“就算这事儿对公司来说又黄了，我也要通过做事有所收获”。**

3.6 物竞天择适者生存

三年多下来，大大小小的项目也做了几十个，总体感觉就是一路坎坷。听到过一段很辛辣的比喻，分享一下。

项目好比生小孩：

怀胎容易生下来难，生小孩容易养小孩难，不但培养成功很难，如果他身体不好看着也心疼……所以我们要少生优生。

如果不幸多生就要排定优先级，把资源投入到回报最大的小孩身上。

这就是“物竞天择适者生存”，不但是项目，你我在职场中也一样，借用《魔兽世界-巫妖王之怒》里的“安东尼达斯的银币”上面写的一句话：

请赐予我力量，去接受我所不能改变的；请赐予我勇气，去改变我所能改变的；并赐予我智慧去分辨两者的不同。

3.6.1　亲历过的特色项目

项目的特点决定了它们每一次都不一样，我也做过不少特别的项目，除了之前讲的那么多类似的事情之外，每个项目中，总会有第一次碰到的独特情况，所以随机应变也很重要，这一节就说几个让我印象深刻的项目。

如何做好“老板项目”

老板项目，就是指老板突然跟你说，我们要做个什么什么，然后你只有执行份儿的项目。什么，你们公司所有项目都是老板项目？很正常，那我们更应该聊聊这个话题了。

复习一下，我们**做项目通常要在保证品质的前提下，在时间要求 T、人财物花费 R、项目范围 Q 三点上做平衡。**

先来一个真实场景回放：

大毛突然被老板叫到办公室，他和蔼可亲，又情绪激动地对你说：“大毛啊，组织上有个重要项目要交给你，BlaBlaBla……（省去半小时）”，这都不关键，最后一句：“某月某日之前一定要发布！”

似曾相识？嗯。

首先恭喜你，通常这样的“老板项目”都是重要的项目，说明老板信得过你。然后你要反驳了，恭喜什么啊，我连做什么都不知道，居然 TRQ 的 T 已经定了？！

是的，当时就是这样。

传统项目管理中的那一套，先需求，知道要做多少事情以后，再协调资源，最后推算出时间计划，在这里跑不起来了。于是，阿 Q 的我们想到了一个理论支撑：Agile，敏捷　不是吗，更多的时候我们并不是很创新地提出敏捷，而是被迫敏捷，或是被老板逼的，或是被用户逼的，或是被对手逼的……人类的本性应该还是恐惧变化和不可知的吧，不知有多少人看到这里内心在呐喊——我爱瀑布模型！

所以有公司在价值观里宣扬“拥抱变化”真是很积极的一种人生态度。那我们来拥抱敏捷吧，看看在 TRQ 三方面应该如何拥抱。

T 是给死的。可以试着商量一下，我们常犯的错误就是把老板的偏好当成规则，老板只是一时说最好怎样，结果我们理解成了必须怎样，那就亏大了。但也确实有很多时候很难改变，如果是老板的老板给老板定的，那就更甭想改了。通常，每一级任务的下放，老板都会给自己留一小段时间做缓冲，但是我们可千万不要在定项目计划的时候算上老板留给自己的这段时间，反过来，我们订计划的时候应该再给自己留一段，这些都是最后救命用的。

Q 是可变的。先说 Q，一般越大的老板给出的指示越具战略性，越不具体，所以具化出来的 Q 就可大可小了，这是我们可以发挥的地方。开始的时候，尽量施展自己的聪明才智，天马行空的爽一把，把 Q 搞大，尽量搞大，并合理地算出一个巨大的 R，然后，你就可以欣赏到老板因为无法付给你这么多 R 而自己砍 Q 的表演了……当然，我们应该尽职地帮老板排出各种功能的建议优先级和所耗的资源，好让老板知道刀该往哪里挥。

R 是丰富的。老板项目么，第一优先级，R 就是大大的有，其他项目统统让路，让多少路，这个问题应该抛回给老板决定，我们只提供专家意见，狮子大开口：让得越多越好！记住，千万不用在这个时候就帮老板着想，应该怎么节省 R，那样反而不讨好，老板会觉得你思路不开阔，没劲，我有过一次做了个项目方案，十几个人就可以搞定，沾沾自喜，结果老板说：你先给我照着 100 个人做这么久来规划……记得还有一次我在要项目经费的时候支支吾吾不敢开口，结果大老板以商量的口气问我：“一万？”我反而给吓到了。

真的这么爽？

当然不是，有时候你发现，老板比较猛，Q 都帮你想好了，那只能说没劲，也别废话了，老老实实干活呗。更悲剧的是，R 也是不足的，就那么几个人，又要在固定的 T 下做这么多 Q，绝望？不至于，我们还有 **IT 民工最后的必杀技——加班，天天加班，天天加班还不要加班费**……我们期望的是老板看得到，公司有前途，明天会更好……

如果这样还做不完，那只能说——老板丧失理智了！同学，撤吧……

最后谈谈，老板项目到底好不好？从个人角度，如果是纯项目经理，这就是本职工作，无所谓好坏，而对于我们这些做产品的同学来说，老板项目没有成就感，有成就感的项目是自己去做市场分析、用户研究，然后发现问题，发起项目。另外一件麻烦事就是，有可能你不认同老板的项目目标，我碰到这种情况就用“有良知的职业杀手”的思路：只要不违背自己的价值观，就尽心尽力地完成任务，否则，据理力争，如果争论失败，要么调整自己的价值观，要么放弃这份工作。好处方面，从个人角度看，老板项目接近老板，无须多说。从老板和公司角度看，这样的项目效率高，但决策风险大，其实，这很像民主与专制的区别。

申明，这一节，我可不是教你如何跟老板玩花招，大家都是为了公司好。

秘密行动，封闭开发

2006 年我刚进公司的时候，就直接进了会议室办公。

2007年底，我又和外包的项目团队一起进了会议室。

2009年春节后，我又带着一群人进了会议室。

我们把一些特别的项目，临时的团队集中在一个会议室办公，称之为封闭开发，这也是敏捷方法里面常用的一招。算起来，我在公司有一半左右的时间处于项目封闭状态，可以算幸运吧，因为封闭的项目通常是比较重要和神秘的。我悄悄地告诉你，在现实中，也可能是因为办公区域没有足够的座位了。《人件》[44]里很强调办公环境对人的影响，这可能是对于成熟的大公司而言的，那里也能保证有足够的封闭开发的环境，但说实话我们的封闭环境并不太好，从这点上看，公司里还是很有创业气氛的。

封闭的好处比较明显，大家都挤在一间房里，甚至围着一张大会议桌办公，交流非常方便，有什么事情，吼一声就通知到所有人了；小空间可以更容易产生讨论，而且参与者会更加投入，不用担心激烈的争论会打搅到外人，因为屋里没有外人；而且封闭的时候经常会不自觉地加班，并且是高效的集体加班，虽然这点不符合敏捷的思想，但这是事实，可能这就是种创业的精神力量吧。

另一面，封闭的缺点也是显而易见的，环境较差，比较挤，当大家对项目有激情，或者经常有团队激励的时候，比如出去聚餐、又跨过了一个里程碑等，可以保持高昂的战斗气氛，但长时间难免会让人心理疲惫、压抑，个人感觉上限是两三个月。

开发外包，项目外包

再和大家分享一个我参与过的项目，这是完全外包给乙方的项目，但是做着做着双方都理解成了开发外包，所以出现了很大的问题。

这个项目给我最大的体会就是：任何一个项目开始的时候，合作的多方必须要明确合作模式、划分权责利。其实很多内部项目，只要牵涉到跨部门的合作，都是如此。我们把这个项目外包给乙方，乙方又把开发外包，谁对谁负责，什么事情谁做一直没有明确界定。而在项目的过程中，乙方渐渐地做成了开发外包，导致甲方投入的资源越来越多，最终产生矛盾。

既然是项目外包，项目管理的方法应该由乙方定，由甲方来做项目管理风险是极大的，因为项目团队完全不熟悉甲方的那一套。比如我们事后才发现双方对“需求→设计→编码”环节的理解有差别，乙方对软件工程的理解是很教科书式的，而甲方的“需求”包含了很多“设计”的内容，“编码”也包含了部分“设计”，所以项目中看起来是“需求”完了直接进入“编码”。说法不同，实质一样，不过后来由于采用甲方的项目管理方法，导致乙方真的跳过了“设计”阶段，没有产出相应的文档，这是很低级的错误，但真的发生了。

---

44 《人件》是软件工程领域的经典作品，关注的是软件开发中的“人”。

需求相关的工作当时也产生了职责不清的现象，我觉得项目外包的话，乙方应该主动向甲方收集需求，并维护 PRD 等文档，当然甲方要积极配合并即时告知最新变动并走乙方的流程进行评估，而开发外包就是甲方驱动更合适，走甲方的需求流程，不断给外包的工程师更新需求。

同样的问题也发生在测试工作中，甲方肯定会有验收测试，但是乙方一定要在项目范围内安排比验收测试更详细的测试，千万不能把“找 Bug”的测试寄托在甲方的验收测试上，而这次到项目提交的时候，项目组内部做过的测试还远不如验收测试详细，很显然，乙方还是把自己当作一个开发外包的团队了。

这个项目的一些细节已经回忆不起来了，但它让我一直牢记的最大教训就是：在职场中，做任何事情，除前面已说的权责利的划分外，还要权责利对等，有权力的人、或者被授权的人，可以享受事成的好处，也要担负失败的损失，千万不能只是因为你有能力做某事就把任务接下来，这样对谁都不好。

3.6.2 一路坎坷，你我同行

从一个经典的小故事开始，它讲述了我们身边最典型的“三边六拍”项目。

“三边”指的是：边计划、边行动、边修改。

造成“三边行动”的根本原因是在目标未清、职责未明的情况下就仓促开始往下做细节，结果常会因为在一些小事上扯皮导致项目不断地延期，即使最后勉强完成了，也与最初的目标相去甚远。

“六拍”拍的是：脑门、肩膀、胸脯、桌子、屁股、大腿。

“拍脑门”决策：经常有某些领导有了做一个项目的想法后，不是组织相关人员严格论证是否可行并广泛征求社会意见，而是自己觉得可行就上马项目。拍脑门作决策的做法，从一开始就为项目实施带来了很高的风险和不确定性，可以说也为项目的失败埋下了伏笔。

“拍肩膀”信任：领导拍完脑袋后，为了鼓舞士气，调动项目组成员的积极性，大多会采取一些激励手段，例如——拍肩膀。但事实证明，错误的激励往往比没有激励带来的后果还要糟糕！

“拍胸脯”承诺：受到领导激励的项目组成员为了让领导放心，也会有所表示——拍胸脯，而且往往还会说出一句话：“老板，放心吧，包在我身上！”但盲目的乐观与热情只会让前进的方向与最初的目标越偏越远。

“拍桌子”骂娘：项目进行一段时间后，领导忽然发现项目进展情况与自己的预期相去甚远，于是大发雷霆，爆发了“四拍运动”——拍着桌子训斥项目组成员。

“拍屁股”走人：项目组成员受到老板的严厉批评后，不少人往往会“拍屁股”。表现有二：一种是“明拍”，不干了，直接走人；另一种是“暗拍”，再也没有热情，消极怠工，这种人留在项目组中对项目毫无益处，反而会打击努力工作者的积极性。

“拍大腿”后悔：五拍之后的项目结果必然令所有人大失所望。这个时候，从决策层到项目经理再到项目组成员，大家都痛心不已，却又无可奈何。

“三边”并不可怕，比如在敏捷开发的过程中，我们就是“边计划、边行动、边修改”的，重要的是，关键的方向、目标得一开始就清晰，一些原则、约定不能总是变。“六拍”也不可怕，最可怕的就是拍完了却不吸取教训，在随后的项目中依然延续“六拍”。

聪明人并不是不会被石头绊倒，而是不会被同一块石头绊倒两次。

几个项目的成败

早在 2007 年，一年里我就经历了 5 个比较大的项目，它们成功或失败，让我切身体会到教科书里说的：大多数的软件项目都是失败的，实际上，约 80%以上的项目都是不成功的，或者是因为超过预算或延期未完或缺失功能，或者几种因素都有，其中，30% 的软件项目执行得十分糟糕以至于在完成之前就被取消了。并且，问题出现得越早，越早调整各方面的规划，损失越小，就像前文举的那个例子一样：小孩越小的时候越容易教、容易影响。

第一个项目是在测试阶段怎么也过不了“压力测试”，没有发布。我不是技术出身，所以具体原因不太清楚，感觉问题应该是出在系统的技术架构上，功能测试的时候都很顺利，但模拟数千人同时使用的时候始终很慢，改了几个礼拜仍然没法解决，最后由于人力资源的问题，渐渐地把团队成员调去做其他项目，权衡了这个项目的重要程度，最终砍掉。

第二个项目是在需求阶段叫停了，因为公司的政策因素，那个项目转移给别的团队做了，可以说完全是不可控的，作为基层员工的我，加深了对“项目发起应该是‘自上而下’”的认识，就算是“自下而上”发起，也要在充分获得高层的支持以后才靠谱，无论哪个项目，没有高层强有力的支持完全就是白搭，而且自己的努力突然全白费，会觉得很失落。

第三个项目是在（也可以看做一个新产品）早期的市场调研阶段结束，因为收集到的信息让我们觉得不值得继续做下去，于是做成了 PPT 向上汇报，高层接受了我们的建议，暂停了项目。一句老话：早一步是先驱，再早一步是先烈。

第四个算是成功了，顺利发布，之后不断升级、运营维护，一整套全部走完。这个项目我从 2006 年底开始一直做到 2007 年秋，然后逐渐移交给同事。它让我学到的最多，特别是到了项目上线以后，还有很多事情需要做，比如和客服的同学、技术支持、财务及其他业务部门的协调等。

第五个是和其他公司合作的项目，开始规划得很宏伟，但因为一些我无法控制的原因，不顺利地一步步走下来，最终延期了将近半年发布，而且也无法满足最早的商业目标，算是失败了吧，我在其间学到了很多项目管理方面的知识，仅此而已。

之后，我渐渐体会到，有些项目虽然按时、保质保量的发布，在项目的意义上是成功了，但是在产品的意义上也可能是失败的，比如在 2009 年我就经历过一个项目，项目执行的时候投入了很多资源，发布也很顺利，但在发布后三个月，因为战略调整，当初的项目目标已经不存在了，所以项目的工作完全白费，甚至还对新目标造成了一些反作用，很打击士气。

一次只有七天的战斗

项目的坎坷一生讲完了，我们看着如图 3-25 所示的详图再回顾一下本章的主要内容，几十个步骤，每一步都潜藏着危险。

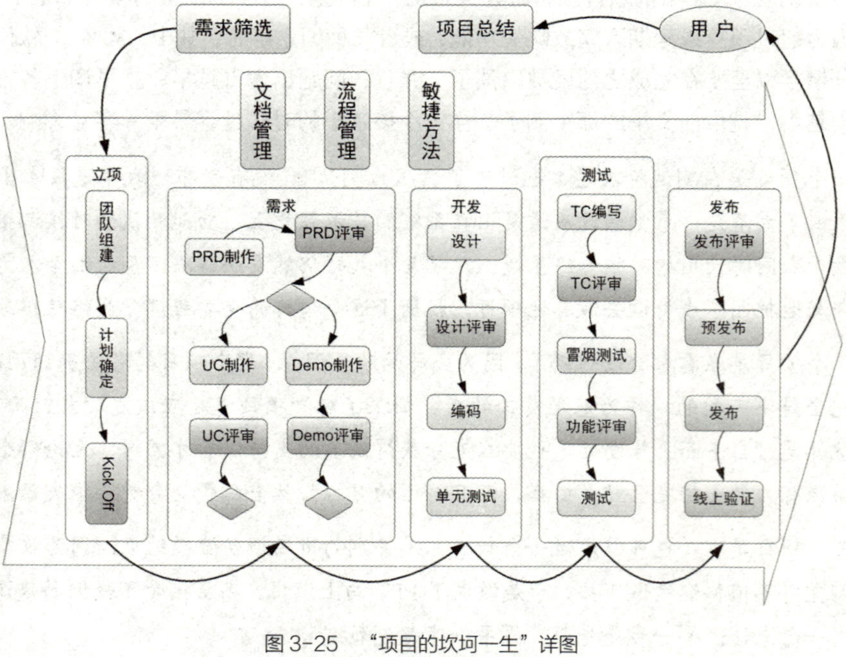

图 3-25 “项目的坎坷一生”详图

为了写这章，我翻看了几年以来的邮件，找到了一个只有七天的项目，光从项目日报里，就让我觉得那几天恍如昨日，回顾一下来结束本章。

2009年3月23日星期一，我接到一个任务，说为了配合3月31日下周二的新闻发布会，要做一个项目。我接过不少这种救火式的任务，每次开始的时候老板总能让我的嘴张成一个O型——这怎么可能呢，但结束的时候我们也屡次让老板的嘴张成O型——居然真做到了！

一大早接到任务，迅速地四处找人组建临时团队、制定时间计划、讨论项目方案……我一直是反对加班的，但在这种情况下，晚上晚点走也是不可避免的了，不过，我的计划中仍然留了余地：争取周五完成上线的准备，周末尽量不加班，下周一机动。我们直接看邮件来感受一下当时的情况吧。

主题：第1/7天，魔方计划2.0，项目进展汇报。

发送时间：2009年3月23日 21:16

Hi all，项目一共只有7个工作日，一切从简，尝试自由体日报。

今天主要进展如下。

1. Kick Off 完成

2. 项目范围与方案确定

a) 数据提取与分析，确认项目方案（详见附件）;

b) 某功能决定免费，账号数上限取消;

c) 魔方计划1.0遗留问题加入项目：更新帮助、修改“新手上路”、替换首页广告及链接;

d) TK（业务有关，不便透露，用字母替代，后面还有一些类似的。）相关问题另起项目，3月31日之前只对用户做告知。

3. 需求写作

a) 附上PRD，明早评审。

4. 团队组建

a) 开发同学（×××、××）搬到8楼，大家集中办公;

b) 测试资源在明天需求评审完成后确认。

5. 知会周边干系人

a) ××搜索引擎：×××;

b) ××产品：××、×××。

明天重点预告：

1. 需求评审；

2. 进入设计与开发。

主题：第 2/7 天，魔方计划 2.0，项目进展汇报。

发送时间：2009 年 3 月 24 日 22:44

Hi all，今天是项目的第 2/7 天，晚上大家辛苦，感谢肯德基全家桶的支持，进展如下。

1. 上午需求评审 & 确认完成

a) 下班时需求冻结，终稿见附件。

2. 下午进入开发阶段

a) 只有 16 工作小时，周四中午提交测试；

b) 明天下午 TC 评审。

3. 测试人员确定

a) ×× + 半个×××，可能需要周末加班，先说一句辛苦了；

b) 存在人员不足的风险，随时监控，周五晚、周日晚为两个监控点。

4. 相关事宜的跟进

a) 财务同学跟进修改用户协议；

b) 服务同学修改帮助；

c) ××方案制订；

d) 培训事宜跟进；

e) 配合运营整理 MF 与 TK 的材料。

主题：第 3/7 天，魔方计划 2.0，项目进展汇报。

发送时间：2009 年 3 月 25 日 20:19

Hi all，今天是项目的第 3/7 天，进展如下。

1. 开发

a) 晚上部分功能提前半天提交测试，感谢同学们的努力。

2. TC 评审

a) 来了 6 位测试的同学把关，感谢大家的支持。

3. 相关事宜的跟进

a) 财务同学修改用户协议，周五下班前提交；

b) 服务同学修改帮助；

c) ××方案制订，原则确认；

d) 配合运营整理 MF 与 TK 的材料，××某负责制作页面；

e) 培训事宜跟进。

主题：第 4/7 天，魔方计划 2.0，项目进展汇报。

发送时间：2009 年 3 月 26 日 19:52

Hi all，今天是项目的第 4/7 天，进展如下。

1. 开发

a) 全面提交测试，据测试同学说质量不错，感谢大家。

2. 测试

a) 截至下班时，比计划稍有领先约 1/3 工作日。

目前一切顺利，但项目时间已经过半，更加容不得任何闪失，+U+U~~~

主题：第 5/7 天，魔方计划 2.0，项目进展汇报。

发送时间：2009 年 3 月 27 日 18:04

Hi all，今天是项目的第 5 天，进展如下。

1. 第一轮测试完成，Bug 全部修改完毕，等待下周二，配合新闻发布会上线。

2. 周末测试的同学会加班再测一轮，其他人员待命。

3. 下周一团队临时解散一天，下周二集合发布，谢谢大家。

很幸运，之后的周末没有碰到大问题，第 6 天空出来了，第 7 天的发布也很顺利。这是我喜欢的风格，每次项目顺利发布，我都在心中默念“一起战斗的感觉很好”。

第 4 章

我的产品，我的团队

生态系统里，有了水汽的循环，仍然没有生机。这时候需要各种各样的动植物，让这个系统灵动起来。

第 4 章 我的产品，我的团队 / 183

4.1 大产品，大设计，大团队 / 186
4.1.1 产品之大 / 186
时间之大：产品生命周期 / 186
空间之大：商业、产品、技术 / 189
4.1.2 设计之大 / 190
产品设计的五个层次 / 191
我用五个层次来写书 / 193
设计的“现实与浪漫” / 194
4.1.3 团队之大 / 196
想当年，一个比一个猛 / 196
从几个人到一家公司 / 197
接口人存在的价值 / 198
我身边的矩阵型组织 / 199
4.2 游走于商业与技术之间 / 201
4.2.1 心思缜密的规划师 / 202
从概念设计到信息架构 / 202
PD 的出身及其优劣势 / 205
4.2.2 激情四射的设计师 / 205
产品新首页诞生记 / 206
当交互设计遇到敏捷开发 / 211
信息展现设计的例子 / 211
聊聊细节，文案设计 / 214
4.2.3 “阴险狡诈”的运营师 / 215
产品与运营的战与和 / 215
个人博客运营实例 / 217
一次无意识的“事件+病毒营销” / 218
4.3 商业团队，冲锋陷阵 / 221
4.3.1 好产品还需市场化 / 222
定价与促销 / 223
销售与渠道 / 224
另一种产品版本细分策略 / 225
开阔视野的水平营销 / 227
4.3.2 我们还能做什么 / 229
“老板，要光盘吗” / 230
算出来的服务策略 / 232
4.4 技术团队，坚强后盾 / 234
外行眼中的技术分工 / 234
有这样两种工程师 / 235
如何与工程师合作 / 236
4.5 容易被遗忘的角落 / 237
最好的资源：老板 / 238
默默奉献着的团队 / 239
4.6 大家好才是真的好 / 240
4.6.1 所谓团队文化 / 240
团队文化的三五事 / 240
4.6.2 虚无的无授权领导 / 242
管理 VS 领导 / 242
产品经理应该是管理者吗 / 243
如何让团队更开心 / 244
跟着我，有肉吃 / 246

做产品设计的最早半年，一直只是做需求，关注的焦点是产品需要哪些功能，具体应该怎么做，通过与用户接触，写出需求文档；接着又需要负责项目，从立项、需求、开发、测试到发布。这几乎就是第 2、3 章和大家聊的内容。2008 年开始，项目的那些工作我也比较熟悉了，渐渐地，我开始和产品有关的更多团队接触。“以人为本”有一种特别的解释，它说互联网、软件项目的主要成本是人力资本，就是我们的团队。

第 4.1 节从全局的角度提出了“大产品、大设计、大团队”的概念。在前面几章的基础上进一步扩展视野，让我们看到“产品之大”、“设计之大”、“团队之大”。

作为产品经理，我们要毫不推辞地主导产品的一切，培养舍我其谁的霸气，可以本位主义一点，把自己看做团队的中心，如图 4-1 所示。

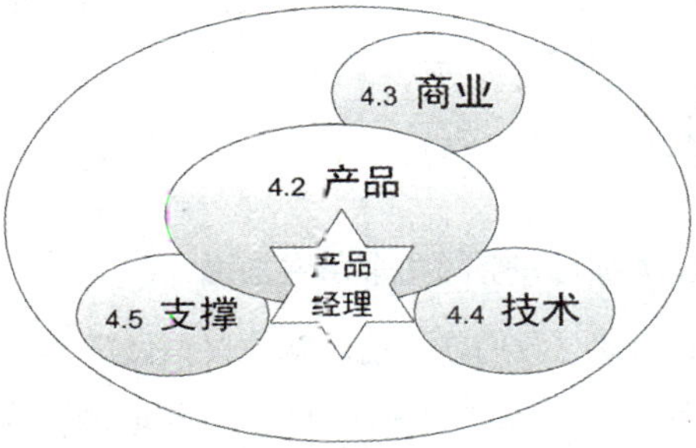

图 4-1　“我的产品我的团队”缩略图

我们先谈“游走于商业与技术之间”的产品团队，主要分为三部分：一是狭义的产品团队，“心思缜密的规划师”；二是用户体验团队，“激情四射的设计师”；三是运营团队，“‘阴险狡诈’的运营师”。

接下来是“商业团队，冲锋陷阵”的他们时刻战斗在与用户接触的第一线，又细分为市场、销售、服务等角色。

然后是“技术团队，坚强后盾”的他们，可以分为三部分：开发团队，负有架构、编码等职责；测试团队，需要做功能、性能等各种测试工作；运维团队，管理着产品的数据库、服务器、软件配置等。

还有一支支撑团队，总是处于“容易被遗忘的角落”，除了提供资源的老板们，还包括默默奉献的法务、财务、行政等同学。

本章的最后一节，我们来细细体会“大家好才是真的好”，我觉得比做产品更重要的是让团队里的同学工作得开心，所以我们会聊聊“所谓团队文化”，再回到产品经理自己的技能上，分析一下听起来很“虚无的无授权领导”。

4.1 大产品，大设计，大团队

我想说的第一句话就是：所有和产品有关的事都是产品经理的事。

我渐渐发现产品的概念其实远不止要做哪些功能，还包括了诸如上线后的运营手法、线下宣传的各种物料准备、定价与促销的策略，甚至开发票的流程等，它们共同决定着产品最终的体验和用户的感受。所以，我开始和公司里各个部门的人打交道，于是有了“大产品、大设计、大团队”的概念。

下面我们会站在一个比较高的位置，一看“产品之大”，了解一下“产品生命周期”与“商业、产品、技术”的铁三角；二看“设计之大”，从多个角度看看不同层次的设计；三看“团队之大”，辨析“职位与职责”的区别，体会“从几个人到一家公司”的过程。

4.1.1 产品之大

产品之大，我想可以从时间和空间两个角度来说。

时间是指产品的生命周期，我们在之前两章中讲到做需求、做项目，忙了半天产品的1.0版本上线之后，其实才走完了生命周期的一小步，产品刚刚呱呱坠地，后面还有产品的青年、壮年、老年，每个阶段都有不同的挑战等待着我们。

空间是指做产品需要考虑的三个大方面：商业、产品、技术。任何一个产品，扩大至公司，都是由这三方面组成的，三方面有一点做到极致就很不容易，再配合上不是很弱的另外两方面，可能就是一个成功的产品和公司。

下面，我们分别展开讨论。

时间之大：产品生命周期

最早体会到产品的生命周期，是“公司的生命周期”给了我启发。这个思想来源于摩尔的《**公司进化论：伟大的企业如何持续创新**》和《**跨越鸿沟**》[1]，读完之后我觉得产品与对应的市场、用户好像都是有生命的，他们都会从幼小发展到成熟，最终老去，不同时期的产品与市场、用户都有其特点，最佳状态就是彼此之间完美的配合。结合自己做过的产品，从五种用户群体的角度，说说其间的过程与体会。这五种用户群体如图4-2所示。

1 这两本书的作者杰弗里·摩尔，被称为高科技营销魔法之父，图书内容是创新管理相关，附录里会做简单介绍。

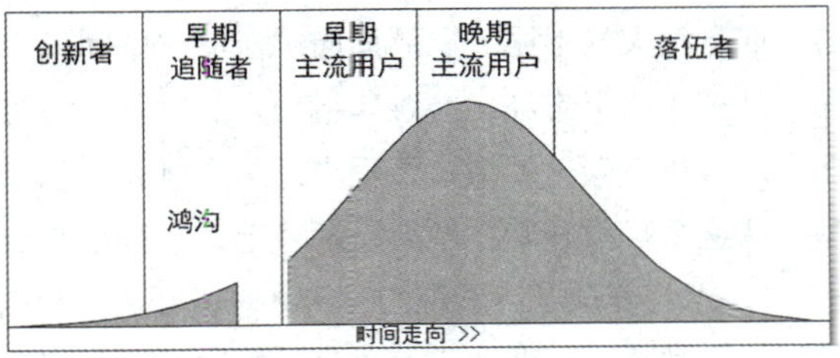

图 4-2　产品生命周期里的五种用户群体

创新者（Innovators）：新鲜感强，消费能力强，但是忠诚度不高，需要新鲜的东西不断刺激。这批人都有 Geek[2]气质，乐于探索。产品刚上市，甚至未上市的时候，主流用户往往是创新者。

他们的特点与产品设计人员比较像，很容易打成一片，比如建立共同的 IM 群，经常交流，创新者经常给产品提出很好的意见和建议。所以设计此阶段的产品会让我们比较兴奋，似乎创意总像地里的野草，割都割不完。不过，虽然我们可以利用创新者帮助产品尽快成长，但由于创新者总是极少数，所以商业利益无法保证。更何况创新者“喜新厌旧”，往往比产品开发走得更快，想尝试新技术甚于解决问题。所以这些创意也正像“野草”，必须由我们做出价值判断，要防止产品被它们变成荒地。

早期追随者（Early Adopters）：观念比较新，但是需求目的性很强，需要迅速能够解决其问题的产品。他们是信息达人，可能很早就知道产品了，但不会盲目试用，而是先从其他渠道主动了解这个产品是干什么的，反复验证，确认对自己有用以后才会尝试，好在这批人如果开始用了会比第一种人忠诚度高很多。

我比较像这种人。早期追随者和创新者最大的区别在于，早期追随者不是为了尝试新技术而使用某产品，而是为了解决某些需求才使用，早期追随者也会给产品提很多的想法，但他们是从需求出发的。这批用户对产品发展价值极大，最好牢牢抓住，将来可以发展为产品的种子用户，不断地给产品提供改进意见。产品上市后的早期，主流用户通常是早期追随者，这时候产品可以做得偏向“专家用户”，产品的进化主要体现在功能的不断创新上。

早期主流用户（Early Majority）：是产品大规模产生商业价值的用户群，他们是典型的实用主义者，也是生活中最常见的一批人，偶尔被动地听到过新产品，但觉得正在使用的老产品也能解决问题，就不会更换，但心中还是对新产品存在期待，希望有机会试一下。

《跨越鸿沟》里说的“鸿沟”，就是冲出“早期追随者”进入“早期主流用户”的阶

2　Geek，中译“极客”或“奇客”，可简单解释为新技术的狂热爱好者。

段。这时候的产品与早期有很大的不同，需要面向主流的“中间用户”和“新手”，而非“专家”了。所以在产品进入这个市场，接触这批用户的时候，需要尽量做得简单易用，才能迅速占领尽可能多的市场份额，因为这帮用户没工夫研究，他们需要的是一个能够更好地解决问题的产品。从这个阶段开始，产品渐渐稳定，小修小改也不那么让人激动，回顾一下第 2.2.5 节的“生孩子与养孩子”里说的，从这时候开始，我们的主要工作从“生孩子”变成了“养孩子”，不过这也是真正获得商业回报的开始。

晚期主流用户（Late Majority）：这部分主流用户和早期的区别也许是心态上的。早期主流用户对新产品有尝试的愿望，而晚期主流用户对新产品心存抵触。他们直到老产品已经渐渐地出现明显的劣势，才会很不情愿地使用新产品。

比如我家里的一些长辈就是典型，曾几何时，全自动洗衣机已经成为主流之后，他们在购买的时候还是会考虑老式的双筒洗衣机，除了价格因素之外，他们最大的理由就是“用习惯了，全自动的按钮太多，不知道怎么用，不想学”。这个阶段产品已经定型，用户其实对产品也比较了解，市场竞争也相当激烈，所以仅仅通过功能竞争来获得用户再也不够，是典型的市场营销发力的时刻，需要通过强大的心理攻势来赢得晚期主流用户的认可。这也就是**“微笑曲线”**[3]右半边上翘的嘴角发力的时候。营销的创新，如果做得好，就可以达到“一招鲜吃遍天”的效果，并且相对于研发阶段的投入比较少，产出快速、可预期，是收割商业回报的大好时期。

落伍者（Laggards）：最后一批用户，他们的附加值已经比较低了，如果我们实际一点，就可以更注重眼前利益，在不违背道德标准的前提下，赚一票是一票吧。这时候，产品渐渐退出，市场也渐渐萎缩，或者说转移，因为必定有新产品成长起来，长江后浪推前浪，前浪必然死在沙滩上。

上面的生命周期只是一种解释，现实的产品、市场、用户并不会严格按照这里所说的阶段走，有的产品某个阶段也许特别长，或者非常短，甚至没有；有的产品也许会同时处于多个阶段，一浪又一浪地重叠在一起，部分功能已经走到晚期主流用户，部分功能还在早期追随者阶段。

所以，对于我们来说，必须找到背后不变的应对之策，不管哪个阶段，都是要先明确，我们现在要主打哪种类型的市场与用户，他们的特点是怎么样的，然后再决定应该做什么产品、用什么功能来满足相应的需求。

---

3 “微笑曲线”（Smiling Curve）由宏碁集团的创办人施振荣先生于 1992 年提出。曲线的两端朝上，表示在产业链中，附加值更多体现在两端，即研发和营销，处于中间环节的制造附加值最低。

空间之大：商业、产品、技术

2007 年年底，“大产品”的概念在脑中已经出现好几个月了，一方面总是听到一些前辈在讲，另一方面自己也在思考，一个产品最终的商业化成功与否，推及一个公司的成功与否，所有的影响因素似乎都可以归结到“大产品”的空间上，具体点说，是商业、产品、技术三个方面，如图 4-3 所示。

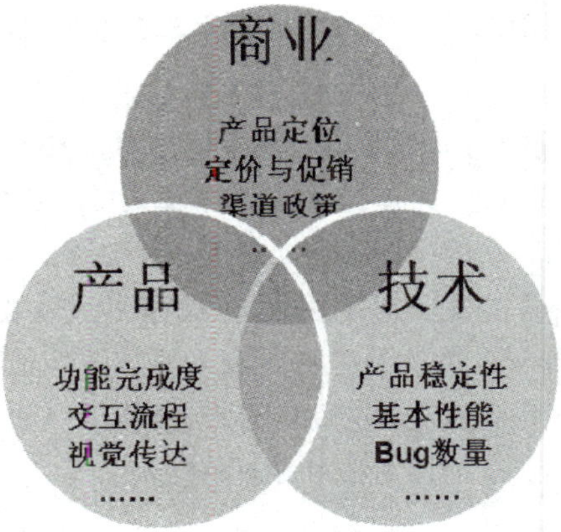

图 4-3　商业、产品、技术的三角支撑

三角形是最稳定的结构，从产品与公司的发展角度来看，似乎也是这样。

商业，在公司里主要由市场、销售、服务等部门来考虑，他们决定产品的销售渠道、价格策略、促销策略、服务方式等。比方说，再好的产品，如果卖得太贵，目标用户负担不起，那注定要死掉。又如促销活动与产品库存的准备没有配合好，结果很多用户下单却无法满足，也会给公司造成极大的损失。

产品，此处是狭义的，由我们平时说的“产品部门”，包括产品设计、用户体验、产品运营等部门来考虑，他们决定了产品的功能范围、交互流程、视觉表现、运营手段等。这些是我们最熟悉的，试想一款单制冷的空调，在夏天热得要死，冬天又冷得要死的长三角，是注定卖不好的。

技术，主要由开发、测试、运维等部门考虑，他们决定了产品的稳定性、性能、Bug 数量等特性。我在 2014 年还在用 iPhone 4S，但是已经明显感觉到某些应用使用的时候，不够顺畅，所以很急切地等待 iPhone 6 的发布。这个例子说明性能也会影响用户对产品的体验。

这三个方面共同构成了“大产品”在空间上的三个维度，我们可以理解成，他们的乘积决定了产品最终成就的大小，任何一个维度上的提高对产品都大有好处，任何一个维度太弱对产品也都是致命的。

下面是我想说的重点：

上述三方面，任何一个公司必然有它的强项和弱项，它不可能也没有必要在这三方面都很强，一是因为构建“性价比团队”的考虑，二是因为都强的话互相压不住反而造成内耗，所以更重要的是找到自己公司、或团队、或产品的那个突出的刀尖，也就是所谓公司的 DNA。

非常明显，Google 是技术主导的团队，从一位在 Google 做过市场工作的女生那里了解到，工程师在 Google 拥有绝对的话语权，而市场人员的地位相对较低；Apple 则是无可争议的产品主导型公司，它的设计已经拥有了一种气质，它的产品几乎件件都是艺术品，就算现在 Apple 做个手电筒，叫 iTorch，我相信也能卖出不少；而 Alibaba 就是第三个方面——商业主导的了，商业的强势导致了早年的阿里不招技术很强的应届毕业生，而 Business Sense，商业感觉是在真实的商业环境中工作磨炼出来的。这两年，阿里开始体会到技术的瓶颈，已经加大技术方面的投入了[4]。

通过上面这段简单的分析，大家可能也发现，一家公司哪方面更强，其实也和其产品的特点有关，所以说到底，这些方面都可以看做是产品经理需要关注的事情。

换个角度看，上面这段可以送给想找工作的朋友，大家在找工作的时候必须调查清楚自己的职位在公司里是不是最受重视的，是不是强势方，这很重要！举个不是很现实的例子，**如果你在特种部队式的组织里，那么可以安心地做一个特种兵；但如果你进了塔利班或基地组织，那就抓紧时间进入管理层！**

我们说完了“产品之大”，接着聊“设计之大”。

4.1.2 设计之大

产品的设计之大，体现在产品设计的多个层次上。

产品战略层面上的设计，决定了“做不做”、“做什么”，在第 2 章谈需求的时候说了一部分，第 5 章谈战略会再说一些；狭义的产品设计层面上的设计，要决定“做多少”、“怎么做”，前两章及这章都有涉及；而产品实施层面上的设计，决定了“谁来做”、“何时做”，主要内容在第 3 章的“项目”里。

4 业内有一句戏言，“百度的技术、腾讯的产品、阿里的运营”，大家也可以感受一下。

有关设计，我们先来看个经常被引用的小例子。

上海的地铁一号线是由德国人设计的，看上去并没有什么特别的地方，直到中国设计师设计的二号线投入运营，才发现其中有那么多的细节被二号线忽略了。结果二号线运营成本远远高于一号线。

上海地处华东，地势平均高出海平面就那么有限的一点点，一到夏天，雨水经常会使一些建筑物受困。德国的设计师就注意到了这一细节，所以地铁一号线的每一个室外出口都设计了三级台阶，要进入地铁口，必须踏上三级台阶，然后再往下进入地铁站。就是这三级台阶，在下雨天可以阻挡雨水倒灌，从而减轻地铁的防洪压力。事实上，一号线内的那些防汛设施几乎从来没有动用过；而地铁二号就因为缺了这几级台阶，曾在大雨天被淹，造成巨大的经济损失。

德国设计师根据地形、地势，在每一个地铁出口处都设计了一个转弯，这样做不是增加出入口的麻烦吗？不是增加了施工成本吗？当二号线地铁投入使用后，人们才发现这一转弯的奥秘。其实道理很简单，如果你家里开着空调，同时又开着门窗，你一定会心疼你每月多付的电费。想想看，一条地铁增加点转弯出口，省下了多少电，每天又省下了多少运营成本。

设计里的学问很多，我们作为新人很容易思考不全面，甚至自作聪明，就像上例，国内的设计师希望“取其精华，去其糟粕”，但根本没分清哪是精华、哪是糟粕。我建议同学们有必要先看几本入门的书，学习华为的任正非引进新的管理体系时所用的策略——“先僵化、后优化、再固化”，慢慢找到最适合的设计方法。下一节里，我想介绍一些从书里学到的知识，并结合实践来谈谈我是怎么应用的。

产品设计的五个层次

作为互联网、软件行业的产品人员，我想**《用户体验的要素》**应该算入门必读书了。书里把基于网页的产品分为了软件类和网站类，又把用户体验的要素分为五层，我觉得这也是产品设计的五个层次，它可以帮助我们在脑海里建立起产品设计过程的地图，先贴一张业内著名的图，如图 4-4 所示。

战略层：明确商业目标和用户需求，找准方向，重点是解决两者之间的冲突，找到平衡点。例如，通常的商业目标是赚的钱越多越好，而用户则想花的钱越少越好，这种最底层的冲突没法通过产品设计解决，而要靠商业上找准价值的切入点。作为产品设计人员，早些年可能接触不到制定战略的过程，但仍然要深刻理解公司战略并尽可能发挥自己的影响力，这个话题是第 5 章的主要内容。

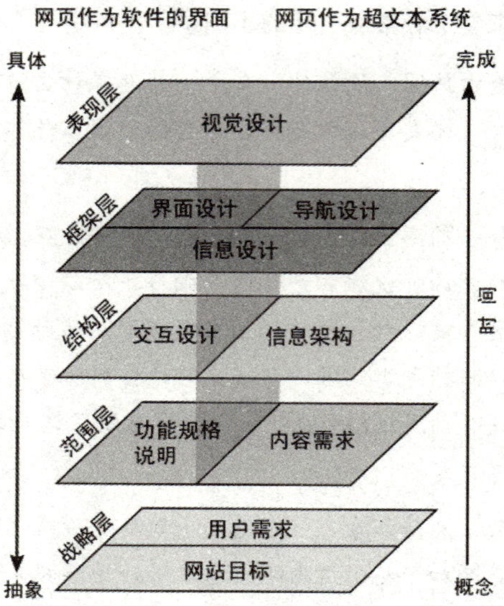

图 4-4 用户体验的要素

此图原型来自《用户体验的要素》，网友 d8in 对此图亦有很大贡献

范围层：明确“做多少”，对于软件类产品，是确定功能范围；对于网站类产品，则是确定内容范围。这时候要做好需求的采集、分析、筛选、管理、开发工作。复习一下第 2 章的主要内容，先要“尽可能多地收集”，灵活运用多种用户研究的方法，不要遗漏，再“尽可能多地放弃”，因为我们的资源有限，只能做最有价值的，先做的“收集”不是为了“放弃”，而是防止遗漏任何“有价值的”需求。

结构层：考虑产品的各个部分互相之间是什么关系，上一步相当于把一桌子菜的原料都买来了，这一步就开始确定哪些原料组成什么菜，具体是蒸是煮是炒是炸了。对于软件类产品，主要工作有交互设计，对于网站类产品，主要工作有信息架构。这一步常见的产出物有软件的业务逻辑图、网站的站点地图等。一般来说，技术部门在这时开始全面介入。

框架层：到了这一步，才出现用户真正能看到的东西。对于软件类产品来说主要的工作是界面设计，对于网站类产品则是导航设计，两者都有的是信息设计。大家经常看到的网页，是上下结构，还是左右结构，导航条在哪里，分几级，都是这个时候设计的。对新人来说，常见的错误就是认为从这里开始才算设计，接到一个任务马上就开始想网站的页面应该长成什么样子，而忽略了上面的几层，这样在大前提没思考清楚的情况下做出来的产品必然会成为一个悲剧。

表现层：最后一步的主要工作包含了视觉设计和内容的优化，比如页面的配色、字体字号等，这里的表现决定了最终产品的气质。这部分是最有意思的，但好的设计师一定要理解商业和用户的目标才能做出正确的设计，毕竟我们不是艺术家。解释一下，设计师和艺术家的区别就在于要满足的对象不同，一个是"你！你！你！你！你"，另一个是"我！我！我！我！我！"。

产品设计的这五个层次，从整体看是抽象到具体的过程，是从概念到实现的过程，又有一点从商业到产品到技术的感觉。虽然在时间上是顺序的，但各层之间的界限模糊，彼此交叉，而且必须反复迭代。对于很多创业团队来说，也许一个人就要搞定所有的设计工作，也没法区分今天做的是哪个层次的工作，所以这五层并不用写在纸上，而是应该记在心里，有时候可能一天之内做的事情就囊括了五层，但速度再快，设计的思路都是在这里逃不掉的。

我用五个层次来写书

在正式开始写这本书之前，我问过几位作家是怎么写书的，比如《流血的仕途》作者曹昇、科幻作家刘慈欣，发现他们写书的方式，和我想的不一样。据他们说，基本上是顺序写下来的，甚至写作过程中自己也不知道后面会发生什么情节，也许和他们写的是小说有关系。而我的这本书，就很不一样。

2009 年 9 月，我把本书样章的初稿提交给编辑同学，4 万字出头，在 Word 里用 5 号字连图表一共近 50 页，从篇幅角度看有全书的 1/6。回顾整个过程，无时无刻不感到自己是在刻意用做产品的思路来写作，有点像软件工程的瀑布模型，又有点敏捷开发的味道，更明显地是上一节提到的五个层次。

正式开始写样章之前，我给全书做了定位的分析、风格特色的设定、目录结构的搭建，有兴趣的同学可以回去看"写在正文之前"，这些工作是为了让自己对全书有个整体的把握，并把全书分解成若干个模块，方便接下来深入某一模块各个击破。通过样章的实践，我确定了写作的五轮模式。

第一轮**搭建框架**。以"章"为单位精确到最细的一级目录的，本书是四级，我会在每个目录标题下至少写两三句话说明这一段的主要内容与核心观点，保证章节的整体思路通畅。

第二轮**填充文字**。把两年多来积累的文字剪切入符合主题小节里，补写缺少的内容。这一轮尽量不考虑文字细节，先把想说的都说出来，保证码字的速度。随着实践的进行，我发现这一轮相对不用动脑子，所以充分利用比较零散的时间完成。

第三轮**理顺逻辑**。按顺序通读文章，重点关注段落、句子间逻辑的顺畅。这一轮主要的工作是调整段落、句子的位置，剪过来切过去；增加过渡句；删除废话等。我在这里会耗费极大的精力，经常把一句话反复地在几段文字中倒腾。

第四轮**调整风格**。关注语言的味道一致，增加例子、对话等、找轻松活泼，聊天的感觉；增删改图表，比如把某些文字用图表表达；突出本书特色，将不出彩的内容简化，添加有特点的内容。当然，我做这一步的时候，还是有些细节尚未完成，比如有的图表需要重画，有的图是照片，需要补拍，或者有的例子觉得不好，先占个位子等有灵感之后再换掉。

第五轮**后期制作**。完成四轮以后，才是初稿。我会先给编辑同学，听听意见，编辑也会把初稿发给前辈和同行评审，然后我会继续和编辑同学一起做从框架到细节的各种改造，大到整节的增删改，小到格式调整，图表调整，病句错别字等，以及很多我到出版后才能了解的事情。同步的，其他章节也开始从第一轮写起，并行前进。

这五轮，实在是很像互联网产品设计的五个层次：战略、范围、结构、框架、表现。写作的每一轮也不是严格线性，必然有时间上的重叠和反复，是一个迭代的过程。正如刘未鹏[5]所说："手里拿着锤子，看什么都是钉子"，锤子是方法和工具，钉钉子是目的。我们知道了"产品设计的方法"，很自然地会想把它用到各个方面，只是，不能被方法所累，要时刻牢记目的。好在写书这件事上，我思来想去觉得这个方法确实不错，又好在，产品设计的各种思路，其通用性决定了它们确实是适合解决大多数问题的好锤子。最后再来一句，上述情况升级版的境界就是"想钉一个钉子，看什么都是锤子"，这才是"手中无剑，心中有剑"，解决问题的最高境界。

设计的"现实与浪漫"

设计之大，还表现在设计的"现实与浪漫"之间。

2008年夏，我看了Donald Norman大师的两本书，一本是**《设计心理学》**[6]，另一本是**《情感化设计》**。诺大师是先写了《设计心理学》再写《情感化设计》的，从中我似乎看到了一位认知心理学家、一位宗师从现实主义到浪漫主义的升华。

诺大师把设计的目标分为三个层次，即本能水平设计，行为水平设计，反思水平设计，有观点说是对应了心理学里人脑的三种不同的加工水平：本能的、行为的和反思的。本能水平就是纯生理的视觉冲击，就像"第一眼美女"，看上去就喜欢，没什么好说的；至于行为水平，我认为就是《设计心理学》一书的主要内容，主要讲的是产品功能、用户与产品交互层面的设计；而反思水平则是诺大师思想的又一次升华，通过《情感化设计》一书，

5　刘未鹏的个人博客，http://mindhacks.cn，他的《暗时间》一书值得细读。

6　本节提到的两本书的英文原名是 *The Design of Everyday Things* 与 *Emotional Design*，附录里也有对它们的简单介绍。

把纯心理需求也纳入了产品设计的考虑范围[7]。

行为水平的设计，和我们日常的工作很接近，能把产品做到好用、贴心就已经很不容易了，毕竟生活中仍然存在太多让人不满的产品。虽然大师举的都是传统产品的例子，但一些原则却是非常基础，让人印象深刻，比如：

反馈：动作前的可预测、动作中的积极响应、动作后的可评估。比如网页上的一个按钮，我把鼠标移上去它的样式有些改变，单击以后马上表现出被按下去的样子，点击完毕后告诉我后台的程序"正在查询，请稍候"。

容错：一些貌似多余的强制性设计，不可逆操作可以后悔。比如工业仪器上，设计师经常给一些重要的按钮上加个盖子，并且按下之后还需要再次确认。又如电脑USB接口的"防呆"设计，让用户只能从一个方向插入USB设备。对于错误的理解，我们要做到"用户没有错，所有的错都是设计的错"。

简化：充分利用用户已有的知识，利用心智模型，利用标准化，利用一切。比如现在各种软件默认的复制、粘贴功能，图标长得都很像，快捷键都是"Ctrl+C、Ctrl+V"。

当一个产品在行为水平上做好以后，就可以算是一个优秀的产品了，但要做到伟大，大师觉得，反思水平上的情感因素变得更重要。这对设计师提出了极高的要求，只有更进一步的不但好用，而且想想都或开心、或伤感、或恐惧……的设计，才会华丽丽地升级为ART，这里我不用纯大写不足以表达"艺术"这个词的牛气。达到这一境界的产品，也许iPhone算一个，它确实让人用起来很爽，而且达到了"就算用户用得不爽，也会不好意思说，而是认为自己没有理解设计师意图"的境界；也许一些创意家居用品算，淘宝上很多，比如做成花一样的台灯、人形的调料罐；也许游乐场里的过山车、海盗船算，用户的需求本身就是情感化，为了寻找刺激的。

不过，对于要给大多数普通用户用的产品来说，本能水平、行为水平、反思水平的设计还是要挨个满足的。第一个层次，**本能水平的设计是基础，产品要有用**，能满足用户的某种需求；第二个层次，**行为水平的设计是保证，产品要能用**，好用、顺利地解决用户的问题；第三个层次，**反思水平的设计是升华，是难以捉摸的"用得爽"**，对大多数公司来说，最多只是面包上的果酱，行为水平还没做好就去追求反思水平真的没有必要，真的做一个没有行为水平、只有反思水平的"卡洛曼茶壶"[8]，那也只能给那些没事儿就愿意穷得

7 几年来很多产品，经常提对"人性"的理解，其实也就是这个层面的设计。

8 卡洛曼茶壶是一个完全不可以用的茶壶，因为茶壶嘴和茶壶柄在同一边。它是由法国艺术家卡洛曼创造的，卡洛曼称它为咖啡壶：一个"专为受虐狂设计的咖啡壶"。

瑟的用户们去用了[9]。

大家再一起默念一百遍：我们是现实的设计师，不是浪漫的艺术家……

4.1.3 团队之大

前文从几个角度讲述了设计的各种层次，下面我们再从"团队"的角度体会一下"大产品、大设计、大团队"。在上一章的"项目"里，我们谈到做事需要流程、文档、规则，其实这些最终都是靠人。只要团队里都是靠谱的人，大家做起事来就会特别轻松、愉快，这点我深有体会。

接下来，将按照一个团队从几个人逐渐变成一家公司的过程，来说说"团队之大"。

想当年，一个比一个猛

想当年，一个比一个猛！只要经历过创业公司或者创业团队，就知道我们都是这么过来的。有一次和同事们吃午饭的时候聊到最初是怎么做事的，发现真的很有意思。

测试的同学先开口了：

"我们那个时候哪有什么 TC[10]评审啊，测试的任务都是完全交给我们自己搞定的，不清楚的地方只能去问开发。"

"当年，我们都不写 TC 的，大概几个功能点，自己凭感觉点点就好了！"

这时候，老板们笑了：

"我当年做开发工程师的时候，根本没有测试……都是自己测。"

"开始连美工都没有，也是自己画，后来公司发现实在太丑了，卖不出去，才找了美工。"

一位开发的同学很有同感，说：

"以前我们公司没 PD 的，都是开发自己做需求，然后白天跑客户，晚上写代码。"

PD 们也不示弱，小明抢着说：

"原来我们的需求文档，就是从一个空白的 Word 写起啊，想到什么写什么，一份需求文档可能和一篇作文没什么区别，或者拿一张白纸写写画画就直接去找开发的同学做了，虽然现在有时候也偶尔这样，但性质完全不同了。"

---

9 不过，随着人们物质生活水平越来越高，"装逼"类需求的市场似乎也越来越大，值得关注。

10 TC：Test Case，测试用例。

"Demo 也自己做，都会用 Dreamweaver 和 Photoshop 的！"

……

似乎，每个团队都是从这样开始，每个人都是全能战士，那个时候的感觉挺好，但随着产品的发展，团队总是从很少的几个人起步，渐渐产生了分工，最后变为一家公司。

从几个人到一家公司

上一节的故事给我的启发是，有必要思考一下做产品的团队，是如何从个人进化成一家公司的？这中间的各种职责为什么要切分？各种职位又为什么会出现？我的理解是这样的：

最开始，一个人的时候，好比在大学里做《C 语言》的大作业，所有事情都由自己一个人搞定，这时候你可以认为自己是这个产品的产品经理、程序员、测试等任何人，甚至自己就是整个公司。

后来又有一门课，应该是《软件工程》，老师让大家分组完成大作业，通常同学们会把同组的人分为"技术"和"非技术"类，强一点的人都去做技术，简单地说等价于编程，而什么也不会的人就做非技术，类似于写文档。这里的文档人员就是将来公司里的策划、PD、运营等，但区别在于，多数公司里这类人员很强，很重要。我自己分析产生这个差别的原因是因为学校里的作业，大多数是已经明确要做什么，而且不会有真正的用户，所以只要有技术强人实现就可以拿到高分了，所以策划的工作就变成了附属。事实上，决定做什么其实更重要，这不能不说是我们所经历的学校教育的一个遗憾。

再往后，可能是毕业设计，或者自己出于兴趣而做的社会实践，就又产生了更多细分的职责。我们会发现"自己编程，自己测试"很难发现问题，于是把测试的事情独立出来，很多时候是随意地交给一些不懂技术的人去做。而原先的非技术概念也开始扩充，出现了专门做需求的人，他们会处理很多"对外"业务，即与客户相关的事情。而产品经理的概念，似乎除了编码的工作，都有可能去做……

其实很多创业公司的小团队，这时候也无非是这样：总经理管除了技术以外的所有事情，另一个副总写代码，就这么简单[11]。

再往下说就是相当成熟的公司了，我觉得可以分为商业、产品、技术、支撑四大块，这些将在本章的第 2~5 节详细讲述。几十人，甚至几百人的公司也不外乎如此。

公司大了，人多了，新的难题出现了，那就是——

11　比较理想的互联网创业团队，最好是三个人——产品经理、设计师、技术人员各一人。

如何设计各种职位，让各种人（职员）与各种事（职责）互相匹配。

我个人的思路是这样的：我们做任何产品，或者说公司需要做各种各样的事情，由于事情越来越多，而分工可以使效率提高，所以我们把要做的事情分解成了各种职责，比如开发、测试，再细一点，比如功能测试、性能测试——这是相对容易分析的。然后，老板去找拥有相应能力的人组建团队，于是，由各种各样的人，即职员组成了团队，每个人都有特定的能力，比如有的人喜欢钻研技术，有的人喜欢和人打交道。所以简单想一下就会发现，只要职员的能力都可以和要做的事匹配，那就 OK，一个人做一件事是正常的，一个人做几件事是正常的，几个人做一件事也是正常的。到现在为止，“职位”的概念还没有必要出现。

渐渐地，公司大了，要做的事情越来越多，分工越来越细，于是很自然地出现了很多人做同一件事的情况，比如有 50 个“Java 工程师”。我们说到过“偶尔为之的事情只需要可行解，经常做的事情要追求最优解”，所以，我们不能每次都特意去找某个人，成本太高。于是，公司必须找出事与人之间的匹配关系，在“职责”与“职员”两者之间，出现了“职位”的概念，这就能让 HR 批量地帮我们找到合适的人。君不见，每个职位的描述里，最重要的两块内容就是：“工作职责：做什么事”，“职位要求：要什么人”。职位的出现，降低了用人单位与求职者两边的沟通成本，一个词“交互设计师”、“运营专员”，就能传递很多信息。

很多人问我最佳的产品团队应该是什么样的组织结构，怎么设置各种职位。现在你知道了，职位并不关键，在想明白做一个产品要完成哪些事情，做这些事需要拥有哪些能力的人，团队处于什么阶段之后，应该设置哪几种职位的答案自然就出来了。所谓最优团队，每个个案都不一样，别人没法告诉你。

所以，本章下文中，将讲述我的经历，大家尽量从职责的角度去理解，不必拘泥于我提到的那些职位。互联网与软件公司要做的事情都是类似的，但是每种职位具体做什么在各家公司有所不同，这并不用在意，只要每件事情都有人做就可以了[12]。

接口人存在的价值

公司大了，必然有各部门分工做不同的事情，但是，有些事情总是分不清楚，总是需要多个部门之间来配合。比如产品上线以后，PD 都会遇到日常的 Bug 处理、工单处理这类事，常见的故事是这样的：

我们开始很有激情，给客服的同学培训完产品以后，许下诺言：“以后用户那边，有什

12 延伸阅读，从产品的角度看“产品经理”这个岗位，http://iamsujie.com/0000/0021/。

么搞不定的问题都转给我好了，把我的手机号给用户都可以……”。这时候 PD 也的确急切地想通过一切途径了解用户对产品的反馈。前几天还不错，每天都有客服转过来的几个问题，有时候也会把用户的联系方法要过来，直接和用户交流，收获不小。渐渐地，随着产品的用户越来越多，问题也越来越多了，我们感到忙不过来，更头疼的是发现很多问题是类似的，占据了日常工作的大部分时间，让人烦躁不堪。有一天，我们终于受不了了，跟老板说，我要变成客服的客服了……老板说，很简单啊，让客服部门确定一个接口人吧。

于是就像如图 4-5 所示，接口人做了你做的大部分工作，他不存在“变成客服”的抱怨，他本来就是客服的同学。之后，接口人给你的问题才是真正的疑难杂症，才是真正体现你价值的问题。

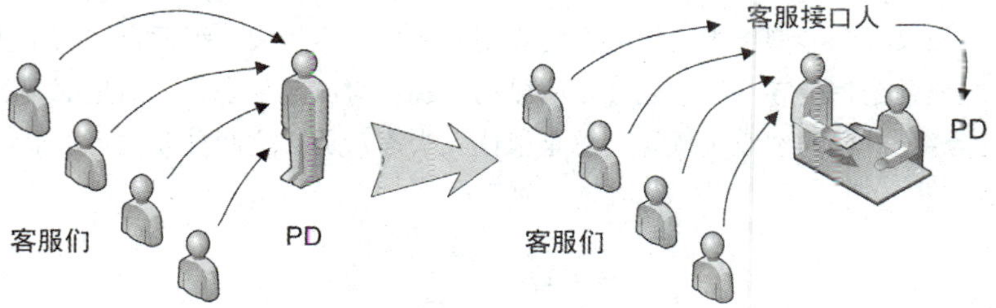

图 4-5　接口人存在的价值

不管是客服还是其他部门，接口人一般会让相关部门中比较资深的同学来担任，他起到了问题过滤的作用，可以解决大部分一般同学搞不定的问题，并对相似问题进行合并。

后来，我体会到接口人还有个好处，就是缓解“办事要靠脸熟”的问题，一般让沟通能力比较强、已经和公司里多数人很熟的人来做接口人，事先明确了他们的职责，通过他们来连接多个部门的陌生人，可以减少部门合作时，陌生人之间的沟通成本。当然，最好能在公司里培养起“对事不对人”的文化，那会使得沟通成本大大降低。

我的理解是，部门协作出现问题，是因为“找不到共同的利益”，如果不是公司内部的合作就更头疼，合作的基础就是有共同的利益，或物质或精神，或短期或长期，但务必要找到。

我身边的矩阵型组织

任何一个超过几十人的团队，就必然脱离“一个班长带几个兵”局面，产生自己的组织结构，常见的有职能型组织、项目型组织和矩阵型组织。组织结构是对项目、产品等的支撑，组织结构的设计也可以看做是一种很高级的产品设计，这一节来谈谈我对它的理解。

职能型组织是把相同职责的人划分在一个部门里，有利于同类资源共享、互相学习提高，但公司的目标在分解到各部门之后，很容易不一致，而且每个部门唯一的客户就是“上面”，都只对“上面”负责，导致没有人对真正的客户负责。我和同事讨论认为，这种形式比较适合大规模运作型的公司或部门，适合计划经济，比如大多数工厂的车间，人真的可以当做可替换的“资源”的情况。

项目型组织正好相反，是把各种职责的人组成一个个的项目组或产品线，团队目标一致，有利于快速推进项目，但是会资源浪费。项目组发展下去就是事业部，甚至是独立公司。说明一下，从组织结构的角度讲，项目型组织的头是项目经理或产品经理（为了方便起见，这一段下面单说产品经理），和职能型组织的头——部门经理相对应。

矩阵型组织则是上述两种组织结构的融合，如图 4-6 所示，就是前两年某段时间我身边的组织结构，横向是产品线、业务线，为了对客户负责；纵向是资源线、行政线，为了资源共享。如果说职能型组织比较适合防守型的业务，项目型组织适合进攻型业务，那么矩阵型组织就是全攻全守。但它也有很明显的问题：对员工来说，一面是部门经理，另一面是产品经理，这样的“双头领导”总是很让人头疼，那么这两种职位可以通过兼任来解决矛盾吗？

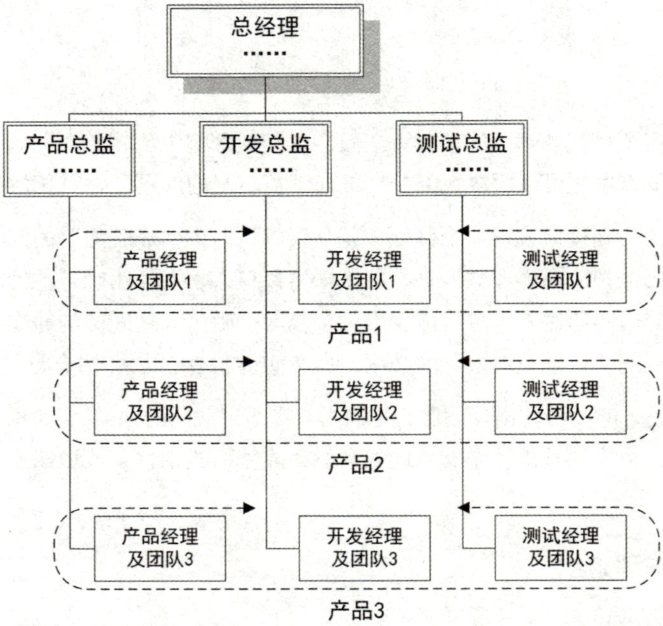

图 4-6　矩阵型组织

有一次培训的时候，老师解答了这个问题，答案是否定的。产品经理主要管事，有成就感，像“猎人”，类比到军事上，就是对打仗负责，需要有攻城拔寨的能力；部门经理主要管人，有权力，像“农民”，对练兵负责，贡献技术与人，有防守与后勤的感觉。那么，部门经理如兼任产品经理，就会用权力来寻求成就感，或者在产品 KPI 的重压之下，放弃农民的责任去做猎人，造成行为的短视，主动或被动地忽视团队能力的提升。这是人性的弱点，无法避免，目标不同导致手段不同。在矩阵型组织下，部门经理和产品经理就应该各司其职，至于“双头领导”的协调，应该由用人的产品经理提供建议，养人的部门经理决定对员工的考核，同时培养每个人对事负责的态度。

不过，在很多公司中难免会有同一个经理既管事又管人的情况发生。我想，只要明白了上一段提到的问题，这样也未尝不可，只是当事人需要自己权衡两边的得失了。而在公司发展壮大之后，组织结构可能会经历从单一型向矩阵型变化的过程。这又引发了一些问题：比如说职能型组织变革为矩阵型组织，部门经理的成就感会被剥离，于是该过程经常会遇到来自当权者的阻力。所以说，组织结构的变革大多会有人“流血牺牲”，变是找死，但不变是等死。就像有个小段子说的那样——修高速公路最难的是拆迁问题。这是个人最优与集体最优的矛盾，没办法。“局整问题”困扰人类已久，不论是个体，还是组织，必然是“在什么山头唱什么歌”。

4.2 游走于商业与技术之间

有一种说法说我们的性格，去做工程师会显得太外向了，而去做销售又显得太内向了，工程师们把我们当做业务人员，市场销售们却把我们当做技术人员……这就是我们，游走于商业与技术之间的产品团队，几种主要的角色如图 4-7 所示。

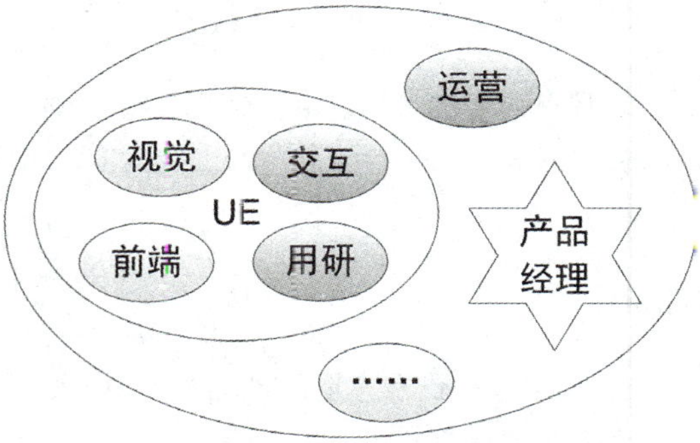

图 4-7 产品团队简图

从这节开始，把产品经理当做中心，依次讲述围绕在周围的各种团队。首先，从产品团队出发，讲一下我心目中的几大主要职责，涉及大家经常听到的职位，如产品经理、产品规划师或产品设计师、需求分析师、产品运营师、交互设计师、视觉设计师、用户研究员、前端工程师等。我会按照产品从概念的规划到最终成型的顺序来说，这也是一个从抽象到具体、从商业到技术的过程。

需要再次强调的是，因为人员的能力、产品的形式、历史遗留问题等，下面的分工在各种团队里都有不同，职责的界限也很模糊，我只是说最常见的情况。好比在我待过的团队，PD 经常要做部分交互设计师的工作，部分运营和市场工作，部分架构师、系统分析的工作，绝大部分用户研究的工作，以及项目经理的工作。

所以我认为，谁做什么事其实并不重要，重要的是我们对周边同学的职责必须有所了解，知道要做哪些事，并且保证这些事都有人做。

4.2.1 心思缜密的规划师

首先要讲的是狭义的产品团队，具体是指产品经理及其带领的产品规划师、产品设计师和需求分析师[13]，通常在团队中，都被简称为 PD，但各人的具体分工会稍有不同。产品经理和产品规划师，更偏向于产品前期的规划，比如产品的市场定位、各个版本发布的时间计划等，在这个层面上，商业目标、用户需求是思考的焦点，当然，公司的管理层也会充分参与这个过程，较大的决策通常由老板们最终拍板。产品设计师侧重于做功能级的设计，编写需求文档，在某个模块上，他们很像一个小产品经理，比如，要做进销存，具体到库存管理是否需要提供库存警戒功能，警戒数字是只有上限或下限、还是都有，警戒数字设置是否需要批量操作等。更为细分的 RA，只在部分部门里存在，在这种分工下，PD 的工作尽量往前走，偏市场、用户，产品的规划；而 RA 尽量往后走，偏实现、技术，即写 UC，做系统设计。

总的来说，狭义的产品团队所做的事情，最符合互联网、软件行业产品经理的招聘广告里的描述，他们有大局观，逻辑严密，理智而冷静，我们不妨叫他们为“心思缜密的规划师”。

从概念设计到信息架构

PD 所做的工作，在之前的章节中已有大量描述，这里我们来查漏补缺，谈谈产品的概念设计与信息架构。战略相关的话题将放到第 5 章。

概念设计的产出物是产品概念图[14]，个人认为它比较像第 2 章里提到过的业务逻辑图，

---

13 需求分析师：Requirement Analyzer，简称 RA。

14 产品概念图：Concept Map，以下简称概念图。

但比业务逻辑图更抽象。产出概念图应该是在需求采集之后，需求筛选之前，基本和需求分析属于同阶段的任务，在纷繁复杂的各种用户需求之中，我们需要通过概念图来理清思路，找出到底应该“做什么”，并将这些打算做的需求整合为一个合理的系统。

如图 4-8 所示是一张流传甚广的典型概念图[15]，它描述了在线的照片存贮、分享网站 Flickr 的产品概念。分析此图后，大家就清楚 Flickr 是用来解决什么问题、产品包含哪些模块，以及它们互相之间的关系了。

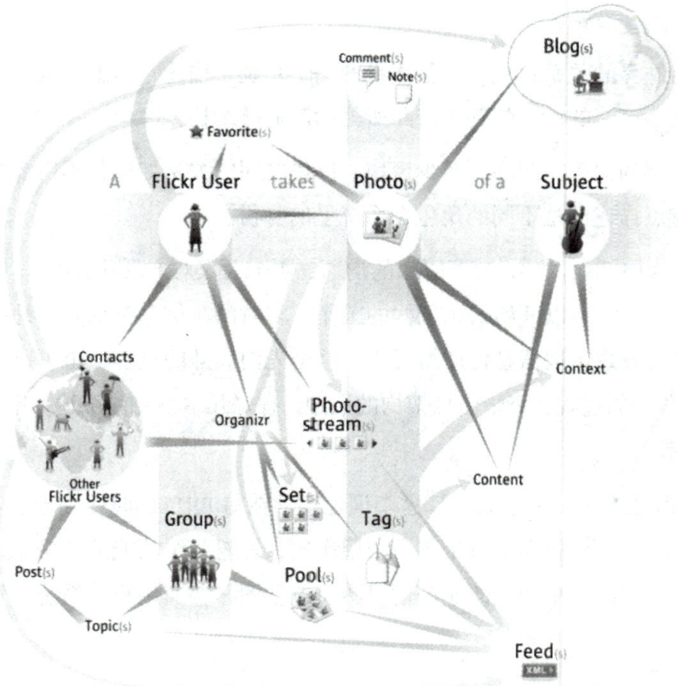

图 4-8　Flickr 产品概念图

不过，上面这种图毕竟太难画，要把产品想得很清楚才能画出来，这往往是产品已经成型之后了。那么，有没有简单一些的做法？我们常用的是以下两种。

第一，在思维导图上改画出概念图。用户需求采集上来，我们或简单转化为产品需求，或直接画在一张思维导图里。然后，开始整理这堆“乱七八糟”的东西，比如把各种需求做简单的分类，把一些条目打上各种标记，把相关的需求连几条线，写一些注释，就算完

15　此图英文直译为“用户模型图”，与概念图类似，都是说用户是如何使用产品、产品如何运作的。原图太大，只能缩略，删除了很多细节。出处为 http://soldierant.net/，一位老外的博客。

成最粗糙的概念图了。

第二，是找个会议室，用马克笔在白板上画出自己对将来产品概念的想法，完全不要受拘束，然后大家一起讨论改进。这样手绘的概念图很酷，大家可以试试，画完了拍下来，存到电脑上，有必要的话可以重新画成更漂亮的电子版。

这步做完，产品相当于有了整体的业务架构，下面就可以进入需求筛选阶段，大家来决定先做哪一部分、后做哪一部分了。所以说，概念图其实描述的是整个产品的内外关系，形式并不重要，重点要表达出下面两点。

- 产品与外界的关系：把产品整体看做一个系统，描述它与上下级系统、并列系统的关系，可能的话，勾勒出产品所处的产业链结构。
- 产品内部的关系：产品有多少模块、模块之间的关系如何，不用涉及数据流等细节，重点描述清楚不同的角色在系统里的身份。

概念设计是为内部而做的，为了团队的沟通，便于大家对产品达成共识。所以我觉得，完成概念设计之后，才可以开始信息架构的工作。相对的，信息架构是为外部而做的，为了设计出更合理的方式，把信息传递给用户。这个先内后外的过程，也可以看做是从“做什么”到“怎么做”的过程。至于信息架构的话题，有好几本书专门讲述，建议可从《Web信息架构》[16]看起。

可能有的同学会问，“概念设计”这个词也经常在写PRD的时候提起啊？没关系，我们不用纠缠词的本身。我想那不过是下一个层次的，针对某个功能的“概念设计”了，会涉及更多的细节，比如某个功能的业务逻辑图、流程图，普通用户、系统、管理员之间的关系等。

在这节的最后，我还想提一点，PD和普通用户看产品、想问题的角度通常是不一样的：PD习惯于从内向外，从本质出发；而用户习惯于从外向内，从表面看起。所以，不论是概念设计，还是信息架构，都应该从用户的角度出发，以用户为中心，这意味着将来产品的表现要更接近用户的心智模型。而技术架构层面真的不用太关注用户，我们留给工程师们吧。

PD的出身及其优劣势

有一个很有意思的现象，PD团队的成员，原来做什么的都有，有做开发、测试的，有

16 本书全名是《Web信息架构：设计大型网站》，涵盖了信息架构基本原理和实践应用的方方面面。

做市场、销售的，也有我这样毕业了直接入行的。而技术团队则绝大多数都是上学时学技术，毕业后也做技术的。从这个角度，我们可以看出，PD 作为整个团队的核心是合理的，因为 PD 团队的人员背景多种多样，可以和周边任何团队的同学顺利沟通，起到连接器和润滑剂之类的作用。

那么，各种出身的 PD 的优劣势是什么呢？我的答案很简单，你之前做的事情是你擅长的，那就是你的优势，也是你的劣势。对 PD 这种职位来说，没有任何一项技能是没用的，而任何人也没法掌握全部需要的技能。

从个人角度解释一下，比如一位从开发工程师转型为 PD 的同学，擅长的事情很显然是技术方面的，这时候就看他怎么用自己的“背景”了。在整个团队中，他最大的优势是懂技术，用好了，可以在产品早期的时候思考更全面，能在一开始就判断出哪些事情根本就不靠谱，从而避免浪费资源，并且在进入实施阶段后会与工程师沟通得更顺畅；最大的劣势也是懂技术，用不好，就会让技术压倒商业，在业务逻辑还没确定的时候就考虑过细的实现难度问题，导致方向走偏，进度受限。所以说，PD 之前做什么不重要，我们必须是一个通才而不是专才。

从 PD 团队的角度来看，成员组成就应该尽量丰富，商业、技术等各种背景的同学都有会比较合理，这样可以优缺点互补，考虑问题更加全面。我身边有的团队，大部分 PD 都是做传统软件的项目管理或开发出身，在做产品的过程中，他们深感对互联网产品的“感觉”不到位，对用户体验有心无力，这就成了产品的短板。另外，公司里新人过多也是大问题，这也是小公司、高速成长团队必然存在的问题，老中青的梯队还是必要的。个人感觉经验在一年内的同学最好不要超过一半，而且需要有三年以上经验的同学压阵，这样的结构才稳定。

4.2.2　激情四射的设计师

“激情四射的设计师”，指的是用户体验部门[17]的同学们。这些同学给我们的印象总是有一些艺术家气质，他们追求完美，需要我们时刻提醒还存在着一个“商业目标”；他们想法多多，但有时候需要我们更主动地去沟通；他们经常也叫产品设计师……确实，很多时候他们与我们的界限很模糊，我想可以这样来区分，**规划师更多的是“结构化思维”，保证产品有用，能满足用户的某些需求，让产品“从无到有”；而设计师更多的是“形象化表达”，保证产品好用，能让用户用起来舒服，让产品“从有到优”**。两支团队齐心协力才

17　用户体验部门有时候也称 UED 部门，UED 即 User Experience Design。

能让产品内外兼修。

用户体验部门各种职责的细分，通常主要有如下几种。

用户研究员（User Researcher），一看就知道，是做用户研究工作的，他要利用各种方法进行用户研究，给产品决策提供建议。第 2 章的前两节里我们聊过相关话题，但太多的团队没有专人来做了，所以 PD 们经常充当用户研究员。

交互设计师（Interaction Designer），他要负责人机交互界面、用户操作流程的设计，典型的工作有导航设计、信息设计等，必须要了解很多商业的内容，理解功能的商业价值。举个例子，比如在商业目标是“注册用户数”的前提下，去设计注册流程是一页搞定还是分几个“下一步”，出错提示如何处理等。

视觉设计师（Visual Designer），在很多小作坊被简称为“美工”，他与交互设计师的界限也挺模糊的，他们主要做视觉设计，即用户第一眼看到的效果，比如页面结构、配色方案、字体字号、按钮的形状、颜色、大小、质感等。

前端工程师（Web Developer）[18]，互联网行业特有的一个偏技术的职位，要运用前端技术进行 Web 页面的开发，实现产品体验的良好传达。我们在网页上看到的各种很炫的效果，通常都是他们的杰作。

如果是更大的团队，可能还会细分出更专业的职位，比如说专门的文案设计师、信息架构师等，就我了解，国内没几家公司设置了类似的职位，所以下面还是从我亲身经历过的几件事里来看设计师们到底在做什么吧。

产品新首页诞生记

2009 年夏天，“e 网打进”的产品 Portal[19]做了一个改版项目，叫“变脸”，回想一下，我们正是按照前文提到的产品设计五个层次——“战略、范围、结构、框架、表现”的顺序做的，设计师也从头到尾很充分地参与其中。

这个项目的缘起是为了统一公司几个产品的 Portal 风格，但我们希望能在老板给出的这个目标下找到“变脸”的更多价值。于是项目开始后我查看了 Portal 页面的访问情况，分析了用户场景，画了如图 4-9 所示的示意图。

---

18 这些年，更多的人把这个角色放在技术团队。

19 网页产品的 Portal 又称产品主页，通常指访客或用户在网站上登录进入产品页面之前可以看到的页面，一般会有产品介绍、如何购买等信息。

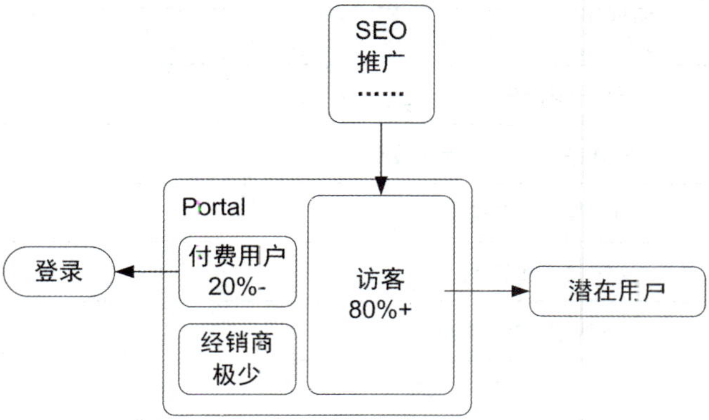

图 4-9 产品 Portal 的用户场景

在“e 网打进”刚上市之时，Portal 页面只是付费用户的登录入口。有一个简单的填写账号密码的输入框，并没有额外的商业价值，但随着产品的成长，渐渐有了点名气，非付费用户访问 Portal 的行为逐渐增多，他们通过各种途径知道了“e 网打进”，可能是通过搜索引擎，可能是听到朋友说起，有了点兴趣，但是到了这个页面以后，却看不到产品介绍、不知道如何购买，页面内容的缺失导致流失率很高。当时每个月有几万 UV[20]，其中：

非付费用户的访客占大多数，超过 80%，短期内相当稳定；付费用户约 20%弱，目的其实很明确——登录，很少会东张西望看其他内容；极少数的经销商 有个入口登录后台也就行了。

有了上述分析，很直接的想法就是 Portal 要转型，重点满足普通访客，促进他们转化为付费用户。因此，我们加重了营销相关内容，力求创造更多的销售机会，也就是所谓的“潜在用户”。进一步思考：

潜在用户 = 访客数 × 转化率

我们可以一方面通过增加页面的营销内容提高转化率，另一方面也可以通过 SEO[21]、公关、推广等方式增加访客数。下面只说前者，但两者的目的都是希望能加粗图 4-9 中访客到“潜在用户”的箭头。之后，我们和销售、服务一起讨论，确认了目标，总结出 Portal 需要哪些页面和导航菜单的结构。由于整个站点的复杂度相对较低，所以这些内容被我们压缩在一级菜单里解决了，如表 4-1 所示。

表 4-1 产品 Portal 菜单结构示意

20 UV：Unique Visitor，指网页的独立访客数。

21 SEO：Search Engine Optimization，搜索引擎优化。

菜单名称	目的	优先级
首页	最重要内容概述，产品登录入口	高
产品介绍	服务是什么、为什么要买	高
产品购买	如何买、售前咨询及售后服务	高
用户社区	用户讨论和交流	中
成功故事	用户现身说法增加信任感	中
合作专区	展示已合作用户以增加信任感	中
客服中心	相关功能说明	低
小 e 课堂	提供针对性的实战培训	低

接着是确定每个页面上都需要哪些元素，以首页为例，如表 4-2 所示。

表 4-2　首页的元素

元素	目的	现状	优先级
大 Banner 广告位	推送核心功能点、活动专题、公告时能有效吸引用户点击参与	Flash 更新较慢，而其他位置的 Banner 不够显眼	高
用户登录入口			高
公告栏	便捷地维护，不需发布	旧版没有此内容	高
卖点宣传	主推功能点，如 400 电话	旧版不在首页	高
帮助信息/常见问题/售前咨询	产品是什么……非常直白	旧版不在首页	高
成功故事概要	用户现身说法增加信任感	更新较慢，案例来源渠道单一	中
媒体报道	增加信任感	更新较慢	低
产品更新	表示一直在努力，面向老用户为主	面向新用户为主	低
小 Banner 广告位 2 个	营销	临时增加，需要规划	低

上面的工作可以看做“结构化思维”，意味着“战略、范围”的设计基本完成，接下来就是“形象化表达”了——“结构、框架、表现”——UE 的同学就成了主角。如图 4-10、

图 4-11、图 4-12 所示的这几幅图在第 3.3.1 节的“Demo 也要我们做么”里已经给大家看过，所以这里不再说制作 Demo 的工具与方法，而是聊一下 PD 和 UE 如何分工配合。

图 4-10　纸面 Demo

一开始，大家一起讨论，手绘出首页的大概样子。PD 要表达清楚每一个模块的商业目标，可以给出自己对页面的布局建议，但最终的页面结构由 UE 主导确定。

图 4-11　线框图 Demo

图 4-12 视觉效果图

然后是线框图，PD 有时候也会直接给出这个图，但在“变脸”项目中，是 UE 做的。大家仍要讨论确定，UE 这时候会在设计的过程中融入很多自己的想法，PD 要做到的就是防止走偏，保证大家对商业目标理解的一致。比如在图 4-12 中，大家讨论后确定页面为“左侧大、右侧小”的双列结构，并且左侧的内容主攻普通访客，右侧的内容主攻付费用户。

接着，UE 做出页面效果图，PD 安排销售、服务等相关方来做一次 Demo 评审，告诉他们这就是将来看到的页面，征求意见。他们一定会有各种疑问，这时候 PD 和 UE 需要确保每一个细节设计都是有理有据，包括每块区域的位置、长宽，每行文字的字体、字号，每张图片的颜色等，都不只是为了好看，而一定是与商业目标相符合的。

比如图 4-12 中，“立即购买”的区域用了页面上最醒目的橙色，在充满商业气息的蓝色氛围下很醒目；且位置在当时“e 网打进”访客的电脑最常见的分辨率，即 1024×768 的首屏右下角，这归功于数据分析；加之又有个亲切的美女在向你招手，进一步吸引眼球。以上三点设计非常强势地突出了目的，至于是否太过，需要后续的效果分析来验证[22]。

新首页上线以后，事情还没有完，持续的监控和改进是必须的。所以在上线后的半个月、一个月、三个月这几个时间点，我们做了一些数据分析。从结果看，有一定的效果，比如访客黏度、网站停留时间均有提升，填写表单留下联系方式的潜在用户明显增多，具体就不仔细讲述了。

---

22 2013 年，“e 网打进”完成了历史使命，退出市场，这个页面也随之下线，再也看不到线上的样子了。

当交互设计遇到敏捷开发

让我们先回忆第 3 章谈论敏捷开发的时候说，我们说要快，先发布再说，慢慢改；而交互设计的理念是精雕细琢，慢工出细活。我们在纠结，大师们也纠结过。

2002 年 1 月 15 日，交互设计之父 Alan Cooper 和极限编程[23]创始人 Kent Beck 在 PK，话题是“当交互设计遇到敏捷开发”。

- Cooper 大爷认为子弹很贵，因此在每次开枪之前一定要精确地瞄准。负责瞄准的人应该是专业的交互设计师。Cooper 大爷很适合做一个狙击手，点射的命中率几乎能够达到 100%。
- Beck 大师认为有了敏捷开发，子弹变得很便宜，不需要瞄太准，打不准就再放一枪，没什么大不了，最终总能打中目标。Beck 大师很适合做一个机枪手，机枪是不可以点射的，一般都是扫一片，用密集的火力消灭敌人。

还是那个道理，方法只有合适与否，没有好坏之分。也许“交互设计”比较适合传统领域、成熟公司、时间资源充裕的，公司在某领域中已经处于领先地位，目的是求稳，不犯错就是胜利；而“敏捷开发”适合新兴行业、创业公司，时间紧迫，大家都在赶，谁先出头谁就能占得先机，或者作为挑战者进入某个行业，团队本身灵活，失败了损失也不大，重来的成本低。从这点上看，互联网行业似乎更偏向于使用敏捷开发的方法，但敏捷绝不是在时间紧迫下被动的放弃交互设计，而是主动为之的一种思想，并且要将交互设计融入其中。

“交互设计”之于“敏捷开发”，正如哲学里“对立统一”的概念，有点像楷书与草书，没法评价哪个好哪个差，也许结合一下又出现了很赞的行书。两者考虑问题的角度不大一致，其实并不存在大的冲突。相反，交互设计与敏捷开发方法如果能够结合起来，就能以更小的成本交付令用户满意的产品。Patton 大师已经在这方面做了成功的尝试，有兴趣的同学可以继续深入研究。

信息展现设计的例子

设计师们常做的工作中，信息展现是很重要的部分。同样的一堆信息摆在面前，展现方式设计的好坏可以让用户的感觉有多大差异？为什么同样的一个‘任务”，有时一天就能“完成”，有时一周也可能没法“完成’？

这个例子是我在 2007 年从 Google 的一位产品经理那里听来的 任务的目的是展示美

---

23 极限编程：Extreme Programming，简称 XP，是由 Kent Beck 在 1996 年提出的一种敏捷开发方法。

国的几个城市在不同月份的平均降水量。很自然的，一开始我们就会想到用一张表格，如图 4-13 所示，横轴是 1 月到 12 月，纵轴是城市名称，分别是 San Francisco、Seattle、Chicago、New York、Miami，表格中每个元素就是某城市在那个月的平均降水量，单位是“英寸每月”。

AVERAGE RAINFALL (INCHES/MONTH)

	JAN	FEB	MAR	APR	MAY	JUN	JUL	AUG	SEP	OCT	NOV	DEC
San Fran	4.35	3.17	3.06	1.37	0.19	0.11	0.03	0.05	0.20	1.22	2.86	3.09
Seattle	5.35	4.03	3.77	2.51	1.84	1.59	0.85	1.22	1.94	3.25	5.65	6.00
Chicago	1.53	1.36	2.69	3.64	3.32	3.78	3.66	4.22	3.82	2.41	2.92	2.47
New York	3.17	3.02	3.59	3.90	3.80	3.65	3.80	3.41	3.30	2.88	3.65	3.42
Miami	2.01	2.08	2.39	2.85	6.21	9.33	5.70	7.58	7.63	5.64	2.66	1.83

图 4-13 把数据表格化

图 4-13 已经把所有的信息都展示出来了，但重点不够突出，各种信息都使用一样的字体，让人不知道一开始看哪里，而如图 4-14 所示的图表就优化了很多。首先各种文字用了不一样的字体，图表的标题最明显，让人一眼就知道这个图表是说什么的。月份与城市信息稍微弱化以突出数据内容，特别值得一提的是这里用了不同深浅的颜色来突出数据，让人很容易解读出某个城市全年整体的降水情况，降水季节分布等信息。

Average Rainfall (inches/month)

	Jan	Feb	Mar	Apr	May	June	July	Aug	Sep	Oct	Nov	Dec
San Francisco	4.35	3.17	3.06	1.37	0.19	0.03	0.06	0.05	0.20	1.22	2.86	3.09
Seattle	5.35	4.03	3.77	2.51	1.84	1.59	0.85	1.22	1.94	3.25	5.65	6.00
Chicago	1.53	1.36	2.69	3.64	3.32	3.78	3.66	4.22	3.82	2.41	2.92	2.47
New York	3.17	3.02	3.59	3.90	3.80	3.65	3.80	3.41	3.30	2.88	3.65	4.42
Miami	2.01	2.08	2.39	2.85	6.21	9.33	5.70	7.58	7.63	5.64	2.66	1.83

图 4-14 突出重点信息

我常说“字不如表，表不如图”，再回忆一下上面的图表，你还能记住 Miami 在 8 月的平均降水量吗？我是不能，但我记得 Miami 在夏季的降水量很大。这给了我们启发，其实要传递的并不是具体的数字，而是每个城市在全年的降水量整体情况与分布，所以说某个城市某个月的降水量，表达成类似“很多、多、少、很少”的形式会更好，数据只是给极少数做科学研究的人，在需要的时候可以查到就可以了，在表现形式上，我们可以处理成鼠标悬停在某个区域的时候，就展现出相应的数字。于是，我们进一步优化出如图 4-15 所示的图表，用很符合读者心智模型的水滴大小、颜色深浅来表示不同的降水量区间。现在更加一目了然了，San Francisco 最干，冬天稍微好一些；而 New York 全年降水很平均……

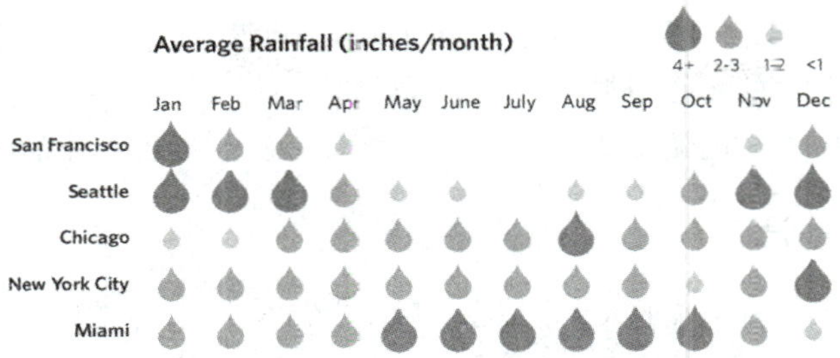

图 4-15　数据可视化

还可以优化吗？是的，还可以。上面几个城市为什么会有这样的降水情况呢？我们可以像如图 4-16 所示这样，把它们放进地图里，从地理的角度得到解释，比如 San Francisco "因为三面环水，并受太平洋加利福尼亚寒流影响，是典型的凉夏型地中海式气候"，所以夏季降雨极少，冬天经常下雨。而 Miami 则 "拥有温暖、湿润的夏雨型暖副热带气候"，所以降水充沛。图 4-16 可以与用户交互，把时间轴做了个动态展现，拖动时间轴，我们可以看到几大城市，甚至可以推测出全美国在一年中各地的降水情况。当然，如此炫的表达也有其弱点，那就是没法如图 4-15 一样一次性看到所有信息了，这个需要我们来权衡利弊[24]。

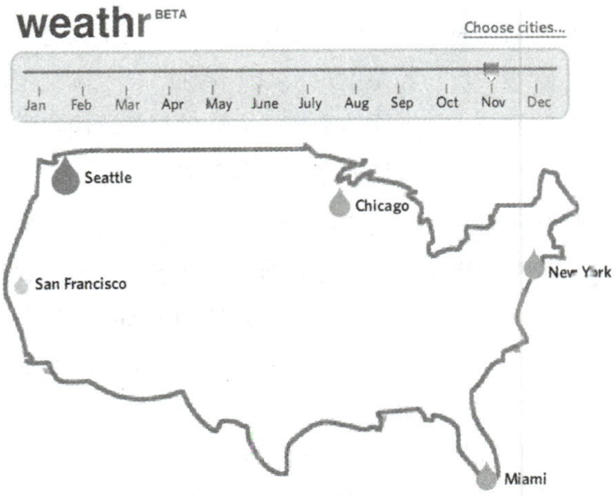

图 4-16　带交互的信息展现

24　图 4-15 与图 4-16 的设计，哪个好其实并无定论，还是要看需求场景，比如对于下个月想旅游的人，图 4-16 的设计更好，而对一位卖伞的商人，则图 4-15 更有用。

有个细节差点忘记，图 4-16 中左上角的 logo，有没有让你联想到什么？对了，flickr（flicker.com），同样的配色，同样的字体，同样的故意拼写错误，我想这应该是产品经理、产品设计师一种典型的闷骚表现吧，总想留个彩蛋，总想在看似严肃的场合下开点玩笑。

聊聊细节，文案设计

设计师是一群追求完美的人，所以在最后，我们再讲一个细节话题——文案设计。这里不是指网站里大段文字的编辑工作，而是指产品中随处可见的文字问题。自己的体会：因为文案问题很隐蔽，所以在各个产品中都普遍存在，包括本书，我想出版后也必然还有错别字和病句。虽说这不会对产品功能造成太大的伤害，但是过多的文案问题会使得产品整体感觉降了一个档次。我把文案问题分为三个级别。

低级阶段：错别字，病句，错误标点。比如常见的错别字：把“登录”写成“登陆”，打开一个网页可以算“登陆”这个网站，而输入了用户名、密码之后才是“登录”了这个网站，用英文 Landing 和 Login 就容易区分了；语句逻辑关系混乱，这属于小学的时候作文练得不到位，没事儿乱“因为、所以”、“如果、那么”；中文与英文的标点混合不分，陈述句最后没有句号等。这些错误没什么好说的，要极力避免。

中级阶段：用词不统一，不准确。比如“创建”与“新建”，其实结果都是一个意思——New，用哪个本无所谓，但是在同一个产品中不统一的话，会给人不专业的感觉；导航菜单用词的主谓、动宾结构不统一，经常看到同一个产品中同时出现主谓结构的“系统配置”和动宾结构的“管理客户”等菜单；又如“保存”、“确定”不分，一般来说前者是伴随信息的提交，系统有写入数据库的动作，而后者只是让用户肯定刚才的行为；再如“邮局”、“邮箱”、“邮件”等近似词语的不准确使用。

高级阶段：语言风格不统一，产品气质不统一。我们经常会发现，产品里同时存在由开发工程师随手写的“成功、出错提示”，和前台小妹帮忙写的“欢迎、促销信息”，所以用户在使用产品的时候，一会儿看到“数据库错误，CorpID 不能为空”这种过于专业的术语，一会儿又看到“哦”、“啊”、“☺”结尾的感情丰富的句子，这两种明显不同的风格同时出现在文案中，简直是让用户冰火两重天。所以由一个人最终来统一语言风格是很有必要的，而语言风格又是由产品想传达给用户的气质决定的，比如曾经的聚友（myspace.cn）可以在用户登录后的欢迎词里写“好久没见，你是不是忙着去拯救全人类了？”如图 4-17 所示，我们看了会会心一笑，越来越多的手机应用也会走“萌系”风格，而这些要是出现在 Oracle 的财务系统里，那简直就要让人崩溃了。

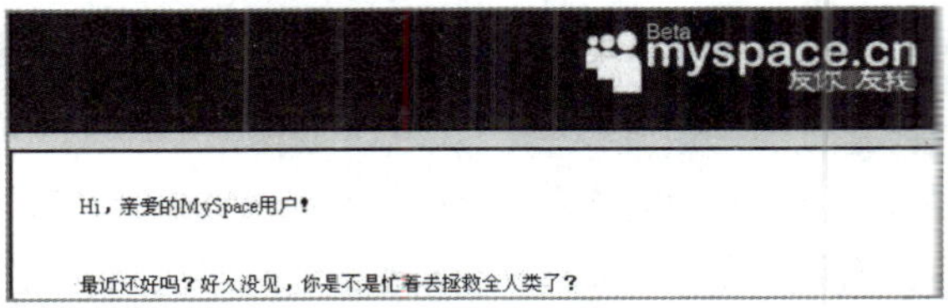

图 4-17　聚友的欢迎词

最后，需要给大家泼点冷水，虽然我们这么用心地去琢磨文案，但产品里的文案却是越少越好。用户都是凭着自己的感觉去使用产品，他们通常不会去看帮助、不会去看说明书，甚至不会看页面上一句话的提示，如果一个功能需要配合 100 个字的说明，那我们就要考虑这个功能是不是做得有问题了。

4.2.3　“阴险狡诈”的运营师

如果说规划师是产品的父母，把产品生出来；设计师是产品的老师，把产品教育好；那么运营师[25]就算是产品的老板吧，他们要把产品卖出去，让产品从“叫好”到“叫座”，让更多的人愿意使用产品[26]。

这两年，网络上很多流行的人物、事件，后来都被披露是网络推手所为，他们策划、制造话题，运用病毒营销、事件营销等方法，让某些人获益。“幕后黑手”、“无商不奸”、“阴险狡诈”等词反映了他们不怎么好的口碑。不过如果大家只想这些词中的积极因素，倒是正好很贴切地描述了产品运营师。

产品做出来之后，不能直接向用户介绍功能，而是有一个把“功能转化为卖点”的过程[27]，先要告诉用户产品“有什么用”，用户才有兴趣了解“怎么用”，之后要关注产品的市场反应，推动产品改进。所以，运营的工作非常重要，幸运的是，在几款产品的早期，我也参与过一些运营的工作，大家一起准备材料、策划方案，收获不小。

但很多 PD 一提到运营，除了微笑，还会咬牙切齿，为什么？我们先来看看产品与运营的战与和。

产品与运营的战与和

一方面，产品需要好的运营。今天已经不是“好酒不怕巷子深”的年代了，各种产品都极其丰富，没有运营，产品只能“养在深闺人未识”，慢慢消亡。另一方面，运营也需

25　产品运营师：Product Operation，简称 PO。

26　延伸阅读，“我给运营师的‘提需求的模板’”，http://iamsujie.com/1000/1019/。

27　延伸阅读，“讲故事的能力：从功能到卖点”，http://iamsujie.com/5000/5015/。

要好的产品，运营只能把人带来，而把人留住就必须要靠产品了，只有产品真的有用、能用、好用，才能看到运营产生的持续效果。

这样看起来产品和运营的同学应该亲如兄弟，但在现实中，产品与运营却总是充满矛盾，经常看到他们吵得面红耳赤，这又是为什么呢？

通常是因为运营的同学背着更直接的商业指标，比如年底前网站的 PV（Page View）要达到 1 亿，APP 的 DAU[28]要摸高 200 万，用户活跃度要达到 60%。大老板们的出发点通常都是好的，但传达到执行层面以后，就只是一个数字了，大家忘记了数字背后的目的。虽然说这样的简化、量化便于管理，但麻烦的是，数字总是有漏洞可以钻的，所以经常就是运营为了数字而数字。

如图 4-18 所示，是我身边的一个网站产品在 2008 年底做的运营活动，当时用了很多手段，有些甚至近乎“流氓”，可以看到数字是出现了爆发式增长，达到了 PV 的预期目标，但问题在于：PV 并没有留住，两个月后再看 PV 的时候，发现和运营前没什么区别，数字背后的目的——增加网站用户数，并没有达到。

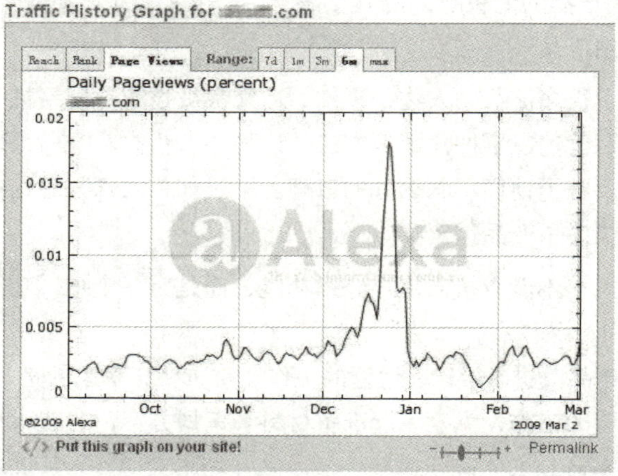

图 4-18 运营的短期与长期效果

产品团队与销售团队也常常因为类似的问题而争论。这是运营的错，没分清目的与手段，只为提升 PV 拉了很多垃圾流量，而如果挖掘真正的用户则需要做更多工作——去寻找目标用户、去调研、去与产品团队合作；也是产品的错，那么多的 PV，居然一点儿人都没留住；也许，更是数字惹的祸，老板们是否可以用更合理的数字来避免问题？比如追求注册用户数、活跃用户数等，而不是 PV？也许，那些数字更难，或者看上去不会这么好看。

28 DAU：Daily Active User，日活跃用户数量，经常作为衡量一款手机应用的基础指标。

身边发生的这件事让我很困惑，特别是几个月后，这个团队获得了高层的褒奖，因为他们是数字完成得最漂亮的团队。但我仍然不是很认可这件事情，我不愿意去想，如果我背负着类似的 KPI[29]，难道能强悍到不做同样的事吗？

客观地看，不论是高层、运营，还是产品团队做的事情，都是在平衡短期与长期利益。有时候产品与运营共同承担商业指标会好一些，但运营的同学总会显得急一些，他们希望尽快看到效果，而产品的同学则热衷于练内功，好在大家的根本目的是一致的，只是这个度需要双方共同寻找平衡点。

个人博客运营实例

有人说史玉柱是最好的产品经理，他强就强在对用户、市场、产品的理解上，他可以为了卖脑白金和 N 个大爷大妈聊天，也可以为了做网游没日没夜地玩……看过他写的脑白金推广计划，确实有酣畅淋漓的感觉，如同一场战争的策划。在我心目中，一次好的运营就是事前“预谋”，事中按计划执行，事后拿到结果并为下一次运营积累经验。自己在工作中一直没有完整地主导过运营活动，所以在 2009 年的二三月，我拿自己的博客[30]练了练手，好好玩了一把。下面是当时情况的一些摘录。

2009 年春节，行动前的策划。

定下原则：不花钱，只花时间；用户“质”重于“量”，所以不在意流量，绝对不会在无关的高流量场合做推广；第一轮运营以 1 个月为周期，KPI 定为可以体现高质量用户数的“RSS 订阅数”，1 月底约 200，2 月底争取达到 500。

几点考虑：

- “人人都是产品经理”必须以内容为王，要保证原创的数量和质量，这些是核心竞争力，所以春节期间的两周主要是积累材料，将 MSN Space 上已有的文章转移到新博客，并且做了一些推广活动的预研，考察了几个相关网站、特定版面的人气情况，初步判断各个推广渠道的优先级。
- 春节后的第一周先做试探性推广，主要考虑到还有一些目标受众没有开始上班，没有进入状态，全面出击定在 2 月 9 日开始的那一周，这是因为考虑到工作的第二周大家不会很忙，同时新年新气象，又都很有激情，互相学习讨论的氛围较好。
- 具体的推广渠道如下：（略）

执行到 2 月底的时候，我做了个小结。

29　现实中的 KPI 往往是这样，我理想中的 KPI 应该具有更广泛的含义，第 5.4 节“KPI，KPI，KPI”里有相关描述。

30　2014 年，又开始用微信公众号练手了，大家有兴趣可以加我，@iamsujie。

回顾了 2 月的第一轮运营，只看我最关注的订阅数：推广进行到 2 月 14 日的时候，订阅数就达到了 500，所以后两周我取消了推广计划，保持静默，做个无推广的对比，到月底订阅数自然增长到 670。

然后，根据第一轮的经验，我制订了 3 月份运营计划，也是第二轮大面积推广的计划，希望订阅数达到 1500。

以一周为单位分成 4 小轮推广，以 4 篇《产品经理值得……》系列原创文章为主打，说实话有点标题党，不过内容应该还是很实在的，它们分别是：

第一周，《产品经理值得听的 13 个培训》，谈谈参加过的培训；

第二周，《产品经理值得看的 16 个博客》，谈谈经常看的博客；

第三周，《产品经理值得交的 10 个朋友》，谈谈我梦想的人脉；

第四周，《产品经理值得读的 12 本书》，谈谈对我帮助很大的书。

每轮都是比较严格地按照计划执行的，周一中午发出博文，同步转载至 UCDChina、CSDN 专家博客，很幸运这两处都很帮忙，当天就上了首页；周二上午 11 点刚过开始 QQ 群推广，二线渠道的转载，比如豆瓣等；周三开始选择性顶帖，在 UCDChina 上转载一篇旧博文；周四发一篇辅助博文保持更新频率。

到了 4 月初，我总结了 3 月运营的结果。

推广渠道方面，UCDChina、CSDN 专家博客、QQ 群是三大功臣，它们都带来不少访客。此外我注意增加了文章里的站内链接，其中第一、第四篇主打文章里都有很多站内链接，增加了不少额外的访问。而订阅数目标也完成得很漂亮，也许是我定得太保守了，3 月 10 日订阅数就突破了 1000，3 月 25 日突破 1500，3 月 31 日突破 1800。

并且，我又想出了一些新招，比如除了寻找产品经理聚集地以外，还把特定的文章，如写项目管理、网络营销、交互设计等的推荐给有想法转行的工程师、项目经理、市场人员；多和相关的优质博客沟通，互相推荐；充分利用 QQ 群邮件等。

在整个推广的过程中，我发现，运营就和任何事情一样，即使没有专门学过，但只要去做，就能不断提高，越做越好。经过二三月的推广，博客已经有了惯性地自然增长，直到 2010 年 2 月，我最看重的订阅数已经突破了 10000 大关。

一次无意识的“事件+病毒营销”

我在写本章初稿的时候，并没有这一节。虽然我做很多事情都是事先有计划的，但这次的“事件营销”和“病毒营销”，完全是无意识的行为。缘起是 2009 年 10 月 26 日晚上，我在博客上发布了一篇博文——《又是四年整，说个小故事，大家低调一点》。

2005 年 10 月 26 日晚，Google 中国成立不久，李开复来到浙江大学讲演。

- 我作为一名普通的学生粉丝，参与了这次活动的组织。
- 那天晚上，开复一行人挺多，演讲前后一直在永谦小剧场的休息室里休息。
- 我们给他们冲咖啡，但是发现没有足够大的壶。
- 所以很土地想到用脸盆，确实很诡异。
- 我比较空，以最快的速度跑回宿舍拿。
- 自己的脸盆正好装了脏衣服，已经泡起来了，没法用。
- 就顺手拿起室友的，学校发的那种，除了编号，都一样。
- 之后一切顺利，我还搞了一本开复签名的《做最好的自己》。

直到临睡前，我在电脑前，突然听到厕所里室友很疑惑地喊：

“啊，我的脚盆里怎么有股咖啡味儿？”

!!! ……

PS：我后来去内场帮忙了，那盆咖啡到底谁喝过，我至今都不知道。

小明：“请允许我先囧一下……好了，继续吧。”

发帖之后，我没做任何事情，和其他帖子的几百到数千 PV 不同，到 11 月中旬，这个帖子的 PV 破万，也许对于大网站来说这不算什么，但它却成为 iamsujie.com 的第一热帖，要知道 2009 年 3 月我刻意推广的几篇文章，到 2009 年底 PV 最多也不过 9000。这篇帖子的 PV 曲线如图 4-19 所示，

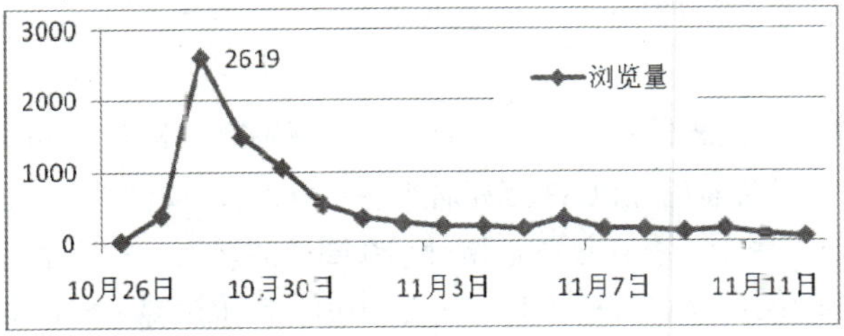

图 4-19　帖子的浏览量曲线

从图 4-19 中可以看出，10 月 27 日还算正常，只是稍微有一些转帖、分享的行为，谈几点：

- 博客本身数千订阅用户中，总会有人乐于分享；

- 自己的各种 SNS、微博客的自动同步，可以带来一些浏览；
- 我从来源中发现，搜狐白社会（bai.sohu.com）、豆瓣等网站……都带来了几十个 PV。

爆发出现在 10 月 28 日下午 4 点多，李开复老师（weibo.com/kaifulee）自己写了一条微博：

"朋友传给我一个博客，说我在浙大喝了'特殊咖啡'。http://sinaurl.cn/hVnvI 怪不得喝完感觉'脸色'特别好。"

之后，引起了爆发性的增长。开复老师提到有朋友转帖给他，那么这个转帖人就起到了关键作用，应该是博客的某个订阅者。直到 11 月 12 日，这个帖子的日均 PV 才降到 100 以下，而其中大部分都是开复那条微博里的链接带来的。有几点值得说。

- 这个事件本身具有一定的娱乐性，且没有恶意，不会伤害任何人；
- 那段时间李开复老师的创新工场的事情正火爆，他也正在高校巡讲，并且刚去过浙大；
- 微博的力量：转发当时李开复在新浪微博人气第一，有 16 万多的粉丝；
- 引起转载 120 多条，不过转载后链接过来的数量之和与开复老师的比起来都只是个零头。

这个事情的受益方也许是：

我的博客？这个帖子确实带来了很多流量，但质量不佳。访问者中，新访客占到了约 80%，远超出我博客整体 50%左右的新访客比例，只看一个页面就离开的比例，即跳出率达到 70%，也高出博客整体十几个点。所以说他们大多数都是看热闹的，似乎并没有多少我在乎的"–1 到 3 岁的产品经理"。这也是为什么我一直没有做"只要流量不要质量"的类似运营的原因。

李开复老师？10 月 28 日的粉丝大约 16 万[31]，领先第二名不到 6000。到 11 月 21 日再看，已经 30 万，不过姚晨已经以 33 万高居第一，可以看出新浪微博开始从内测阶段的 IT 圈内逐渐走向大众。毕竟，李开复还是相对小众圈子的名人，从这个帖子另外两个流量较大的来源南京大学 BBS（小百合）、上海交大 BBS（饮水思源）就可以看出。所以，这条微博对他的亲和形象也许有帮助，但作用大小难以估计。

浙江大学？因为李开复后来又发了一条：

"浙大同学很好啊。我们这次去浙大，面试中脱颖而出的超过任何其他学校。以后他

31 那时，新浪微博的"超级大 V"也才十几万粉丝，值得怀念。

们入职后，我自己泡咖啡就是了。”

这篇引起了不少其他学校同学的妒忌和浙大同学的自豪感，有近百条评论与 200 多条转载。

这一切都是意外，但让我体会到了事件营销、病毒营销的力量。所以，这本书的营销，我已经尝试过几次，不知道你是否感受到了。

4.3 商业团队，冲锋陷阵

我是理工科出身，所以前几年总会觉得商业团队做的事情与技术团队比起来，都太虚，直到最近才渐渐体会到，**我们觉得某样东西虚只是因为对它不熟悉而已。**

前线的团队，主要任务是市场、销售，需要负责产品价格策略、促销策略、销售策划、渠道管理等；另一块任务是服务，也有细分，比如客户服务、技术支持、服务策划等。最最简化了以后的图示如图 4-20 所示。公司里经常出现的情况是谁直接创造效益谁牛气，所以经常是销售的同学“蹂躏”产品的同学，然后产品的同学又去“欺负”服务的同学。这里我特别想帮服务的同学说句话，他们经常被看成是支持部门，而实际上他们给产品带来的价值很大。“一手抓销售，一手抓服务，两手都要抓，两手都要硬”。他们都是和用户、客户最近的。如果说销售是增加新客户，让客户对某个产品第一次付钱，那么服务就是稳住老客户，让客户对某个产品不断付钱。

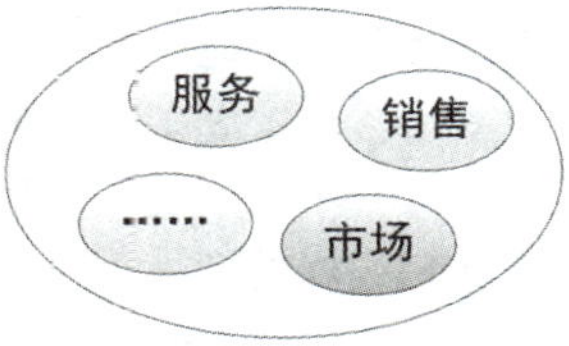

图 4-20 商业团队简图

对于商业团队，很重要的一点就是在每一个项目的过程中，千万别忘了他们。因为 PD 主导的项目大多数工作都和技术有关，所以往往不关心，或忘记关心商业人员。这就需要我们主动一点，该叫他们的评审会都得叫上，上线前得酌情提供 PPT 或者组织内部培训，绝对要避免最后的产品演示会上，甚至已经发布以后才忽然暴露问题——这会侵犯代理商的利益，行不通！服务团队没有人手做服务……

手忙脚乱对大家都不好。

4.3.1 好产品还需市场化

因为公司里有专门的商业团队，所以很多工作 PD 平时接触得并不多。好在 2008 年我做的产品没有专门的运营团队，我能够参与销售、服务团队的方案讨论，这给了我接触相应领域的机会。正巧 2008 春节那段时间，看了《**产品经理实战手册**》[32]，它主要讲的是产品经理偏市场方面的工作，就几个印象较深的话题分享一下自己的体会。

包装：我们去超市、商场，买任何商品，都习惯于有个包装，不但给产品做宣传，还有保护产品、便于存储等诸多作用。传统软件，一般也都有一个光盘与盒子，只是到了这几年，很多互联网产品似乎没有了包装。不过我们可以这么理解，对互联网产品来说，包装就是产品的 Portal、登录页面、启动页面等，这些页面是产品给用户的第一感觉，重要性不言而喻。

定价：有很多种理论方法，比如成本导向、需求导向、竞争导向等，不过真实场景下没那么刻板，至少我经历过的几次产品定价，都是大家开会讨论出来的，似乎并没有刻意地使用某种理论。

促销：“广告”和“公关”[33]，似乎都可算为促销策略的一部分，这类活动是大量覆盖的面上攻击，杀伤力持久，好比空军的轰炸。

销售：好比地面部队，更精准的点对点的攻击，立竿见影。阿里巴巴的销售是业内出名的，人员所占比例高，单兵能力强，所以才会有很多人说阿里[34]其实不是一家互联网公司，而是传统行业。

渠道：产品销售的方式，产品采用何种渠道，取决于性价比的综合考虑，比如我身边的多种产品，就有电话直销、上门直销、网上直销、线下渠道加盟等多种模式。

我觉得这本书的一个主要思想就是，好的产品需要市场化，不然就成了实验室里的样品，公司不能总是搞科研，必须得赚钱才能可持续发展。产品市场化要做的事情很多也很细，比如做一次公开的市场推广活动，就牵涉到市场预算的及时到位、宣传资料的准备、事前事后的 PR 轰炸等，确实需要经验丰富的“老鸟”来做。对于我这个成长中的产品经理，虽然现阶段接触的还不多，不过一定需要抱着一颗好奇心去尽量了解，下面就和大家聊聊相关话题。

---

32 这本书是金山的王欣、夏济写的，很实用的操作读物，看起来比较轻松，可以放在手边没事翻几页。

33 公关：公共关系，Public Relationship，其简称 PR 可能更有名。

34 特指早些年 B2B 那块业务。

定价与促销

回顾一下 2007 年，网店版的定价与促销策略。在那会儿我们真的是创业团队，由几个经验不太丰富的人讨论出来方案，并最终实施。我一直在想，如果有个经验丰富的人全程参与，网店版应该可以卖得更好，有更多的付费用户和收入。

当时，商业层面绝大部分工作是产品团队的同学在做。一是因为产品唯一的销售模式是在线直销，所以没有销售人员；二是因为产品要顾忌“淘宝继续免费 3 年”的口号，免得引起公众误会和对手攻击，所以市场和 PR 工作也都完全静默。

先说定价，网店版的 SaaS[35]模式决定了我们与很多传统的竞争对手不同。他们大多数是客户端软件，所以多采取买断的模式。而我们则采用了租用模式，这点似乎从一开始就没有异议，因为我们卖的确实是一种服务，像水电煤，服务不停当然收钱不止。

具体的租金，开始考虑得最复杂：按模块、资源收费，用户完全自主选择自己需要的模块，有的模块里面有资源数的概念，可以额外购买；并且整体打包成“企业版”、“进阶版”、“普及版”三个预设包装；配合特定的细分用户群，我们再打出特色版本“某些模块+资源数”的组合，如“进销存版”；配合前期促销，我们再打包出“试用版”。最终感觉这样太复杂，一方面用户的理解难度增大，另一方面我们的工作量增大，在多轮讨论之后，砍掉了资源概念，砍掉 N 多版本，只推出一个付费的进阶版，包月租金 30 元，口号：“一天一块钱，帮你管网店”。另外将部分模块屏蔽，推出了一个免费的普及版。

最后我们发现，**当自己对某个领域不熟悉的时候，做起事来总会把问题想象得很复杂，把自己知道的所有知识都用上，而真正的高手，是可以一下子就找出问题的关键，然后用最最简单的办法就搞定。**

再说促销，产品上线以后，一开始就要用户直接掏钱显然是不太现实的，所以我们给所有符合一定条件的活跃用户都免费“试用”了一个月的收费产品。再后来，我们还采取了其他方法：先是直接降价，短期的买一送二，买一送一；之后，感觉不好意思直降了，就变相降价，过年过节送红包，或者强行想出个理由来送红包；还有，与其他付费产品打包销售，如与淘宝商城、付费推广、消费者保障计划等结合，再与淘宝分成。所以在 2007 年，我们基本上是以 10 元每月的底线销售的，因为那一年的主要目标是“付费用户数”而不是“收入”。有一段时间，老板甚至给出了 5 元每月的底线，但我们挺住了没降下去。

2008 年开始，由于公司的战略调整，我也去做其他产品了，不过网店版在几乎没有追加投入的情况下，收入突破每月百万人民币，应该说是个不错的成绩。

---

35 SaaS：Software-as-a-Service 的缩写，意思是软件即服务，是基于互联网提供软件服务的软件应用模式。

销售与渠道

到了2008年，“e网打进”销售火爆，出于工作需要，我浏览了一些渠道相关的书籍，说说相关的体会。

先来点基础知识，销售有两大模式：直销VS分销。分销要通过渠道，渠道又分代理和经销。他们的区别是“代理”赚佣金，没有产品所有权和库存风险；“经销”赚差价，产品所有权发生转移，比如批发商。

现在网络上的付费产品，生产商和消费者之间有了互联网的连接，更容易直接接触，加之网络支付等服务的成熟，所以网络个人应用，大多数都采取了直销。而我们的“e网打进”是面向企业用户的，而国内中小企业现在相应的知识和意识还略显落后，所以我们选择了渠道销售。

在渠道战术的推拉方面，所谓“推”是集中力量做渠道工作，用高额利润去刺激渠道主动推销产品，快速抢占市场；而“拉”是通过PR、广告、传播等手段启动市场，刺激消费者，促使渠道来找厂商。推适合企业规模小、技术含量高、销售过程复杂的产品，一般来说：新产品推，老产品拉。“e网打进”用的显然是推的方法，其驱动路线是“厂商→渠道→终端用户”。

对销售和渠道的话题，我作为外行不再多言，回到产品设计的角度说几句。第一，通过渠道销售的产品，新增功能和改动功能的时候，还需要额外考虑公司内渠道管理人员的培训成本、渠道商的培训成本，要他们把一个功能说明白很不容易。第二，既然选择通过渠道来销售，就说明终端用户对互联网的应用能力不足，所以相应的设计思路也要转变。第三，在渠道终端的用户一般是企业，企业用户与个人用户的差异也不得不考虑。比如支付，企业用户就会有开发票的问题，不能只简单地考虑网上支付途径。第四，由于渠道的介入，多级的定价，分成比例，开发票的流程，渠道政策都要有相应的系统支撑。

最后，爱好用户体验的人对销售渠道又会提出一个问题：社会发展导致对效率的优化——分工，也是出于成本考虑，我们的产品采用渠道销售——一种非核心业务外包的形式。我们的终端客户是不会了解中间细节的，他们会把外包服务的不爽怪罪到产品上，给产品的体验减分，那么最终一个很大的似乎也只能折中解决的问题，就是：如何保证渠道的服务质量进而控制合作公司来保障产品的整体体验？

留给我们长期思考。

另一种产品版本细分策略

2009年春，我在网上闲逛的时候看到一张图，如图4-21所示，然后很自然地想到了一个经典的销售策略，图中的产品，压根就没打算卖“标准版”，甚至让你觉得，买、卖的人是傻子……

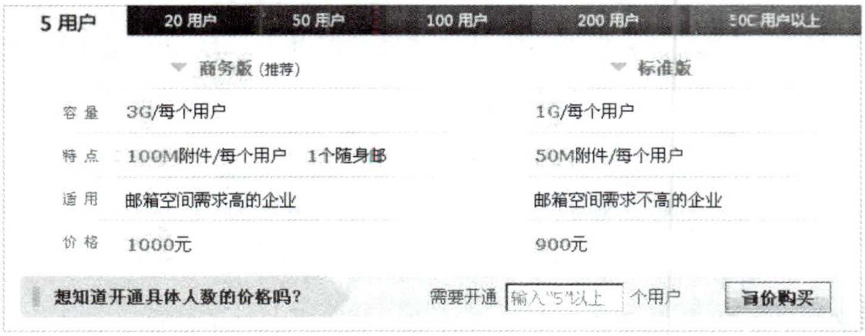

图 4-21　网易企业邮局的版本细分策略

再来个经典的例子，大家可以用关键词搜“报告，电子版，纸介版，价格”，随便贴几个例子，你发现了什么？

《2009-2012 年火力发电行业深度评估及市场调查研究发展分析报告》：纸介版 7200 元、EMAIL 电子版 7800 元、两个版本 8000 元。

《2008 年中国羊剪绒市场行情分析报告》：纸介版 7900 元、电子版 8500、纸介版+电子版 9000 元。

想一下，买最便宜的纸介版是不是很难受？买电子版吧，随便打印一下也就有纸介版了。而双版的价格远远低于前两种版本的价格之和，考虑到产品特性，对于绝大多数不是花自己钱的购买决策者来说，是不是诱惑也很大？每份报告的定价一定是这三种同时摆出来给你看的，不管少了哪一种，味道好像都不对了。

回归正题，我觉得产品的版本细分有两类。

一种是做功能区分，打细分市场，这个同学们都比较熟悉，比如笔记本的高中低端产品、手机的各种型号，不用多说。

另一种是为了促进销售，利用消费者心理，纯策略性地做出“炮灰版”，完全是和你玩虚的，常有手法如下。

第一，有的在原有版本的基础上，添加一些鸡肋功能做一个价格高出很多的**“高价炮灰”**，让消费者觉得商家真正想卖的那个版本特别实惠。一个特殊的例子就是在“抢市场而非赚钱”的商业目标指引下，主推免费版的同时还放出一个其实并不想卖的付费版本，以保持免费版的价值感[36]。另有一种类似的策略属于技术性炫耀，比如汽车厂商的概念车、显卡厂商不成熟的发烧版本，他们可以让产品用户心理满足以提高忠诚度。

第二，删掉核心功能做一个价格稍低的**“低价炮灰”**，反正就是要让用户觉得他要是买那个便宜的版本就是脑残，而商家推出这个便宜的版本更是脑袋被门挤了，从而满心欢喜的、好似占了多大便宜似的赶紧买下那个价格稍高的、商家真正想卖的产品。例子很多，如本文开始的那个图，又如行业报告的纸介版，再如星巴克的“中杯”、“大杯”、“超大杯”。

这些策略其实是和用户玩了一个心理游戏，在理论上属于社会心理学的范畴。一方面，购物前获取商品的所有相关信息是根本做不到的；另一方面，很多人购物时不会对功能、价格做理性分析，在乎的是“相对实惠”、“感觉划算”。那么为其营造一个可选择局部相对最优的购买环境，树立一个性价比不高的炮灰版本让用户“抛弃”，使其产生“比较”后、通过智力活动“自由选择”的快感，大家开心，何乐而不为?

有一点一定要注意，做“炮灰版本”的成本要足够低，这个策略才是靠谱的。回顾一下上面几个例子，都是这样，而这样的产品往往都是“虚拟”的，所以互联网、软件行业会特别适用，反之如手机就比较难用“炮灰版”的策略。

自己的一些产品，经常在考虑是不是搞出一些炮灰来促进销售，而这些思路，我是跟传统行业学的。一直觉得做互联网、软件的同学应该好好地去了解传统行业，传统行业已经上百年，而互联网总共才十多年，所以传统行业有很多非常成熟的套路值得我们学习。现今的各种创新，已经很难有突破性的了，往往是整合性的，所谓创新，最怕的就是因为自己知道得太少，自以为想出的办法是个创新，其实这早就是别人玩剩下的，说不定还是被玩烂的几种方法中比较拙劣的一个。避免这种悲剧的办法只能是自己不断学习和借助群体智慧，所以行业、产业交叉是很好的突破口，推荐大家有空看看**《美第奇效应》**[37]，说的就是这个道理。

最后给个与本文内容有关的小故事，看看前辈们是怎么理解类似现象的。

麻省理工学院的斯隆管理学院曾经让 100 个学生对订阅《经济学人》杂志的方式进行选择。第一种：花费 59 美元在网上订阅，好像不算贵；第二种：买 125 美元的印刷版，价格有点高，但还算可以；第三种：印刷版加电子版套餐同样价格 125 美元。结果是：单订电子版 59 美元的有 16 人；单订印刷版 125 美元的有 0 人；印刷版加电子版套餐 125 美

36 保持免费价值感的方法还有很多，比如知乎早期的邀请机制，可以算是一种“饥饿营销”。

37 人们把各个领域和学科的交叉点上出现的创新发明或发现，称为“美第奇效应”，有一本同名的书。

元的有84人。

在这个实验中，你可能不知道59美元的单订电子版是否优于125美元的单订印刷版，但你肯定知道125美元的印刷加电子版套餐要优于125美元的单订印刷版。事实上，你可以准确无误地从合订套餐中推算出：电子版是免费的呀！我是否可以听到那些营销人员在耳边这样喊着？我不得不承认，如果当时决定订阅的话，我本人十有八九会选择套餐。

斯隆管理学院的学生可都是些精明透顶的家伙，他们全都看得出印刷版加电子版套餐相对于单订印刷版的优势。第一种阅读选择：花费59美元在网上订阅，我们把它称作“竞争者”；第二种阅读选择：买125美元的印刷版，我们把它称作“诱饵”；第三种阅读选择：印刷版加电子版套餐同样价格125美元，我们把它称作“目标”。三种阅读方式的设置，就是为了让更多的人选择“目标”，这才是杂志社的营销目的。

开阔视野的水平营销

此节的最后，和同学们一起开阔一下思路。市场营销大师科特勒的《水平营销》[38]是很好的一本书。这本书给我最励志的心得：纵向营销是 Evolution（进化，特点是渐变），水平营销是 Revolution（革命，特点是突变）。大家也一定都渴望突破性的革命而不是慢慢地进化吧。

水平营销其实是一种创新思维的方法，具体的理论大家可以去看书，但有个例子特别想与同学们分享，专门摘录了 Mars 同学的博客[39]里写过的“卖包子”的一些有趣创意让大家初步领略水平营销的魅力。

假如我要卖包子，垂直营销的话我就得越来越细分市场，包子做成大号、中号、小号，另外做32种不同的馅，做到累死。假如要水平营销，我可以按照书中说的几个维度、几种手法来激发自己的创意。

首先想市场层面。

需求维度：吃包子的同学们需求是什么呢？填肚子。

替换：好吧……不填肚子了，吃我的“中药包子”可以治病，吃“美容包子”可以养颜，另外，再开发“精品包子”，开发包子作为“礼品”的需求，今年过节不收礼，收礼就收大包子。

结合：除了填肚子，或许还可以满足“表达”的需求，比如画红心什么的，假如喜欢

---

38 《水平营销》阐明了相对纵向营销而言的水平营销的框架和理论。引入横向思维来作为发现新的营销创意的又一平台，旨在获得消费者不可能向营销研究人员要求或建议的点子。

39 Mars 的个人博客：http://www.marsopinion.com/，有不少网络营销相关的好文章。

上某人又不好意思，可以帮她或他买早点，早点上面有个红心可以让她/他自己去领会……

反转：本来吃包子是为了填肚子，吃我的包子可以有助于消化，让肚子空空。本来是我卖你包子，我把它倒过来变成做包子教学，你来我铺子，我提供素材教你做包子，做好了你可以送你男朋友……给我家教的钱。

目标维度：本来的目标应该是中国人。

替换：想办法卖给外国人，搞些大红灯笼、竹叶什么的做背景，把包子渲染成“神秘的东方膳食”主攻外国人市场；本来目标是人，也可以转向宠物市场，狗狗常常想吃人吃的东西，但是主人又不放心给他们吃，可以制作专门给它们吃的包子给那些想让狗狗尝鲜的人买，配方可以针对狗狗调整，既保证安全，又能符合狗狗的口味。

地点与情境维度。

替换：一般都是在“吃”的情境里面。但是像什么“抢包山”之类活动，包子就出现在了竞技运动的情境里面。如果通过有效的市场沟通，打开新的情境，就能扩大市场。比如宣传说中国传统里面，小孩生日大家都要吃包子，小孩就能白白胖胖……或者拿牛郎织女做宣传，说每年见面一次鹊桥要走很远，所以每人都带了包子在路上吃，象征着坚贞不渝的爱情。或者宣传说“爱她就带她吃哈根达斯”是说给小情人听的，“真的能做老婆的人，就是和你一起吃包子，一边幸福地看着你的人”，让包子成为“稳定感情”的代表，表达小情侣之间稳定下来的意愿。如果他们搞定了，婚后对于“包子”的感情也会不一样，应该也会吃得频繁一点。

时间维度。

替换：一般人早上吃包子，可以开发一种包子，专门针对夜宵市场，说里面放了××中药，可以让你吃完睡得更香。

体验维度。

结合：把包子和“文化”结合。包子一般是随便吃吃的，说不定可以打造一个高档的“皇城包子”，做成中高档的饭店，供应各种包子和相应的饮食。旁边弹弹古筝什么的，搞得好像吃包子很有文化的样子……

然后是产品层面。

有形的产品或服务。

替换：把包子里面的肉换成水果沙拉；把包子皮换成豆皮。

结合：加一根吸管，用吸的，很多人已经这么做了。

夸张：每个一斤重，内含蔬菜和肉，管饱；每个只有旺仔小馒头大小，当零食吃。

品牌特征。

替换：一般是中式的包子，想办法找到外国人做包子的方式，改良一下再重新引进到中国，这个概念说不定可以吸引人尝鲜，如果好的话说不定就会成为忠实客户。就好像“港式西餐”，虽然不正宗，但是很多中国人喜欢。另外，挂着“西式包子”的概念，创新起来就更没有传统包袱。

换序：一般吃包子都是为了填饱肚子，对于品牌来说最重要的特征是“好吃”。可以宣传“健康”概念，说自己的包子馅经过严格测试，营养均衡，少油少味精，吃了不会胖，突出“健康”特点。

使用或购买。

替换：每天买包子很麻烦，在便利店可能还要排队，所以可以改“购买”方式，从每天付钱买，改成月付。一次性在便利店买30个筹码，每天去便利店拿几个包子就往旁边箱子里丢几个筹码，这样店员也方便（同时还可以服务别的客人），你也方便。

倒序：平时都是别人先包好包子，你再来买。可以推出一种服务，你先打电话或者在线订包子，可以指定要多少、多大、什么馅、馅要多少，过两个小时再去最近的便利店拿。

……

卖个包子都可以有这么多的创意，我们看到，营销也不一定要一个劲地让产品在红海[40]中搏杀，而是可以通过这些点子帮助产品在愈加同质和超竞争的市场中找到自己的蓝海。

4.3.2　我们还能做什么

商业感觉，只能随着工作经历的丰富不断提升，而不是通过上几年学、看几本书就可以学到的。所以，随着阅历的增加，对于商业团队的事情，我们可以做的也越来越多。

对市场销售，我们可以分析数据，给他们的决策提供支持；我们可以提供总结好的核

40　红海代表现今存在的所有产业，也就是我们已知的市场空间；蓝海则代表当今还不存在的产业，这就是未知的市场空间。《蓝海战略》一书中对这个话题有详细的阐述。

心功能与卖点，而不是给出功能列表让销售自己想；我们可以参与销售策略的制定；我们可以为产品上市的新闻发布会出谋划策……我们还能帮市场销售团队做什么？且看“老板，要光盘吗”。

和服务有关的事情，除了在产品正常运行的日子里做好技术支持一类的工作，一起更新产品的帮助，我们还能参与服务策略的制定。且看“算出来的服务策略”。

“老板，要光盘吗”

小明：标题让我想到了城市天桥上卖光盘的小贩……

2008年开始，我们在卖“e网打进”。用户买到的是什么？拿用户的话说，花几千块买了两串数字——一个叫账号，一个叫密码。中小企业付钱的老板晕了，渠道商晕了，销售晕了，最后我们终于也晕了。到头来大家发现，做企业级产品不能像个人网络应用这么玩，太时尚了，我们还是要结合传统，搞点实在的东西。

于是有了如图4-22所示的光盘和包装，无中生有地给一款基于网页的软件搞出一些实体化的东西，这就是包装，事后证明靠谱，当然，这也很有时代烙印。我发起和参与了整个过程，这期间做的事情很多都不是典型互联网、软件行业的产品经理的工作了，通过光盘与包装的制作，学到了很多传统实物产品的设计思路，待我慢慢回忆。

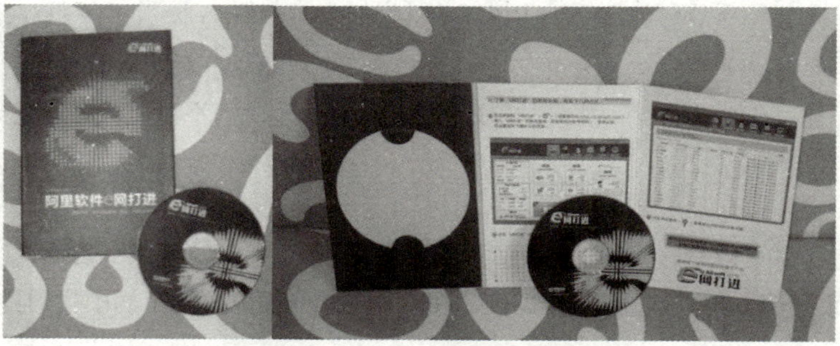

图4-22 “e网打进”的光盘与包装

2008年4季度，“e网打进”的活跃度提前达到预设的目标，老板提出了更高的要求，于是我的小组接到任务，只有一句话——提高产品用户的活跃度！于是围绕“活跃度”，兵分两路做了如下事情。

治标的运营活动：奔着数字指标，直接对“1个月登录4天以上为活跃”下药，将用户按登录频率切分群体，启动“小福星”运营项目，尝试将“1个月登录1至3次”的用户往4次转化。运营2周后，发现效果不理想。我们继续分析数据，发现减少“1个月登录4至8次”用户的流失率，提升空间也不大，于是这条线暂停。

但这个过程产生了一些有价值的副产品。一方面，发现很多用户通过线上运营无效，因为他们根本就不是“真正用过产品的用户”。于是联合销售部门、服务部门一起做了用户监控系统，来检测虚假用户、对问题用户报警。另一方面，进一步对活跃度的KPI提出自己的观点，确定在“活跃用户与付费用户之间，应该添加使用用户的概念”，并且定量地证明了老板给出的新KPI数字在当时的状况下是没法达到的，后来这个数字也就不了了之了。插一句，对于如何把“老板你不靠谱”这个想法向上传达，虽然需要技巧，但是在我看来，最重要的还是要有个通情达理的好老板。

治本的用户研究：我先分析了用户最近几个月的登录日志，试图寻找阻碍活跃度进一步提升的问题；通过电话访谈、实地访谈，了解引起问题的原因，分析总结后归为从主到次的4类。

原因1：渠道商失责或造假，用户没用过产品。

解决方案：继续分析数据提供支撑，营销、产品、服务部门共同制定明年的渠道政策。渠道建设考虑混合模式，即“经销+代理”。参与策划三大计划：营销辅助计划，我们大力推广品牌，帮助经销商造势；服务培训计划，提升经销商服务能力；销售培训计划，提升经销商销售人员的能力。

原因2：产品太虚，记不住账号、网址，用不起来。

解决方案：发起“鸡毛信”项目，产品实体化，也就是做了产品包装，下面会详细讲述。

原因3：产品没人用，用的人不对。

解决方案：发起“天使计划”，做了服务外包的试验，我们找人来帮用户使用软件，直接把通过软件获得的潜在生意机会输出给用户。

原因4：网站流量低，产品难以发挥作用。

解决方案：长期思考，除了产品转型以外，暂时还没找到突破

其他动作不展开，其中原因2的最终产物就是图4-22中的光盘及其包装，整个过程稍微展开如下。

明确目的：主要解决“用户记不住账号、产品网址”的问题，顺带着有辅助销售、辅助产品初始化的作用。

说服老板，申请预算和资源：把问题和解决方案做成PPT，说服老板。我把需要做的东西分解为“光盘内容、盘面、光盘包装”，便于后续多人协作。申请预算，实物的表现

形式会影响预算，特别是包装的形式，我们最终还是选择了一个相当省钱的方案。

联系供应商：联系包装供应商、看已有样品，依照想展现给用户的内容，选择光盘包装的大小、版式、材质。联系光盘供应商，这个过程中了解到光盘也有很多种形状，比如大盘、小盘、名片盘，各有优劣与特色。

具体设计：盘内内容的设计，盘面设计，包装的每页上都放哪些内容。这些都是基于产品目的、对用户的了解，以及各种限制下的选择，太细节的思路，不再详述。可以举个小例子：我们在光盘里设计了一个很土的“安装软件”过程，可是对于在网页上使用的软件有什么要安装的呢？其实我们的安装过程就是在用户的桌面添加了一个到产品登录页面的快捷方式，事实证明很有用。

“e 网打进”这个产品一直没找准方向，留一个共性问题我们一起思考。对于产品部门来说，一定是先确定目标用户再设计产品。而对市场销售等商业部门来说，现实中往往是先拿到产品，再去考虑去主打哪些市场与用户，他们并不管产品部门原先定义的目标用户是怎样的，而是去寻找最容易的突破口。所以，产品与市场两边的配合很重要，需要互相调整来彼此适应，这样的轮回并不是一个闭环，而是螺旋上升。有的时候一个产品已经做出来了，原先设想的目标用户并不买单，我们也别急着去找哪些功能设计错了，怎么改产品，而不妨先换个角度想，产品与市场不匹配，除了改产品，也可以改市场嘛，有可能这个产品对另一部分市场和用户正合适，真的是“歪打正着”。

算出来的服务策略

服务部门是为昨天的利润工作，给已经购买产品的客户提供承诺的价值；销售部门是为今天的利润工作，把产品变成利润，争取更多的客户；开发部门是为明天的利润工作，确保明天我们有优秀的产品可以卖；研究部门是为后天的利润工作，了解趋势、发展科技，保证永远处于领先位置。

维护一个老客户的成本大约是开发一个新客户的成本的四分之一。

由此可以看出服务团队的重要性，他们一直在高效地完善产品，所以我们来要帮一下服务团队。如图 4-23 所示是用户从签单到使用的监控过程部门包括简图。我们公司里参与这个过程的部门包括营销、产品、服务，每个部门在不同的时间点上要做不同的事情。毫不夸张地说，这幅图里的每一个过程有哪些动作，它们之间的先后顺序，动作的时间点，都是通过数据分析算出来的。

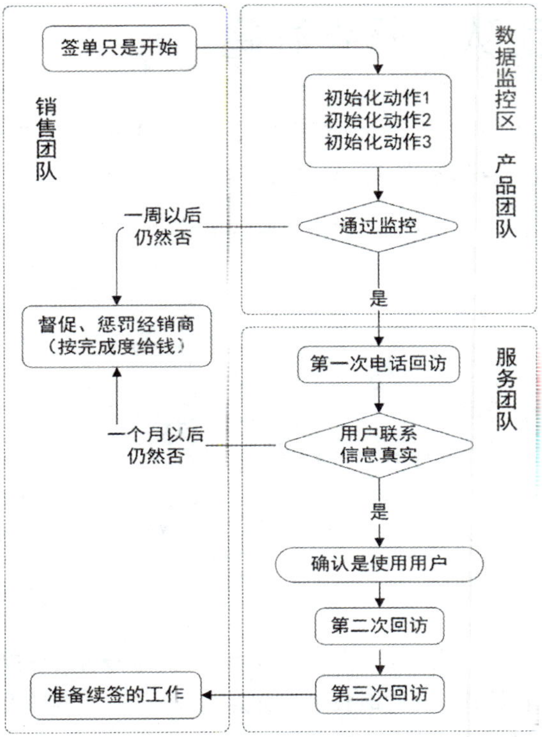

图 4-23　与商业团队共同制定的用户初始化策略

在图 4-23 的背后，产品部门的同学做了大量的数据分析工作。最终的结果，举几个例子说明：

在用户签单以后，一周内应该完成初始化动作 1、2、3，否则需要督促并惩罚渠道商。

用户签单 1 个月时，应该有第一通电话回访，主要目的是验证渠道商提供的用户联系方式正确，确保用户的正常使用。

用户签单 3 个月二次回访，主要目的是拉升活跃度。

用户签单 9 个月三次回访，主要目的是促进第二年的续签。

第二三次回访，对不同的用户，是用 E-mail、电话，还是上门，也都可以依赖于数据分析的结果。

将来系统更强大以后，可以针对每个用户的使用情况，算出应该回访的时间与方式。服务的最高境界就是：用户使用正常的时候，绝不打扰，而当用户需要帮助的时候，电话立刻就响了。

看起来很高科技吧，正好，下面我们就要看到真正高科技的团队了——技术团队。

4.4 技术团队，坚强后盾

这节来谈谈技术团队，他们做的事情很多已经在第 3 章“项目的坎坷一生”中讲过了，这里主要说说做如图 4-24 所示中这些事的人。

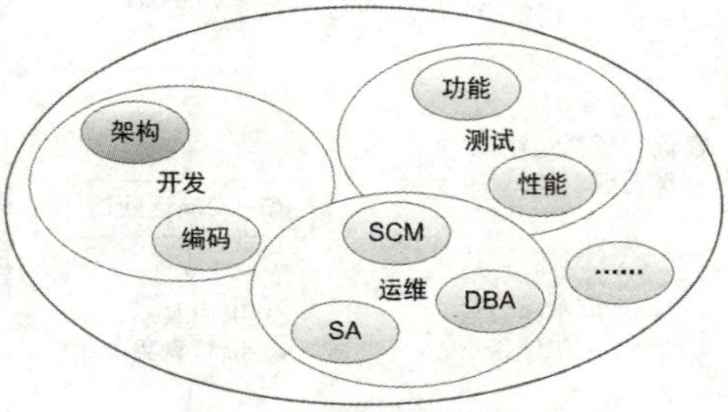

图 4-24 技术团队简图

外行眼中的技术分工

在互联网、软件行业的项目中，需求评审通过后，紧跟着几种技术上的设计：编码设计、数据库设计、测试设计……这时技术人员会全面介入，在各项设计完成并执行以后，再部署发布，下面就谈谈各技术中的技术人员。

编码设计，有**软件架构师**或**系统分析师**，具体到编码的执行工作就是最常见的**开发工程师**，他们也会有分工，有人偏前台应用，有人偏底层数据库，有人专做搜索引擎等[41]。此外，可能会出现专职的**开发经理**，配合项目经理管理整个开发过程，比如协调人员、制订开发计划等，他自己并不是项目的开发人员，可以同时担任多个项目的开发经理。

数据库设计，对于大用户量的应用特别重要，比如淘宝、支付宝这类服务的用户数实在是太多，所以相应的人员——DBA[42]，在业界也确实是比较强的。

测试设计，相应的人员就是**测试工程师**，再细分一点有功能测试与性能测试等，一般来说性能测试会写一些自动执行的脚本，感觉更高科技一点。大一点的项目还会有一位**测试经理**，协调管理测试相关的工作。

突然想起测试同学的一句口头禅：你这样做是不对的……当 PD 们激情四溢地乱冲乱撞时，有个严酷、冷酷、残酷的测试同学控制着，确实太有必要了——他们因为职业的关

41 这两年的读者可能有不少是做手机应用的，那么，你的开发人员通常会分为服务端和客户端，客户端又主要有 iOS 和 Android。

42 DBA：Database Administrator，数据库管理员。

系，总给人一种很鲜明的性格印象：理性、冷静、挑剔、完美主义……

不知道为什么，我们经常把测试也叫做 QA，原来一直以为 QA 和测试是一个概念，其实 QA 是 Quality Assurance，**质量保证人员**，主要做流程管理（如需求变更流程、发布流程），文档管理（如开发规范、测试规范）等。测试和 QA 常常是归属于同一个部门的。在软件项目的整个过程中，需要在流程和规范上控制以防止低级失误的发生。比如，有时候需求人员会觉得某个功能的改动很小，就直接叫开发人员修改而不告知测试人员，这样违反流程的行为对于复杂的系统是极其危险的。经典的 CMM[43]说了很多这方面的事情，有兴趣可以去研究。

对于不断发布的产品、多分支同时开发的产品，软件**配置管理员**[44]就显得非常重要了。有他们的控制，就不会发生“某个 Bug 在新代码发布之后重新出现”这样的低级失误。像简单地用 SVN 来管理代码、软件版本的变更、每日构建等，都是 SCM 的职责范围。

上述各项工作完成之后，就要把各方面准备好的产出物拼在一起部署发布，那么就牵涉到硬件方面的管理，这就是 SA[45]，**系统管理员**。对于复杂的系统，可能涉及成百上千台服务器，且服务器的任务各自不同，其设计与管理的复杂度并不比软件低。

有这样两种工程师

上面提到的各种人员，都可以看做广义的工程师、技术人员，他们是很有特点的一类人，给外人的印象或许是执著、冷静、沉默、高傲……我在工作中经常遇到的有两类很典型的风格。

一类是技术痴迷者，常见于工作不久的新人，或者少数工作很久且一直醉心于技术的牛人。这类人价值很大，在项目碰到技术难题的时候，往往是攻坚的主力，要把他们这些好钢用在刀刃上。但他们的优点也正是其弱点，技术痴迷者工作的目的似乎就是学习更多、更强、更新的技术，并乐于在项目中尝试“高科技”，他们追求的是解决难题的快感，而对项目本身在商业上成功与否并不关心。他们会为了技术而搞出一些用户并不需要的功能，即所谓的“镀金需求”。这就需要 PD 与他们充分沟通，让他们具有成本意识，不要盲目创新，这类同学都很理性，比较好交流。

43　CMM：Capability Maturity Model For Software，软件能力成熟度模型。

44　配置管理员：SCM，Software Configuration Management。

45　SA：System Administrator，系统管理员。

有极少数热衷于技术的人，缺乏必要的责任心和使命感，做项目是为了钻研新技术，钻研新技术是为了更好地跳槽，把项目的成败放到次要地位，甚至在项目的最关键时候提出辞职以此要挟老板涨工资。碰到这类人只好自认倒霉，去找 HR[46]哭诉吧。

另一类是实用主义者，常见于工作过一段时间的老人，或者只是把技术当做工具的工程师。他们的典型特点是 KPI 导向，公司考核他们什么，他们就做好什么，尽量少做事，做简单的事，稳字当头。看似不思进取的态度也有其巨大价值，他们往往经验丰富，在做事之前充分考虑，让每一份付出都有超额回报。他们能在一团乱麻中找出最简单稳妥的解决方案，他们很清楚自己需要什么、公司需要什么、你需要什么，有一定的商业感觉，可算是职场中人见人爱的“老狐狸”。

这种人中也有极少数让人头疼的，他们是真的不思进取，做一天和尚撞一天钟，每天只给你交一份刚好 60 分的作业，这就要看你的公司是否有办法把他的激情再调动起来了，好在我几乎没有碰到过这样的工程师。

如何与工程师合作

2007 年秋，在公司内部的一次交流会上，聊到 PD 如何与工程师合作的话题，大家很有共鸣，所以我也利用一次团队分享的机会收集了开发、测试、PD 等同学对合作沟通的期望，整理出来和同学们分享。

第一，综合大家的需求，大家最看重的居然是一个很大的话题：“流程”，但仔细想想就一点都不奇怪了，一群**超级理性的人很明白“没有规矩，不成方圆”的道理，他们喜欢被规则管理而不是被人管理**，当事情由人来控制的时候，总给人一种不安全、不稳定的感觉，而有流程可依的时候，心里就比较踏实。

具体到实施方面，大家再次达成共识，需求确认的时候相关人员一定要悉数参加，以免后期才发现大家对需求理解的不一致。如时间允许，每个人都应该尽早参与到需求评审中。

另外提到非常多的一点就是需求变更的流程，说明大家对“需求总是在变”这件事情已经是深恶痛绝并且有些恐惧了，但同时又意识到**需求的本性就是“总在变”**，所以非常希望有一个流程化的规定来严格控制这件“恐怖”的事情。

但好的流程是需要执行的，不过感觉在实施的时候还是有些困难，产品现有的发布流程不能说完善，但很简单实用，如果能严格执行，相信已经可以减少很多问题了。

第二大的问题就是“沟通”，这是团队合作必不可少的一个环节。站在 PD 的立场上，

46 HR：Human Resource，指公司里负责人力资源的同事。

我们会把自己作为产品的中心，这个角色注定要和各种各样的人交流，客户、老板，以及开发、运营、测试、客服、合作等部门的同事。

开发者们提出了很有意思的一点，希望大家在交流的过程中避免情绪化。人性的弱点决定了在争论的过程中每个人都希望自己得到认同，而这点往往导致**思路的变形，不再考虑产品怎么做更好，而是去想如何说服对方**，并且，经常有同学会**把对人的反感转移到对此人观点的反对上，这很可怕**。我自己觉得沟通中还有一点很重要，就是每个人都要主动一点，这样才能形成互动的氛围，也可以减少信息不畅引起的问题。

第三点是 PD 要不断提高自我修养，大家希望 PD 给出的文档在质量上更进一步，准确、全面、简洁，即时更新、保持最新。我自己觉得 PD 有空多了解一点技术也会大大改进与工程师沟通的效果。对于有的工程师你可以和他讲商业价值，而另外一些，你与他讨论一些技术实现更有效，当然不是技术细节。

最后，顺便提一下与工程师差异极大的业务人员，我与他们的沟通、合作似乎总很顺利。虽然他们总是个个能说会道，但其思维的逻辑性、严密性不如工程师，可能突然因为想到某个主意就很激动，马上就想去实施，这时候需要我们来协助，把事情想周全，凡事有得必有失。PD 们在商业与技术之间，起到了平滑过渡的作用。有了我们，可以让业务人员冷静下来，让技术人员兴奋起来。这样，团队就更和谐了。

4.5　容易被遗忘的角落

产品、商业、技术，好像说完了？没有！我们忘了最关键的——公司高层、老板。

高层一般会在产品和项目的早期积极参与、影响决策，之后就闪人了。他们一般超级忙，所以会忘了我们，但我们不能忘了他们。他们不但是资源的提供者，而且是背黑锅的人，在做产品的过程中，我们总会碰到“顶不住”的时候，这时候你问我该怎么办，我想说：“顶不住”了先尽力顶，“真的顶不住”了就向老板喊救命。

容易被遗忘的还有默默奉献着的法务、财务、行政等，他们和老板们一起构成了产品的支撑团队，如图 4-25 所示。

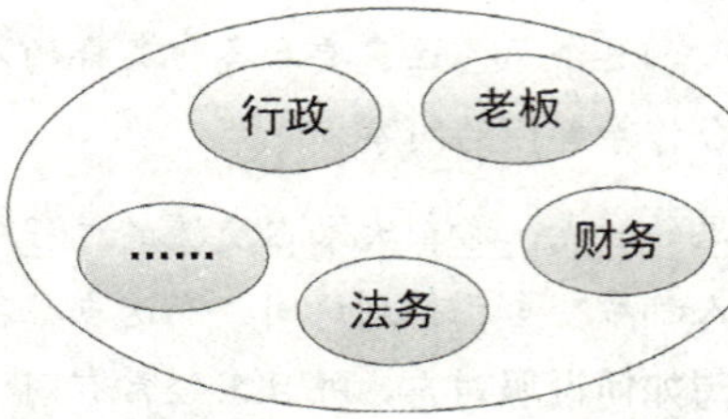

图 4-25 支撑团队简图

各种分工的产生都是因为做事的人越来越多，需要专人专岗以便提高效率，那么如果公司再大的话，还会出现什么职位呢？比如商业智能部门（Business Intelligence，简称 BI），他们承担起数据分析、数据挖掘、给商业决策提供建议等责任。在这个团队逐步扩大之后，甚至会出现专门负责情报收集、竞品分析的职位。他们属于支撑团队、技术团队，还是商业团队？不好说，也不重要，了解了本章后，碰到再庞大的团队，再复杂的职位设置，也可以慢慢理出个头绪。

最好的资源：老板

刚从学生变成一个职场人士时，总会保留一些习惯，比如把老板当做老师，总是心存敬畏。几年下来，我的体会是，不要怕老板，或者仇视老板，而是要把老板当做最好的资源，“利用”他们促成自己不断成长，下面是一个菜鸟成长的故事。

最初，菜鸟什么都不懂，蒙着头做事，眼巴巴地盼着老板光临，好汇报一下工作。而往往当老板主动找你问事情的时候就是他开始担心的时候。这时期的菜鸟很容易把事情做偏，吃力不讨好。

渐渐地，菜鸟觉得这样太辛苦了，于是每走一步就问老板，“我碰到一个问题，应该怎么做”，这叫**让老板做问答题**。老板每每给出答案，菜鸟再也不会做无用功了，做起事来也踏实多了。但是老板心里嘀咕起来，太烦了，终于在某次菜鸟又来问问题的时候，冲了他一句：这些问题你怎么自己不先想想，你什么信息都不给我，我怎么告诉你答案……

菜鸟继续体会，发现让老板做问答题，老板是很累的，需要**让老板做选择题**。于是，每次有问题的时候，他都会自己先收集很多的背景资料，然后选出几种可行的解决方案，再拿着所有的这些资料给老板做决定。现在好多了，老板开始有点轻松了。并且在这个过程中，菜鸟发现有些问题在自己寻找解决方案的过程中，已经被自己解决了，大喜。

又是很久过去了，突然有一天，菜鸟发现一件有意思的事情：那就是还可以更进一步，**让老板做判断题**。于是菜鸟在每次呈现给老板几条解决方案以后，又会加上自己的选择：我觉得 A 方案是最好的，因为什么什么……当然，菜鸟毕竟是菜鸟，因为各种原因，经常与老板的判断不同，但菜鸟在疑惑中又学会和老板讨论，渐渐地学到了一些老板的判断方法。

白驹过隙，慢慢地老板发现，自己做的判断题答案都是“勾”了，似乎每次菜鸟的汇报自己就是听听，嗯嗯两声就没什么事情了，但是菜鸟仍然在及时地问，不停地汇报，也越来越学会跟老板开条件，要资源，当然目的是为了把事情做得更好，这就是：事情我做，黑锅你背，各司其职。这是职业的思维，老板“嗯”了一声，就意味着这事情菜鸟做起来是经过授权的，出了问题是要老板承担责任的。对于菜鸟来说，稚嫩的肩膀经受不起，所以要找人帮忙，是出于对自己的保护。

再往后，事情如果向好的方向发展，那就是老板不用再帮你背了，你完全可以自己决策了，爽吗？其实，只是新的轮回，可以自己背黑锅以后，必然碰到更大的黑锅，还是要让老板背，也许是更大的老板，只不过在这个过程中，自己的肩膀得到了锻炼。

默默奉献着的团队

辛辛苦苦把产品做出来，可能会因为某项与短信相关的业务违反了行业规定而无法上线，可能会因为在线支付的方式没法给用户开发票而导致大面积投诉，那真是崩溃。可悲的是，这些都是我真实碰到过的问题。

在这些问题的预防和解决过程中，有一些团队在默默奉献着，而且他们至关重要。

“任何一项新业务在法务眼里都是‘违法犯罪’！”这是我们开玩笑的说法。

法务团队，会在做产品的过程中搞定一切与政策法规相关的问题，比如产品的使用协议应该怎么写？付费协议又怎么写？哪些输入的内容是敏感词等。我们公司的法务团队还承担了知识产权的工作，他们会帮助各款产品申请软件著作权、商标、专利等，比如“e网打进”在2008年、2009年就有超过20个专利进入公示期，把产品结结实实地保护了起来。

“几千、几万块，都是先收进来再说；十几、几十块，居然要对方先开发票！” 这是我们对财务的调侃。

财务团队，会特别照顾我们的付费产品。有些产品还有第三方的经销商参与，所以钱在用户、经销商、厂商之间如何流转，预付款与尾款怎样分开处理，发票如何开，如果发生退款应该怎么处理等，在产品设计的过程中都需要听取他们的专业意见。

行政与IT，这是真正的后勤团队，我们各种办公资源的正常运转都仰仗他们。大到公司的办公环境、出差的酒店机票预定、名片制作、快餐盒饭，小到每一次开会，会议室、投影仪、网络、白板、马克笔的准备，都有他们的默默付出。

衷心感谢他们。

4.6 大家好才是真的好

上面把和团队有关的人、事、物都梳理了一遍。我们的产品靠的是大家的共同努力，而大家努力做事的基础是做得开心。随着产品的发展，团队也要有相应的发展，组织才能持续前进。听过太多的人说，公司最大的财富就是人、是团队，只要人在、团队在，哪怕现在的产品没有了，也能重新杀出一条血路。

所以，不能只是谈产品好，为了达到“大家好才是真的好”这个目标，我们再聊聊“团队文化”和“无授权领导”这两个话题。

4.6.1 所谓团队文化

很多人都在讲企业文化、团队氛围，阿里在这个问题上备受争议，外界有人觉得这种文化很好，可以让人有激情，有战斗力，也有人觉得是在洗脑，会迷失自我，对此颇为不屑。任何人的观点都只能是管中窥豹，但我知道，如果一个团队里的每个人每天都开开心心，就是很好的。

团队文化的三五事

回想了一下自己所在的团队，工作中似乎一直保持着一种很“不正经”的交流方式，非常重要的邮件也可以用“hi 美女/帅哥”开头；我坐在淘宝办公，会冷不丁走过一个不认识的美女说“亲爱的，那个谁谁去哪儿了？”；开会的时候，经常有人抢着买一些零食、饮料给大家；借不到会议室的时候，发现附近哪个总监、副总裁不在，就会不打招呼地临时征用他的办公室，甚至偷吃他桌上的糖……这段话在我的博客上贴出过，立刻引来了如下回复。

jollyant 说：在我们的公司要是这么做，老板要疯掉的~~

燕燕说：我们这也绝对是，现在感觉部门死气沉沉的~~~

可惜我没遇到过，也不知道那种死气沉沉的滋味如何，我想大约就是“老板老板着脸，总监总监视人，总裁总裁人，小兵唯唯诺诺地接受任务，应付了事，不敢创新，也不愿创新吧”。下面举几个日常工作中的例子，同学们可以设想一下，这样的风格你受得了吗，你的老板受得了吗？

- 产品的 KPI 数据日报，太枯燥了，所以搞了个每日副刊，力求每天让大家轻松一下，某个产品的第一期副刊是这样的，前面正经的数据部分略过：

====== 我是敬业的分割线 以下是每日副刊部分 ======

1. 鸣谢现在与将来的原始数据提供者：徐××、阮××、楼××、李××、朱×……

2. 评论员文章：180 个付费用户意味着什么？每个“A 产品”卖 2900 元，笔者算了一下，按每天一顿“红草莓”（注：那段时间大家一天吃两次，深恶痛绝的快餐品牌）计，可以供一个人吃 179 年！而今年的 3 万用户的目标可以吃到公元第三百一十九世纪！同学们，加油，明天再见！

▶ **午餐时的赌局：**

团队很久一段时间都是在一家小饭店点菜叫外卖解决午餐的，一般 11:50 就要开始抢包厢（会议室），吃完免不了要收拾残局。之前一直是几个勤劳朴素的人（当然包括我）做，可是后来勤劳的人也受不了了，于是出现了赌局。

赌具：一个杯子 ＋ 三个骰子。

玩法：豹子（三个一样的，6>...>1）> 顺（456>...>123）> 对（对子一样大，比第三个）> 单[47]。

结果：每天掷出 2 个人收拾。

最早是 2 个最小的收，后来玩着就开始变花样了。

1. 每天由前一天收拾的人定规则；

2. 规则可能是：2 个最大的收、最大和最小的收；

……

管你是经理还是总监，输了就得收拾。

▶ **某位男同学的“休假知会”邮件：**

因地球猪流感严重，受联合国委托，特派大使前往火星交流防流、抗流经验，为期一周（5.28~6.4）。深知肩上责任重大，即日启程，兄弟尤其是，姐妹们勿挂念……

就这些吧，我觉得挺好，不过关键还是老板们的亲力亲为，才能让这种风格真正地流行起来，如图 4-26 所示。

47　如果最大的单一样大，那么比第二大的单。更多规则细节，本书就不跑题去解释了。

图 4-26　马云的白雪公主与朋克造型

4.6.2　虚无的无授权领导

但凡讲到产品经理的基本要求，总会提到“无授权领导”，就是说在行政职位上，我们并没有下级，但在做产品的过程中，需要领导整个团队朝着目标前进。团队不“为我所有”，真的能“为我所用”吗？我们先从“管理”和“领导”的异同说起。

管理 VS 领导

这个命题对于我来说太高深，说实话，无论是管理还是领导，我的资历都太浅，所以只用一系列的对比给出我的理解。

管理更像科学，领导更像艺术；

管理靠的是权力，领导靠的是魅力；

管理者强调稳定，领导者喜欢冒险；

管理者依法治人，领导者以德服人；

管理的对象是行为，领导的对象是思维；

管理管正确的做事，领导管做正确的事；

管理是一步一个脚印，领导是不走寻常路；

管理者注重短期目标，领导者注重长期发展；

管理者是职业经理人，领导者是企业家和创业者；

管理是汽车的制动系统，领导是汽车的驱动系统；

管理是告诉团队怎么做，领导是告诉团队为什么做；

管理对人的影响由外而内，领导给人的力量由内而外；

管理让团队能完成这些事，领导让团队喜欢做这些事；

……

我们需要理解，管理者与领导者并不存在好坏之分，一些人有能力成为出色的管理者，但是不能成为优秀的领导者；另一些人具备巨大的领导潜力，却由于种种原因很难成为优秀的管理者。对于一个人来说，自身也可能同时具备管理能力和领导能力，这两种能力也必须一起提升才能发挥更大的作用。

产品经理应该是管理者吗

从上节的对比里可以看出，产品经理必须是一个好的领导者，而工作职责使得产品经理也要做很多的管理工作，那么，为什么不给我们一个管理职位呢？或者说，本节的标题更准确地说是——产品经理应该拥有管理职位吗？有不少前辈对这个问题进行过讨论，我权且谈谈自己的观点。

先回顾一下第 4.1.3 节的“我身边的矩阵型组织”里提到的部门经理与产品经理兼任带来的问题，假设我们自己能很好地平衡，那么还会有什么问题？答案一上来就可以定调子。如果产品经理是管理职位，必然既有优势也有劣势，我们不妨从优劣势的对比中寻找现象背后的本质。

优势在于：

管理岗位利于拥有话语权，不知你是否同意，对产品经理最大的激励是成就感。国内很多公司的现状是，没有职权就没有话语权。当产品经理不是管理者的时候，很可能就成了一个实现别人观点的执行者。更悲惨的，作为外行的老板决策，我们执行，出现“外行领导内行”的局面，这样怎么会有成就感？解决之道，我们可以培养“专业的人做专业的事”的价值观，让产品经理在他熟悉的业务领域拥有话语权。

管理岗位利于获取信息，就现实而言，公司里很多重要信息都是自上而下传递，如果能参与管理会议，就可以掌握先机。产品经理需要做很多决策，而决策失误的一个重大原因就是信息不充分，如果不是管理者，就算你的老板能传达，也有时间延迟和信息失真。这个问题，当然也有很多办法解决，比如部分重要信息是通过用户调研、数据分析自下而上传递的，又如让重要的非管理人员参与管理会议的业务讨论。

管理岗位利于争取资源，跨团队沟通是一件很麻烦的事情，如果你是一个有权力的管理者，做事也挺靠谱，那么专制、独裁是最高效的手段。在争取资源的时候，至少有保底的招数——行政命令，特别是对于国情现状，“官本位”的思想多少存在于每个人的潜意识里，君不见很多团队里，其实那个大老板就是一个产品经理。从这点我们可以发现，如果产品经理有临时的资源支配权，也可以解决大部分问题。

劣势在于：

管理岗位有很多行政工作，这些工作会占据产品经理大量的时间。而产品经理的所有工作，最能产生效益的都是与产品直接有关的，无论在产品生命周期的哪个阶段，跨部门沟通、做规划、跟进项目、接触用户、分析数据等都已经忙不过来，如果再来一块“官场”有关的事务，那必定不堪重负。所以，我们应该让产品经理“对事负责”，对业务负责，而其他的一些事务性工作，不妨留给其他管理岗位的同学。

管理岗位会让人脱离群众，一方面是因为自己心态，认为自己高人一等就会有意无意地忽视别人的意见。如果把各种评审会上的正常争论认为是对自己权威的挑战，对产品更是致命的，久而久之大家甚至都不愿意和你讨论。这个问题还好办，我们学学真正的高手就可以了，他们往往都是很谦虚低调的。另一方面就更致命了，官与民之间总是有隔阂，最明显的现象，我待过的团队，一定有一个全团队的旺旺群，也一定有一个全团队除了主管之外所有人的旺旺群。很多时候大家对一个管理者的观点有异议，也没法像对普通同事一样直接提出，总会在心中先掂量几次，很多可以帮助产品提升的机会就在这些掂量中白白溜走。从这点上看，产品经理不在管理岗位上会比较有利于工作。

这样看来，其实产品经理是不是管理者并不重要，重要的是公司应该创造出一个良好的环境，让上述几点优势可以发扬，劣势可以避免，这样产品经理才能发挥出最大的作用。看到这里，你可能想到了解决办法，其实很多公司都想到了：设计管理、专业两条晋升线路，**让优秀的产品经理在专业线路上拥有高级别；对于产品、业务的决策有充分的话语权；可以参与管理会议的业务讨论；可以拥有临时的资源支配权，并给管理层提供同事的考核建议；但不负责管理者的行政工作，而是继续和同事打成一片，用产品证明自己。**

这，似乎是一条很好的路。

如何让团队更开心

作为产品经理，有时候带项目会有一些项目经费，怎么花真有很大的学问。2009 年的时候，我开始对社会心理学产生了浓厚的兴趣，期间看了一本书，叫《别做正常的傻瓜》[48]，它揭示了人们在工作和生活中熟视无睹的决策误区，并教你如何纠正。书中的第 9 章，题目是“你想让朋友和员工更开心吗——赠送礼物和激励员工的艺术”，给了我很多启发，

48 此类思维训练的书籍值得一读，附录里会推荐几本。

与大家分享一下。“道”的东西，我很怕自己理解成“术”，希望大家也不要误解如下九条。

大中之小不如小中之大：送礼的时候，在一个不太昂贵的礼物类别中选择一个比较贵的礼物，要比在一个比较昂贵的礼物类别里选一个比较便宜的礼物收到的效果更好。比如送一条 1000 块的围巾效果好于送一件 1200 块的衣服，我们应该尽量找一些高级的小玩意。

有用的不如无用的：最好的礼物应该是吃不掉、用不掉、送不掉也扔不掉的东西。比如有纪念意义的水晶奖杯，刻上他的名字，千万不要是几瓶酒、几条烟，能喝掉、能抽掉、能送掉。

需要的不如想要的：你应该把人们想买却舍不得买或者想买却不好意思买的东西送给别人做礼物或作为奖励。比如 5 星级酒店 1000 块一顿的高档餐券，更多的是心理满足感。

有选择不如无选择：奖励或送礼的时候最好不要让接受奖励或礼物的人自己选择。不然的话他会有“我放弃了另外一种选择的感觉，患得患失反而不开心”，经典反例就是：奖励团队“海南游”或每人“现金 2000 元”。

小奖不如没奖：人们做事往往是出于自己的内在动力，而一旦与奖励挂钩，就变成了一个经济交易，做事的人会开始衡量投入产出的物质性价比，所以给小奖反而不如不给奖。惩罚也是如此，受到小的惩罚后反而会让人感觉心安理得，还不如没有惩罚。

晚说不如早说：在期待的过程中，让员工的快乐最大化，从而增强激励的效果；让朋友在期待的过程中提前享受到礼物所带来的欢愉。比如尽早宣布奖励大家去海南玩，如果可能的话，在项目开始前就给出承诺。

一次送不如两次送：如果你打算给别人两件礼物的话，那么最好分两次给，因为快乐也是边际效用递减的。同样的道理，有很经典的结论：好消息要分两次说，坏消息要一起说，大的好消息与小的坏消息一起说，小的好消息与大的坏消息分开说。

公开不如不公开：工资体系最好还是不公开的好，以避免员工互相比较而心理不平衡，也就不必用涨工资的方式来进行协调了，因此避免了整体工资水平的提高。

涨工资不如发奖金：涨工资不如发奖金给员工带来的快乐大；同时，发奖金有比较大的回旋余地。对于这类物质激励，一般效用期比较短，发奖金是一次性的，涨工资是长期的，涨了就不好降回去，从第二个月开始，激励效果就微乎其微。孰优孰劣一目了然。

要记住，**奖励或送礼的目的并不是真正给对方最大的效用，而是要让对方开心，并且感激和记住你**。最后，作为产品经理的你，请把本节标题想成“如何让用户更开心”，再看一遍上述的几条，独立思考，批判吸收。

跟着我，有肉吃

终于讲完了我身边的团队，当我对团队有了一些认识之后，就更加强了自己是产品主人的认识。再看一眼本章里提到的各种职责的全图，如图 4-27 所示，要让这么多人跟着自己走，就必须找准方向，说服了自己，自己先激动了，才能说服大家，让大家激动起来。

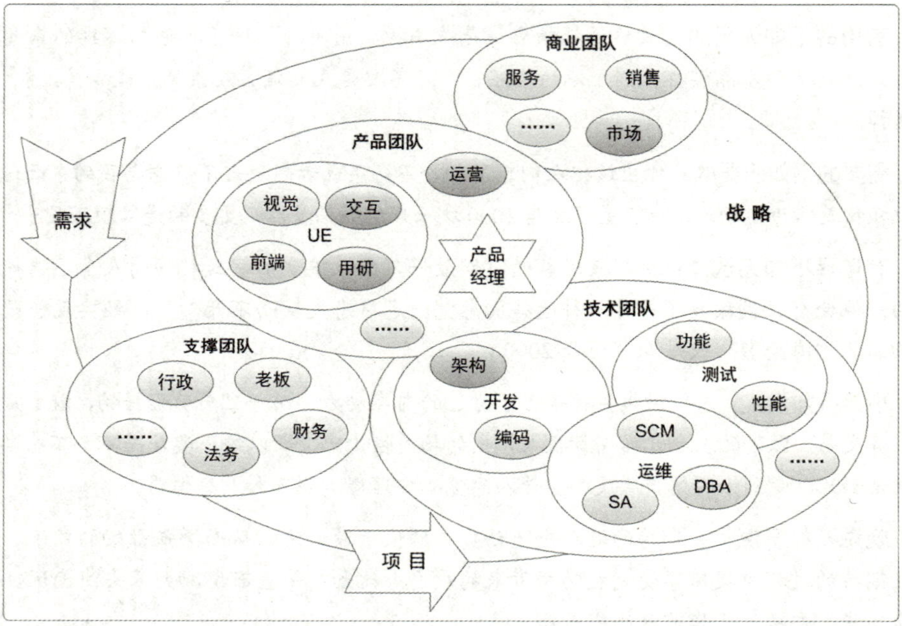

图 4-27 “我的产品，我的团队”详图

要想“我的产品”好，就要对“我的团队”好。其实也很简单，没事与同学们多聊聊天，成为朋友，多帮团队争取利益，真心地对大家好。最后分享一封“魔方计划”项目发布后不久，我拿项目经费组织的一次团队活动的邮件。

发送时间: 2009 年 4 月 10 日 12:00

主题: 魔方计划项目团队活动啦~~~

Hi all, 魔方计划项目已经顺利发布，大家期待已久的活动也将于明天进行。

活动安排如下:

1. 上午大家可以睡个懒觉，起床后自行前往“清溪余韵”。

a) 地址：下茅家埠 12 号，都景生故居旁，醉白楼附近，公交茅家埠站附近（y3、y6、y2、27 都到），大方向在杨公堤以西不远，龙井路上；

b) 中午农家饭，下午喝茶、棋牌、聊天……

c) 建议大家 11 点之前到，考虑到必然有人会没吃早饭，所以我们开饭会早些，大约 11:30。

（这段是清溪余韵的美景图片与介绍，略过）

2. 晚饭去东方威尼斯吃中西海鲜自助。

a) 地址：文二路 387 号，就在文二路万唐路口附近，3F，威尼斯国际 V2 自助餐厅；

b) 赶早，17:30 开场，大部队直接从“清溪余韵”杀过去，零星的同学自行前往，到地头汇合。

（这段是东方威尼斯的美食图片与介绍，略过）

热线电话：137****2411（苏杰），大家有问题随时骚扰，☺

在群里的同学都会收到邮件，不能去的就过过眼瘾，找个墙角蹲着画圈圈吧……

当听到大家说“跟着你，有肉吃”的时候，你会比自己吃肉更开心。

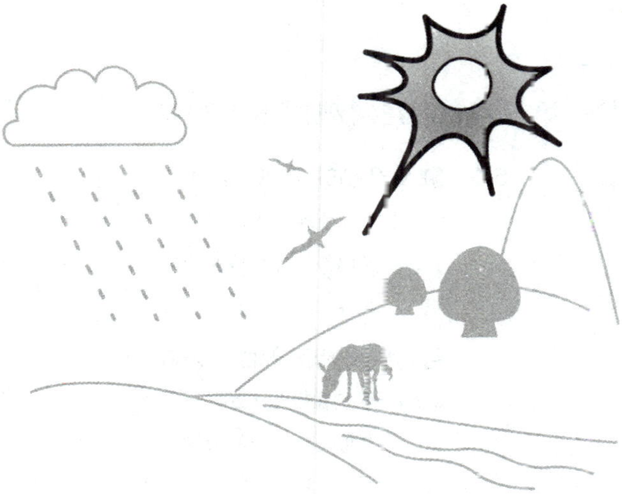

第 5 章

别让灵魂跟不上脚步

在动植物的帮助下，水汽通过云、雨、河流形成了循环，可是，它们的原动力其实是阳光，因为“万物生长靠太阳”。

第 5 章 别让灵魂跟不上脚步 / 249

5.1 触及产品的灵魂 / 251
以价值观为根基 / 252
战略是怎么炼成的 / 253
培养大局观 / 255

5.2 可行性分析三部曲 / 256
5.2.1 我们在哪儿 / 256
从市场扫描开始 / 256
真实的竞争对手分析 / 257
深刻的自我剖析 / 258
5.2.2 我们去哪儿 / 259
宏观上的用户需求 / 259
物流平台的案例 / 262
5.2.3 我们怎么去 / 263
一次真实的产品预研 / 264

5.3 做吧，准备出发 / 265
5.3.1 敢问路在何方 / 265
产品路标规划 / 266
一切尽在掌握 / 267
5.3.2 低头走路，抬头看天 / 268
我们急需靠谱的会议 / 268
仰望战略会议 / 271

5.4 KPI，KPI，KPI / 272
SMART，并不 smart / 273
多个目标间的权衡 / 274
达摩克利斯之剑 / 276

5.5 本书的源头活水 / 277

我做产品经理的前两年多，总结成第 2~4 章与大家分享，分别是需求、项目、团队，但这些都是在确定要做某事的时候才需要考虑的，是“做多少、怎么做”这一类的问题，属于方法论的范畴。到了 2009 年，我开始考虑战略，寻找方向，这就是“做不做、做什么”的问题，进入价值观的领域。

本章会先“触及产品的灵魂”，“以价值观为根基”，谈谈“战略是怎么炼出来”的。

接下来，我要和同学们聊到“可行性分析三部曲”，实战化地描述如何分析“我们在哪儿”、“我们去哪儿”、“我们怎么去”三个问题。

想清楚方向以后，我们就“做吧，准备出发”前进的路上，各种规划、计划让我们“一切尽在掌握”，除了“低头走路，抬头看天”也很重要，会议就是一种“看天”的方法，所以“我们急需靠谱的会议”。

然后，说一下我对悬在头上的“达摩克利斯之剑”——KPI[1]的理解。它不仅仅是一个数字，而且可以体现公司的价值观、战略等，充分理解了这些以后，我们心中再默念“KPI，KPI，KPI”的时候，也许会有别样的心情。

最后，分享一个产品的战略规划，其实大家已经很熟悉，就是“本书的源头活水”。

5.1 触及产品的灵魂

我觉得做产品经理、PD，或者说产品设计师都有三个境界：

第一层，产品帮助我们。这时候，我们的思想还不是很成熟，做什么产品，只能被动接受安排，且可以在做的过程中迅速提高自己各方面的能力。

第二层，产品与我们互相帮助，共同提高，我们仍然离不开产品，不同于第一层的是，这时候产品也离不开我们了。

第三层，我们帮助产品。我们开始占据主导地位，能够帮助产品开拓局面，如果觉得高层的方向不对，有能力和意愿去寻找，甚至创造自己信仰的产品。

我自认到了做产品的第三年，虽然还经常被产品帮助，但大体上处于第二层，并且可以做一些探路的工作，引导产品的方向，于是，我渐渐地触及了产品的灵魂。

解释一下本章的标题“别让灵魂跟不上脚步”，我发现有些产品设计师经常脱离产品

1　KPI，即 Key Performance Indicators，关键业绩指标，它是在分解企业战略目标的基础上，分析并建立各子目标与主要业务的联系之后提出的。

的战略来讨论设计的优劣，不从目的出发而去评价用户体验好坏，个人认为这样是很没道理的。所以说，碰到一些让你很恶心的设计，先别骂，也许是设计者为了特定的目的故意为之，试着站在设计者角度多想一分钟，多问几个为什么。

举个例子，当产品设计师们在争论某个按钮到底应该大还是小的时候，我们就应该从商业目的，或者说战略出发，到底是否希望引导用户点击呢，还是希望用户尽量不要点击？比如对“退出”按钮，一般我们就是不希望用户去点的。

而当设计师们说我们做产品要易用的时候，你也可以站在更高一层想，我们真的希望产品的所有功能都易用吗？比如某些很难玩的游戏，故意设计得处处陷阱，让玩家反复尝试，从而在过关后产生更大的满足感；又如某些危险性很高的仪器，需要反复确认重要操作，甚至需要多人共同操作，“难以上手”反而成了真正的目的。

以价值观为根基

不论是个人还是公司，一定都有做不完的事，总处于忙碌之中。那么，必然有一些事情要被放弃，另一些事情要优先完成，于是，我们必然会碰到的问题就是“应该做什么？”数百年的人类智慧积累告诉我们，这个问题需要用价值观来回答[2]。摘录一些有关价值观的说法。

> 价值观是社会成员用来评价行为、事物，以及从各种可能的目标中选择自己合意目标的准则。价值观通过人们的行为取向及对事物的评价、态度反映出来，是世界观的核心，是驱使人们行为的内部动力。它支配和调节一切社会行为，涉及社会生活的各个领域。
>
> 价值观是指一个人对周围客观事物（包括人、事、物）的意义、重要性的总评价和总看法。像这种对诸事物的看法和评价在心目中的主次、轻重的排列次序，就是价值观体系。价值观和价值观体系是决定人的行为的心理基础。

由此可见，产品的灵魂，或者说企业的灵魂是什么，探到最深处，是由价值观（Value）决定的，而企业的价值观就是：

> 企业决策者对企业性质、目标、经营方式的取向做出的选择，是员工所接受的共同观念，是长期积淀的产物。

有了“应该做什么，不做什么”的根本指引，就有了一切讨论的根基。比如，很多公

2　每个产品也应该有自己的价值观，产品的价值观决定了“产品原则”，延伸阅读，“产品原则就是产品的宪法”，http://iamsujie.com/4000/4026/。

司都会有一些很厉害的销售人员，他们可以为公司创造巨大的利润，但同时也会用一些上不了台面的手段，这时候，对于这位员工的去留，公司里往往会分为两派，与其争论这位员工创造的利润是否能弥补其造成的负面影响，倒不如直接想一下我们的价值观，这类问题就简单了。可以说，无论对个人还是企业，如果按价值观做事，无论成败，都会很安心。

战略是怎么炼成的

起初，我觉得战略的事情比较虚，不过我渐渐体会到“虚”是由于你对其领域不熟悉而产生的感觉，所以只要用心去体会，就能发现任何事情都是有一套方法的。

有价值观（Value）作为企业做事的最基本指导原则之后，我们就需要思考公司或产品的使命（Mission）和愿景（Vision）。Mission 是指“我们为什么而存在，要做什么事情”，必须是一个持久的事实。而 Vision 是说“我们希望成为什么”，是完成 Mission 之后达到的境界，需要由组织内部的成员所制订，借由团队讨论，获得组织一致的共识，形成大家愿意全力以赴的未来方向。这些是我们做事的驱动力。

Value、Mission、Vision，太虚了吧。我举个自己最熟悉的例子，阿里巴巴，不能说大家都认可，但至少很有名，阿里在这方面确实用了很多的精力在做，早在公司只有数百人的时候，就有专门关于 Value、Mission、Vision 的讨论，并且在对员工的考核上，也一直坚持“业绩 + 价值观”并重的独特方法。

阿里巴巴自 1999 年成立以来，基于其价值观体系的强大企业文化，它已经从中国杭州最初 18 名创业者开始，成长为将近 30000 名（2014 年）雇员的公司。

阿里巴巴的价值观：

- **客户第一：**关注客户的关注点，为客户提供建议和资讯，帮助客户成长。
- **团队合作：**共享共担，以小我完成大我。
- **拥抱变化：**突破自我，迎接变化。
- **诚信：**诚实正直，信守承诺。
- **激情：**永不言弃，乐观向上。
- **敬业：**以专业的态度和平常的心态做非凡的事情。

它们指导我们的一切行为，是阿里人 DNA 的重要部分。在有关雇用、培训和绩效评估等公司的管理系统中都融入了这六个核心价值观，其结构如图 5-1 所示。

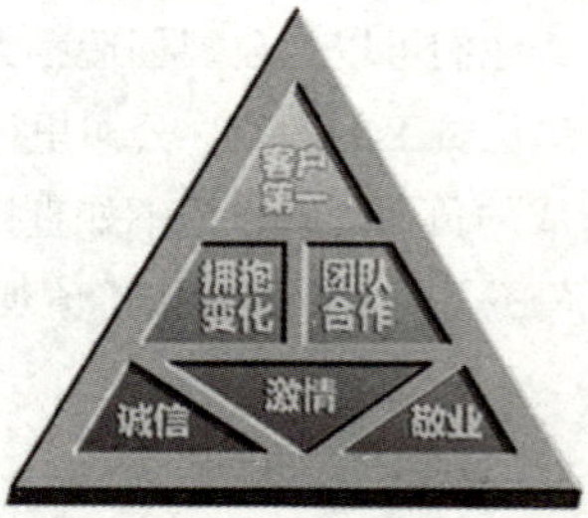

图 5-1 阿里巴巴的价值观

阿里巴巴的使命：

让天下没有难做的生意。

阿里巴巴愿景：

1. 成为一家持续发展 102 年的公司。

2. 成为全球最大电子商务服务提供商。

3. 成为全球最佳雇主公司。

价值观这种东西本没有对错，一个企业把“客户、员工、股东”中的哪个放在第一位，都不妨碍它的成功，与阿里旗帜鲜明地说“客户第一”不同，惠普的价值观就是“员工第一”。但企业价值观与个人价值观是否符合，是高层次人才选择公司的一大标准，记得有一个朋友收到猎头挖他来阿里的电话之后，很快就找我要阿里的价值观和企业文化，然后自己研究，着实让我非常敬佩。

在明确了上述概念之后，一家企业才可能清晰地定出公司战略，否则，就像我们看到的很多企业一样，徒有战略却不知道为什么，这样就好比没有共同志趣的婚姻，也许可以白头偕老，但总是缺了点什么。

回想一下第 4.1.1 节里提到的“空间之大”，在决定产品成就的“商业、产品、技术”的背后，一定有一个三位一体的内核，经过最近两年的思考，我觉得这就是产品的灵魂——战略，它取决于公司的愿景与使命，表现为团队的文化与价值观，受到公司高层的影响，反过来又体现在公司里的每一个部门、每一个人身上。

之后，企业需要制定相应的流程规范、组织结构、IT 系统、激励机制等保证战略的实施。继续用阿里的例子。

为了让“天下没有难做的生意”，阿里的所有子公司、业务都是围绕中小企业电子商务这个主题展开的，阿里集团先后成立过阿里巴巴 B2B[3]，解决内贸和外贸的批发问题；淘宝，解决 B2C[4]和 C2C[5]的零售问题；支付宝，解决电子商务中的支付、诚信问题；阿里软件，解决中小企业的软件需求；阿里学院，解决中小企业的人才需求；阿里金融，解决中小企业的资金需求……这些业务，有成功有失败，但它们共同支撑起了阿里巴巴的使命，到目前为止，集团仍然在向着那个愿景不断前行。

有了公司战略之后，进一步就是产品战略，具体怎么定，等到 5.2 节里我们慢慢说。

培养大局观

在参与到战略讨论的过程中，我越来越体会到“大局观”的重要性。作为一线员工，绝大多数时候只能执行战略，但在我们感觉战略有问题或有更好的方向的时候，不妨去找老板们聊一下。倒不是说要去挑战权威，这种情况下更大的可能是因为我们了解到的信息比老板少，考虑问题比老板简单，所以做出了不同的判断，以请教的口吻找高手解惑，本身就是一件对自己提升很大的事情，如果碰巧发现真的是我们对了，那更是一次惊喜。

分享一个观点：我不否认有**帕累托改进**[6]，但绝大多数现实工作中的情形是“有得必有失”，如果你发现做一个改变只有好处没有坏处，那很可能是你站得低看得近，或者说你考虑到的“全部”只是更大系统里的一部分，所谓的“坏处”在其他部分体现出来了，这时候找一个站得高看得远的人讨论，他比较容易发现问题。

经常与高手讨论，我们更容易培养自己的大局观，可以用更广阔的视野看待问题。比如一个产品做着做着发现用户群体和原先定义的目标用户不一样，说不定可以将错就错，站高一点看远一点，跳出手段直接考虑目的，调整战略，只要不违背价值观，这又何妨。

2008 年底我们通过数据分析发现：某产品的“非目标用户”已经占据了实际用户的大半，并且这个比例还有增高的趋势。暂时不去讨论原先的目标用户定义是否有问题，产品定位是否有问题，销售策略是否有问题……新发现的这批**“非目标用户”本身也许就是一个新的市场机会**。抛开手头的产品，我们的根本目标是做一个对中小企业有用的管理软件，而现有产品的“目标用户”只是当初找到的一个可能的群体，如果在卖的过程中发现愿意付钱的一大半都不是原先定义的“目标用户”，那么来的都是客，我们就去研究他们，做他们需要的。

---

3 B2B：Business to Business，指企业对企业的电子商务。

4 B2C：Business to Customer，指企业对个人的电子商务。

5 C2C：Customer to Customer，指个人对个人的电子商务。

6 帕累托改进：在总资源不变的情况下，如果对某种资源配置状态进行调整，使一些人的境况得到改善，而其他人的状况至少不变坏，符合这一性质的调整被称为帕累托改进。

推荐大家有机会看看**"系统工程"**相关的知识，这对培养大局观很有好处，可以让我们在复杂的问题中理清头绪，既照顾全面，又不纠缠于细节，聚焦在我们真正在乎的关键问题上。

5.2 可行性分析三部曲

产品战略的具体制定，在项目管理里叫"可行性分析"，在产品设计层次的角度叫"战略层"，在公司层面可能叫"战略规划"。完成"可行性分析"，也只是决定了"做不做"，还完全没有到"做多少"、"怎么做"的阶段。而可行性分析的思路可以简化成下面三步：

第一，我们在哪儿；第二，我们去哪儿；第三，我们怎么去。

和大多数方法的步骤一样，这三步本身也有互相交叉、循环迭代的特点。

5.2.1 我们在哪儿

"我们在哪儿"是应该最先考虑的，但是很容易被忽略，我们习惯于一开始就定目标，但是在不知道现在在哪儿的情况下，定的目的地其实都是非理性的。试想，你有两天的假期，想去旅行，你会选欧洲、澳洲吗？比如说在杭州，想想还是去千岛湖吃鱼头，或者去天目山吃本鸡煲算了吧，这时候你心里倒是很清楚的，先明确了"我在杭州"这个前提。

"我们在哪儿"的工作，除了上文提到的确定公司的"价值观、使命、愿景"之外，还有关于公司、市场、竞争对手现状的各种背景信息的采集与分析。

具体的，我们来谈谈整个行业如何——市场扫描；竞争对手如何——竞品分析；自己情况如何——自我分析这三个话题。

从市场扫描开始

第2章我们从"需求采集"谈起，其实那个时候已经决定要做某个产品了，更早的阶段我们也会去接触用户，那就是市场扫描，它主要是针对整个行业的。我参与过几个新产品的预研，就是在进行这个过程。

一个常用方法叫做PEST分析，分别分析政治法律环境（Political Factors）、经济人口环境（Economic Factors）、社会文化环境（Social Factors）、技术环境（Technological Factors）四个方面的机会和威胁，在这个层面上，根本不用去考虑具体的某个公司或产品，一些主要的细分因素如表5-1所示。

表 5-1　PEST 分析的细分因素

政治法律环境	经济人口环境	社会文化环境	技术环境
国际关系	宏观经济政策	风俗习惯	自然地理因素
政治干预	经济基础结构	审美观念	科学技术发展
方针政策	国家经济形势	宗教信仰	
政治局势	经济发展水平	价值观念	
国体与政体	城市化程度	语言文字	
	储蓄与信贷	教育水平	
	消费结构		
	收入水平		
	人口变化		

举一些例子，比如说性工作者在荷兰是合法的，可以衍生出相应的产业，但是在中国就想都不要想，这就是政治法律环境里的方针政策不允许；又如奢侈品行业，暂时就别考虑广大的农村市场，因为经济人口环境里的收入水平制约了发展；再如回民聚集区，就不要开猪肉铺子，不但卖不出去，也许会带来人身危险，这就是社会文化环境里的宗教信仰不允许；我们都有强烈的需求，希望能在几分钟内从上海到北京，可是这还没从科幻变成现实，是技术环境里的科学技术发展尚未到位。我们只有通过宏观层面的 PEST 分析，发现结果是乐观的，有涉足这个行业的可能，那么可以继续分析下去。

真实的竞争对手分析

市场扫描让我们看清了整个行业，接下来需要看一下这个行业里，有哪些竞争对手。俗话说得好，"小的成功靠朋友，大的成功靠对手"，对手的存在，让我们不敢停歇、必须直视自己的弱点，所以说对手其实是对我们成长最有价值的角色。

竞争对手分析，也叫竞品分析[7]，从确定了进入市场以后，就应该不停地做，不只在产品设计之前，还应在研发当中，发布之后。所谓"知己知彼"，才能"百战不殆"。作为产品经理，一定要了解自己将要做的东西，最悲剧的是自鸣得意地做出一个东西来，却发现市场上早已经有了，或者更悲剧，市场上没有是因为已经被淘汰……

7　延伸阅读，"闲扯到底什么是'竞品'"，http://iamsujie.com/4000/4024/。

我们知道经典的$APPEALS 分析法[8]，但理论和实际总是有很大差距的，至少我经历过的多次竞品分析还没有一次有充足的时间和资源去做完整的$APPEALS 分析，所以一般只是把它作为指导方针，实战的做法有如下几种。

上网搜，狂搜与要做的东西相似的产品[9]，一般来说总能找到不少，看它们的网站[10]，简单了解，然后试用这些产品，看看其功能列表，也会假装用户，打电话过去和对手的客服、销售套词。这时候切记要用手机，别用公司电话，因为大家都是很聪明的。

我们也会看行业分析报告，其实这是一种很好的二手资料，也是一个常见的需求来源。但有一点要特别注意，就是对于此类报告，一定要看出处，作者与机构的背景，这年头客观的报告越来越少，多半都是“应邀”写作的。这种报告一般都有各款产品的市场占有率，简单的功能对比，用户的人口统计特征，潜在的需求分析，对未来几年市场容量的预测等。

偶尔，我们也会请一些咨询公司来帮我们做调研。对我们来说，省不少事，但其弊端是咨询公司收费一般都很贵，而且工作周期较长，肯定是既花钱又花时间，而且在信息不完备的情况下，也不太能保证结果有效。

上述的一切作为，都是为了收集尽可能多的、对的信息，进而作出尽可能正确的决策。很多时候资源有限，还是得靠公司里经验丰富的一些老人来“拍脑袋”、做决定——这似乎是一种廉价的可行解？

深刻的自我剖析

在完成了市场的扫描、竞争对手分析以后，再进行一下自我剖析，就能比较完整地回答“我们在哪儿”这个问题了。注意，到这个时候，产品还不存在，所以我们的剖析是针对公司有什么行业积累、技术积累，有哪些缺点、不足等的，想清楚“这件事为什么是我们来做？”常用的方法是 SWOT 分析，其相关的介绍资料很多，只引用一小段：

---

8 $APPEALS 分析法 ，是从如下八个方面入手来全面比较不同产品的，它们分别是：$——产品价格（Price）；A——可获得性（Availability）；P——包装（Packaging）；P——性能（Performance）；E——易用性（Ease of use）；A——保证程度（Assurances）；L——生命周期成本（Life cycle of cost）；S——社会接受程度（Social acceptance），每一条里面又有若干细项，可以查阅相关资料。

9 使用产品的过程中，还有一种“培养产品经理感觉的小游戏”，可以延伸阅读，http://iamsujie.com/0000/0016/。

10 我们可以通过重点看产品的介绍页面，来快速了解一个产品。一般这样的页面应该是写给新访客看的，对于付费产品，目的是要让访客产生兴趣，从而变成销售机会，所以说这样的页面应该写“产品的卖点，能解决什么问题，有什么好处”，但我们发现有太多的产品在这样的页面犯了错误，上面写的是“产品的功能，有哪些模块，应该怎么用”。对于用户来说，一开始给他看这些是赶人的行为，这样的内容无论如何应该出现在用户看完卖点之后的页面，比如帮助、新手上路，初始化引导这类地方。当然，作为 PD，我们是很高兴看到这类页面的，因为可以更快速地了解这个产品，所以我们内部也达成共识：这样的页面是写给竞争对手的 PD 看的，并且自己每次看到这样的页面，都会在心里默默感谢对方。

在现在的战略规划报告里，SWOT 分析应该算是一个众所周知的工具。来自于麦肯锡咨询公司的 SWOT 分析，包括分析企业的优势（Strength）、劣势（Weakness）、机会（Opportunity）和威胁（Threat）。因此，SWOT 分析实际上是将对企业内外部条件各方面内容进行综合和概括，进而分析组织的优劣势、面临的机会和威胁的一种方法。通过 SWOT 分析，可以帮助企业把资源和行动聚集在自己的强项和有最多机会的地方。

这里我举个应届生求职的 SWOT 分析的例子，如图 5-2 所示。当然，我只给出了部分最主要的因素，对于即将找工作或想着换工作的朋友来说，可以在此基础上细化，充分地扬长避短。

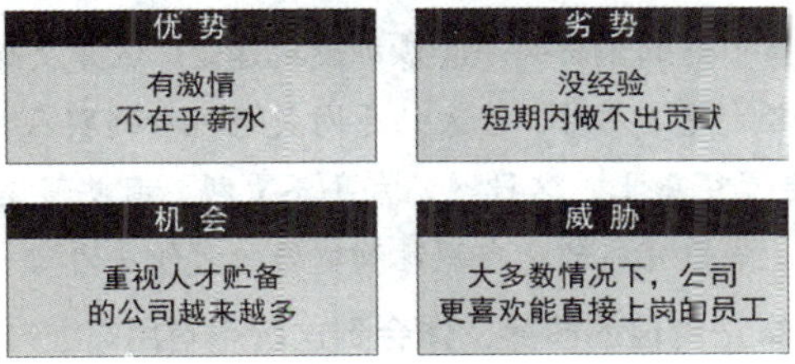

图 5-2　SWOT 分析举例

5.2.2　我们去哪儿

明确了“我们在哪儿”这个起点之后，下一步就要思考“我们去哪儿”，目的地在哪里？几个典型的问题：细分市场是什么？目标用户是谁？我们要解决他们的什么问题，满足他们的什么需求？

继续回到第 5.2.1 节开头所举的例子，千岛湖和天目山也只能选一个，要综合考虑各种因素，比如细分市场、目标用户、产品定位等，我最终决定去千岛湖。确定了各方面的目标，起点和目的地就都定下来了，那么接下来很明显需要关注“起点和目的地的差距”了，也叫“理想和现实的差距”，就是“要解决的问题”。

大家可能也体会到了，“我们在哪儿”与“我们去哪儿”这两个问题是互相牵制的，往往可以一起提出，一起思考。我们能做的事情很多，能吃的菜也很多，但关键在于要找到最适合自己的那盘菜。

宏观上的用户需求

和第 2 章所说的用户需求不同，宏观上的用户需求，说的是某一个目标用户群体面临的问题是什么，并不涉及具体的产品或功能，也可以视为在选择细分市场和目标用户。比如针对个人用户，可以根据地域、年龄层次、收入水平等因素来划分，针对企业用户，可以根据员工人数、年收入、所属行业等因素来划分，然后找到我们有机会切入的小市场。任何产业发展了这么多年，必然形成了很多细分的小市场，如果一开始就想一口全部吞下，是注定要被噎死的[11]。

我做过的产品，目标用户都是中小企业，都是满足他们对电子商务的软件需求，3 年来也有一些心得，我想可以作为一个案例，结合一些前辈的经验，与大家分享一下我对中国中小企业的电子商务软件需求层次的理解，每一个层次上的人群，都是不同的细分市场，也对应着不同的产品。

第一层，史前时期，仅仅是听说过“电子商务”，本能驱使着去做些什么。

中小企业的老板会为了赶潮流而做一些基础设施建设，但并没有用起来，也无法产生效益。一般表现为买个域名，建个网站，很大的原因是老板看到别人名片上都有个公司网址、E-mail，感觉自己没有会显得很土。这种网站常年不更新，有些静态内容，包括企业介绍、产品介绍、联系方式等，老板可能只是在网站刚建好的时候去看过一两次[12]。

第二层，电子商务真正价值的萌芽，体会到这玩意有用。

老板们真正理解了电子商务的意义，开始有目的地做一些动作，最典型的是网络推广、邮箱。中小企业的老板们在闲聊时听说谁又通过网上谈成了一笔生意，大家意识到网站确实是一个宣传自己产品的好地方而不只是一个摆设，所以又会找到经销商，要求买一些百度、谷歌的推广，或者去阿里巴巴留下点信息。

同时，不少老板意识到电子邮箱的作用，特别是外贸，电子邮箱是必须的。而一直用 sina、163 这种后缀的免费邮箱似乎显得掉价了，所以开始产生企业邮箱的需求。

第三层，我们的中小企业进化出“管理”需求了，这是一个质的飞跃，首先是“开源”主导的管理需求。

访问企业网站的人越来越多了，也谈成了几笔生意，老板和员工们群情激奋，然后就会琢磨怎样才能“明天会更好”，是等待访问者主动找到联系方法再打来电话，还是主动出击？于是，“在线客服”出现了。老板会安排一个小妹守在电脑前，一有人来访问就聊上几句，当然这个小妹多数时间还是在 QQ 上和自己的网友们聊天。

再进一步，老板们又发现新的问题，各种推广到底哪种好？于是和推广配套的统计分析工具、SEO[13]的服务出现了，这些工具让中小企业更清楚地看到了电子商务的效果，提

11 这些年的体会，更准确的说法为，细分市场应该是对“需求场景”的细分，而不是对“用户群体”的细分。

12 后来，估计网站变成了微博企业号、微信公众号什么的。

13 SEO：Search Engine Optimization，汉译为搜索引擎优化，为近年来较为流行的网络营销方式，主要目的是增加特定关键字的曝光率以增加网站的能见度，进而增加销售的机会。

供了改进的方向。“开源”主导的管理，关键点是把“访客变客户”、“流量变销量”，这时候，中小企业最在乎的还是获得更多的订单、更多的客户。

第四层，“节流”主导的管理需求。

随着第三层做得越来越好，订单与客户越来越多，原本用小本子，或者 Excel 记录已经满足不了需求，自然而然产生了大家耳熟能详的 CRM[14]的需求，CRM 也可以看做“开源节流”两手抓的管理软件，一手“开源”新客户，一手“节流”老客户。同时，大家又发现了进销存软件，可以帮助管理订单、库存等；财务软件，可以管理资金……

再往后，公司也越来越大，产生了多人协同办公的需求，上述的这些管理工具如果全都放在网上，对信息的共享有很大帮助，而且日常办公也越来越依赖电子化，所以 OA[15]、SCM[16]、HRM[17]等都出现了。从这里开始，电子商务开始融入所有的日常工作了，当然一个企业不可能这么多套系统都上，一般都会根据自己的需要做一部分。这个层面的实施需要相当多的资源和管理层的意识，对企业实力是一个极大的考验，跨过这一步，应该就不再是我们的目标用户——中小企业了。

第五层，整合应用阶段，已经不用再提电子商务，整个企业处处都是电子商务，商务就是电子商务。

把上述提到的各个系统融会贯通，就会得到一个熟悉的词——ERP[18]，联想的柳传志说：“上 ERP 找死，不上 ERP 等死”，其实能到这个阶段才死，已经很光荣了，所以简单引用 iResearch[19]报告中的一句话吧：

信息化应用的最高阶段，就是企业利用现代信息技术，通过信息资源的深入开发和广泛利用，不断提高企业从内部管理到外部沟通环节的效率和水平，进而提高企业经济效益和企业竞争力。

14　CRM：Customer Relationship Management，指客户关系管理软件。

15　OA：Office Automation，指办公自动化软件。

16　SCM：Supply Chain Management，指供应链管理软件。

17　HRM：Human Resource Management，指人力资源管理软件。

18　ERP：Enterprise Resource Planning，是企业资源计划的简称。

19　iResearch：一家专注于网络媒体、电子商务、网络游戏、无线增值等新经济领域，深入研究和了解消费者行为，并为网络行业及传统行业客户提供市场调查研究和战略咨询服务的专业研究咨询机构。

上述宏观上的用户需求时刻指引着我们做产品的方向，可以说阿里的每一个产品，都是在满足特定层次上的需求，比如企业建站服务是满足第一层，客户关系管理系统是满足第四层。获取宏观需求的方式，也与第 2 章提到的各种方法不同，更多是一些战略管理和市场细分的工具，比如**安索夫矩阵**、**BCG 矩阵**、**波特五力模型**、**GE 矩阵**、**战略地图**、**SPAN 战略定位分析**（Strategy Positioning Analysis）、**价值链分析法**[20]等，有兴趣的同学可以在网上搜索阅读，我们应该是灵活的应用方法，而不是为之所累，因为方法和工具的作用很有限，很多时候只是起到一个类似模板的作用，帮助我们理清思路而已。

下面再给一个物流平台的案例。

物流平台的案例

“这个世界上最大的数据传输带宽是一辆装满硬盘，在高速公路上飞奔的大卡车。”——我大学时的一位计算机老师。

在不能“瞬间移动”的今天，“鼠标”是要加“水泥”[21]才能发挥最大作用的，物流就是逃不掉的传统。阿里在做电子商务，而电子商务众所周知的三流：信息流、资金流、物流，前两个貌似都已经初具规模了，可是第三个似乎还有很多事情没有做。其实我们一直在探索，在 2007 年 3 月和 9 月，我参与过两次物流产品启动与否的预研，转眼多年过去了，回顾一下，当时就是通过市场扫描、竞品分析、自我剖析，再综合思考，回答了“我们在哪儿”、“我们去哪儿”两个问题。

简短说一下 9 月的那次预研，涉及整个物流的产业链。我们先后走访了政府里负责运输管理的部门、某企业的自有车队、某运输公司、某仓库、某场站[22]，听取了业内资深人士的讲解，画出一个简单的图，如图 5-3 所示，表明了产业链里各个角色的关系，图中粗线表示产业链的主流程。

先是涉及四大利益相关方：

政府：想要数据，特别是监控特殊行业，如危险品运输；

我们：想搭个平台，终极目标是将物流全部信息化[23]；

工商企业：是“物流”这个商品的需求方；

物流企业：是产业链的核心。

---

20 这些都是战略管理和市场细分的方法，说实话实战中用得不多，不过其中的道理值得领悟。

21 通常，我们用“鼠标”指互联网、软件相关的产业与产品，用“水泥”指传统的产业与产品。

22 场站，是指货车的集中停放地，一般周边会伴有货物信息的集散地，与货车司机们达成交易。

23 2013 年，阿里牵头成立的菜鸟网络，从某种程度上说，是这件事情的延续。

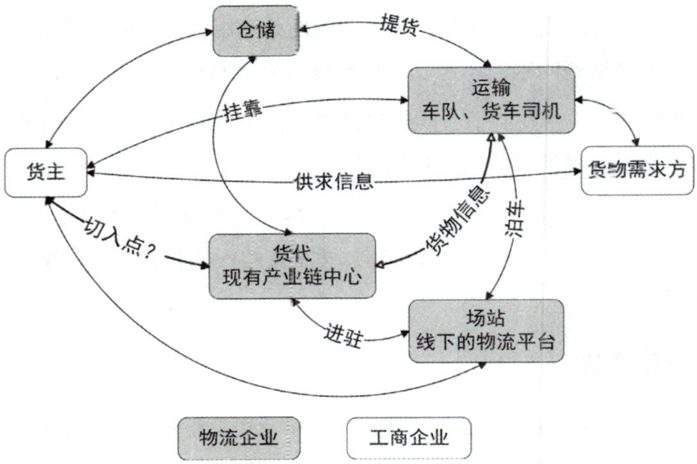

图 5-3　物流产业里的各种角色关系

其中物流企业又分 4 大类，而且“一人分饰多角”的混合模式很普遍：

仓储：简单说就是仓库；

运输：简单说就是货车司机与车队；

场站：简单说就是停车场；

货代：这是传统物流产业链的核心，掌握了关键的货物信息，知道有哪些货要从哪里运到哪里，也知道哪里有货车可以用。

分析下来，我们觉得自己的核心优势在于对信息的整合管理能力上，而前三者都是基于很专业的传统设施的，所以暂不参与，只提供信息化管理的方法。而对于“货代”，其所做的事情正是我们擅长的信息管理，也就意味着将来最可能成为竞争对手，调研工作让我们发现，“货代”是如此的强大和重要，而“运输”对信息化的接受度又如此地低，以至于一开始根本不能去挑战，所以最终，我们觉得最可能的切入点是在“货代”与“货主”之间搭建物流平台，让这两者更好地交换信息。当然最终目标是取代“货代”，让有货的“货主”和有车的“运输”直接在平台上交易。但就算这个最靠谱的切入点，通过我们分析，觉得时机仍然不成熟，市场和用户都还需要成长几年，所以这次预研并没有启动产品。

5.2.3　我们怎么去

想清楚了前两个问题，也就是知道了起点与目的地，到现在为止，产品还是不存在的东西。那么，接下来自然要考虑“我们怎么去”了，也就是看起点和目的地之间，能不能画出一条线来，画出来的成本是多少。典型的问题是：用什么产品满足需求？产品的核心竞争力是什么？通过这些问题的思考，我们会逐渐看清将来产品的轮廓。

继续第 5.2.1 节的千岛湖例子，从杭州过去，你可以自驾车、可以骑车、可以租车，算一下时间、费用等，最终可能决定自驾车过去。

解决这一步的问题，浓缩成两个字就是“策略”，各种各样的“策略”：定价策略、推广策略、渠道策略、服务策略、财务策略、技术策略……各种正确的策略保证了我们是在“做正确的事”。

一次真实的产品预研

分享一个产品预研的例子，让大家看看我们在真实工作中是如何思考“我们怎么去”的。2009 年 7 月，集团下我所在的子公司 A 组织结构变动，我归属的事业部被划分到另外一家子公司 B。于是，我做的产品就需要考虑这么一件事：新情况下，这个产品如何与 B 现有产品整合以发挥最大作用。

这么大的题目，也许让人一下子就想到书本中的各种战略分析工具，但当时时间很紧，在这种状况下，衍生出了如此这般的“山寨”做法。

首先，我们觉得 B 公司的产品实在太多了，大大小小有几十个，必须先缩小范围，于是先把所有的产品过一遍，也就是以用户的身份把几个网站的相关页面都点了一下，基本确定了三个相关性比较大的产品，然后仔细研究。

接下来，找这三个产品的产品经理要了如下几个文档：

- **产品介绍的文档**。通常是 PPT，因为之前只是从用户的角度看表面，进一步了解就需要知道一些背后的信息了，比如这个产品的愿景、定位、发展规划等信息。
- **Personas 文档**。可惜只拿到一些用户调研报告，只能了解一下典型用户是什么样子，和我们产品的用户差别有多大。这让我体会到，有形的 Persona 存在的意义，可能并不是团队内部做产品的时候时刻想到用户，而是有新人进团队的时候，可以迅速了解用户、理解产品。
- **产品的试用账号密码**。把自己当做用户，进行产品试用，看帮助文档。
- **产品最近的运营数据**。了解对方产品近况，从数据中可以发现很多问题，比如最看重的数据指标是什么，为什么看重这个；最近几个月哪个指标在恶化，背后的原因是什么。这类数据通常比较机密，可能需要通过双方老板，甚至老板的老板拿到。

在上述过程中，碰到疑惑的地方都先记下来，当感觉了解得比较充分时，心里也一定充满各种疑问，这时候就可以与对方的产品经理聊聊，以解惑。

到这里，收集、整理、理解各种信息暂时告一段落。接下来，我们开始考虑自己的产品与对方产品整合的每一种方案的利弊。考虑时要全面，涉及所有利益相关方：可以从产品用户、公司本身（包括自己的产品、对方的产品）、整个市场（包括竞争对手）等角度考虑。这时候就可以用到 SWOT 分析。

最后，得出结论，有可能是和 B 公司的某个产品或多个产品合作，也可能是不合作独立发展。有时候做类似预研的事情会觉得怎么做都问题多多，但又不能对老板说“我们啥也别做了”，只好“多害相权取其轻”，选定一个方向，给出几个备选方案跟老板汇报。当然，在老板拍板之前，一切都还没有逃出“做不做”的范畴。

5.3　做吧，准备出发

“做吧，出发！”老板这么对大毛说。

“等等，是准备出发！”大毛回答，“还有些事情得先想清楚”。

我们常说做事之前要先订计划，其实计划已经是挺后面的事情了。可行性分析三部曲完了之后，才到“计划”，比起没弄清起点就想定目的地的人来说，开始就定计划显然要更糟糕一点。

我很喜欢的一个比方，你走在起点到目的地的路上，你的“速度”可以分解成“方向”和“速率”，“速度”是一个矢量，其中“方向”就是“做正确的事”，保证效果，而“速率”就是“正确地做事”，保证效率。所以说，能力越大，如果方向不对，危害也就越大。然后，我们在途中还需要不断地反馈当前的位置，不断修正。考虑到边走边看会降低效率，所以我们可以将路程简化成简单的几段直线，设置里程碑，在里程碑之间集中精力加速；或如公园里的鸭子船一样分离舵手和划手的角色……最终到达目的地，总结整个行程。

5.3.1　敢问路在何方

“敢问路在何方，路在脚下”，在抓住了产品的灵魂——战略，并进行了可行性分析之后，我们就需要脚踏实地地一步步实现我们的愿景了，而具体如何走，则要依赖各种大大小小的计划。

产品路标规划

对一个产品来说，最大的计划就是产品路标规划[24]。路标规划是一个产品，乃至产品线层面上长期的时间规划，路标规划上最小的单位，可能是产品的一个版本或相关的一个重大活动，细化以后都要通过好几个项目来实现。我觉得典型的规划周期是产品大版本周期的 3~5 倍。比如，一个产品从无到有的 1.0 版需要 3 个月完成，那在 1.0 版发布以后，做个一年左右的路标规划就比较合理[25]。

为什么要做路标？

我的理解是：狂风暴雪中，虽然前方路况不佳，能见度不高，但老板们心里有数，至少得装做心里有数，他们大声喊："我知道我们在往哪个方向走，准备什么时候到哪里，几个里程碑是什么，不要慌，公司的大旗迎风猎猎作响，胜利必将属于我们……"心理暗示是很重要的，大家互相鼓励、安慰，抱团取暖，预言也许就自证了。来点实在的就是落地公司的 Mission、Vision，对于比较基层的部门，则是落地 KPI，想清楚有什么事情可以提前准备，什么时候做什么来一步步实现目标。比如半年后要做什么，总得提前几个月培训员工具有相应的能力吧，又得再提前几个月把人员招聘到位吧，等等。

因为路标规划的都是未来的事情，所以公司里的产品都不适合拿来举例，这次以自己的"三个一工程"的路标为例，它是我对自有产品的一个概括，我希望围绕着"怎么做产品"这个话题，和更多的人一起成长，用好产品改变世界。如图 5-4 所示，图中的每一个箭头，表达了"三个一工程"的某一项子产品的特定产出，在实际操作中又可以细化为一个或几个项目，图 5-4 横跨了 2009 年到 2010 年一季度，简单解释一下。

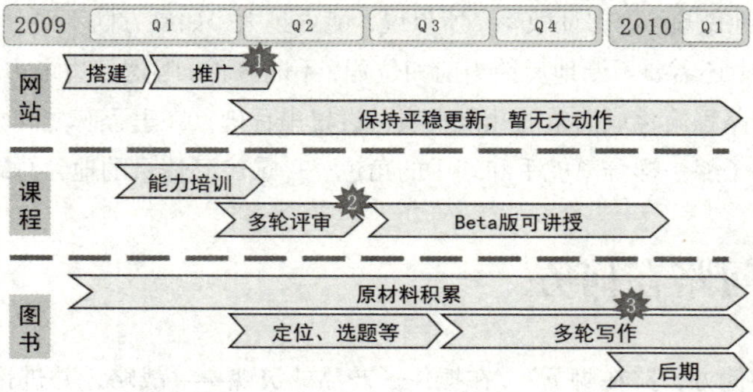

图 5-4 产品路标规划的实例

24 路标规划，英文称 Roadmap。

25 移动互联网产品的更新速度更快，往往只有 3 个月左右的规划。

一个站：1 月建立，填充之前近两年的资料；2 月尝试网络推广，并且反馈总结；然后在 3 月集中火力进行了全面推广，尽可能覆盖目标用户群；4 月开始进入稳定期，暂时保持匀速前进。

一门课：2 月启动，参加了《课程设计》、《TTT》[26]等培训，准备基础知识；3 月尝试开发《问题分析与解决》，作为练兵；4 月正式启动；5 月大纲评审，1~2 小时的试讲；6 月底完成一次 4 小时试讲；7 月起，可以讲授 1~8 小时的课程，阶段性完成。

一本书：7 月原材料准备完成，8 月是定位与框架，9 月样章，年底提交全书初稿，后面的安排和出版社协商确定，初步想法是赶 2010 年 3、4 月的图书销售高峰，不知道你读到本书的时候是几月[27]。

从图 5-4 中大家可以发现规划的时候需要调配好资源，事情要一件一件地做，不能堆在一起。更何况我做的这些事大多数还是在非工作时间，这对个人的**时间管理**要求很高，如图中的 3 个里程碑，就比较好地错开了时间资源，这也是路标规划的目的之一，让我们可以为将要做的事情提前做准备。提一下类似的，我们在工作中会碰到多个项目并行的情况，资源难免冲突，大家可以去看一些**项目组合管理**[28]、**管道管理**[29]的资料。

路标规划列出了很久以后的事情，中间难免会有新情况发生，那就意味着肯定不会完全按照这个走，所以有必要每过一段时间就回顾一下，比如对长度为一年的路标规划，每个季度回顾并修正是有必要的，每次改动得少，当然皆大欢喜。但改动多少取决于内外因素的各种变化，我们能做的是提高自己的水平，在每次路标规划的时候减少单纯拍脑袋的成分，而是以更多、更可靠的信息为基础。

最后，我觉得每个人都应该用做产品的思路，给自己的一生制订一个多年的路标规划，我就有相关的文档，也许你没有文档化，但你一定想过。

一切尽在掌握

聊完了最大的计划——路标规划，我们再看看最小的执行计划。很多产品经理都有这样的职业病，做任何事情都习惯于制订计划，一切尽在掌握的感觉确实很好。在我看来，计划最重要的作用就是提前准备，可以在事情尚未发生的时候想清楚如何应对各种情况，避免临阵时碰到没想到的情况惊慌失措。如此细致的执行计划，需要精确到时间、地点、人物、事

---

26 TTT：Training The Trainer，意为培训师培训。

27 你看到的这本，是 2014 年秋天，第二次修订的版本。

28 项目组合管理是指在可利用的资源和企业战略计划的指导下，进行多个项目或项目群投资的选择和支持。项目组合管理是通过项目评价选择、多项目组合优化，确保项目符合企业的战略目标，从而实现企业收益最大化。

29 管道管理是指对人力资源的组合管理和决策，确保人力资源够用且充分利用。

情，比如2010年3月13日，在家修改书稿第5章，责任人：苏杰。

下面从一次误会说起，分享一下我自己写博客是如何计划的。

2009年3月1日和3月2日，我连着发了3篇博文，有人表扬我勤奋，有人批评我"为了写而写"，我很郁闷，不是因为被批评了，其实我一直期待在留言里看到不同的声音，但这些批评不在点子上，而且表扬也不在点子上。

对于个人博客，我有自己严格但有弹性的"写作计划"和"发布计划"，这两个计划是相互关联又明确区分的。写作计划类似软件产品的开发计划，是内部工作；而发布计划类似产品的上市计划，是外部市场驱动的。

我觉得一篇文章写出来马上就发布，难免会存在一些问题，所以我愿意把它"酿"几个礼拜、甚至几个月，有点像软件的测试阶段，在这个过程中，我经常会发现文章里的一些错误并改正，当然发布后肯定还会有问题，我能力有限，只能尽力。最后在每篇文章发布之前，我还会通读一遍，很像软件的预发布，是最后找Bug的机会。而最终的发布时间，大多数文章都是有理由的。

所以"什么时候发布文章，并不意味着我是什么时候写的，甚至不意味着我是什么时候发的，因为我可以用定时发布"，比如说我长期拥有5~10篇的储备。这还有一个好处，如果我这段时间工作很忙，就可以发布一些已经写好的文章，尽量保持博客更新的频率不变。

有位同学问：你博客的写作计划和发布计划有文档吗？……我还没那么过分，在脑中而已。我习惯了，甚至是有强迫症地为各种事情制订计划，是好是坏，和任何事情一样，掌握好那个度总是有必要的，不妨"大事清楚，小事糊涂"。

5.3.2 低头走路，抬头看天

我们在从起点通往目的地的路上大踏步地前进，除了"低头走路"，还要"抬头看天"，这就是所谓的里程碑、检查点。早在前几章，聊需求和项目的时候，就反复提到过各种会议，需求讨论会、产品会议、Kick Off会议、各种评审会……其实会议的本质就是为了群体的沟通与小结，回想一下前一段路上的得失，修正方向，以便下一段路程走得更好。

但是，一听到"开会"这两个字，很多人都会头皮发麻，有很多苦水想倒。没错，大家都很痛苦，所以我们急需靠谱的会议。

我们急需靠谱的会议

来说说正式会议，它意味着不是敏捷方法中的站立会议，或者两三个人在座位边、过道上的讨论，而是需要找一间像模像样的会议室，提前发出会议邀请的那种。你一定有很多痛苦的回忆，那么，我们从一个会议组织者的角度，来一起看看怎么减少痛苦吧。

首先，最重要的是明确目的，其实**开会和做一个产品也是一样的，不要试图在一个会议中解决很多问题**。就算这样你得连着召集参与者大部分相同的两个会议，我也建议你把它们分开，甚至，更好的做法，合理安排一个会议中的议题，可以让部分人早点走，或者晚点到。依据目的，工作场景下的日常会议一般在十五分钟到两三个小时不等。

其次，会议前。做好准备工作，资源确定事小：会议室、投影仪、白板、纸笔、网络等，视情况而定；人员确定事大：确认好“必选”的和“可选”的，不要漏人，也不要叫闲人，把握“**大会决定小事，小会决定大事**”的原则，其中的“大小”指的是参会人数，比如全公司的会议，是没法讨论事情的，只能传达信息。

识别出会议的关键人物，通常是最大的一个或几个老板，提前当面或电话告知一下，然后再发出会议邀请，发会议邀请我们用 Outlook。而发送时间，我觉得日常会议提前 24 ~ 72 小时比较合适，具体情况具体分析。邀请中需要注明会议的时间、地点、议程，每一项议程的估计时长，并且附上需要讨论的文档初稿，保证与会人有足够的时间阅读并思考。每个与会者也最好带着问题参加，其实这点没几个人能做好，会议低效的一个原因是很多人都是在会上第一次看到相关文档，无奈，但也只能靠大家慢慢地改变习惯了。对于关键人物，更是要重点照顾，不但得把邮件发给他，还要电话确认他已经收到邮件，附件能打开，图片能显示……目的是争取提前与他讨论关键议题，最好是面谈，达成一致，叫做“串供”，这会在会上节省很多时间和精力。前面的准备都做好，会议本身就不重要了，正所谓，**要想让会议不流于形式，就要把会议本身变成形式**。

再次，会议中。会前十分钟到数小时再次确认关键人物是否到会。各种资源在会议开始前准备好，比如确定网络可用、马克笔能写等。关于迟到问题，其实没法避免，一般等 5 分钟是极限，如果能想出合适的惩罚规则，会比较好。

会议要有明确的主持人和记录人，对于普通规模的会议，当然可以是同一个人，主持人主要掌握整体时间进度，控制每个人的发言时间，均衡发言机会，保证议题不走偏；记录人要如实做好记录，特别是“会议决议”与“遗留问题”。

所有事情，尽量在会上达成一致，给出“会议决议”，实在不行的可以作为“遗留问题”。更详细的有关会议讨论的规则，可以参考**《罗伯特议事规则》**[30]。一个简单实用的民主集中原则，即“**所有人提供意见，少数人讨论，一个人拍板**”，这是综合了“效率与公平”的一种很好的实践。

最后，会议后。会议记录最重要，如果想不出有什么值得记录的，就得反过来想想这

30　这是一本经典、全面、权威的议事规则工具书，附录有简单介绍。

个会议是否有必要开了。尽量在 24 小时内发出邮件，收件人是所有与会者，抄送给所有与会者的老板，让老板们看到手下干的活，也让与会者知道老板们会关注。会议记录中要有“时间、地点、主持人、记录人、议程信息”，它们其实都不关键，关键是“会议决议”与“遗留问题”。会议决议就是传达，是会上大家确认过的，写明是谁最终拍板的，其实也是增加他反悔的成本，形成习惯以后，大家才能都清楚决议的严肃性，并且保证后续动作的连贯；遗留问题要描述清楚是什么问题，谁负责解决，负责人一定只能是一个人，还需要写明这个人承诺解决的时间点。相应讨论过的文档有更新，也应该补充发出。如表 5-2 所示是我们团队使用的会议记录模板，以供参考。

表 5-2 会议记录的模板

<table>
<tr><td colspan="4">发件人：会议记录者</td></tr>
<tr><td colspan="4">收件人：会议参与者</td></tr>
<tr><td colspan="4">抄送：其他相关人员，如参与者的直接老板</td></tr>
<tr><td colspan="4">会议记录：<会议主题></td></tr>
<tr><td>时 间</td><td><yyyy-mm-dd>，上午/下午</td><td>地 点</td><td></td></tr>
<tr><td>主持人</td><td></td><td>记录员</td><td></td></tr>
<tr><td>参与人员</td><td colspan="3"></td></tr>
<tr><td colspan="4">讨论内容</td></tr>
<tr><td>1</td><td colspan="3"></td></tr>
<tr><td>2</td><td colspan="3"></td></tr>
<tr><td colspan="4">会议决议（只是告知的内容，无后续动作）</td></tr>
<tr><td>1</td><td colspan="3"></td></tr>
<tr><td>2</td><td colspan="3"></td></tr>
<tr><td colspan="4">遗留问题与行动方案（有后续动作的内容，标明负责人与解决时间点）</td></tr>
<tr><td>序号</td><td>负责人</td><td>时间点</td><td>内容</td></tr>
<tr><td>1</td><td></td><td></td><td></td></tr>
<tr><td>2</td><td></td><td></td><td></td></tr>
</table>

这一套跑下来还有个好处，因为难免有人缺席，这样通过会议前和后的两个邮件，让他也可以大概了解到主要情况。最后有兴趣的同学，可以再回头看看我写过的几个目的各不相同的会议实例：比如第 2.2.1 节，半天时间，需要提前邀约用户，布置会场的用户大会；第 3.2 节，15 分钟左右的项目 Kick Off 会议；第 3.3.2 节，1~3 小时的需求评审会。

仰望战略会议

这章聊的是战略，上一节在聊会议，所以这里就特别提一下战略会议。这种会议通常都是公司高层参与，一般会是去一个风景优美的地方，比如毛主席组织的庐山会议，而公司里比较典型的地点就是某度假酒店，看似轻松愉快，但我和一些老板交流过，其实他们是很怕这种会议的，因为这种务虚会真的很费脑子，看一下议题就明白了——5 年后我们要做什么，不做什么……几个小时下来就头晕脑胀，更不用说几天。所以去个环境好点的地方也真是必须的。

俗话说“**高层定向，中层分解，基层执行**”，务虚的战略会议是经验丰富的人在掌握了极多信息的基础上做出的预测与判断，并不只是海阔天空的闲谈。只有这样的“找出问题、发现机会”的过程才真正体现出人的价值，从某种程度上讲，这才是最最不可替代的事情，或者说没办法自动化之后交给机器做的事情。

2009 年，有幸看到公司的《历届战略会议回顾》，这是很多年来积累的会议记录。对我有很大帮助，比如某些事情当时没想通的，做了一些猜测的，读完回顾后都找到出处了，像 2007 年的某次战略会，让我时隔两年知道了当初有关物流的一些调研的历史背景到底是怎样的，很有意思。

更多涉及具体战略的内容不便与大家分享，所以只给大家看一份材料——如何准备战略回顾会议上的演示，总体来说我觉得围绕大纲的 13 个问题可以分为四部分。

第一部分：

1. 上次会议讨论的重点问题是什么？

2. 关于这些问题我们达成了哪些一致意见？

3. 上次会议中哪些问题由于缺乏信息考证，具有不确定性因素等原因而未能解决？

4. 上次会议哪些执行计划通过了？对于这些执行计划我们有那些主要设想？

上面 4 条都是回顾上次会议中的信息，把大家带入状态，这些细化的问题可以让我们在做演示准备时不会漏掉任何重要的内容。

第二部分：

5. 自上次讨论会议后外部发生了哪些主要变化？

6. 自上次讨论会议后采取了哪些重要行动？以及这些执行对战略和财政产生的影响？

7. 上次会议后我们搜集了一些参考信息，根据这些信息考虑是否要对当初设想的执行计划做些调整。

继续回顾，但是重点变成了上次会议结束到本次会议开始这段时间内的问题。

第三部分：

8. 我们今天讨论的重点是什么？

9. 你们提议的执行计划是什么？最初的设想和决定的理由？

10. 我们怎样实践这些设想和确定减少潜在的不确定因素。

11. 今天要讨论和做出的决定是什么？

面对这么多回顾的信息，今天要做的事情则是重中之重，每个问题都需要很多的工作来支撑。

第四部分：

12. 从上一轮的战略回顾中我们学到什么？怎样在下一轮中学到更多？

13. 怎样改进战略回顾会议和会议进行方式？

持续改善，考虑如何将“战略回顾”这件事情做得更好。

因为上述会议的目的是“战略回顾”，所以列出的提纲也是紧密围绕这个话题的，但我们看了之后可以自行展开，这个思路对于其他目的的会议，相信也有启发。

5.4 KPI，KPI，KPI

也许有人看到标题就眉头紧锁了吧。KPI，即 Key Performance Indicators，关键业绩指标，它是在分解企业战略目标的基础上，分析并建立各子目标与主要业务的联系之后提出的。可见，KPI 是企业目标的具体表现，所以不一定只是常见的营收、利润、用户数，也可以是客户投诉率、员工满意度、社会贡献等。

为什么要单独用一节来谈论这个话题？

因为企业战略往往很难让每一个员工都充分理解并为之奋斗，自上而下的分解并设定每个基本战斗单位的 KPI，是一种很好的简化方案。它可以让每一名最基层的员工明白自己的奋斗目标，对企业来说，如果每个人都做好了，那么企业战略目标也就实现了。不可否认，阿里巴巴有着强烈的KPI文化，但这种便于管理的简化也有它的弱点，我从“SMART”这个词慢慢说起。

SMART，并不 smart

2009年初某新闻里的一段：

国务院通过医改方案，阶段目标是，到2011年，基本医疗保障制度**全面覆盖**城乡居民，基本医疗卫生可及性和服务水平**明显提高**，居民就医费用负担**明显减轻**，“看病难、看病贵”问题**明显缓解**。

一个“全面”，三个“明显”，等于没有说，给人想象的空间太大了，不知道如何确定目标是否完成。我要是这么写产品规划和项目目标，肯定死得很难看，对比一下：

项目发布4周后与项目发布时相比，每周访客数在“70到700之间”的网站，访客转化率（具体定义略）提高到原来的1.5倍。

这才是符合**SMART原则**的目标，SMART是指：

S代表具体（Specific），指绩效考核要切中特定的工作指标，不能笼统；

M代表可度量（Measurable），指绩效指标是数量化或者行为化的，验证这些绩效指标的数据或信息是可以获得的；

A代表可实现（Attainable），指绩效指标在付出努力的情况下可以实现，避免设立过高或过低的目标；

R代表现实性（Realistic），指绩效指标是实实在在的，可以证明和观察；

T代表有时限（Time bound），注重完成绩效指标的特定期限。

在制定目标的时候，从一片混沌到SMART，是一种巨大的进步，但是：

“你再怎么去客观地设计绩效体系，这个体系都无法真正地与你追求的目标画上等号，在这种情况下绩效体系越量化，越容易将团队成员带入追求绩效的数字游戏上，而忽视了真正的目标。”

远视者把目的当手段，近视者把手段当目的。身边的短视行为实在是太多，原本KPI的量化只是一种实现目的的手段，是为了简化执行、简化管理、简化考核。但总会被一些“糊涂蛋”无意曲解，被一些“聪明人”有意利用，或者一些管理者把KPI看做目的和获得物质利益的筹码，片面地追求数字，甚至不惜做违背企业大战略的事情……这个话题我想多说也无益，有时候真是有“人在江湖，身不由己”的感觉，这种“应该做什么”的价值判断，就只能靠每个人用自己的价值观来指引了[31]。

我想，不管是一个企业，还是一个人，他真正追求的东西，肯定是无法量化的，是一种“感觉”。所以说对于目标管理，如果能够超脱，最高明也是最残忍的考核就应该是“考核者是否满意”。好比马云给某个子公司总裁的考核就是“让我满意”。但是，这种考核方式也有很多前提，如考核者和被考核者都要足够牛，互相充分了解，相关业务输得起等。

多个目标间的权衡

回过头来，我们再思考一下 KPI，其实是在多个目标间做权衡。多目标总会产生矛盾，但我们的生活中、工作中实际碰到的事情，往往都是有多个目标的，先举个教育的例子。

据说“成绩中上等的比成绩最好的孩子有出息”。我以为，这就是短期目标与长期目标的不一致导致的问题。

成绩好是一个人学校阶段的短期目标，而“有出息”是工作以后，甚至一生的长期目标。我们先不管这里的“出息”是指钱多、官大，还是家庭美满，先假定“有出息”是好的。那么很显然，至少现在我们身边的教育环境中，成绩好与有出息是不一致的。短期目标的 KPI 设置不妥，导致努力偏差，不仅浪费了时间，甚至起了副作用。做前几名很辛苦，为了短期的 KPI，要做的事情很多，需要 12 分的努力。而保持中上等，会轻松很多，可以做更多想做的事情，更有利于长期的全面发展。

人生很长，不要以百米冲刺的方式跑马拉松。

工作中也是一样的，在做产品的时候，必须面对的一个问题就是商业目标与用户目标的权衡。最简单的例子，我们想多收一点钱，用户想少给一点钱，这种本质的矛盾是没法完全消除的，所以，为了可持续发展，我们也会很重视用户目标。不过，从下面这个例子中大家会发现：

产品设计的好坏是假的，用户体验的好坏也是假的，只有商业利益的多少才是真的！

商用的报销、采购、HR 等系统，通常很难用，无论是视觉、交互、文案，都可以直接拿来做用户体验讲座的反面案例，如图 5-5 所示。对比可爱的互联网个人应用，为什么大公司做的商用软件的用户体验都那么差？我找到一个原因，大家看看：

31 延伸阅读，“有些 KPI 的完成”， http://iamsujie.com/4000/4022/。

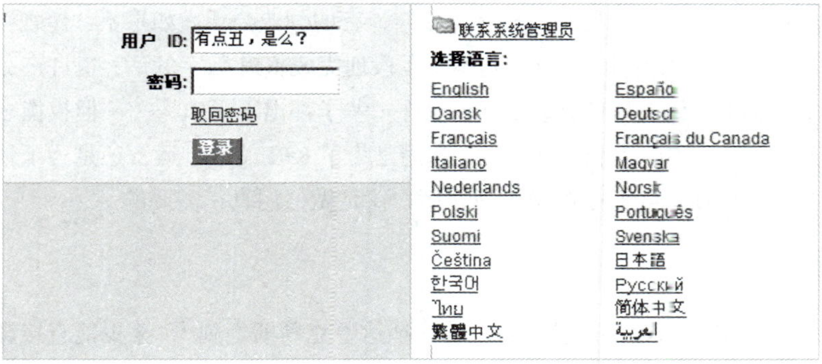

图5-5　某商用系统的登录页面

大型商用软件

→很贵

→是否购买的决策很重要

→重要的事情要专业的人做。比如采购人员，当然也很可能是不专业但是权力大的“老板”做决定，我想销售最喜欢这样的吧，简直是“钱多，人傻，速来”……

→购买者和终端用户不是同一个人，使用者甚至不参与购买过程

→终端用户用得爽不爽对购买行为影响不大，优先满足付钱的人

→用户体验对厂家来说相对不重要

→用户体验差

反之，这也是为什么新兴互联网公司那么重视用户体验的原因，因为UE直接决定着用户来不来，用不用，从而影响公司的发展和赢利。

当然，可能还有一个原因：任何产品的用户总会分成新手、专家、中间用户，只不过比例不同。像商用软件这种专业产品明显是做给专业用户使用的，他们使用频繁，追求的是效率，所以更倾向于让人适应产品，各种乐器，专业音响都是这样。反过来，设计给新手用的产品必须是产品适应用户，像公共设施中的垃圾桶、电梯，就必须做到第一次使用就能轻松掌握，而需要培训才会用的日常产品则无法生存。

转回来，继续看商业目标与用户目标，回想全书结构的那幅漫画，公司战略与用户需求正好是一句诗——东边日出西边雨，对立统一。这也是长期目标与短期目标的权衡，为了用户目标做，用户体验好了，用户会长期使用产品，到头来也就满足了公司战略与商业目标。这就是为什么上文说“只有商业利益的多少才是真的！”

但追求短期目标一定不好吗？显然不一定，有的创业公司，如果不“短视”的话，可能活不过下个月；某个部门，如果不是不择手段地完成 KPI 数字的话，也许产品就被砍掉了；一个农村学生，如果高考成绩不好，也许一辈子都出不了山沟……但权衡多个目标的秤一定要永存心中，不断去想这些问题：我们是为了 KPI 的数字运营还是为了让更多的用户用上产品解决问题？我们是简单地迎合用户还是做他们真正需要的……

达摩克利斯之剑

回到现实，KPI 永远都是悬在头上的一把达摩克利斯之剑[32]，至少能直接影响我们的晋升与年终奖吧？那么，如果 KPI 不合理怎么办呢？

2008 年，某个产品的 KPI 分解到各个部门。付费产品有两个最常见的 KPI:

- 用户数——多少人买，由卖产品的销售部门负责；
- 活跃度——多少人在使用，由做产品的产品部门负责。

看上去很合理，但是运行起来出现了矛盾。

销售部门的 KPI 是“用户数”，所以会要求产品为付钱的人做，这样一来就比较看重“噱头”，目标是所有愿意付钱的人，销售能力越强，能卖的范围就越广，也就是说会卖给产品部门定义的更多的“非目标用户”。公司是要赚钱的，通常商业驱动产品，销售去卖，我们在后面做实施，是没权利选择的，只能照单全收。

产品部门的主要 KPI 是“活跃度”，用户开始用了，产品能不能黏住用户很考验我们的功力，所以我们想的是为使用者做，希望产品用户都是自己定义的“目标用户”。而对于企业用户来说，拥有购买决定权的人一般是老板，与产品的使用者——业务员基本上不是一个人。这和其他的个人互联网应用很不一样，所以销售与产品部门为了各自的 KPI，走上了不同的路。

于是，我们会发现，当销售部门 KPI 完成得好的时候，就是我们发愁的时候，当我们笑的时候，就是销售哭的时候……都是自己人，这么多痛苦，于是我们开始思考有没有办法最小化矛盾，毕竟大家好才是真的好。

我们首先考虑是否大家一起负责所有的 KPI？结果和一些前辈讨论后否定了，大老板这么分解 KPI 有他的道理，历史经验已经证明不这样做问题更大，大家一起负责就变成每个部门都要对所有事情负责，等于所有事情都没有人负责，没有清晰而唯一的目标反而让人纠结。

那么，我们是否能改变 KPI 的分解方式？我们找到了问题的根源：付费用户中有相当

32 达摩克利斯之剑对应的英文是 The Sword of Damocles，用来表示时刻存在的危险。

的用户并不是目标用户，产品好对他来说没用，他不可能真正使用产品，也就不可能变成活跃用户。

到底怎么解决这个问题我们想了很久，终于提出一个解决方案：在 KPI 体系中加入一个经常提起，但从未真正体会到其重要性的职能部门——服务部门。继续往下思考，就是要变两步走为三步走。通过一系列的定义，给出一个“使用用户”的概念，而对于 KPI，也应进一步细分为三块，如图 5-6 所示。

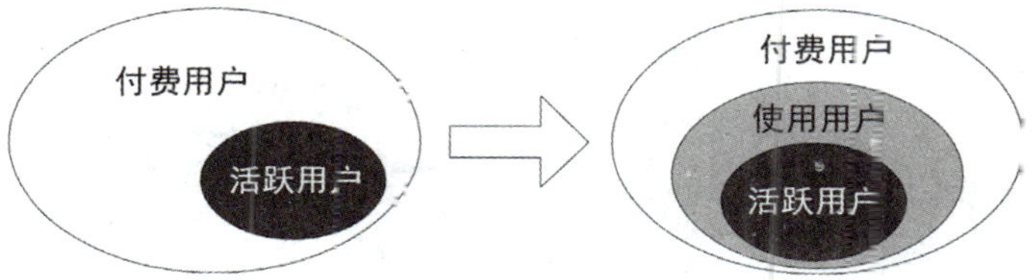

图 5-6　KPI 的改进

- 用户数，销售部门负责，让付费的人把产品买下来；
- 使用率 = 使用用户/付费用户，服务部门负责，让终端用户真正把产品用起来；
- 活跃度 = 活跃用户/使用用户，产品部门负责，让终端用户把产品用好。

好理想啊，如果这样，我们就轻松多了。当然，很大的压力转嫁到服务部门了，为了让使用率提高，产品要在一定程度上适应用户也是必须的。以上这些关于 KPI 的分析，只是产品第一年的问题，第二年开始情况又会复杂一点，多出了“续签率”这样一个常见的 KPI。一般来说“续签率”和“活跃度”是正相关的，按照常理，销售部门在第二年会负责“续签率”，那么产品部门的日子就要相对好过一点。

故事讲完了，故事里的我们获得了最终的胜利，但现实中很多人都在被不合理的 KPI 折磨着，我的建议是找老板聊聊，有时候他其实也挺痛苦的，聊的过程中可以知道这个 KPI 背后的目的，如果你能绕过 KPI 直接达成目的，相信理智的老板是会做出让步的。

5.5　本书的源头活水

本章的第 5.4 节，是一个大案例，讲述的是本书的战略制定与写作前的各种分析。其内容在本书前部分已经出现过，只不过你可能没有看，或者看了没意识到。那就是本书的“写在正文之前”，其中我按照如下顺序描述了本书的源头活水，也可以看做是我对本书灵魂的思考。

为什么会有这本书？本书的产品定位，本书的风格与特色，本书的目录与内容，我与本书的局限性。

嗯，现在你看完上述内容了，这时候，如果我们决定要做这个产品，接下来就应该返回第2章，开始“一个需求的奋斗史”。再回顾一下我这三年总结的整个生态系统吧，它是一个有始有终的循环，如图5-7所示。等等，还缺了一点什么？没错，就是这个生态系统的根基——大地。

图5-7 没有大地的生态系统

第 6 章

产品经理的自我修养

一个生态系统，有了云和雨、河流、动植物、太阳之后，看似完整了，可我们忽略了它们的根基，那就是大地。

第 6 章 产品经理的自我修养 / 279

6.1 爱生活，才会爱产品 / 282

我总是跟门过不去 / 282

乱谈餐馆的菜单 / 284

用户创意无限 / 285

6.2 有理想，就不会变咸鱼 / 286

成功在自己手中 / 287

个人品牌建设 / 288

个人名片设计实例 / 289

我的理想之路 / 290

6.3 会思考，活到老学到老 / 291

学校里没教的东西 / 292

只有方法，没有答案 / 294

好好学习，天天向上 / 295

6.4 能沟通，在什么山头唱什么歌 / 296

我的沟通理念 / 298

职场中的点对点沟通 / 299

职场中的群体沟通 / 300

“土老板”破冰必杀技 / 301

6.5 产品经理主义 / 302

好电影是怎么做出来的 / 303

产品经理看“春晚” / 305

无可救药的职业病 / 306

解决问题的通用思路 / 308

人人都是产品经理 / 312

在第 2~5 章里，我和大家分享了自己做产品经理三年来做过哪些事情，总结成四个词就是：需求、项目、团队、战略。而我也反复说到，产品经理要做的事情还远远不止这些，只是因为时间太短，我还没能充分地体会。但对于一个产品经理来说，抛开各种技能，有些底层的素质总是必须的，所以这一章，我模仿了一本名著的书名——《演员的自我修养》，叫做“产品经理的自我修养”。

我试着总结出了四大修养，分别是：爱生活、有理想、会思考、能沟通。这四节，谈到了四个方面，它们也有递进的关系：

爱生活让我们充满动力；

有理想让我们目标明确；

会思考让我们方法得当；

能沟通让我们团结前进。

最先需要的修养就是热爱生活，因为“爱生活，才会爱产品”，这其实是一种心态的修炼。爱生活并不难，因为生活的点点滴滴中本来就充满着可爱的东西，而且“用户创意无限”，处处都是我们设计产品的思路源泉。而有了爱生活的心态，我们会发现身边的人和事愈发可爱。

心态好了，也不要无欲无求，毕竟我们都是年轻人，接下来几十年总得做点什么，与其漫无目的地走一步看一步，最后回顾一生发现没什么值得骄傲的，不如找到自己可以做一辈子的事——理想。这节里谈到了“个人品牌建设”和“我的理想之路”，我想告诉大家“有理想，就不会变咸鱼”。

接下来，努力做到“会思考，活到老学到老”。思考能力、学习能力，是“学校里没教的东西”，我们的教育告诉了我们太多问题的答案，却忘了生活中很多问题是“只有方法，没有答案”的。只会做不会想，我们最终只能沦为一个工具——作为一个有理想的人，这点显然是不可接受的。

最后，我们要“能沟通，在什么山头唱什么歌”。从“我的沟通哲学”谈起，说明我们不能活在自己的世界里。个人觉得，在任何价值链里，与人沟通的事情都要比与机器沟通要复杂，也更有挑战。能沟通的话，就算不做产品经理，对个人发展也有很大好处。

而本章的结尾，也是全书的结尾，我提出了“产品经理主义”这个概念，尝试从产品经理的角度给出一些“解决问题的通用思路”。如果人人都了解了这个思路，那么都会患上“无可救药的职业病”，从而就“人人都是产品经理”了。

6.1 爱生活，才会爱产品

每个人身边都有很多整天皱着眉头不开心的人，他们说不想上学、工作无聊、社会不公、朋友不好……而这样的抱怨对任何事情都没有帮助。所以我们不妨时刻微笑，像孩子一样好奇地观察这个世界。一个人只有拥有了积极、乐观、向上的人生态度，内心才会有爱，才会去积极发现生活中的美，才会有好奇心和创造力，才会愿意研究生活中的产品，才会爱上做产品这样一件改变世界的事情。

我总是跟门过不去

我很幸运，身边有很多热爱生活的人。和他们在一起的时候，我时刻都觉得很开心，下面来说说我们的故事，也是有关各种“门”的设计点滴。

2009 年初的时候，小明和大毛去公司附近一家叫“牛家 e 族”的餐厅吃晚饭。刚走到门口，小明兴奋地就大叫起来：

“你发现没有，这个门是斜着的！”

“是啊，有意思！”大毛马上拿出手机拍了下面的这张不太清晰的图片，如图 6-1 所示。

图 6-1 杭州“牛家 e 族”餐厅的斜门

然后，这顿饭就围绕着这个门展开了话题……

“这个门不是正对着马路开，而是斜着开的。它正好对着点餐台，而不是对着任何座位，这样就没有人在吃饭的时候会因为被进出的人参观而不爽。”

“而且门直接对着柜台，很顺畅。”

“这样的斜门对于行人还有分流的作用，下班的时候人行道上人多啊，行人走着走着就被挤进去了。”

“哈哈，太扯了吧，不过，倒是可能有风水方面的考虑。”

“嗯，你有没有觉得，这个一顿饭十几块钱的吃快餐地方，从门外看装修太高档了。我以前一个人路过，会感觉里面比较贵而不进去吃。”

“是的，我觉得这种设计对于新客户不是很友好，但是对老客户就很友好，老客户会觉得又便宜环境又不错，所以以后会常来。再想一步，装修一般但饭菜很贵的风格就比较适合重视新客户的场景，一锤子买卖，把人吸引进来就成功了，比如风景区；而这家的风格适合在商业区、写字楼附近。事实确实如此，同事中只要有人去过，就会帮着宣传，口碑效应很强。”

……

于是，那顿饭让大毛印象深刻，事后在多次分享的时候，也与大家分享这个门的设计，客观上倒是帮那家店做了很多次免费广告。

还是 2009 年，有一次同事们去横店影视城玩，又碰到了一个引起大家讨论的门。

如图 6-2 所示是秦王宫的入口，很宽敞，有气势，但是出口故意设计得弯弯绕绕增加长度，两边都是纪念品商店，完了还不过瘾，最终出去的地方还弄个旋转门限流，让大家慢慢地走。于是我们开始讨论了。

图 6-2　横店影视城秦王宫的入口

“入口和出口差别好大啊，呵呵。”

“进来当然要尽量顺畅了，和网站吸引用户注册一样，出去就没那么简单了，总得在你身上榨点油水吧。”

……

我一个人的时候，也会想很多生活的细节，似乎总是跟门过不去。比如说晚上回家进门，里面黑黢黢一片，开关在门边还好，如果在里面就麻烦了，看到过有设计把“门把手与灯的开关联动”或“转钥匙与灯的开关联动”，是个思路，只不过我们要权衡成本与收益……

乱谈餐馆的菜单

同学们经常去餐馆吃饭，每次点菜的过程似乎都很痛苦。而痛苦的根源之一就是菜单，看起来琳琅满目，却不知道从哪里下手，好比如图 6-3 所示。所以，每当一群产品经理出去吃饭的时候，总会讨论菜单的话题。这次说说，如果一个产品经理来做菜单，会搞出哪些花样。

图 6-3 某餐馆的菜单

一开始要做的，就是分析战略层的商业目标与用户目标。这家餐厅市场定位如何、餐厅地点在哪里、主打哪部分用户、价位如何……举些例子，餐厅的商业目标不一定是赚钱，比如有些单位的食堂；菜单不一定要精美，比如路边小店，只要干净就行。想清楚这些，才能继续往下分析。

好，我们假设这家餐厅是一个最普通的餐厅，杭帮菜，周围有不少写字楼和学校，人均价位 50 元上下浮动，目标人群是附近的白领、学生等，比较广泛。这样的餐厅你一定去过很多家，没什么特色，一本菜单打天下。之前我们提到过产品的版本细分，不妨这次就聊聊菜单的版本细分。

我们可以针对特定人群细分版本：比如情侣来了、一群朋友来了，就应该拿出不同的菜单。“情侣菜单”上的菜，名字可以起得暧昧一点，“一心一意”、“天长地久”、“爱你在心口难开”等都可以。我想，男主角会感谢你的，而这个时候，那个男人对价格已经不敏感了，他也许会拉着身边的女人一边看菜单一边乐——商业目标与用户目标完美的结合！

我们也可以针对特定时间、事件细分版本：比如每年 6 月，大学生的散伙饭。这时候推出“我们毕业了菜单”，融入一些不舍、一些祝福、一些无奈。再如公司里的庆功宴、老朋友归来的接风宴，都可以预先打包好特定的菜品，减少点菜的难度。

还有很多有趣的地方，比如各种菜类的顺序、配图与否、配图的方式、标价的方式、其他信息放多少等，都可以去想。我觉得餐厅里，乃至这个社会挺缺产品经理和设计师的。说到底，还是缺少热爱生活的人，这是我们的机会。

当然，在商业环境中，我们始终要考虑成本，上面说到的都不错，但是额外付出的成本值得么？这也是为什么我没扯到电子菜单的原因[1]，幻想一下，电子菜单多好啊，配合一套系统，可以自动收集客户数据，什么时候来的，吃了多久，几男几女，点了哪些菜等。后续可以统计每个菜被点的次数，分析其与价格、季节等因素的关系。再加上客户评价的过程，可以做出各种菜的个性化推荐系统。关键是还可以排序，比如老板请客，你就按价格从高到低排；自己去吃，就按食客“好评”的次数排。点了一个菜以后，菜单会告诉你“吃过这个菜的人还喜欢”……好了，醒醒，这一节结束了。

用户创意无限

当产品经理们作为用户，在用其他产品的时候，也会很用心。经常的，我们发现自己产品的用户们也很热爱生活，要不我怎么老说“人人都是产品经理”呢，这个世界就是因为有了这么多有爱的人而变得越来越可爱。

看看用户的几个精彩创意吧。

例 1：MSN[2]的“签名+显示为脱机+联机”组合拳。

写一句话作为 MSN 的签名，然后不停地上线、显示为脱机、上线……就可以借 MSN 在电脑桌面右下角的系统浮出，让好友们不断看到。

常见用法 1：剧透。

比如我刚看完《风声》，在别人还没看时，就写一句：张涵予和周迅都是咱的人……

1　2014 年，各种预定、点餐应用，已经改变了这个情况。

2　MSN 已成往事，不知你有没有用过。

再不停地上啊下啊的，是不是很恶毒？

常见用法 2：表白或求婚。

网上看来的，摘录一下："……当天下午就把 MSN 签名改成'今天我求婚，大家帮我发短信：夏某，嫁给刘××吧，时间 19 点整'……果然，立马就有不少人开始在 MSN 上打听这事，真是一呼百应，有号令三军之势！……下班以后我们几个都留下观战，埋伏在公司门口，我还特意借了公司的 DC 准备抓拍精彩瞬间……那边夏某的手机开始一通狂响，吼吼……我们都知道是 MSN 求婚志愿团的短信到了，OMG，那手机，那是足足响了五分多钟……"咳咳，MSN 的设计师们看了恐怕也傻掉了吧。

衍生用法：好友比较多的同学一直在琢磨这事儿，写上"广告位招租"，然后说明我的几百个好友都是 IT 精英，消费能力强，每天上班时间必在线，打个相关产品的广告，比如啥新奇特的电子产品，来回上下三次，就相当于精准投放了几百人的广告，很实在的。

例 2：Windows 的回收站当文件夹。

这是前段时间看到一个同事的用法，当场惊呆。说是为了保持桌面整洁，所以把常用的文件都先放到桌面，然后删进回收站，要用的时候恢复一下。

我问他："不怕麻烦啊？"

他回答："习惯了……"

习惯真可怕，我有帮别人电脑清空回收站的习惯……

其实生活中还有很多类似的例子，不按照设计者的本意使用产品，比如微波炉，把毛巾沾湿了放进去转一分钟，就可以洗脸了，宅人必学……

最后我们绕回来一下，自己的产品碰到这种事情，作为产品经理应该怎么办呢？我觉得不妨就从了吧，甚至可以将错就错地把这个功能发展下去，只要不要和产品的大战略冲突，毕竟用户最大，这也算一个另类的 UGC[3]的方式了。

热爱生活的人时刻充满激情、能量和创意。可是，有趣的事情那么多，到底哪盘才是我的菜？于是，我们必须找到自己真正想要的——理想。

6.2 有理想，就不会变咸鱼

"人要是没有理想，和咸鱼有什么区别！"——周星驰。

终极问题，人为什么要有理想？

---

3 UGC：Users Generate Content，用户产生内容。

第 5 章我们谈到，由价值观、使命和愿景这些东西推导出的战略，是公司与产品的灵魂，而理想，就是一个人的灵魂。我觉得一个人与一家公司一样，最重要的，做事应该是内驱而不是外驱的。内驱的人是鲜活的，外驱的人更像是一个物化的工具，只会接受任务，成为别人实现理想的工具。小学老师教的“不是要我学，而是我要学”，是同样的道理。而内驱的动力，就是理想，就是你想到达的‘彼岸’。对热爱生活的人来说，理想显得尤为重要——没有目标，没有方向，不知道自己想成为什么样的人，那么热情满满地做事是为了什么？事情永远做不完，怎么知道该做哪件？到处横冲直撞，怎么知道是不是在向“前”走？

我是个喜欢胡思乱想的人，所以没有理想指引是件很麻烦的事。直到近两年，我的理想终于渐渐清晰，这也得益于做产品经理给我思维上的锻炼，让我习惯于凡事追根溯源，要想清楚为什么之后才开始动手做。

追溯到最根本，我可能还是想改变世界的，认同“你存在于世的价值就是世界有你和没你的区别”。但随着个人的成长，我越来越意识到一个人的能力极其有限，能改变的东西很少，所以我换了一个思路：改变世界不一定要亲手去做，我可以“尽可能地去了解世界，然后告诉更多的人”，于是人群的整体素质高了，大家可以一起去更多地改变世界。接下来，思路清晰了，目的已定，我就可以套用设计产品的思路去设计人生，理想落地成目标与奋斗方向：做老师，以及多年以后可能的培训机构，而与大家分享的话题，正好可以是产品经理做事的思路与方法。

成功在自己手中

扪心自问，公司的愿景、老板的理想、家人的期望，这些难道都直接拿过来当做自己的理想吗？虽然有可能在思考一番之后，最终的答案正好就是公司想做的那件事，或者家人幸福，但这只能说你很幸运。我们必须经过这样一个思考的过程，才能知道自己到底想要什么。

有明确理想的人，会过得很开心，也会很让别人敬佩和羡慕。一个人活着的终极目的是获得内心的安宁，我的理解是：做事可以 follow your heart，感觉这辈子过得不后悔。只要为理想努力过、付出过，在通往理想的路上不停地走，最终是否走到已经不重要。所以，我觉得有理想的人，本质上还是为了自己。

因为我们不是“为别人活”，所以个人是否成功、是否幸福，都应该取决于自己，而不是取决于外界的评价。我们的理想可以是事业成功，可以是家庭幸福，也可以是平淡地过一辈子，甚至是“今朝有酒今朝醉”，具体是什么，由你的价值观驱动，并且可大可小可以变，不过最好不要乱变，理想乱变会不利于实现，因为实现它需要很多的积累。关键是，这个理想真的是此时此刻自己内心认可的，那么你就是个内驱的、有理想的人。

但是，凡事就怕一个但是。

理想是“想做的事”，现实是“要做的事”和“能做的事”，理想和现实总是有差距的，这也是我们一生最大的问题。只有理想没有现实是空想，只有现实没有理想是傻做，所以，我们其实一直在把理想和现实从两边往中间凑，努力改变环境、锻炼自己能做“想做的事”，也努力说服自己想做“要做的事”和“能做的事”。

热爱生活，可以帮助你把“要做的事”变成“想做的事”。学会思考，不断提升自己能力，可以把“要做的事”变成“能做的事”。寻找理想，就是把“要做的事”、“能做的事”都整合成“想做的事”。我们不断努力扩大“想做、要做、能做”三者的重合部分，这就是你的理想，也是你的核心竞争力，别人学不来的。

个人品牌建设

刚才说到了现实，为了不傻做，所以我一直在想，我能给公司留下什么？又能给自己留下什么？也就是说，“要做的事”必须为自己的理想作出贡献。

若干年后，我必然不会再做现在这些事情，那么公司里是否还有我存在过的影子？我很想留下点东西，所以我很实在地去主动建立一些流程，把它们画出来，图里写上自己的名字；主动去管理文档，建立产品经理们可以用的文档模板库，比如 BRD、PRD 等，多年以后，很可能大家还在用，而很多文档里都有我留下的痕迹……这样我的小目的就达到了。

好了，更深层的，那我又能给自己留下什么？先说个小故事。

山 A 和山 B 上的寺庙里各住着和尚 x 和 y 负责打水，他们每天都会在山下的小河边碰到。几个月以后，x 发现 y 好几天没来了，于是很担心地去探望，发现 y 已经利用这几个月的时间在寺庙里打好了一口井。

我觉得每个人都应该打一口属于自己的井，这样就不用再担心河水的涨落。但打井并不只是为了自己，它在客观上会双向加速公司和个人的成长。

“只有个人在成长”是没逻辑的：公司不是学校，员工是拿钱的不是付钱的，所以心态上就不能只抱着学习的态度做事，况且，没有为公司的实战，光靠理论如何进步？另一方面，“只有公司在成长”也是没道理的：员工不是机器人，如果只做事不成长，那么公司就没法享受员工成长的附加值，长远来看也是一件很不划算的事。

于是我找到了很简单的打井方式——写，坚持写。有了工作实战的体会与心得，我才有东西可写；写出来，与大家讨论，我才能提高，以便更好地工作。这样，工作与个人的成长，互相促进了，非常和谐。而打井的过程本身，慢慢积累，可以形成自己的职业保障。有一次培训的时候老师说："**就业保障会降低一个人的竞争力，职业保障可以提高竞争力，假设有一天，公司突然不需要你了，这时候你不用去找工作，而是有一堆公司马上排着队请你去，这才是真正的保障。**"多年以后这应该就是"个人品牌"吧。

跳出来，其实打井的过程重于结果，最后的那口井，是自然而然地水到渠成。如果把自己的一生也看成一个产品的话，也许同学们更可以把产品品牌建设的招数用到个人品牌建设上来，其实都是一样的：设计、市场、销售、运营、推广……

个人名片设计实例

为了理想，我需要不断地强化个人品牌，而个人品牌的建设需要通过一系列产品来实现，比如统一的行为风格、视觉风格。而最简单的，就是个人名片的设计了。所以，这节谈谈这个小产品的设计实例，一方面是分享从最小处着手实现理想的一个小故事，另一方面也能在名片的设计过程中，再分享一下做产品的通用思路。

如此一个小小的个人产品，对应着最轻量级的文档（全程只有一个简单的思维导图），而产出物——名片，如图 6-4、图 6-5 所示[4]。

图 6-4　我的名片，正面

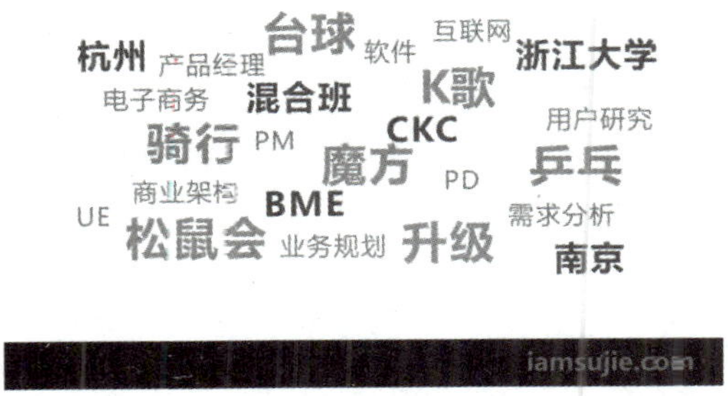

图 6-5　我的名片，反面

4　2009 年的名片，还有不少时代印记。

说说设计思路。按照产品设计的几个层次，从“战略层”开始。问题的提出——“我想多交朋友，就要到处发名片，但很多私人场合不想用公司名片。”所以“名片”这个产品，需要版本细分，于是决定做“个人名片”。

用户需求：通过个人名片展现个人特色，具体为 3 点。

- **真实感**：公司名片把人符号化，而个人名片通过爱好、经历、专长，展现出有血有肉的人。
- **亲切感**：公司名片适合商务场合把对方当客户，而个人名片把对方当朋友。
- **专业感**：由名片做介质，推导出“我设计产品很靠谱”。

此外，我不是那种自来熟的人，所以与陌生人破冰会有困难，有个道具会好很多。可以假想一下台词：“你好，我是××，这是我的个人名片……不给你公司名片是因为……反面是我的关键词……”

对这个产品，自己是设计师又是用户，所以给自己提起需求来都是归纳好的，真实产品的用户可不会帮你想这么多，需要通过需求分析，才能得到如下的产品需求。这时候主要考虑“范围层”和“结构层”，名片需要哪些元素，之间是什么关系。

正面：我是谁，在哪儿做什么，怎么联系。

反面：标签云（Tag Cloud）是设计理念的集中体现，大中小三级字号，突出轻松的关键词——兴趣爱好，因为给名片的人都是初次相识，方便迅速找到话题，同时标签云的设计不失“业内人士”的味道。

之后，就要考虑“框架层”与“表现层”，我找了好朋友小敏帮忙（做这行的好处就是有很多能亲自做各种设计的朋友）。实施过程很顺利，只小改了一次就定稿了，最后在淘宝上找了一位卖家印刷，这个产品就此诞生。

我的理想之路

本节的最后，谈谈我的理想之路，这段比较自恋，时间紧的读者可以跳过，直接到第 6.3 节的“会思考，活到老学到老”。

我在这两年对外宣称找到自己的理想之后，紧接着就开始了自己的理想之路。有了“做老师”这个指导思想，其他一切都是手段都是为它服务的，我自己有一个个人规划的文档，比较细致地设计了最近三五年想做的事情，聚焦到 2009 年，定义为“三个一工程”。

简单地说，就是我通过工作，不断地提升自己的实战能力，把做产品经理的过程中学到的东西作为教学的内容，通过“三位一体”的渠道输出。“一本书”大家已经在第5章最后一节里看过它的来龙去脉了，下面简单说说“一个站”和“一门课”。

一个站：iamsujie 的产品设计。

工作的过程中，我越来越感觉到产品经理可以学到的东西很多，而需要学的东西更多。各种知识技能多了以后，就会感到难以驾驭，所以需要不停地记录点点滴滴，然后思考、提炼，融入自己的知识体系，并经常与前辈同行交流，而博客就是这样一个载体[5]。

一门课：成功的产品经理[6]。

与社会上同名的公开课不同，我的“成功的产品经理”是面向创业型团队的，特别是互联网、软件行业。从2008年开始，我尝试在朋友的公司、公司里的小团队里做分享。到了2009年春，很幸运，公司正式启动了内训师的项目，所以我义无反顾地参与到这个项目中去。2011年，这门课已经开发完成，成为一门企业内训课，很期待和你面对面的交流。

6.3 会思考，活到老学到老

爱生活、有理想的产品经理，就像加满了油、找准了方向的汽车，充满了希望。可是，我们在行驶的过程中往往不得要领。产品经理是一个对思维能力、学习能力要求很高的角色，每个人都需要补课。

我与本书的绝大多数读者一样，经历了十几年的中国式教育。在读书的最后几年，甚至工作后，我才渐渐意识到这种教育有很大的局限性。在这里，我不去详述西方教育与中国式教育的区别，但他们有不同，就说明了互相有值得借鉴的地方，我们不妨尽量找机会扩展一下思路，了解一下教育的本质，以便激发自己思考与学习的能力。

“教育”一词在现代英语中是“education”，源于拉丁文“educare”。“educare”是个名词，它是从动词“educere”转换来的。而“educere”是由前缀“e”与词根“ducare”合成的。前缀“e”有“出”的意思，词根“ducare”则为“引导”，二者合起来就是“引出”，意思就是采用一定的手段，把某种本来就潜藏于人身上的东西引导出来，从一种潜质转变为现实。

---

5 后来，我又搭建了自己的微博、微信公众号等平台，大家可以统一@iamsujie 进行互动。

6 这个想法的产生，是因为现在的大多数产品经理培训都是由传统企业的讲师讲授的，而互联网行业的产品团队，更像创业团队，过于复杂的产品管理方法，太难用不上，动则这个流程那个认证，小团队完全没有能力，也没有必要照搬。互联网的做法更需要实战，拿来就能用、就能解决问题的，有时候甚至是不规范的做法，但他们苦于无人指点。

所以说，“教”是为了“不教”，是为了激发其自我反思、自我管理的能力，当开启一个人的心智之后，他就可以自我发展，成为一个独立的人。还记得第 1.2 节“你已是产品经理”中米开朗基罗唤醒沉睡在大理石中的雕像的故事吗，我们所经历的教育，似乎缺少了“引出”，而过多地赋予了“雕琢”的感觉。特别是学校教育，为了特定的目的，总想把一个人从石头雕刻成一件有用的工具。出发点的不同，使得我们经历的学校教育缺少了很多关键的内容，下面谈谈我的体会。

学校里没教的东西

个人认为，学校教育，扩大至家庭教育、社会教育等一切教育，都不应该把人教成工具，而是使之成人。那么，我们教育的欠缺主要表现在以下几个方面，而这几个方面，对于产品经理来说都是致命的。

第一，教知识不教思维。

学校教育很少告诉你学习某门课程的好处及原因，它在历史上是为了解决什么问题而产生的，来龙去脉是怎样，而是一上来就教你一些莫名其妙的技能和方法。如果把人脑比喻成电脑，那么应该更像 CPU，而不是硬盘。只教知识不教思维，会让我们只知道“怎么做”，能很好地执行、完成任务，但不会去想“应该做什么”、“为什么要做”等问题。

这种教育好比练武功只教招式，却不练内功。熟悉武侠小说的同学都知道，这样的人一定难成高手，最多是个江湖卖艺的。《天龙八部》里的鸠摩智，靠一个小无相功催动少林七十二绝技，杀遍群僧，在讲求实际效果的工作中，这样很实用，当然我没让你学鸠摩智的人品……思维方法是内功，内功好了，再辅以某学科的知识“招式”，自然威力无穷。

作为产品经理，在工作中常见的任务就是在海量的信息中，通过结构化的思维发现问题所在，一开始往往是连要做什么都不知道，更加不知道应该用什么方法和工具了。

第二，教解题不教选题。

由于我们被教得不怎么会思考，所以习惯于“被选择”，比如我们从小就认定小学要好好读书，才能上重点中学，中学要好好读书，才能上重点大学，试问有谁想过背后的目的为什么？把原本应该由我们自己思考并做出选择的问题，直接拿出作为一种事实灌输给我们，然后，我们只要知道该怎么做就行了。

解题式的教育，会告诉你现有的条件和目标，所以你要做的就是应用学会的各种工具与方法，直接寻找解决方案。整个过程少了执行前的选择过程，被安排好一年又一年的课程表、作业、考试……你会考虑这个礼拜放弃哪门课的作业吗？你有规划过这学期的考试，哪门考 90 分，哪门考 60 分吗？

这些才是产品经理常做的事，工作中要做的事情往往是这样，追求“性价比”而不是“完美”！产品经理要解决的问题并不是已经摆在面前，而是需要你去选择的，学会发现问题之后，必然又会发现问题多到你无法全部解决，而每个问题的解决方案也有很多，但每一个都有缺陷……这就需要决策与判断，意味着放弃。需求采集、需求分析、需求筛选工作，做的就是这样的事情。

第三，教努力不教取巧。

如果我们愿意做一个优质的工具，那么“服从命令，努力执行特定的任务”是很好的特质，但问题是，我们是产品经理。

“只要工夫深，铁杵磨成针”，也有其适用场景，我自己分析下来，“资源可控”是必要条件，这个前提害死人。现实中很多事情是不可控的，或者说不是你一个人可控的，这就意味着需要合作与沟通，而不是单纯的努力。在学校里我们习惯去做很多已经有答案的问题，要记住做这件事件的目的不是解这道题，而是练习解题的方法，最终能解没有答案的题。

产品经理要努力更要取巧，早在第 2 章，我就谈到“满足需求的三种方式”，而且还可以“四两拨千斤”，工作中，我们碰到的大多是没有人做过的，甚至没有答案的问题，而那些有答案的问题，也千万别只想到自己求解了，用最快的办法找到答案吧，即所谓的“不要第二次发明轮子”。解决问题最重要，而是否“独立”在更多的场景下其实并不需要，也不可能，充分调动团队、用最有效的办法解决问题才是本质。我们看到很多企业在针对应届生的招聘广告里明确地写了需要“Problem Solving”的能力，在我找工作的时候还不甚理解，现在有些体会，确实我们都挺缺这个能力的。

第四，教受教不教施教。

教是学的好办法，我自己在做“三个一工程”的时候有亲身体会，学习的方法不仅仅是看书上课，在实践中学，在教别人的过程中学，都是很好的手段。我们的教育，也许是为了批量地制造工具，所以把人工具化，只需要被动受教就可以了。但个人成长很快的办法其实是“教学相长”，被动受教连“互动”都没有，怎么谈得上“主动”，最终表现在理论扎实，但缺乏实践。我很有体会，“自己会做一件事”与“能教会别人做这件事”之间是有很大差距的，通过施教，达到后者的水平，对自己的能力是极大的提升，我们会发现自己对这件事的理解会达到一个新的高度。

产品经理们，都来分享吧，期待我们在交流中一起成长。

我在这里只列四点感受最深的，其实还有很多。按照我的定位，本书的读者多是

“–1 到 3 岁的产品经理”，离开校园不久，在做产品的过程中肯定会感到力不从心，所以对教育的问题一定有深刻的体会。我们没有错，欢迎继续以各种方式与我交流。

只有方法，没有答案

因为没有人教过，所以很多从学校里出来不久的新人都喜欢问：

产品团队用什么组织结构最好？

我要写 PRD，你们的文档模板能给我传一个用吗？

最优的项目流程是什么样子的？

画 Demo 用什么软件？

……

你觉得这些问题有标准答案吗？方法可以探讨，但针对某个具体问题来说，如果不了解实际情况，其实没法提供咨询，说了也是乱说，这也是为什么我几乎不写业界其他产品的评论文章的原因。

文档、流程、工具软件、组织结构等都是支撑，背后的核心还是产品，要满足哪个市场、哪些人，要做什么、怎么做，想清楚了，支撑的东西自然而然会浮出水面。当然，浮出水面的过程中，团队里有个“经验足且熟悉产品”的人是幸运的，大多数团队碰到的问题就是只有“经验不足但熟悉产品”的人，于是到处去问“经验足而不熟悉产品”的人，这样是得不到满意答案的，而且后者也很郁闷，不是不想帮忙，而是只有思路、方法却不知道答案、解决方案，真的不敢乱说……

我们都在类似的窘境中前进，每做过一个产品之后，总会发出类似“要是现在让我重新做一遍就好了”，而我相信，就算真的重新做一遍，做过之后还是会继续发出这个感叹！这真是难以避免的悲剧？

每每至此，总让我想到另外一些类似的问题。

在上学的问：是读研、找工作还是出国？

找工作的问：应该去大公司还是小公司？

……

多年的教育让我们误以为所有问题都是有标准答案的，可实际上很多问题连参考答案都没有。这是因为，考试题往往都是对现实情况的简化，只有这样才说得清楚，才便于将答案与“分数”这个 KPI 映射，很多背景条件都不用我们去考虑，而真实的问题往往是背景复杂的。比如“最优的项目流程是什么样子的？”这个问题，我们先得想清楚公司的价值观、使命与愿景，基于此定出战略规划，需要去打什么市场、什么用户，从而要做什么产品，然后考虑做这样的产品需要做什么事情，哪些人具备做这些事情的技能，再决定组建什么样的团队，匹配以什么组织结构，之后，根据产品、团队成员等的特点，确定什么样子的流程比较合适。这些，会让这个问题根本没法通过网上交流的几句话或一个电话聊清楚，而是至少需要 3 个月的实地工作才能给出一个勉强靠谱的结论。

那么，为什么大家都喜欢问这样的问题呢？

最好的情况，是我多虑了，提问者知道上述我说的这些，认为只是问方法的话总难免长篇大论，于是希望通过问解决方案，从而推出背后的道理。嗯，这确实是一种办法，但一定要注意，管中窥豹，只见一斑。每一个靠谱的解决方案都是做过很多事情以后，提炼出来的，你直接拿过去，很容易误读，只能看到“是什么”，却不知道背后的很多“为什么”，这样的话，只要情况稍有不同，就会用得走火入魔，而武器越厉害，伤害也越大。

更多的情况，可能是下述两种。

一是技术上，舍本逐末了，我认为：去问外人，只能在方法论上得到一些建议，但是不要奢望一个外人给出的解决方案靠谱。二是心态上，太急躁，工作中确实碰到问题了，希望能迅速解决，但在这点上我很悲观，没有速成，只有慢慢熬。

所以，今后再想问问题的时候，不妨自己先想想，这个问题有明确答案吗？如果有，那不妨去问 Google、百度，不用问人；如果没有，那更是不要去找别人要答案，而是用交流的心态和别人讨论方法吧。

好好学习，天天向上

之前几节，我们聊到很多同学都不会思考、不会学习，即缺少“学习的能力”，这节来谈谈“学习的意愿”。任何事情，需要同时有能力和意愿才能做好。“活到老学到老”，需要激情与理想做支撑，思维方法做指导，才能不断前进，产品经理这个岗位涉猎的知识领域太多，只有保持不断学习的习惯才能胜任。

那么，为什么需要“好好学习，天天向上”呢？我们“爱生活、有理想、会思考”之后，必然能想清楚自己要做什么事情和如何一步步实现，之后，你自己就会由内而外地激发自己去主动掌握各种需要的知识。

我喜欢一个比喻：世界对每个人来说本是一片黑暗，你对世界认识的发展，就好比在一片黑暗的空间中，去不同的地方点亮一盏盏知识的小灯，然后看到一些情况并且猜测着还看不清的情况。当亮的灯越来越多，就可以不断修正对这个世界的认识。每个人都会经历这种“认识中的世界越来越复杂”的过程，期间可说快乐，也可说痛苦。

但少数人会突破一个拐点，开始“发现世界越来越简单”，我粗浅地认为，突破拐点的一种表现就是有一些关键的灯被点亮了，渐渐发现黑暗中的世界原本是一个整体，有着根本的道理，很多事情底层的规则都是相同的，从而我们会觉得做起事来反而越来越轻松。一旦到了这个阶段，我们就会忍不住地去拼命点亮更多的小灯，试图看到这个世界的全貌，这其实是很痛苦的，因为你发现了方向与终点，但同时也知道必然走不到那里，也知道任何人都走不到那里，也许，真正强悍的人会把这个过程视为一种快乐。

随着世界渐渐被点亮，我就可以更合理地勾画自己的知识地图。这张地图的重要性在于，我们都有很多知识，但也经常不知道在当前场景下应用哪一条知识！所以你知道多少知识并不重要，重要的是在各种应用场景下，能提取出多少。而提取知识的能力，可以通过这张知识的地图来提升。我们的大脑好比一个图书馆，每个人都在不停地往里面加书，可是，很多人都是把书买来以后就随手放在一个书架上，等到想找的时候，无从下手，而这种挫败感会严重阻碍知识的继续增长。知识地图就可以帮助你尽可能地梳理已有的知识，以便要用的时候可以轻松索引，对一个公司、一个产品是这样，对个人也是这样，越是优良的架构越是能支撑庞大的系统，并且，每发展一段就得重构。

然后，我们在明确了自己在哪里、想去哪里、已经知道哪些路的情况下，再考虑怎么去的问题。经历了这个过程，你就会在知识地图上慢慢的连出一条线，自觉自愿地在这条路上远征。

6.4 能沟通，在什么山头唱什么歌

爱生活、有理想、会思考的产品经理，已经可以做到充满动力、目标明确、方法得当地前进，可是，无论在生活中还是工作中，靠一己之力就能实现的事情已经越来越少，所以，我把“能沟通”，能组织起团队一起前进作为产品经理的自我修养的第四部分。

带过我的一位老板说过一句让我印象深刻的话：其实产品经理（PD）很大程度上就是销售（Sales），而且比 Sales 还要难，Sales 卖的是已经有的东西，而 PD 卖的是自己的想法；Sales 只要把产品卖给客户，而 PD 要把想法卖给老板、同事、客户等。

PD 第一卖——老板：需求、项目多得是，凭什么给你资源？

PD 表决心：我这个对产品有利，对公司有利，对建设和谐社会有利，花钱少见效

快，做了以后腰不酸背不痛腿不抽筋……通常还会神奇地变出一个 PPT 开始演示，此处省略 1 万字。

PD 第二卖——其他 PD： 大家都很有想法，凭什么听你的？

PD 装可怜：本是同根生，相煎何太急，大家出来混都不容易，不要争了吧，我看这两个想法揉揉捏捏捣鼓到一起更好。

PD 第三卖——开发与测试： 这样做很麻烦，值得吗？

PD 晓之以理：没错，这是一个挑战，但不也正是你证明自己的时候吗？商业价值大，很大，非常大，具体的我就不解释了……

PD 第四卖——合作公司： 凭什么帮你，给个双赢的理由？

PD 动之以情：来来来，先干了这杯，废话也不多说了，大家各为其主，但上面都谈好了，我们做不好回家都要挨板子的，还是好好配合吧……

PD 第五卖——市场与销售： 让我们 high 起来的产品，才有动力！

PD 暗自揣摩：还是先把自己弄 high 吧，自己 high 了给他们讲的时候才 high，他们 high 了给客户讲的时候才 high……

PD 第六卖——服务、财务、法务： 我们一直在擦屁股啊！

PD 慷慨激昂：擦屁股的同学辛苦了！没有你们的奉献，我们早被口水淹死，投诉烦死，算错账亏死，纠纷缠死了！我们一定要做出让你们擦得开心的“屁股”！

PD 第七卖——客户： 我要爽，搞清楚，钱都是我付的！

PD 赔笑脸：我错了，把您放在最后不是故意的，很多公司都推崇“客户第一”，您爽了才是真的爽。

生活不易，工作特点要求我们和各种各样的人接触。在沟通的过程中，也应该考虑受众的需求。所以我们对不同的对象，得说不同的话，必须练就一副“在什么山头唱什么歌”的好嗓子，这也正是产品设计里用户细分的思路。

下面就谈谈沟通的话题，先说我的沟通理念，然后在此理念的指引下，聊聊职场中的沟通方法，包括点对点的沟通、群体沟通、如何与客户沟通，这些都是为了团队合作以更好地达到目标。

我的沟通理念

我们假设这个世界是真实存在的，那么每个人认识中的世界都只是真实世界在其意识中的一个投影，由每个人的经历决定，彼此不同，或者说这个投影过程必然存在信息的扭曲。这也就意味着，路人甲输出的信息转变为路人乙的输入以后，因为处理机制的不同、知识背景的不同、主观意愿的不同等，或多或少会有改变，即：

理论上严格意义的“充分沟通”是不存在的！

换句话说，没有无失真的信息传输过程。真实世界是模拟的，就算是数字信号的传输过程无失真，但在源头上模拟转换为数字的时候，失真已经存在了，而且，最终为人所接受的时候，又转换为了模拟信号。

基于上述前提，我觉得我们沟通的根本目的不是为了传输信息，而是把传输信息当作手段，路人甲乙丙等通过沟通的过程修正自己对这个世界的认识，使之尽量接近真实世界。简单说就是：

沟通不是为了说服，而是为了更好地认识世界。

说服是为了输出你对这个世界的认识，把传输信息当做目的。但任何人的认识，基于我的理论，都是扭曲的，所以都应该持怀疑态度，只是程度不同而已。所以，不要一开始就试图与反对自己的观点对立，这样是没逻辑的，没人能保证自己的观点更好。举个例子，大家可能都有体会，自己也会反对自己过去的观点，那么有可能对方就是将来的自己。因为信息不对称，知识结构不同，所以观点不同很正常，关键是要充分表达，在表达的过程中，双方或多方会整合出更优的解决方案。也许你确实是对的，最终的方案很接近你提出的方案，但心态不同了，这个过程对大家的收益绝对超过你很强势地推销方案。

事情都有两面，那么上述的过程肯定有缺点，没错，就是效率。越充分的沟通花费的时间越多，很多时候甚至是无法接受的。在不少情况下，我们会对自己很有信心，认为自己的认识更接近真实世界，所以为了提高效率不妨采用推销观点的方法。

但这也是有技巧的，一方面，人们容易接受类似的观点，所以说服别人，应该渐渐扭转他的观点，而不是突然变太多；另一方面，引导的效果好于灌输，获得认同的最好办法不是自己反复地解释某个观点，而是引导对方说出你想说的观点，让对方觉得好像是自己一点点想出了新东西，观点升级了。

所以，有效的沟通最终是“合”，而不是谁战胜谁，每次沟通都是一个大家互相帮助，共同提高对世界的认识的好机会。本书的观点也不一定都对，希望我们能一起改进它们。

职场中的点对点沟通

与各种不同的人，就各种不同的事，在各种不同的条件下，到底应该选择哪种沟通的方式呢？

工作中常用的一对一的沟通方式无非这样四种：IM、电话、面谈、E-mail，如图 6-6 所示，我按照紧急、重要、成本三个维度对四种方式做了区分，一个一个具体分析。

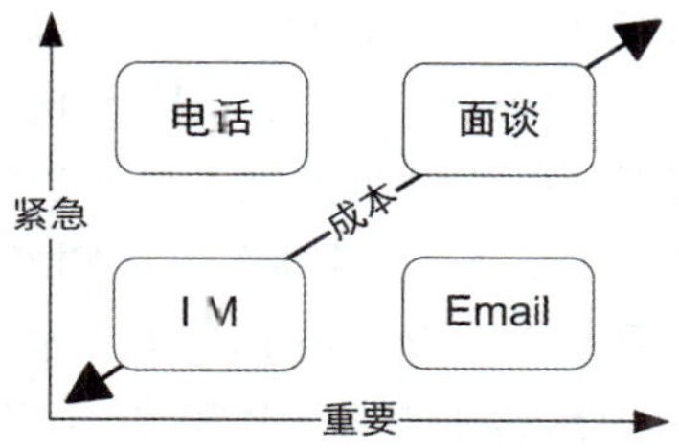

图 6-6　四种一对一沟通方式比较

IM：成本最低，适合不紧急不重要的沟通。其实我很不推荐在工作中用 IM，你打字再快也没说得快，效率很低，但 IM 有他的杀手级应用场景：第一种，原则上不超过两三句就可以说明白的事情，打电话还要拨号等待，面谈还要跑过去，得不偿失；第二种，不用讨论只是告知的那种，只要对方"哦"一声就行的，比如"我刚帮你问过那个事情了，你的理解是对的"；第三种，不急的事情，担心打搅对方的时候，比如"老板，我提了个报销单，有空批下哦"；第四种，有点不上台面的，因为 IM 隐私性比较好，所以你可以悄悄地和旁边的帅哥美女聊天，估计你已经这样做了，可别说是从这本书上学的啊。

电话：成本适中，适合紧急不重要的沟通。比 IM 多了声音，可以通过语气语调等传达信息。当问题性质简单，最长两三分钟可以完成沟通的，用电话比较合适。我很反对同一幢办公楼里的同事用 IM 聊很久，打电话吧，如果打电话超过三分钟还说不清楚，就应该去面谈。对于地域跨度较大的沟通，例如，与合作公司的同事讨论问题，通常电话比较有效；对即时性要求很高的沟通，电话往往好过面谈，试想你电话打过去，就算对方正在和某人面谈，一般也是会接的，而人跑过去，如果他旁边有个人正在聊，通常你就要等一下；电话也经常作为辅助 E-mail 的手段，比如重要邮件发出一段时间以后可以追一个电话，告知对方有邮件有空尽快看看。

面谈：成本最高，适合紧急且重要的沟通。面谈比电话又多了肢体语言，还可以辅以纸笔白板，强烈推荐。当问题复杂，不见人就担心产生误解的情况，赶紧去当面比划吧。经常会发现其实面谈效率很高，因为可以及时地反馈和确认，为此，老板们经常飞来飞去就为见个人，确实电话、E-mail 解决不了问题。分享一个经验，有求于对方的沟通场景，我推荐面谈时亲自跑到对方的座位上找他，不要让他过来或挑别的地方。因为人总是不太好意思当面拒绝请求，这时候如果你发 E-mail 那就惨了，对方可以字斟句酌地给你一个冠冕堂皇的理由把你拒掉。但较长时间的面谈最好预约，可以通过电话，一般来说直接冲过去突袭对方是不太礼貌的。

E-mail：成本适中，适合重要不紧急的沟通。E-mail 最大特点是书面，能留下证据，相比而言，IM 的聊天记录大家都不会当回事，但和其他几种沟通方式最大的不同在于，E-mail 是典型的“非实时沟通”。当然，对于延时这个特点，可以好好利用，比如说多请教几个高手，仔细研究如何回复。外企的同学特别喜欢用 E-mail，老外比较认可，另外一个客观原因可能是外企需要经常做全球性的沟通，时差的问题导致其他几种方式可行性较差。最后说点实在的，E-mail 特别适合出了问题需要有人背黑锅的场景，重要的事情，有阶段性成果以后都可以用 E-mail，发邮件之前要反复斟酌、仔细落笔不留把柄，或者是告知大家，或者是让负责背黑锅的老板批示，或者是请求资源，不一而足。

职场中的群体沟通

群体沟通正好对应前面说的单点沟通方式，它也有四种方式：IM 群、电话会议或视频会议、会议、群发邮件，从“紧急、重要、成本”三个维度上看与点对点沟通类似，依次分析。

IM 群：在我们公司，一个团队、一个项目，甚至一个民间组织都会建 IM 群，群很适合时效性较强，但并不是很重要的信息传达，比如通知“测试环境正在构建，暂时没法访问”，或者讨论晚上团队去哪里腐败。这点就体现了 IM“即时”的特点，时间一过消息就没价值了，无须保留。但 IM 群不适合长时间的群体沟通，一堆人一起说话，看着就晕，完全没思路，这时候不如去开会。此外群里的交流通常比较非正式，比如工作累了我们经常搞搞“贴图大赛”，是很好的调节。

电话会议或视频会议：适合参与人比较难凑到一起的场景，比如各个区域的销售人员都要参加的产品更新培训。但我觉得电话会议的效果其实很差，关键是没有互动，你不知道你讲的东西大家听到没有，听懂没有。视频会议会好一点，可以通过表情、动作等传递更多的信息，跨国公司有不少在使用，但国内的公司据我所知还比较少。

会议：这个话题太大了，会议管理的书就有很多，算最常用的群体沟通方式吧，但是我想每个人都会觉得现有的会议效率很低。随便说几点我觉得很重要的：明确会议目的、形式、议程，一定要有产出物；参与人的预先准备，包括组织者的资源准备、材料分发，参与人的熟悉议程、预先思考；会议上的民主集中制等。更多内容可以重温一下第 5.3.2 节的“我们急需靠谱的会议”。

群体邮件：这个用得很多，对于比较重要但不紧急的事情，可以留下文字证据。一般项目的日报、发布通知等都通过群体邮件告知大家，但要注意的一点是，群体邮件不适合“布置任务”，每个任务一定要有人负责，当收件人是一堆人的时候，你在信里说要大家做什么事情，往往大家都不放在心上了，效果很不好，所以至少要在信里指名道姓地说那件事情谁来做，有什么时间要求等。当然有时候采用发给特定人、抄送群体的方式更好。最后仍然是很实用的一点，“好事情”的邮件，一定要抄送给收件人的老板；而“坏事情”就要酌情拿捏了。

“土老板”破冰必杀技

我们一直说“消费者是上帝”、“客户第一”、“以用户为中心”，其实都是说用户的重要性，所以产品经理的沟通对象中有很大比例应该是用户。我这几年做的产品，用户都是中小企业，所以我的沟通对象也大多是“土老板”。

这么说完全没有贬低的意思，只是因为很形象，他们大多数是在一个地方土生土长的民营中小企业管理者。既然如此，依据“在什么山头唱什么歌”的原则，我们也要突出一个“土”字！在一篇博文里看到过一个同行说的一段话，太有感觉了，意译如下：

“在中国 eBay 为什么搞不下去？那帮拿着 MacBook、坐在 Starbucks、喝 Cappuccino 的外企小资们怎么会比淘宝那帮‘土人’更懂那些对着 17 寸 CRT 窝在脏乱差的家里、喝着西湖龙井的用户！”

言归正传，我们来讲一个用户访谈破冰的实例。

先描述一下典型的“土老板”：男；中年；肤色偏黑；板寸；笑容可掬；穿黑色西装不打领带；肚子微微凸出。

我们的目的是收集用户需求，时间有限，一般来说破冰只在开始的三五分钟，而最重要的就是进“总经理办公室”的最初五到十秒，我们要迅速扫视环境，决定下一步作战方案，重点关注如下：

老板用的笔记本——一般你看到的是神舟、TCL 等国产品牌，说明这个老板很符合常理，没啥可说的，如果幸运地发现居然是新款 MacBook Air，那么恭喜你，你可以说：

“啊，张总，我也是 Apple 的粉丝，第一次看到 Retina 的 MBA 真机，效果果然不错！”

“是啊，呵呵，我托了朋友的朋友好不容易买到的呢。”

"能让我看看么"，一边说一边凑上去小心翼翼地抚摸，同时流出真诚的口水……

Bingo，破冰成功！同理可应用的物件：任何数码设备、Zippo 打火机、各类专业运动器材……

屋里摆的"2003 年××省××市十佳××企业"，一般都能找到，奖杯、奖牌或奖状。不用想了，你肯定不知道还有这么个奖，不过没关系，你这时需要像发现宝贝一样地发出一声"咦……"，并且眼露一丝仰慕、加一丝疑惑、加一丝兴奋地缓缓踱步过去，一边缓缓地咬字清晰地读出：

"2003 年，××省，××市，十佳，××企业，李经理真是年轻有为啊，那会儿贵公司成立多久了？"

"哪里哪里，我们是 2001 年成立的……"

"哦，我听说那段时间*<这段是变量：拿出一个自己知道的相关行业当年的事件，时间错了也没关系，正好留空间给李经理纠正>*……"注意倾听的时候眼神要由衷的到位。

Bingo！同理可用：墙上的业绩报表、桌上的杂志、收藏的琴棋书画……

小结一下，我们的目的是尽快找出对方感兴趣的、熟悉的、擅长的、自己也懂一点的话题，从而成功破冰，尽快进入需求采集阶段。所以，要在去之前做一些功课，了解对方的行业、公司、老板。当用户开始很兴奋地跟你说很多你想听的东西，并且说这个那个你们还嫩着呢的时候，你的目的就达到了，这个时候一定要不停地表示认同，同时挤出一脸憨厚的傻笑，间或貌似突然想到般地问几个蓄谋已久的问题，套出更多信息。

所以，如果用户"土"，我们就要跟着"土"，做出"土"得有水平的产品[7]。产品经理，绝对不是什么手上握着千万用户的生杀大权、高高在上的形象，而是应该不停地与产品的用户沟通，就像第 2 章提到的，所有和产品有关的人，都是广义用户，他们必然各不相同，我们也必须"在什么山头唱什么歌"。

6.5 产品经理主义

一位同事在看过我的书稿之后，说了一段很有道理的话：

不是每个人都能以产品经理为职业，但在我看来，产品经理是一类人，而不是一个固定的头衔。任何人，只要能够发现问题并描述清楚，转化为一个需求，进而转化

7 本节纯属娱乐，如有照做，后果自负。

为一个任务，争取到支持，发动起一批人，将这个任务完成，并持续不断以主人翁的心态去维护，跟踪这个产物，那么，这个人就是产品经理。

产品经理的思路可以解决很多实际的生活小问题，这才是“人人都是产品经理”真正的精华所在。“–1到3岁”，“–1”最多，他们才是真正的希望。

所以，我在“人人都是产品经理”原则的指引下，进一步在工作中发动起团队，生活中发动起朋友，大力推广“产品经理主义”。

当我成为“产品经理主义”的布道者以后，眼中的世界一切都变了。我觉得电影《海底总动员》的成功是产品经理的功劳；我觉得“春节联欢晚会”其实也是挺好的一款产品；我发现自己已经患上了“无可救药的职业病”，并“讳疾忌医”；最后，我把产品经理的做事方法抽象出来，总结成“解决问题的通用思路”分享给大家。

好电影是怎么做出来的

一直对影视作品的制作过程很感兴趣，因为它们是很有特点的一种产品，并且生产的过程已经很成熟，我总觉得一定能从中学到很多可以用在互联网、软件产品上的思路。所以，前段时间看了《皮克斯总动员》这本书，其中有一段描述《海底总动员》的制作过程，我发现，导演、编剧等人在其中都承担了类似产品经理的职责，而正是他们的贡献，才使得这部电影大获成功。

先介绍一下《海底总动员》的剧情：在一次梭鱼攻击中，小丑鱼爸爸马林失去了妻子和几乎全部，只剩下一个孩子跟他相依为命。于是，他竭力地，甚至过度地保护着自己唯一幸存的儿子——尼莫。可就在尼莫上学的第一天，马林竟眼睁睁地看着儿子被一个潜水员用网子抓住，带去了他不知道的某个港口。电影就从这里开始，描述马林在一条名叫多莉的蓝色唐王鱼的帮助下寻找儿子的惊险历程，而与此同时，尼莫也在想方设法逃出自己被困的地方——一个牙医诊所的鱼缸。

对电影情节的设计，书中有一段描述。

最初创作的剧本里，马林痛失家庭的悲剧被分割成片段，穿插在他营救儿子的历险当中。影片开始不久，观众会看到马林最初和妻子相遇的回忆。过一会，又会闪回马林和妻子搬进位于海葵触须的新家的情景。再过一会，会插叙作为准爸爸的马林如何帮助妻子为孩子降生做准备。还有一段回忆会描写这对父母如何心满意足地看着自己的几百个鱼卵。最后，在这个三幕结构影片的最后一幕，演到渔船那一节时，观众会看到梭鱼的进攻，才知道马林过度的保护意识原来是由此而来。

到了故事构思的晚期，斯坦顿开始对这种闪回式的结构感到不满。他觉得这样太迂回了。而且他相信，观众们恐怕要到影片最后才能理解马林这种前怕狼后怕虎的个性，这样他对儿子的保护就会显得很烦人。于是，斯坦顿把五段回忆融合为一段简短的情节，放在了影片的开头，交代了梭鱼的进攻。

“忽然间，你开始关心马林了，”斯坦顿说，“我不用改变故事情节，不用改变剧本。他一下子就变得不烦人了。你开始同情他。”

这段描述，首先让我想到了互联网产品的信息架构，好的架构可以让用户在使用产品的时候很流畅，而不好的架构可能让用户满头问号。其次，它也符合了产品设计中“Don’t Make Me Think”的原则，把用户需要的信息以最直接的形式展现出来。

为了更好地了解产品的领域知识，皮克斯请来了领域专家亚当·萨默斯，后者当时正在伯克利作博士后研究，在这方面有百科全书一样丰富的知识。公司和他签署了保密协议，然后告诉了他这部电影的内容，并给他看了一些镜头。他成了主要的水生动物顾问，常常回来给动画片中鱼类的外观和动作提建议。

“我觉得他们真诚地想要听我给他们的作品挑毛病，”他回忆说，“如果有哪条鱼做错了，他们确实想知道。”

有时候，影片制作者们会脱离学术上的精确，而追求故事本身。一开始，多莉游水的时候是不摆尾巴的——对于她这种鱼是对的，因为它们只用鳍移动——但是拉赛特对此表示反对，因为这样对于观众来说缺乏美感。影片中多莉是会摆尾巴的。萨默斯说，如果种群中占统治地位的母小丑鱼死了，公小丑鱼就会改变自己的性别。尽管如此，影片中的马林也没有改变性别。有一次，萨默斯对某一条鱼的动作表示极力反对，负责角色设计的艺术总监里奇·尼尔瓦就提醒他说：“亚当……鱼可不会说话。”

可以看到，影片的“产品经理”们一方面努力学习领域知识，一方面也充分尊重用户，给出折中方案，让鱼儿对观众来说具有美感。即使如此，皮克斯在制作《海底总动员》是依然尽量尊重现实，从下面这些例子中就可见一斑。

为了制作马林和多莉被困在鲸鱼里的那组镜头，负责阴影效果的艺术总监罗宾·库珀和美工师伯特·贝利爬进了一只在马林郡北部搁浅死掉的灰鲸的体内。工作人员解剖了死鲸的尸体来研究它的结构——肌肉、心脏等。

萨默斯还把其他一些世界级专家请到了皮克斯，其中有斯坦福的马克·丹尼，他做了关于波流的讲座；有加州大学圣克鲁斯分校的鲸鱼研究专家特里·威廉；有伯克利的马特·麦克亨利，他来解释了水母的缩放推进机制；还有咪咪·凯尔，也来自伯克利，她来详细讲解了水藻和海草的运动……

正是产品经理们的功劳，让 2003 年 5 月 30 日上映的《海底总动员》终结了迪士尼《狮子王》的神话，成为票房收入最高的动画片电影，并赢得了奥斯卡最佳动画片奖。

产品经理看“春晚”

春晚，学名“春节联欢晚会”。可能和很多人一样，我从记事起，每年除夕夜都会看上几眼，从 90 年代时的满心期待，到前几年的嗤之以鼻。而 2009 年的春晚[8]，我却用产品经理的视角看出了别样的感觉。

那天晚上，我一开始就想，如果把春晚看做一个产品，那么它的产品经理应该就是总导演郎昆吧，于是，我试着站在他的角度看了这场晚会，是我很多年来看得最认真的一次。

我猜春晚是一个“除夕夜，所有人都可以看，表现热闹、喜庆、和谐、团圆的产品”，“满足所有人”其实在商业上是一个没道理的要求，但产品经理只是一杆枪，枪要听指挥，在公司里也是一样。于是，必然走低端路线，不求有功但求无过。那么好，去做一场给最广大的“电视用户”看的晚会吧，他们的特点是什么，大家多想想自己的长辈，二三线城市，乡镇农村等的生活就可以了，确实有一大批每天晚七点准时收看《新闻联播》的用户，和这本书的读者，你，估计有很大不同。只要争取到这批用户，那么在家庭中主流电视用户的带动下，加上春节的团圆、喜庆气氛的洋溢，很多非主流用户也会暂时抛弃看了一年的各种网站，坐到电视机前换换口味。所以，对于春晚，只要大家都“能看”，不管是否“好看”，都能达成目标。至于用户黏性，反正一年才一次，管他呢，明年这个时候我们也就记得一个感觉而已。

因为这样的目的，导致产品的限制条件太多，需要照顾方方面面：首先的是各种政府机构，然后是男女老少，工农兵商，少数民族，各个省份，去年的各种大事、各种节目类型……如果你列出一个 Feature List，你会很痛苦地发现每个功能都是“必须有”。所以出来的节目就只能是一锅大杂烩：必然有戏曲、儿童节目、军队题材、农民生活、穿得花枝招展的少数民族舞蹈、港澳台艺人、魔术、杂技、奥运、地震、神七……这样，我们会发现总有一两个节目还算对胃口，反正那 4 个多小时又不会一直盯着看，更多的是和家人聊聊天。而且，这几年来还越来越多地出现了赞助商需求，比如姜昆的相声，就出现了“百度一下”，然后镜头刷的一转给了李彦宏一个特写、很儒雅的一笑，然后还有“招行卡”、“五粮液”、“金六福”，不一而足，我想产品团队一定加入了植入式营销的高手[9]。有了多方的商业利益在里面，产品设计难上加难，我想大家都有体会。

市场策略方面，春晚是典型的领先者策略：跟风，渐变，不求有功但求无过。所以它会抄一些网络上相对健康的段子，比如《本草纲目》和《辣妹子》的混搭。对于这种

---

8 这几年好像也没什么突破，除了同步的“网络吐槽”。

9 2014 年改稿的时候，看到这段，不由感叹，植入式广告一年比一年厉害了。

已经复杂到牵一发动全身的产品，只有两个结果：变——找死、不变——等死。作为产品经理，最好的升级选择只能是和平演变，市场反馈其实做了很多年，只不过包装了一下叫做“我最喜爱的春节联欢晚会节目”，不知道分析的结果如何，但我愿意相信反响还是不错的，不然为什么年复一年地宛如脑白金的广告词，一样，一样，一样的呢……

市场细分方面，大家也意识到一台晚会无法满足所有人，所以也有产品的专业版本：戏曲晚会、歌舞晚会、公安部晚会、文化部晚会……此外地方台的春晚也做了一个很好的补充，网络春晚从 2009 年开始也有了，终于在 1.0 的模式上进化出了 2.0。网络媒体与电视媒体的风格完全不同，使得他们正好契合不同的受众。

每当有人骂春晚的时候，产品经理的思路应该像对待一个提需求的用户：骂的人是不是典型用户？他的观点能代表多少人？他的影响力多大？他是不是只是“嗓门大”的用户？他说的是不是解决方案？他的本质需求是什么？把他的需求加入需求列表应该标什么级别？什么属性？……想完了就会发现，事情并不是很糟，于是嫣然一笑，发现定位没有问题，继续这么干。另一方面，看了又骂的人，首先不要急，春晚不可能突变，而且，一个本来就不是为你做的产品，你掺和个什么劲啊。

上面一大堆，还只是说了和市场定位有关的一小部分，再想想现场直播，那么多人要调度，那么多设备机器，还要严格控制节目时间……我相信绝大多数人都没做过这么复杂的产品，作为产品经理同行，明年再看春晚的时候，不妨也少一些抱怨，多一些理解吧。

无可救药的职业病

看春晚都能啰唆这么大一堆，加之前文的屡次犯病，看来是病得不轻，我把这称作“职业病”。职业病原来是指在职业活动中，因接触粉尘、放射性物质和其他有毒、有害物质等因素而引起的疾病，在这里我借用这个词，指因为职业活动中的思维方式、做事方法等的影响，扩展到生活中以后，引起的一些有职业特点的怪癖。

比如说一位同事在新房装修的时候，完全用软件项目管理的方式来主导整个过程，从早期的需求分析，团队组建到后期的验收测试、项目总结，都让他乐此不疲，当然还经历了不可避免的项目延期。又如有一位同事在求婚的时候，拿出了自己互联网产品运营的各种绝招，在各种 SNS、微博客、论坛上收集了成千上万的祝福，整个求婚过程极具创意。如此看来，我说的职业病，并不是什么坏事。

网上看到过一篇很有意思的说产品经理的文章，最早是一个老外写的，叫《产品经理的 56 个特征》，摘录若干条有感觉的典型症状，结合自己体会来讲述一下我们那些无可救药的职业病吧。

- 你给自己做了一个直到 2015 年的路标规划。

我真的有，虽然不够细致，但居然更长，甚至想到过十年二十年后希望达到的目标。对自己一生的规划，无疑是掌握了产品的战略规划以后，我们所能做的最有附加值的事情了，况且憧憬美好未来本身就是一件挺开心的事儿。

- 你每周的工作时间，已经很久没有少于 70 小时了。

对我来说，单纯公司里的工作，绝大多数都是小于 70 小时的，不过算上“三个一工程”的话，确实超过 70 小时了。很多产品经理都善于给自己找很多事情做，并且还不愿意承认那是工作，不愿意承认自己是工作狂。

- 你用用户调研的方法与亲朋好友交流，试图挖掘出问题的根本原因，从而用需求分析的一整套方法推出解决方案。

我有时候会忍不住这样，不过在交流的语言上要好好包装一下，虽然有点夸张，但确实是很实用的办法。

- 你在路上走，看到路边商店橱窗里的产品，总是会想“这个东西是解决什么需求的？”

这就叫“手里拿着锤子，看什么都是钉子”。在超市里，看到某种新鲜玩意，看到同一种饼干的不同口味，看到同一款洗发水的不同包装……我们都会评头论足。

- 你很想知道 iPhone 的产品经理是怎么给 iPhone 的功能排优先级的，很想知道常用的互联网应用里每个新功能都花费了多少工程师资源，很喜欢猜测手边的任何产品即将出现的三个升级是什么。

这段描述，非常典型，也许这就是我们不断学习的一种形式。比如对于势头强劲的微信，你可能很想要“朋友圈信息分组”这个功能，然后就会想可以通过什么方法来验证这个想法是否靠谱？用户研究？选什么样的人群？问什么问题？

- 你对描述事物背后逻辑的东西很感兴趣。

所以，我们会对各种讲述社会阴暗面的报道感兴趣，因为那些往往有背后的逻辑。或者，看到一些影视节目，如电视购物、中国好声音等的时候，你的欣赏角度总是与众不同的，你会看到一个情节，然后大叫：“嗨，这个环节设置得不错，营销效果很到位！真想和他们的策划聊聊。”

- 你会给自己的孩子计划“功能点”，并且为其各科技能的成长制定路标规划。

将来，我应该会这样，不是坏事吧。

- 你的婚礼上会有一个 PPT 演示，之前的准备过程会有一份 Project 文档。

  必须的，一个 PPT 怎么够。我看到过同事的婚礼上还有 Flash、视频。可能在筹备婚礼的时候，还有一张 MindMap，一个婚礼筹备组的组织架构图，一个做成 Feature List 一样的购物清单……婚礼完了，会想把这些文档打个包，起名叫 standard_wedding_docu_template_toolkit_by_yourname.beta1.0，放到自己的博客上让别人下载。不过可千万别让你的老婆/老公知道，一般这类工具包都会不断地升级版本号……

- 手机不在兜里的时候，你也会感觉到好像裤兜在震动，有信息来了。每天临睡前最后一件事和起床后第一件事都是检查各种应用里的未读信息。

  这些是信息强迫症的典型症状，好在我没有，我只是一天不看各种资讯就会有点焦虑。

- 你总是问“为什么？”

  我就是“十万个为什么”，产品经理的思维总是具有很强的怀疑性和批判性。比如接到一个任务，你不会马上考虑怎么做，而是首先想弄清楚：“为什么要做？能不能不做？为什么要我做？为什么现在就要做？”很不让老板省心，是吧？通常这类问题，我们大多数在心里问问自己就好了，实在没想通的，也请问得委婉一点。

解决问题的通用思路

我们看到，产品经理的思维方法和做事方式是有很明显的特点的，因为我们的工作往抽象了说就是在解决问题。而很多时候，靠“灵光乍现”、“随机应变”来解决问题，让人心里很不踏实，那么，可以提取出其中更具一般性的内容来指导我们做任何事情吗？我觉得是可以的，最近我就试着把这个思路总结成了一句话：

为了什么？做什么事，解决什么人的什么问题？何时做？谁来做？效果如何？

简单分析一下，这句话又可以细分为如下几个部分。

做某件事情“为了什么”是大前提，对应本书的第 5 章战略。

这个问题问到最深处，必然要到价值观和理想的层面，知道自己需要什么的人在任何时刻都是充满力量的。

后面的问题分别对应做事的前、中、后。

“做什么事，解决什么人的什么问题？”是事前需要考虑的，其中“什么问题”

和“什么人”对应本书第 2 章里讲到的用户需求和目标用户，“做什么事”则是从用户需求转化而来的产品需求。

要弄清楚“什么问题”，就要从问题的定义入手，想清楚“现在在哪儿”、“想要去哪儿”，然后明确目标与现实的差距，这个差距就是问题所在。对于“什么人”，我们还可以想得更广一些，泛化到这个问题发生的条件，所以除了“谁”以外，还可以考虑“哪里发生”，“持续多久”，“频率怎样”等。而“做什么事”就要分析问题和制定对策了，我们要综合考虑拥有的各种资源，给出一个可行的解决方案。这里要明确两点：一是问题不一定能解决，有的时候资源有限，只能把问题放在一边；二是问题不一定都要解决，如果解决问题花费的成本超过任其发生造成的损失，那宁愿顺其自然。

“何时做、谁来做”是事中关注的重点，对应本书的第 3、4 章，项目和团队，着重讲的是计划、控制与执行。

我们可以引申一下，“何时做、谁来做”也能提醒我们考虑一些事前的要点。“何时做”提醒我们思考，这件事为什么是现在做？时机是否合适？大家都知道“早一步是先驱，早两步就成先烈了”。“谁来做”提醒我们思考，这件事为什么是我们做？我们的核心竞争力在哪里？

“效果如何”是事后需要讨论的，全书的各章里提到的总结、反馈一类的观点，都是对这个问题的回答，想清楚了才能持续改进，不断提高。

吃透这句话以后，设计一款互联网产品只是解决一个具体的问题，同样的，如何做一桌年夜饭是一个具体的问题，如何设计一套政治制度是一个具体的问题，如何让公司的会议室、投影仪资源得到充分利用是一个具体的问题，如何买一辆家人都满意的车也是一个具体的问题……我觉得，越抽象的事情，前面“想”的过程就越重；而越具体的事情，后面“做”的过程越重。所以，如果我们想清楚了上面的那句话，真正到了开始做事的时候，其实已经搞定问题的大半了。

我们来看几个例子吧。

计划一次旅行，用思维导图。

我们要回答的具体问题是：为什么旅行，寻找刺激还是放松？不同的目的导致不同的目的地。怎么旅行，坐汽车、火车还是飞机，住酒店、农家还是帐篷？不同的目的地有不同的方案。什么时候和谁去？确认有几天时间，多少人……简单思考一下，我们就可以画出如图 6-7 所示的思维导图，帮助我们做准备。

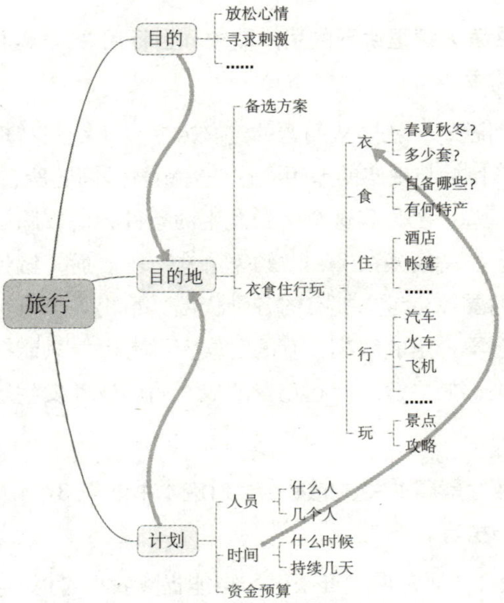

图 6-7 计划一次旅行的思维导图

开一个网店要做哪些事，用流程图。

我们要解决的具体问题是：卖什么？如何定价？货从哪里来？在哪里卖？卖给谁？谁来卖？成交后怎么发货？……于是，简单的流程图就出来了，如图 6-8 所示。

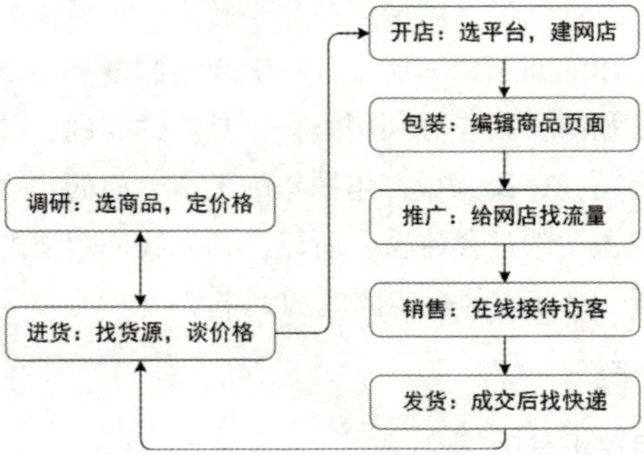

图 6-8 开一个网店要做的事

举办一场婚礼，用甘特图[10]。

仅仅说晚宴的部分，我们要考虑的具体问题是：短短的三个小时，一共有十来项

10 甘特图（Gantt chart），又叫横道图、条状图。它可以用图示的方式通过活动列表和时间刻度形象地表示出任何特定项目的活动顺序与持续时间。

任务，不同的角色，如新郎新娘、工作人员、来宾各自的任务是什么，每项任务的开始时间与结束时间，需要准备的道具，注意事项……项目管理里的甘特图正好派上用场，如图 6-9 所示表示的是当天 17 点到 20 点的 180 分钟，划分为 18 块，精确到每 10 分钟的任务，这个晚宴已经是相当精简的了。

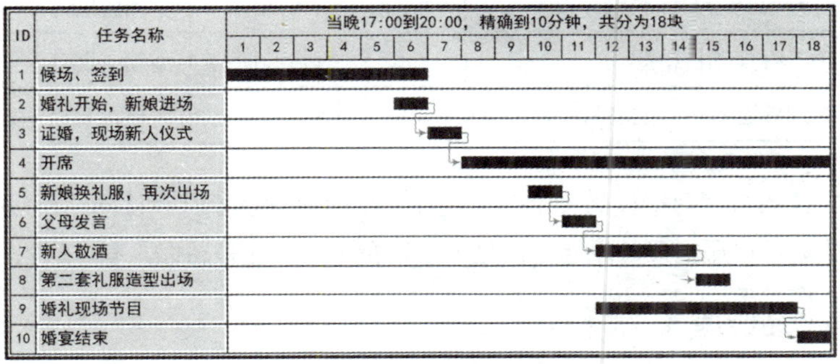

图 6-9　婚礼晚宴的甘特图

修改这本书里的图片，用列表。

我碰到的具体问题是：全书有很多图，都要统一成矢量图或分辨率足够高的照片，应该怎么做？于是我列出所有的图，编好号，写明现有的格式，是否符合要求，不符合要求的谁来解决，如何解决……最终，就成了如表 6-1 所示的表格，以本章里的图片为例。

表 6-1　如何搞定本书里的图片

序号	图片名称（部分表格）	格式	负责人	如何搞定
6-01	生态系统里的大地	cdr	小敏	CorelDRAW 画图
6-02	杭州“牛家 e 族”餐厅的斜门	jpg	iamsujie	自己拍的较模糊，将就一下
6-03	横店影视城秦王宫的入口	jpg	iamsujie	同事拍过这个照片
6-04	某餐馆的菜单	jpg	iamsujie	网络上寻找可用的图
6-05	我的名片，正面	cdr	iamsujie	在小敏提供的源文件上修改
6-06	我的名片，反面	cdr	iamsujie	在小敏提供的源文件上修改
6-07	四种一对一沟通方式比较	visio	iamsujie	优化已有文件

续表

序号	图片名称（部分表格）	格式	负责人	如何搞定
6-08	计划一次旅行的思维导图	mmp	iamsujie	做 mindmap，导出为 emf
6-09	开一个网店要做的事	visio	iamsujie	重新画图
6-10	婚礼晚宴的甘特图	visio	iamsujie	重新画图
6-11	如何搞定本书里的图片	excel	iamsujie	表格可直接拷入正文

生活中任何事情都这样想会不会太理性，反而没意思了？我认同，所以对待重要的问题，我们可以用上面的思路，但是大多数情况下，还是感性一些、轻松一些。

人人都是产品经理

人人都是产品经理，是我在工作与生活中渐渐感悟到的，这句话之前在书中出现过多少次，已经数不清了，到了快说再见的时候，再来解读一下。

第一，不少朋友的职位叫产品经理，但看了很多说产品经理的文章，发现自己只是做了产品经理的一部分工作。菜鸟的美好梦想是将来能全部胜任，在路上，我用这句话来调侃与自嘲，当然还有鼓励。

第二，无论你是男是女，是老是少，是上学还是工作，是否在某个公司负责某个产品，你至少是自己的产品经理，在设计"自己的一生"，想逃都逃不掉。有人做得好，有人做得不太满意，我发现在做产品就是一个不断学习、不断成长的过程，从中学到的很多东西，可以一辈子受益，解决一生中碰到的各种问题，希望分享给大家。

第三，我骨子里想改变世界，但是觉得一个人能力有限，希望有更多人可以一起去努力。由于工作的关系，发现用好产品来解决问题是一种改变世界的方法，生活中产品无处不在，无论是工作中的同事们，生活中的朋友们，我希望每一个人都能像产品经理一样思考。

我知道，因为这句口号，会给很多人带来了困扰，比如下面这些同学的原话。

"最怕就是开会的时候，一些人打着这句口号来维护自己的利益……最怕了……"

"因为你这句话，人人都不对结果负责的瞎嚷嚷，弄的效率十分低下。这一点上，你必须要负责起来，不要让别人解读错误。"

"我在一个小科技公司中做网站，偶然的机会，老总知道了这本书，并要求公司购买 N 本，集体学习……自从看了这本书，老总恨不得让全公司的人都去做产品经理，张口闭口就是，让某某去做产品经理……以上是我本人的困惑。因为我实在觉得目前的状态是不正确的，但是我暂时还不能说服老总。所以，我想听听你本人的观点。你可要对此事负责哦……因为都是因为你写的这本书……”

所以，不厌其烦的强调：“人人都是产品经理”，绝对不是说团队里每个人都应该做产品经理的事情，而是每个人应该用产品经理式的态度和方法来做好自己相应的工作。当然，我更希望，大家把它扩大到对待生活的态度和方法。

最后，再次送给大家这段话作为结束：

不是每个人都能以产品经理为业，但在我看来，产品经理是一类人，他的做事思路与方法可以解决很多实际的生活问题。只要你能够发现问题并描述清楚，转化为一个需求，进而转化为一个任务，争取到支持，发动起一批人，将这个任务完成，并持续不断以主人翁的心态去跟踪、维护这个产物，那么，你就是产品经理。至少，你已经是自己的产品经理，这才是“人人都是产品经理”的真谛。

附录 A：它山之石 可以攻玉

通过之前的 20 多万字，我分享了自己这三四年来做产品经理的各种体会。因为个人能力有限、时间有限，难免偏颇。好在这些年我也结识了不少同行和前辈，阅读了不少博客与书籍。

下面我们来看看别人眼中的产品经理。

别人眼中的产品经理

本节转载的两篇经典文章[1]都是我在这几年学做产品经理的过程中，在网上多次看到的。我比较认可其中的观点，希望可以帮助大家开阔视野，了解别人眼中的产品经理是怎样的。

这两篇正好对应招聘广告里的"工作职责"与"职位要求"，先看"产品经理的主要职责"——要做什么事，再看"产品经理的核心技能"——要有什么能力。

在附录里，也许你会发现一些与本书前面不一样的说法。这很正常，我早在"写在正文之前"的最后一节"我与本书的局限性"里就谈到过，不但我有局限性，下述几篇文章的作者也会有其局限性，我想再次重复一个观点：

一个人真正成熟的标志之一，就是心中可以容纳互相矛盾的观点而无碍行事。

产品经理的主要职责

作为一名新入职的产品经理，或者一名资深 PM，你可能都或多或少对这个职位产生某种迷惑。到底什么是产品经理？这个职位的主要职责是什么？在 IT 产业的不同领域，甚至

1　这两篇文章的原作者：Michael Shrivathsan，他的博客名为"*Michael on Product Management & Marketing*"，在本书 3.3.1 节"真的要写很多文档"里也有提到。两篇的译者皆为 Sam1388，中文版最早于 2007 年 7 月发表于译言（yeeyan.org），这里保留原意，但有少量词句的修改。

在同一领域的不同公司，这个职位的定义似乎都有不同。

本文尝试根据自己多年的产品经理经验，给出产品经理的主要职责。虽然在不同的公司，产品经理的角色和职责互有差异，但是有一些关键职责是任何一个产品经理都应承担的。可以将其归纳为如下六个方面。

1. 市场调研

市场调研是指研究市场以了解客户需求、竞争状况及市场力量（Market Forces），其最终目标是发现创新或改进产品的潜在机会。

可以通过下面的方式进行市场调研：

- ▶ 与用户和潜在用户交流
- ▶ 与直接面对客户的一线同事如销售、客服、技术支持等人员交流
- ▶ 研究市场分析报告及文章
- ▶ 试用竞争产品
- ▶ 仔细观察用户行为 等

市场调研最终会形成商业机会、产品战略或商业需求文档（BRD），详述如何利用潜在的机会。

2. 产品定义及设计

产品定义是指确定产品要完成哪些功能。通常采用产品需求文档（PRD）来进行描述，PRD 可能包含如下信息：

- ▶ 产品的愿景
- ▶ 目标市场
- ▶ 竞争分析
- ▶ 产品功能的详细描述
- ▶ 产品功能的优先级
- ▶ 产品用例（Use Case）
- ▶ 系统需求
- ▶ 性能需求
- ▶ 销售及支持需求 等

产品设计是指确定产品的外观，包括用户界面设计（UI，User Interface）和用户交互设

计（User Interaction），包含所有的用户体验部分。在大型公司里，PM 通常和界面设计师或交互设计师一起完成产品设计，不过在小公司或者创业公司里，产品经理也许需要全包这些工作。

这是产品经理工作中最有价值的部分，如果产品经理工作中不包含这部分内容，那几乎可以肯定地说，那不是产品经理的工作。

3. 项目管理

项目管理是指带领来自不同团队的人员（包括开发人员、测试人员、UI 设计师、市场、销售、客服人员等），在预算内按时开发并发布产品。其中可能包括如下工作内容：

- 确保资源投入
- 制定项目计划
- 根据计划跟踪项目进展
- 辨别关键路径
- 必要时争取追加投入
- 向主管领导报告项目进展状况 等

在大型公司里，通常会有项目经理来处理大部分项目管理工作，产品经理只提供支持。不过在创业公司里，产品经理通常需要自己进行项目管理。在有些公司，技术负责人也可能作为项目经理，处理大部分项目管理事宜。

4. 产品宣介

主要包括和内部同事如老板、销售、市场、客服人员等沟通产品的优点、功能和目标市场，也可能包括向外界如媒体、行业分析师及用户宣介产品。

大公司的产品经理通常都有产品市场、市场推广和媒体关系（PR）团队帮忙进行对外的产品宣介。

这是除了产品定义和设计之外，对产品经理而言价值第二高的工作，尤其是在向老板、市场同事宣介产品并让他们欣然接受的时候。

5. 产品市场推广

主要是对外的信息传播——向外界介绍有关产品。通常包括制作产品数据表、手册、网站、Flash 演示、媒体专题及展会演示等。

在大型公司，产品市场工作通常不会由 PM 来负责，这些公司会有专门的产品市场经理来打理此项工作。当然，这种分工最大的缺点就是导致沟通效率较低，并会削弱对外传播。

在某些公司，“产品管理”和“产品市场”被认为是同义词，会由一个人担当两种职责。而在那些将产品管理团队和产品市场团队分开的公司，后者会打理本节所提及的工作，同时他们也可能会承担“市场调研”、“产品宣介”和“产品生命周期管理”的部分工作。

6．产品生命周期管理

指那些随着产品经历“概念化→发布→成熟→退出市场”整个生命周期中的产品管理活动。

主要包括的工作有：

- 产品定位
- 产品定价及促销
- 产品线管理
- 竞争策略
- 建立或收购合作伙伴
- 识别并建立合作关系 等

产品经理和产品市场、BD 及市场的同事一起完成这些工作。

产品经理的核心技能

1．沟通能力

优秀的产品经理一定是个成功的沟通者， 沟通能力包括口头沟通能力和文字沟通能力。产品经理的一个最主要角色是作为沟通的中心。

产品经理的沟通能力不仅体现在和不同工作岗位的人进行有效沟通，同时还体现在如下方面：

- 和不同个性的人沟通。例如，大部分工程师的性格偏内向，而大部分销售和市场人员则很外向。
- 采用不同的“语言”和不同工作岗位的人沟通。如果要进行高效沟通，很重要的一点是说沟通对象熟悉和易于理解的“语言” 。比如，在和市场人员沟通时，要采用与工程师沟通时不同的方式：对于市场人员说太多诸如“数据库性能” 、“内存管理算法”之类的东西，无疑会让他们郁闷不解；而对工程师谈话过于概念化，也无助于他们理解设计真正的实现细节；类似地，在同老板们沟通时，则应该避免过于深入细枝末节的事情。

2. 无授权领导能力

成功的产品经理应是优秀的领导者，即便是没有明确授权。

产品经理通常要领导多个领域工作，包括领导项目团队、领导产品战略和蓝图制定，以及领导跨团队的产品活动等。但是在大多数情况下，产品经理通常没有得到公司正式的授权。此时，是否具有“无授权领导能力”就成为成功与否的关键。

如何在无授权的情况下领导团队，我的建议是：综合运用影响力、协商、人际关系及其他类似技能。

3. 学习能力

IT 产业是一个快速变化的产业，“不变的也许只有变化”，新技术不断涌现，今日的新产品在几个月后就会变成大路货，甚至更快。优秀的产品经理必须能够快速学习，即使是在比较新的领域。具备此能力才能相对容易地在不断变化的市场和技术趋势下管理好产品。很多公司在招聘产品经理的时候会犯一个错误：他们过分看中既有经验。比如，一个公司要做安全软件，他们就会在招聘时说明“需具有安全软件领域五年以上工作经验”。这其实是个错误的方法，更好的做法是寻找在软件领域有工作经验，同时善于快速学习的产品经理。

4. 商业敏感度

优秀的产品经理应对商业有灵敏的感觉，他们清楚如何发现市场机会，了解竞争差异化的重要性，并能提出制胜的产品战略、定价、推广策略、合作计划及盈亏分析等。

看到这些，别以为产品经理就该是 MBA 毕业。实际上，大多数优秀的产品经理并没有上过什么 MBA，但是他们对商业有很强的敏感度。

5. 热爱产品

优秀的产品经理对产品有发自内心的热爱。他们孜孜不倦地尝试各种新产品，注册各种产品的测试版，下载产品的试用版并仔细揣摩，一有时间就去网上看各类新产品的网站。他们对设计优秀的产品喜爱有加，即便这些产品并非自己公司的；他们鄙视那些没品的产品，即便那是自己公司开发的。最重要的是，他们醉心于创造优秀的产品——无论是全新的产品或是既有产品的改进。

6. 注重细节，追求完美

优秀的产品经理对细节孜孜以求，注重细节是开发优秀产品最重要的先决条件，正所谓“细节决定成败”。Steve Jobs 曾说：“iMac 笔记本并非只是透明颜色和外壳外形与众不同，这个产品的核心理念在于成为最精致的消费电脑。在最新的 iMac 中，我们坚决去掉了散热扇，因为我们认为使用一台不嗡嗡作响的电脑工作更令人愉悦。当然，并不是我决定就可以取消散热扇，它需要工程师们付出巨大的努力，找到管理电源和散热的更好办法。这是产品设计之初就存在的核心理念。这也是用户愿意选择我们产品的原因——追求每个细节的完美，从而能让用户更方便愉悦地使用他们的电脑。”

优秀的产品经理不但注重产品设计的细节，在其他事情上一样追求完美，比如进行竞争状况分析、制作项目计划，以及所有其他自己负责的工作。

7．日常产品管理能力

优秀的产品经理具备良好的日常产品管理能力，包括：

- 撰写市场需求文档（MRD）和产品需求文档（PRD）
- 进行竞争状况分析
- 规划产品路线图
- 制作产品演示 PPT
- 设计用户界面
- 分析产品数据 等

各种有用的信息

这一节里，给出各种有用的信息，希望能帮到“–1 到 3 岁的产品经理”，它们分别是新手产品经理都混哪里、一些图书的推荐、一些值得听的培训，以及国内同行们的地域分布。

新手产品经理都混哪里

本书之前的版本，推荐了一些博客，但博客这种产品形态确实有点过气了，很多博客也不再更新。好在，优质的内容永远都有价值，只是承载的形式更多样化了，所以，这里改为推荐一些新人产品经理常去的“地方”。

这次小调查是 2014 年 8 月初做的[2]，共收集到 159 位有效的回答者，提及了 47 个“地方”，311 个答案，其中，提及的前十名，如图 A-1 所示。

2　缘起一次个人发起的小调查，更多背景信息可以看 http://iamsujie.com/9000/9126/。

纯产品经理的场子，好朋友老曹创办的“人人都是产品经理社区（woshipm.com）”已经明确成为大家的第一选择。刘文智的“产品 100（chanpin100.com）”和费杰的“pmcaff（pmcaff.com）”分别位于二、三位，其他提及多次的还有“产品邦（masterchat.cn）”、“产品中国（pmtoo.com）”、“pmcamp（pmcamp.org）”。特别是一句，chanpin100 最早在产品新人的系统课程（含免费、付费）上做出了尝试。

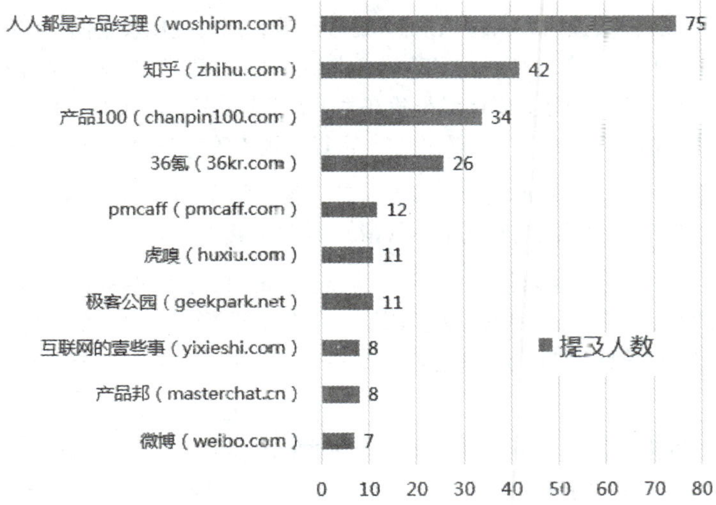

图 A-1 新手产品经理都混哪里

互联网类/科技类媒体，也有较多提及，“36 氪（36kr.com）”，遥遥领先，“虎嗅（huxiu.com）”和“极客公园（geekpark.net）”也不错，其他提到的还有“钛媒体（tmtpost.com）”和相对老牌的“cnbeta（cnbeta.com）”。对了，“互联网的壹些事（yixieshi.com）”、“互联网的那些事（alibuybuy.com）”，这两个也算，我估计不少回答者自己也没分清，因为写法不准确，我自己看着更像哪个，就算哪个了。

还有通用类的各种“地方”，有些我实在没法给出定义，反正知道大家都在用就行了。排名第一的是“知乎（zhihu.com）”，然后依次是“微博（weibo.com）”、“豆瓣（douban.com）”、“QQ 群”、“微信公众号”、“贴吧（tieba.baidu.com）”。当然，大家具体关注的内容，还值得深挖。还有 5 位提到了“优设（uisdc.com）”，可能是设计师转产品经理的“同学”。

最后要提一点的是，与前几年不同，现在大家访问这些地方，不一定是通过电脑的网页，还可能是手机应用、微信公众号、微博账号等，形式越来越丰富了。

一些值得读的图书

我一直对各种微博和SNS心存戒备，最大的原因就是我觉得它们会把时间碎片化。不时地看一些信息、一些名言警句，甚至是一篇文章，其实收获都不大，最实在的还是花一些整块的时间看几本好书。下面就把我最近几年看过的书串起来与大家聊聊。

产品经理本行相关的书并不多，我看过的有**《产品经理实战手册》**[3]、**《产品经理的第一本书》**[4]、**《产品经理的第二本书》**[5]，都算比较经典，同时也比较偏向于传统产品。它们让我知道了什么是传统的产品经理，但其实"产品经理负责制"在我所知的公司里，大多不存在。多数的所谓产品经理其实已经是我在第1.2节里说的"非典型产品经理"，我们大多数时间，写写文档，管管项目，还有很多与市场、销售等有关的事情，只是配合而已。

但是，市场营销方面的知识我们不得不储备一点。科特勒的**《水平营销》**[6]可以打开思路，当然你要是碰巧看过更经典的**《市场营销》**[7]大部头就更好了。

2010年后，倒是出现不少给"互联网产品经理"的书，推荐两本：一本是**《启示录：打造用户喜爱的产品》**[8]，是我组织的虚拟团队——七印部落[9]——翻译的，另一本是糗事百科[10]的创始人王坚大哥的**《结网》**[11]，它们与本书一起，可以让你对这个领域有更全面的认识。

产品的用户体验很关键，2007年看了**《用户体验的要素》**[12]，里面谈到的"五个层次"对我的影响很大。不错的小书，一个晚上就可以读完，但最好慢慢读，慢慢消化。此为必看书。而用户体验最关键的就是要重视用户，所以学一点用户研究的方法也很必要，**《赢在用户》**[13]是入门的好选择。我认为同类的书还有**《一目了然》**[14]、**《点石成金》**[15]、**《胜于**

---

3 《产品经理实战手册》，王欣、夏济 编著，中国经济出版社，2006

4 《产品经理的第一本书》，（美）哥乔斯 著，戴维依 译，中国财经出版社，2004

5 《产品经理的第二本书》，（美）哥乔斯 著，戴维依 译，中国财经出版社，2004

6 《水平营销》，（美）科特勒 等著，陈燕茹 译，中信出版社，2005

7 《市场营销》，（美）科特勒 著，俞利军 译，华夏出版社，2003

8 《启示录：打造用户喜爱的产品》，（美）Marty Cagan 著，七印部落 译，华中科技大学出版社，2011

9 七印部落是一个网络协作的虚拟翻译团队，她的新浪微博地址是 http://weibo.com/7seals。

10 糗事百科，http://www.qiushibaike.com，一个娱乐网站，口号：快乐就是要建立在别人的痛苦之上。

11 《结网》，王坚 编著，人民邮电出版社，2010（最新版2013年出版）

12 《用户体验的要素：以用户为中心的Web的设计》，（美）加瑞特（Garrett，J.J） 著，范晓燕 译，机械工业出版社，2008

13 《赢在用户：Web人物角色创建和应用实践指南》，（美）穆德，亚尔 著，范晓燕 译，机械工业出版社，2007

14 《一目了然：Web软件显性设计之路》，（美）霍克曼（Hoekaman，R.） 著，何潇 译，机械工业出版社，2008

15 《点石成金：访客至上的网页设计秘笈》（Don't Make Me Think 原书第2版），（美）克鲁格 著，机械工业出版社，2006

言传》[16]等，都不错，只是很互联网，对其他行业未必适合。

然后，我们可以体会一下设计的现实与浪漫：读一读 D.Norman 大师的《设计心理学》[17]与《情感化设计》[18]。这两部是姊妹篇，最好按照先后顺序读。

提到产品设计，与产品经理最相关的还是交互设计。我一直说，在公司里也被迫经常做一些交互设计的事情，而交互设计又是那么的专业和有深度，所以也意味着被迫犯很多交互设计的错误，于是只好通过看一些书来尽量少错一点。

最经典的可算交互设计之父 Alan Cooper（此牛人也是 VB 之父）的《软件观念革命：交互设计精髓》[19]现在已经是 3.0 版，有关交互设计的内容非常全面。《交互设计之路》[20]一书的作者也是 Cooper，个人感觉这本书读起来比上一本轻松一些，少了理论多了例子，入门可以更轻松。移动互联网时代，Android 和 iOS 官方出的设计指南，也是很好的读物。

我们发现，上面这些书绝大多数都是翻译作品。至于读原版还是中译版，我的思路是这样的：首先需要对自己的英文水平做出准确的判断，通常读非母语要花更多的时间，你需要评估多花的时间是否能补偿因为原版带来的额外收益。而这个额外的收益，一是省去了对翻译质量的担忧，并不是说翻译的一定比原版差，但翻译的过程肯定或多或少会加入译者的理解，而这个理解的附加值，是加分还是减分，是很难知晓的，除非你去问对这个话题非常研究，且读过这两种版本的人。另一个额外收益就是中译本一般都要晚几年出来，所以如果你能搞到原本先睹为快的话，会在团队里显得特别牛。

很多老外写的书值得我们学习，比如企业管理类的《公司进化论》[21]、《跨越鸿沟》[22]，全书就在说一张图，他们很善于把复杂的道理说简单，这对我们做产品很有启发。《创新者的窘境》[23]对大公司的管理者来说，是必读书。而《罗伯特议事规则》[24]，则把“开会”这样一件简单的事情说得头头是道，逻辑严密，有专门讲主持会议的主席的规则，有针对会议秘书的规则，有普通与会者的规则，有针对不同意见的提出和表达的规则，有关辩论的规则，还有非常重要的、不同情况下的表决规则，有兴趣的同学可以自行研究。

---

16 《胜于言传：网站内容制胜宝典》，（英）瑞蒂希（Redish,J.） 著，王冬妮 译，机械工业出版社，2009

17 《设计心理学》，诺曼 著，梅琼 译，中信出版社，2003

18 《情感化设计》，（美）诺曼 著，付秋芳，程进三 译，电子工业出版社，2005

19 《软件观念革命：交互设计精髓》，（美）库珀 等著，詹剑锋 等译，电子工业出版社，2005

20 《交互设计之路》，（美）库帕（Coper,A.） 著，（美）丁（Ding,C.） 等译，电子工业出版社，2006

21 《公司进化论：伟大的企业如何持续创新》，（美）摩尔（Moore，G.A） 著，陈劲 译，机械工业出版社，2007

22 《跨越鸿沟》，（美）摩尔（Moore，G.A.） 著，赵娅 译，机械工业出版社，2009

23 《创新者的窘境》，（美）克莱顿·克里斯坦森（Clayton M. Christensen） 著，胡建桥 译，中信出版社，2010

24 《罗伯特议事规则》，（美）罗伯特 著，袁天鹏，孙涤 译，格致出版社，2008

继续，我们来看项目管理相关的书，**《软件工程》**[25]课本其实就不错，但也许你和我一样，在学的时候并没有体会。至于经典，**《人月神话》**[26]关注“软件开发”本身，**《人件》**[27]则关注软件开发中的“人”，大师们的作品经久不衰。

产品经理的逻辑思维能力，抽象思维能力很重要，所以我们有必要读一本 UML 相关的书，体会一下怎么用抽象模型的方法来描述一个领域、一系列事物。我看的是**《UML 基础、案例与应用》**[28]，同事推荐的，题名中有“UML”字样的书应该都差不多。

敏捷方法在互联网、软件产品上特别适用：**《敏捷估计与规划》**[29]适合开发经理看，**《敏捷迭代开发：管理者指南》**[30]比较理论化，你可以把它们推荐给团队技术负责人。

对了，必须提一下阿朱的**《走出软件作坊》**[31]，难得的一本“自己人”写的书，真实的小公司就是软件作坊。这本书很实用。

工作后的学习都是很实用主义的，用到什么补什么，而且要善于在一本几百页的书中迅速找出对当前有用的那几页，这是一种能力。跳出去用产品经理的思路想，读一本书的目标是什么？可能很多人把目标设置为——读完它。我原来也是这样，但是我们深入思考一下，读完其实只是手段，手段背后的目的，应该是希望有所收获。地球上的书是永远读不完的，哪怕是你感兴趣的书也是读不完的，那我们不妨按照根本目的做一个优化，把目标改进为——用最少的时间吸取一本书里的精华部分，这个精华部分是 60%？80%？90%？各人的情况不同，就要靠你自己把握了。也正是因为清楚了哪些内容需要精读、哪些选读、哪些浏览，我才能在工作后可支配时间变少的情况下，反而能够每年读几十本。而学习的过程，也从单纯的读书变为“读书+读事+读人”，我更多的是通过从书中找理论支撑，然后在工作中实践，同时多和更有经验的前辈交流。

最近几年，我渐渐体会到两件事：一是成长到一定程度，光靠理论已经不够，必须要通过案例学习，所以，我个人的第二本书**《淘宝十年产品事》**[32]就是一本推荐给大家的案例集，只不过，都是淘宝的案例；二是做产品和创业其实很像，所以七印部落又翻译了**《四步创业法》**[33]、**《有的放矢》**[34]这类的创业指南。

---

25 《软件工程》，(英）萨默维尔（Sommerville，I.） 著，程成，陈霞 译，机械工业出版社，2007

26 《人月神话》，(美）弗雷德里克·布鲁克斯 著，汪颖 译，清华大学出版社，2002

27 《人件》，Tom DeMarco Timothy Lister 著，UMLChina 翻译组 译，清华大学出版社，2003

28 《UML 基础、案例与应用》，(美）施穆勒 著，李虎、赵龙刚 译，人民邮电出版社，2004

29 《敏捷估计与规划》，(美）柯恩 著，宋锐 译，清华大学出版社，2007

30 《敏捷迭代开发：管理者指南》，(美）拉尔曼（Larman,G.） 著，张晓坤 等译，中国电力出版社，2004

31 《走出软件作坊（IT 人升职必备）》，阿朱 著，电子工业出版社，2009

32 《淘宝十年产品事》，苏杰 编著，电子工业出版社，2013

33 《四步创业法》，(美）Steven Gary Blank 著，七印部落 译，华中科技大学出版社，2012

最后还有一些书，可能表面上看起来和产品经理关系不大，但我总觉得综合素质的提高对一个产品经理，甚至从事任何职业的人都会有潜移默化的帮助，比如我喜欢看的还有如下几类。

科学修养，思维方法、心理学类，比如**《决策与判断》**[35]、**《别做正常的傻瓜》**[36]、**《学会提问——批判性思维指南》**[37]、**《黑天鹅》**[38]、**《美第奇效应》**[39]、**《社会性动物》**[40]、**《统计数字会撒谎》**[41]、**《动机与人格》**[42]、**《乌合之众》**[43]等；人文修养，历史、经济、社会、政治类，比如**《中国历代政治得失》**[44]、**《激荡三十年》**[45]、**《万历十五年》**[46]、**《浪潮之巅》**[47]、**《沸腾十五年》**[48]、**《枪炮、病菌与钢铁》**[49]等；新经济系列，**《失控》**[50]、**《长尾理论》**[51]、**《世界是平的》**[52]、**《维基经济学》**[53]、**《未来是湿的》**[54]、**《众包》**[55]、**《轻公司》**[56]等；自我提升、精神力量的书，比如**《影响力》**[57]、**《把时间当作朋友》**[58]、**《当下的力量》**[59]、

---

34 《有的放矢》，（美）Nathan Furr / Paul Ahlstrom 著，七印部落 译，华中科技大学出版社，2014

35 《决策与判断》，（美）斯科特 · 普劳斯（Scott Plous） 著，施俊琦，王星 译，人民邮电出版社，2004

36 《别做正常的傻瓜》，奚恺元 著，机械工业出版社，2006

37 《学会提问——批判性思维指南》，（美）布朗，（美）基利 著，赵玉芳 等译，中国轻工业出版社，2006

38 《黑天鹅：如何应对不可预知的未来》，（美）塔勒布 著，万丹 译，中信出版社，2009

39 《美第奇效应：创新灵感与交叉思维》，（美）约翰松 著，刘尔铎，杨小庄 译，商务印书馆，2006

40 《社会性动物》，（美）阿伦森 著，邢占军 译，华东师范大学出版社，2007

41 《统计数字会撒谎》，（美）达莱尔 · 哈夫 著，廖颖林 译，中国城市出版社，2009

42 《动机与人格》（美）亚伯拉罕 · 马斯洛 著，许金声 译，中国人民大学出版社，2007

43 《乌合之众》（法）古斯塔夫 · 勒庞 著，冯克利 译，中央编译出版社，1998

44 《中国历代政治得失》，钱穆 著，生活.读书.新知三联书店，2005

45 《激荡三十年》（上下册），吴晓波 著，中信出版社，2007（上册）、2008（下册）

46 《万历十五年》，（美）黄仁宇 著，中华书局，2007

47 《浪潮之巅》，吴军 著，电子工业出版社，2011

48 《沸腾十五年》林军 著，中信出版社，2009

49 《枪炮、病菌与钢铁》（美）贾雷德 · 戴蒙德 著，谢延光 译，上海译文出版社，2006

50 《失控》，（美）凯文•凯利 著，东西文库 译，新星出版社，2010

51 《长尾理论》，（美）安德森 著，乔江涛 译，中信出版社，2006

52 《世界是平的》，（美）托马斯•弗里德曼 著，何帆、肖莹莹、郝正非 译，2006

53 《维基经济学：大规模协作如何改变一切》，（加）泰普斯科特、（英）威廉姆斯 著，何帆、林季红 译，中国青年出版社，2007

54 《未来是湿的》，（美）舍基 著，胡泳、沈满琳 译，中国人民大学出版社，2009

55 《众包：大众力量缘何推动商业未来》，（美）豪 著，牛文静 译，中信出版社，2009

56 《轻公司》，李黎，杜晨 著，中信出版社，2009

57 《影响力》，（美）罗伯特 · 西奥迪尼 著，陈叙 译，中国人民大学出版社，2006

《少有人走的路》[60]、**《遇见未知的自己》**[61]等。

上述图书，有个很好地了解详细内容的途径——豆瓣网（douban.com），同学们可以去对应的页面查看简介、书评等。对于读书，兴趣更浓的同学可以去看看我在豆瓣上创建的豆列“互联网产品经理，全方位入门”[62]，以及我豆瓣主页[63]上标记过的书，那些会实时更新，也欢迎各种方式的交流。

一些值得听的培训

工作后的学习方法有很多种，其中一种是职业培训。我有幸参加过多次，在此分享给大家，让同学们在选择课程的时候有个参考，找出适合自己公司的培训方案[64]。下述的星级，表达了这门课对产品经理的重要程度，五颗★最高。

《成功的产品经理》，★★★★★。这个不是入门课，一般来说公司都会把机会留给至少已经有三到五年经验的产品经理去参加，能有机会参加这门课，基本上说明你已经是可以独当一面、公司对你寄予厚望的同学了。想成为一名优秀的产品经理，我觉得这门课是必须要听一次的。可惜的是，目前市面上这门课都还是通用型的，没有针对互联网、软件行业的，我正在尝试改变这个情况。

我的培训、咨询服务，从 2010 年开始慢慢孵化，到 2014 年终于比较成型，拿得出手了。目标用户可以这么分：一是客户，表现为互联网、软件类的公司，或者想做互联网转型的传统企业，客户代表可能是一些领导，负责培训的 HR；二是终端用户，一句简单的话可以概括——“-1 到 3 岁的产品经理”。

我会带着大家一起“创造”一个产品，以“理论讲解 + 互动讨论 + 案例分析 + 分组实战”的方式，体验整个过程。如有需要，欢迎扫码互动，获取更多信息。当然，作为互联网人士，也一定会放出一些网络视频的“预览版”，不过，我写下这句的时候还没开始实

---

58 《把时间当作朋友——运用心智获得解放》，李笑来 著，电子工业出版社，2009

59 《当下的力量》，（德）托利 著，曹植 译，中信出版社，2009

60 《少有人走的路》（1、2、3），（美）派克（Peck，M.S.） 等著，于海生 等译，吉林文史出版社，2007（1）、2008（2）、2009（3）

61 《遇见未知的自己》，张德芬 著，华夏出版社，2008

62 “互联网产品经理，全方位入门”豆列：http://book.douban.com/doulist/531890/。

63 我的豆瓣主页地址：http://www.douban.com/people/iamsujie/。

64 职业培训的课程通常是一些咨询公司请业内资深人士讲授，作为公开课，行情是每个人两三千块、一两天时间，加上食宿交通、脱产培训的人力成本，下面提到的这些课程都参加下来至少要 5 万元左右了，所以我估计大多数同学都没这样的机会，我参加过其中的 8 门课程，自己的博客中给出了一些更详细的培训记录，同学们也可以去参观一下。

施，但我相信你找得到。图 A-2 为作者的微信公众号二维码。

图 A-2 作者的微信公众号二维码

需求相关课程，★★★★。可能叫《需求工程》、《需求管理》，个人感觉适合做需求相关工作已经有半年到一年的同学。基本方法已经会了，也练熟了，能自主地去采集、分析、筛选需求，能独立完成文档并做简单的需求管理，这个课能够帮着梳理一下思路，进一步规范化以提高。

《项目管理》，★★★★。虽然产品经理和项目经理不同，但是做产品的过程中不可避免地要带一些项目，这门课适合至少已经主导过两三个项目，虽然项目最终完成，但感觉过程很痛苦的同学。项目本身可大可小，比如我带过的项目，从人力资源的角度，小到 50 人天，大到 2 000 人天左右。

《流程管理》，★★★。偶尔做一次的事情叫项目，经常做的日常性事务叫流程。适合这个课程的同学，已经开始接触产品或部门做事规范的制定，比如你已经做过若干项目，对适合本产品的发布流程有些心得，知道要先做什么、后做什么、哪件事可省略、哪件事必须做，等等。希望能将其固定下来以提高后续项目的效率、降低风险。

营销相关，★★★。和前线商业关系比较大的课程，一般叫《网络营销》、《市场营销》，适合与运营、市场、销售接触较多，有一定经验的产品经理去听。但据我所知，互联网、软件公司的产品经理主要工作多数还是偏技术端的，偏市场的通常有专门的产品运营师。

思维方法相关，★★★。比如《问题分析与解决》。给它三星不是因为它不重要，而是我认为这个课难学，听过也不一定能学到多少。它是一套更通用、更抽象的做事方法论，如果不小心学会了，可以指导我们去做产品、做需求、做项目、做流程，等等。它也许适合悟性比较高的同学吧。思维方法的学习与提高是最难的，类似的课程还有《六顶思考帽》、《结构化思维》。

软技巧相关，★★。比如提高与人际交往能力的《高效沟通》、提高个人素质的《高效能人士的七个习惯》。但问题是，软技巧怎么能“学”会呢，所以这些课适合那些已经在这方面积累了很多、做得不错，只要高手点拨一下就能功力大增的同学。

教学相关，★★。《课程设计》、《TTT》（Training the Trainer），这两门课也是比较进阶的，只给有需要的同学。《课程设计》教的是如何设计一门职业课程，对于产品经理来说，可以把一门课当作一个产品来设计，从中可以得到很多相通的思路；而《TTT》[65]是教如何给受众培训，对一个人的表达能力、演讲能力是很好的锻炼。

硬技巧相关，★。一些硬技能的课程。也是一个产品经理必备的能力，如《中高级PPT》、《中高级Excel》。初级课通常是讲操作层面的，我觉得多用用Office就都会了，没必要上课。而中高级说了一些思路方面的东西，不过我还是觉得用“两三千块、一两天时间”来学还是不值得，建议自学，因为硬技能是最容易“学会”的。

同学们可能已经发现，职业教育和学校教育有很大不同。职业教育不是传递知识，给新手上的课程。它更适合那些“已经对做某事有一定经验，但苦于不知如何提高，需要高手点拨”的同学，它是传递知识与实战经验并重的。工作后的学习，很明显的特点就是需求驱动，要用到什么去学什么，因为我们发现，每次涉及一个新领域的时候，了解得越多就会发现水越深，根本没法完全掌握。后来，大家想通了，也没必要完全掌握，只要要用的时候，知道需要什么知识、谁懂这些，就够了。

永远的，高手只能告诉你好的方法，方法并不能直接带来成功，只能提高成功的概率；高手只能告诉你一些经验，但不能增加你的经历，而有些事情只有亲身经历才能学会；高手只会给你点拨，教你怎么做，但不会帮你做。但无论如何，培训与分享仍然是必要的，真正的高手会告诉你内力修炼方法，我想说的是“生活中没有吸星大法”，也碰不到《天龙八部》里的无涯子把毕生功力通过头对头的方式在几分钟内传给你，唯一提升内功的办法就是“活到老学到老”。

国内同行的地域分布

最后，分享一下2009年[66]全年个人博客访客地域分布数据，从中可以了解到国内产品经理及其相关职业的人群都在哪里，特别是互联网、软件行业。找工作、挖墙脚、想创业的同学可以参考图A-3。

---

65 有趣的是，在TTT培训的时候，老师讲到课程开发的ADDIE。当时我又犯职业病了，发现这和产品设计很像：需求分析，Analysis；教案设计，Design；教材开发，Develop；培训实施，Implementation；培训评估，Evaluation。

66 2010~2013年的数据差异不大，详细可以去我的博客（iamsujie.com）查找。

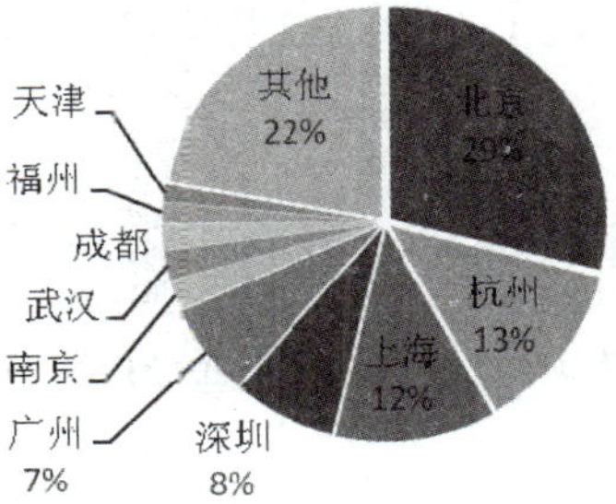

图 A-3 个人博客 2009 年全年的访客地域分布

试着给出一些结论：

传说中互联网、软件行业的五大城市确实存在：北京、杭州、上海、深圳、广州，占据了访客数的约 70%（因为自己公司在杭州，有不少访客是同事，所以访客数意外地排在了第二位）。

北京的绝对霸主地位无可撼动。

潜力城市浮出水面，都是挺大的内地城市，如南京、武汉、成都等。

反侵权盗版声明

电子工业出版社依法对本作品享有专有出版权。任何未经权利人书面许可，复制、销售或通过信息网络传播本作品的行为；歪曲、篡改、剽窃本作品的行为，均违反《中华人民共和国著作权法》，其行为人应承担相应的民事责任和行政责任，构成犯罪的，将被依法追究刑事责任。

为了维护市场秩序，保护权利人的合法权益，我社将依法查处和打击侵权盗版的单位和个人。欢迎社会各界人士积极举报侵权盗版行为，本社将奖励举报有功人员，并保证举报人的信息不被泄露。

举报电话：（010）88254396；（010）88258888

传　　真：（010）88254397

E-mail：dbqq@phei.com.cn

通信地址：北京市万寿路173信箱　电子工业出版社总编办公室

邮　　编：100036